全国一级建造师执业资格考试

应试教材

建设工程法规及相关知识

建造师考试研究院 编

哈尔滨工业大学出版社
HARBIN INSTITUTE OF TECHNOLOGY PRESS

内 容 简 介

本书根据一级建造师执业资格考试大纲编写,分为10章,即建设工程基本法律知识、建筑市场主体制度、建设工程许可法律制度、建设工程发承包法律制度、建设工程合同法律制度、建设工程安全生产法律制度、建设工程质量法律制度、建设工程环境保护和历史文化遗产保护法律制度、建设工程劳动保障法律制度和建设工程争议解决法律制度。本书的主要特点:有本章导学、知识点精讲、点拨、总结、知识链接、拓展,实战演练,课程兑换,题库兑换等板块,讲练并重。

本书主要面向从事工程类相关专业职务工作,有一定的专业基础和实践经验,对一级建造师执业资格考试缺少知识梳理和系统学习的考生,可作为准备一级建造师执业资格考试的复习用书。

图书在版编目(CIP)数据

建设工程法规及相关知识 / 建造师考试研究院编.
哈尔滨:哈尔滨工业大学出版社,2025.4. --(全国一级建造师执业资格考试应试教材). -- ISBN 978-7-5767-1977-2

Ⅰ.D922.297

中国国家版本馆 CIP 数据核字第 2025JE3602 号

建设工程法规及相关知识
JIANSHE GONGCHENG FAGUI JI XIANGGUAN ZHISHI

策划编辑	王桂芝
责任编辑	马 媛
出版发行	哈尔滨工业大学出版社
社　　址	哈尔滨市南岗区复华四道街 10 号　邮编 150006
传　　真	0451－86414749
网　　址	http://hitpress.hit.edu.cn
印　　刷	三河市中晟雅豪印务有限公司
开　　本	787 mm×1 092 mm　1/16　印张 24.5　字数 682 千字
版　　次	2025 年 4 月第 1 版　2025 年 4 月第 1 次印刷
书　　号	ISBN 978－7－5767－1977－2
定　　价	78.00 元

(如因印装质量问题影响阅读,我社负责调换)

编者寄语

亲爱的考生：

首先，恭喜您踏上了准备一级建造师执业资格考试的征程。这不仅是一次专业知识的积累，更是一次自我能力的提升和职业发展的重要机会，也意味着您将站在建筑行业的前沿，成为该行业的精英。

其次，感谢您相信并选择这本书作为备考伙伴。"建设工程法规及相关知识"科目涵盖了建设工程法律体系的方方面面，包括建设工程基本法律知识、建筑市场主体制度、建设工程许可法律制度、建设工程发承包法律制度、建设工程合同法律制度、建设工程安全生产法律制度、建设工程质量法律制度、建设工程环境保护和历史文化遗产保护法律制度、建设工程劳动保障法律制度、建设工程争议解决法律制度等多个领域，涉及近200部法律、法规和规章制度，内容繁多且复杂，很多条文表述专业性强，甚至晦涩难懂。对于非法律专业的考生来说，要全面掌握这些法律知识，无疑是一项艰巨的任务。基于此，我们编写了本书，以期在备考路上助您一臂之力。

本书紧扣最新考试大纲，结合历年真题和考试动向，参照最新法律、法规进行编写。在编写过程中，我们注重内容的实用性和易读性，力求深入浅出、条理清晰，并且对易考知识点、重难点进行详细讲解，以帮助您在有限的时间内夯实基础、抓住重点、攻克难点，高效备考。

同时，我们站在考生的角度，精心规划了本书的内容和结构，且在以下几个方面做了努力：

图表辅助，轻松记忆 在学习法规时，文字描述往往显得枯燥乏味。本书设计了大量图表，将烦琐的法律条文和概念以图、表的方式呈现，清晰直观，能帮助您更加轻松地理解和记忆。

点拨精要，突出重点 本书特别设置了"点拨"板块，对重要知识点进行深入剖析，对易混知识点进行辨析，或者提供实用的记忆口诀和解题思路，帮助您在学习过程中少走弯路；且以波浪线标注常考易考内容，以帮助您快速识别关键知识点，厘清复习重点，提升学习效率。

总结归纳，系统学习 在学习中，总结归纳是非常重要的环节。本书专门安排了"总结"板块，不仅能帮助您将零散的知识串联起来，进行系统学习，还能强化记忆，帮助您全面掌握核心内容。

真题精练，巩固提升 在知识点讲解之后，精选并配备了近几年的考试真题。通过做题，您不仅可以检验学习效果，还能熟悉考试题型和出题思路，了解考试的重点和难度，从而提升应试能力。

再次，我们针对"建设工程法规及相关知识"科目的考试特点，提出几点备考建议供您参考：

（1）合理规划，科学备考。备考时间有限，任务繁重。考生需要根据自己的实际情况制订科学的学习计划，明确每天或每周的学习任务，分阶段进行总结复习，做到劳逸结合，保持良好的学习状态。

（2）构建体系，贯通学习。如果没有合理的知识结构，掌握再多的知识也只是一盘散沙，无法发挥其应有的功效。因此，在学习过程中，要学会归纳概括，有条理、有意识地构建自己的知识体系，实现知识点之间的贯通。

（3）认真梳理，查漏补缺。不仅要查补知识方面的漏缺，还要对方法技巧、做题速度及时间分配等进行梳理总结，找出薄弱之处，并查漏补缺，清理知识盲点。

（4）强化输出，精准练习。实践出真知。做题是检验学习效果的重要手段，也是知识内化的必要过程。学习过程中，建议多做一些典型题目，及时巩固所学知识，高效备考。

在使用本书的过程中，如果您有任何疑问或建议，欢迎随时反馈，以便我们不断完善改进本书内容，更好地服务于广大考生。本书在编写过程中，引用了大量相关专业文献和考试资料，在此对相关作者表示诚挚谢意。

最后，希望本书能够助您顺利通过一级建造师执业资格考试！

建造师考试研究院

目　　录

第一章　建设工程基本法律知识 …………………………………………… 1
- 第一节　建设工程法律基础 ……………………………………………… 2
- 第二节　建设工程物权制度 ……………………………………………… 6
- 第三节　建设工程知识产权制度 ………………………………………… 23
- 第四节　建设工程侵权责任制度 ………………………………………… 34
- 第五节　建设工程税收制度 ……………………………………………… 38
- 第六节　建设工程行政法律制度 ………………………………………… 56
- 第七节　建设工程刑事法律制度 ………………………………………… 70

第二章　建筑市场主体制度 …………………………………………………… 77
- 第一节　建筑市场主体的一般规定 ……………………………………… 78
- 第二节　建筑业企业资质制度 …………………………………………… 85
- 第三节　建造师注册执业制度 …………………………………………… 91
- 第四节　建筑市场主体信用体系建设 …………………………………… 97
- 第五节　营商环境制度 …………………………………………………… 102

第三章　建设工程许可法律制度 ……………………………………………… 106
- 第一节　建设工程规划许可 ……………………………………………… 107
- 第二节　建设工程施工许可 ……………………………………………… 109

第四章　建设工程发承包法律制度 …………………………………………… 113
- 第一节　建设工程发承包的一般规定 …………………………………… 114
- 第二节　建设工程招标投标制度 ………………………………………… 120
- 第三节　非招标采购制度 ………………………………………………… 141

第五章　建设工程合同法律制度 ……………………………………………… 149
- 第一节　合同的基本规定 ………………………………………………… 150
- 第二节　建设工程施工合同的规定 ……………………………………… 163
- 第三节　相关合同制度 …………………………………………………… 172

第六章 建设工程安全生产法律制度 195

- 第一节 建设单位和相关单位的安全责任制度 196
- 第二节 施工安全生产许可证制度 202
- 第三节 施工单位安全生产责任制度 207
- 第四节 施工现场安全防护制度 221
- 第五节 施工生产安全事故的应急救援和调查处理 233
- 第六节 政府主管部门安全生产监督管理 244

第七章 建设工程质量法律制度 250

- 第一节 工程建设标准 251
- 第二节 无障碍环境建设制度 261
- 第三节 建设单位及相关单位的质量责任和义务 264
- 第四节 施工单位的质量责任和义务 271
- 第五节 建设工程竣工验收制度 278
- 第六节 建设工程质量保修制度 283

第八章 建设工程环境保护和历史文化遗产保护法律制度 287

- 第一节 建设工程环境保护制度 288
- 第二节 施工中历史文化遗产保护制度 297

第九章 建设工程劳动保障法律制度 305

- 第一节 劳动合同制度 306
- 第二节 劳动用工和工资支付保障 314
- 第三节 劳动安全卫生和保护 321
- 第四节 工伤保险制度 326
- 第五节 劳动争议的解决 332

第十章 建设工程争议解决法律制度 340

- 第一节 建设工程争议和解、调解制度 341
- 第二节 仲裁制度 344
- 第三节 民事诉讼制度 350
- 第四节 行政复议制度 366
- 第五节 行政诉讼制度 371

参考文献 382

第一章
建设工程基本法律知识

■ **本章导学**

本章主要介绍建设工程法律基础、建设工程物权制度、建设工程知识产权制度、建设工程侵权责任制度、建设工程税收制度、建设工程行政法律制度、建设工程刑事法律制度。本章内容在最新考试大纲的基础上，根据《中华人民共和国民法典》（以下简称《民法典》）、《中华人民共和国著作权法》（以下简称《著作权法》）、《中华人民共和国企业所得税法》（以下简称《企业所得税法》）、《中华人民共和国刑法》（以下简称《刑法》）等相关法律法规进行编写。

本章内容涉及面广而深，在历年考试中分值占比较大，应该重点掌握。考生学习时，不要死记硬背法律条文，可结合生活实例了解法律名词，并借助图表理解记忆。

第一节　建设工程法律基础

知识点 1　法律部门和法律体系

所谓法律部门，是指根据一定的标准和原则，按照法律规范自身的不同性质，调整社会关系的不同领域和不同方法等所划分的同类法律规范的总和。法律体系是由不同的法律部门组成的有机体，法律部门是构成法律体系的基本单位。

中国特色社会主义法律体系，是以宪法为统帅，以法律为主干，以行政法规、地方性法规为重要组成部分，由宪法相关法、民法商法、行政法、经济法、社会法、刑法、诉讼与非诉讼程序法等多个法律部门组成的有机统一整体。

截至 2025 年 1 月 1 日，我国现行有效法律共计 305 件，其按法律部门分类见表 1-1-1。

表 1-1-1　我国现行有效法律按法律部门分类

序号	法律部门	举例
1	宪法（1件）	《中华人民共和国宪法》
2	宪法相关法（52件）	《中华人民共和国地方各级人民代表大会和地方各级人民政府组织法》《中华人民共和国全国人民代表大会和地方各级人民代表大会选举法》《中华人民共和国人民法院组织法》《中华人民共和国人民检察院组织法》《中华人民共和国国籍法》《中华人民共和国全国人民代表大会组织法》《中华人民共和国国务院组织法》《中华人民共和国民族区域自治法》《中华人民共和国外交特权与豁免条例》《中华人民共和国国旗法》等
3	民法商法（25件）	《中华人民共和国民法典》《中华人民共和国商标法》《中华人民共和国专利法》《中华人民共和国著作权法》《中华人民共和国消费者权益保护法》《中华人民共和国公司法》《中华人民共和国商业银行法》《中华人民共和国招标投标法》《中华人民共和国农村土地承包法》等
4	行政法（96件）	《中华人民共和国文物保护法》《中华人民共和国海上交通安全法》《中华人民共和国水污染防治法》《中华人民共和国土地管理法》《中华人民共和国大气污染防治法》《中华人民共和国环境保护法》《中华人民共和国行政处罚法》《中华人民共和国消防法》《中华人民共和国行政许可法》《中华人民共和国城乡规划法》《中华人民共和国行政强制法》《中华人民共和国噪声污染防治法》等
5	经济法（87件）	《中华人民共和国个人所得税法》《中华人民共和国标准化法》《中华人民共和国对外贸易法》《中华人民共和国审计法》《中华人民共和国建筑法》《中华人民共和国政府采购法》《中华人民共和国企业所得税法》《中华人民共和国环境保护税法》等
6	社会法（29件）	《中华人民共和国残疾人保障法》《中华人民共和国未成年人保护法》《中华人民共和国工会法》《中华人民共和国劳动法》《中华人民共和国职业病防治法》《中华人民共和国安全生产法》《中华人民共和国劳动合同法》《中华人民共和国特种设备安全法》《中华人民共和国无障碍环境建设法》等

续表

序号	法律部门	举例
7	刑法（4件）	《中华人民共和国刑法》《中华人民共和国反间谍法》《中华人民共和国反有组织犯罪法》《中华人民共和国反电信网络诈骗法》
8	诉讼与非诉讼程序法（11件）	《中华人民共和国刑事诉讼法》《中华人民共和国行政诉讼法》《中华人民共和国民事诉讼法》《中华人民共和国仲裁法》《中华人民共和国劳动争议调解仲裁法》《中华人民共和国人民调解法》等

知识点 2 法的形式、效力层级和备案

一、法的形式

我国法的形式包括宪法、法律、行政法规、地方性法规、自治条例和单行条例、部门规章、地方政府规章和国际条约，具体内容见表1-1-2。

表1-1-2 我国法的形式

形式	制定机关	举例
宪法	全国人民代表大会	《中华人民共和国宪法》（以下简称《宪法》）
法律	全国人民代表大会及其常务委员会	《××法》
行政法规	国务院	《××条例》
地方性法规	省、自治区、直辖市和设区的市的人民代表大会及其常务委员会	《地名＋条例》
自治条例和单行条例	民族自治地方的人民代表大会	
部门规章	国务院各部、委员会、中国人民银行、审计署和具有行政管理职能的直属机构以及法律规定的机构	《××规定》《××办法》《××实施细则》
地方政府规章	省、自治区、直辖市和设区的市、自治州的人民政府	《地名＋规定》《地名＋办法》《地名＋实施细则》
国际条约	—	《××公约》《××协定》《××条约》

关于法律，《中华人民共和国立法法》（以下简称《立法法》）规定，全国人民代表大会和全国人民代表大会常务委员会根据宪法规定行使国家立法权。全国人民代表大会制定和修改刑事、民事、国家机构的和其他的基本法律。全国人民代表大会常务委员会制定和修改除应当由全国人民代表大会制定的法律以外的其他法律；在全国人民代表大会闭会期间，对全国人民代表大会制定的法律进行部分补充和修改，但是不得同该法律的基本原则相抵触。全国人民代表大会可以授权全国人民代表大会常务委员会制定相关法律。

下列事项只能制定法律：
（1）国家主权的事项。
（2）各级人民代表大会、人民政府、监察委员会、人民法院和人民检察院的产生、组织和职权。
（3）民族区域自治制度、特别行政区制度、基层群众自治制度。
（4）犯罪和刑罚。
（5）对公民政治权利的剥夺、限制人身自由的强制措施和处罚。

(6) 税种的设立、税率的确定和税收征收管理等税收基本制度。
(7) 对非国有财产的征收、征用。
(8) 民事基本制度。
(9) 基本经济制度以及财政、海关、金融和外贸的基本制度。
(10) 诉讼制度和仲裁基本制度。
(11) 必须由全国人民代表大会及其常务委员会制定法律的其他事项。

关于行政法规，《立法法》规定，国务院根据宪法和法律，制定行政法规。行政法规可以就下列事项作出规定：
(1) 为执行法律的规定需要制定行政法规的事项。
(2) 《宪法》第八十九条规定的国务院行政管理职权的事项。

二、法的效力层级

关于法的效力层级，《立法法》规定如下。

(一) 宪法效力至上

宪法具有最高的法律效力，一切法律、行政法规、地方性法规、自治条例和单行条例、规章都不得同宪法相抵触。

(二) 上位法优于下位法

(1) 法律的效力高于行政法规、地方性法规、规章。行政法规的效力高于地方性法规、规章。
(2) 地方性法规的效力高于本级和下级地方政府规章。省、自治区的人民政府制定的规章的效力高于本行政区域内的设区的市、自治州的人民政府制定的规章。
(3) 自治条例和单行条例依法对法律、行政法规、地方性法规作变通规定的，在本自治地方适用自治条例和单行条例的规定。经济特区法规根据授权对法律、行政法规、地方性法规作变通规定的，在本经济特区适用经济特区法规的规定。
(4) 部门规章之间、部门规章与地方政府规章之间具有同等效力，在各自的权限范围内施行。

● 总结

法的效力层级概括总结如图 1-1-1 所示。

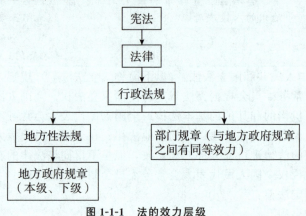

图 1-1-1　法的效力层级

(三) 特殊情况

(1) 同一机关制定的法律、行政法规、地方性法规、自治条例和单行条例、规章，特别规定与一般规定不一致的，适用特别规定；新的规定与旧的规定不一致的，适用新的规定。
(2) 法律之间对同一事项的新的一般规定与旧的特别规定不一致，不能确定如何适用时，由全国人民代表大会常务委员会裁决。

行政法规之间对同一事项的新的一般规定与旧的特别规定不一致,不能确定如何适用时,由国务院裁决。

(3) 地方性法规、规章之间不一致时,由有关机关依照下列规定的权限作出裁决:

①同一机关制定的新的一般规定与旧的特别规定不一致时,由制定机关裁决。

②地方性法规与部门规章之间对同一事项的规定不一致,不能确定如何适用时,由国务院提出意见,国务院认为应当适用地方性法规的,应当决定在该地方适用地方性法规的规定;认为应当适用部门规章的,应当提请全国人民代表大会常务委员会裁决。

③部门规章之间、部门规章与地方政府规章之间对同一事项的规定不一致时,由国务院裁决。

根据授权制定的法规与法律规定不一致,不能确定如何适用时,由全国人民代表大会常务委员会裁决。

● 总结

以上特殊情况总结见表 1-1-3。

表 1-1-3 特殊情况

同一机关制定	新的＞旧的；特别的＞一般的	
	新的一般规定与旧的特别规定不一致	谁制定谁裁决
不同机关制定	地方性法规与部门规章不一致	国务院认为适用地方性法规的,适用地方性法规
		国务院认为适用部门规章的,提请全国人民代表大会常务委员会裁决
	部门规章之间不一致	国务院裁决
	部门规章与地方政府规章不一致	

三、法的备案

行政法规、地方性法规、自治条例和单行条例、规章应当在公布后的 30 日内依照下列规定报有关机关备案:

(1) 行政法规报全国人民代表大会常务委员会备案。

(2) 省、自治区、直辖市的人民代表大会及其常务委员会制定的地方性法规,报全国人民代表大会常务委员会和国务院备案;设区的市、自治州的人民代表大会及其常务委员会制定的地方性法规,由省、自治区的人民代表大会常务委员会报全国人民代表大会常务委员会和国务院备案。

(3) 自治州、自治县的人民代表大会制定的自治条例和单行条例,由省、自治区、直辖市的人民代表大会常务委员会报全国人民代表大会常务委员会和国务院备案;自治条例、单行条例报送备案时,应当说明对法律、行政法规、地方性法规作出变通的情况。

(4) 部门规章和地方政府规章报国务院备案;地方政府规章应当同时报本级人民代表大会常务委员会备案;设区的市、自治州的人民政府制定的规章应当同时报省、自治区的人民代表大会常务委员会和人民政府备案。

(5) 根据授权制定的法规应当报授权决定规定的机关备案;经济特区法规、浦东新区法规、海南自由贸易港法规报送备案时,应当说明变通的情况。

实战演练

[2023 真题·单选] 下列法律文件中,属于我国法的形式的是(　　)。

A. 宗教法　　　　　　　　　　B. 判例

C. 国际条约　　　　　　　　　D. 人民法院的判决

[解析] 我国法的形式包括宪法、法律、行政法规、地方性法规、自治条例和单行条例、部门规章、地方政府规章和国际条约。在我国，习惯法、宗教法、判例不是法的形式。

[答案] C

[2022真题·单选] 从法的形式来看，《必须招标的工程项目规定》属于（　　）。

A. 法律　　　　　　　　　　B. 行政法规
C. 部门规章　　　　　　　　D. 地方政府规章

[解析] 部门规章规定的事项应当属于执行法律或者国务院的行政法规、决定、命令的事项，其名称可以是××规定、××办法、××实施细则。地方政府规章的名称一般为地名＋规定、地名＋办法、地名＋实施细则。

[答案] C

[2024真题·多选] 关于法的效力层级的说法，正确的有（　　）。

A. 宪法具有最高的法律效力
B. 法的制定主体、程序、时间、适用范围影响法的效力层级
C. 地方性法规的效力高于政府规章的效力
D. 行政法规的法律地位和法律效力高于地方性法规和部门规章
E. 某机关制定的自治条例和单行条例，新的规定与旧的规定不一致的，适用新的规定

[解析] 地方性法规的效力高于本级和下级地方政府规章的效力，选项C错误。

[答案] ABDE

第二节　建设工程物权制度

知识点 1　物权的设立、变更、转让、消灭和保护

一、物权的设立、变更、转让和消灭

（一）不动产登记

不动产物权的设立、变更、转让和消灭，经依法登记，发生效力；未经登记，不发生效力，但是法律另有规定的除外。依法属于国家所有的自然资源，所有权可以不登记。

不动产登记，由不动产所在地的登记机构办理。国家对不动产实行统一登记制度。统一登记的范围、登记机构和登记办法，由法律、行政法规规定。

登记机构应当履行的职责和不得有的行为见表1-2-1。

表1-2-1　登记机构应当履行的职责和不得有的行为

应当履行的职责	不得有的行为
（1）查验申请人提供的权属证明和其他必要材料； （2）就有关登记事项询问申请人； （3）如实、及时登记有关事项； （4）法律、行政法规规定的其他职责	（1）要求对不动产进行评估； （2）以年检等名义进行重复登记； （3）超出登记职责范围的其他行为

不动产物权的设立、变更、转让和消灭，依照法律规定应当登记的，自记载于不动产登记簿时发生效力。

当事人之间订立有关设立、变更、转让和消灭不动产物权的合同，除法律另有规定或者当事人另有约定外，自合同成立时生效；未办理物权登记的，不影响合同效力。

不动产权属证书是权利人享有该不动产物权的证明。不动产权属证书记载的事项，应当

与不动产登记簿一致；记载不一致的，除有证据证明不动产登记簿确有错误外，以不动产登记簿为准。

权利人、利害关系人可以申请查询、复制不动产登记资料，登记机构应当提供。

权利人、利害关系人认为不动产登记簿记载的事项错误的，可以申请更正登记。不动产登记簿记载的权利人书面同意更正或者有证据证明登记确有错误的，登记机构应当予以更正。不动产登记簿记载的权利人不同意更正的，利害关系人可以申请异议登记。登记机构予以异议登记，申请人自异议登记之日起15日内不提起诉讼的，异议登记失效。异议登记不当，造成权利人损害的，权利人可以向申请人请求损害赔偿。

当事人签订买卖房屋的协议或者签订其他不动产物权的协议，为保障将来实现物权，按照约定可以向登记机构申请预告登记。预告登记后，未经预告登记的权利人同意，处分该不动产的，不发生物权效力。预告登记后，债权消灭或者自能够进行不动产登记之日起90日内未申请登记的，预告登记失效。

当事人提供虚假材料申请登记，造成他人损害的，应当承担赔偿责任。因登记错误，造成他人损害的，登记机构应当承担赔偿责任。登记机构赔偿后，可以向造成登记错误的人追偿。

（二）动产交付

动产物权的设立和转让，自交付时发生效力，但是法律另有规定的除外。

船舶、航空器和机动车等的物权的设立、变更、转让和消灭，未经登记，不得对抗善意第三人。

动产物权设立和转让前，权利人已经占有该动产的，物权自民事法律行为生效时发生效力。

动产物权设立和转让前，第三人占有该动产的，负有交付义务的人可以通过转让请求第三人返还原物的权利代替交付。

动产物权转让时，当事人又约定由出让人继续占有该动产的，物权自该约定生效时发生效力。

● 总结

物权的设立、变更、转让和消灭概括总结如图1-2-1所示。

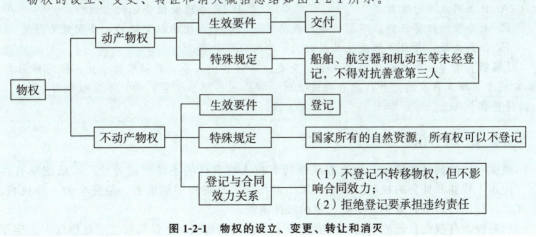

图1-2-1 物权的设立、变更、转让和消灭

（三）其他规定

（1）因人民法院、仲裁机构的法律文书或者人民政府的征收决定等，导致物权设立、变更、转让或者消灭的，自法律文书或者征收决定等生效时发生效力。

(2) 因继承取得物权的，自继承开始时发生效力。

(3) 因合法建造、拆除房屋等事实行为设立或者消灭物权的，自事实行为成就时发生效力。

(4) 处分依照上述规定享有的不动产物权，依照法律规定需要办理登记的，未经登记，不发生物权效力。

二、物权的保护

根据《民法典》，物权保护的相关规定如下：

(1) 物权受到侵害的，权利人可以通过和解、调解、仲裁、诉讼等途径解决。

(2) 因物权的归属、内容发生争议的，利害关系人可以请求确认权利。

(3) 无权占有不动产或者动产的，权利人可以请求返还原物。

(4) 妨害物权或者可能妨害物权的，权利人可以请求排除妨害或者消除危险。

(5) 造成不动产或者动产毁损的，权利人可以依法请求修理、重作、更换或者恢复原状。

(6) 侵害物权，造成权利人损害的，权利人可以依法请求损害赔偿，也可以依法请求承担其他民事责任。

(7) 上述规定的物权保护方式，可以单独适用，也可以根据权利被侵害的情形合并适用。

[实战演练]

[2022 真题补考·单选] 除法律另有规定和当事人另有约定外，动产物权设立和转让发生效力的时间是（　　）。

A. 登记时　　　　　　　　　　　B. 合同成立时
C. 交付时　　　　　　　　　　　D. 合同生效时

[解析] 动产物权的设立和转让，自交付时发生效力，但是法律另有规定的除外。

[答案] C

[2021 真题·多选] 当事人之间订立有关设立、变更、转让和消灭不动产物权的合同，除法律另有规定或者当事人另有约定外，关于该合同效力的说法，正确的有（　　）。

A. 自合同成立时生效　　　　　　B. 自办理物权登记时生效
C. 未办理物权登记的，不影响合同效力　　D. 未办理物权登记的，合同效力待定
E. 合同生效，并且当然发生物权效力

[解析] 当事人之间订立有关设立、变更、转让和消灭不动产物权的合同，除法律另有规定或者当事人另有约定外，自合同成立时生效；未办理物权登记的，不影响合同效力。

[答案] AC

知识点 2　所有权

根据《民法典》的规定，所有权是指所有权人对自己的不动产或者动产，依法享有占有、使用、收益和处分的权利。所有权属于自物权，是物权中最重要、最完全的一种权利，但在实际行使过程中，其也会受到一定的法律限制。

所有权人有权在自己的不动产或者动产上设立用益物权和担保物权。用益物权人、担保物权人行使权利，不得损害所有权人的权益。法律规定专属于国家所有的不动产和动产，任何组织或者个人不能取得所有权。

一、所有权的权能

所有权的权能包括占有、使用、收益和处分四个方面，具体内容见表1-2-2。

表1-2-2 所有权的权能

类别	含义	特性
占有权能	对财产实际掌握、控制	可以分离出去
使用权能	根据物的性质和用途，对物进行利用	一项独立权能
收益权能	通过使用特定物而获得经济利益或其他利益	一项独立权能
处分权能	依法对所有物进行处理和处置，可以决定其事实上和法律上的最终命运	最基本、最核心

二、所有权的法定分类

根据《民法典》的规定，所有权包括国家所有权和集体所有权、私人所有权，相关规定见表1-2-3。

表1-2-3 所有权的法定分类及相关规定

类别	相关规定
国家所有权	(1) 法律规定属于国家所有的财产，属于国家所有即全民所有； (2) 矿藏、水流、海域属于国家所有； (3) 无居民海岛属于国家所有，国务院代表国家行使无居民海岛所有权； (4) 城市的土地属于国家所有，法律规定属于国家所有的农村和城市郊区的土地属于国家所有； (5) 森林、山岭、草原、荒地、滩涂等自然资源，属于国家所有，但是法律规定属于集体所有的除外； (6) 法律规定属于国家所有的野生动植物资源，属于国家所有； (7) 无线电频谱资源属于国家所有； (8) 法律规定属于国家所有的文物，属于国家所有； (9) 国防资产属于国家所有； (10) 铁路、公路、电力设施、电信设施和油气管道等基础设施，依照法律规定为国家所有的，属于国家所有
集体所有权	集体所有的不动产和动产包括： (1) 法律规定属于集体所有的土地和森林、山岭、草原、荒地、滩涂； (2) 集体所有的建筑物、生产设施、农田水利设施； (3) 集体所有的教育、科学、文化、卫生、体育等设施； (4) 集体所有的其他不动产和动产
	农民集体所有的不动产和动产，属于本集体成员集体所有
	城镇集体所有的不动产和动产，依照法律、行政法规的规定由本集体享有占有、使用、收益和处分的权利
私人所有权	(1) 私人对其合法的收入、房屋、生活用品、生产工具、原材料等不动产和动产享有所有权； (2) 私人的合法财产受法律保护，禁止任何组织或者个人侵占、哄抢、破坏； (3) 营利法人对其不动产和动产依照法律、行政法规以及章程享有占有、使用、收益和处分的权利

三、业主的建筑物区分所有权

业主对建筑物内的住宅、经营性用房等专有部分享有所有权，对专有部分以外的共有部分享有共有和共同管理的权利。

业主对其建筑物专有部分享有占有、使用、收益和处分的权利。业主行使权利不得危及建筑物的安全，不得损害其他业主的合法权益。

业主对建筑物专有部分以外的共有部分，享有权利，承担义务；不得以放弃权利为由不履行义务。业主转让建筑物内的住宅、经营性用房，其对共有部分享有的共有和共同管理的权利一并转让。

建筑区划内的道路，属于业主共有，但是属于城镇公共道路的除外。建筑区划内的绿地，属于业主共有，但是属于城镇公共绿地或者明示属于个人的除外。建筑区划内的其他公共场所、公用设施和物业服务用房，属于业主共有。

建筑区划内，规划用于停放汽车的车位、车库的归属，由当事人通过出售、附赠或者出租等方式约定。占用业主共有的道路或者其他场地用于停放汽车的车位，属于业主共有。

实战演练

[2024真题·多选] 关于所有权权能的说法，正确的有（　　）。
A. 占有权可以根据所有权人的意志和利益分离出去，由非所有权人享有
B. 所有权是物权中最重要也最完全的一种权利，在法律上不受限制
C. 财产所有权的权能包括占有权、使用权、收益权和处分权
D. 使用权只能由所有权人享有
E. 处分权是所有权人最基本的权利，是所有权内容的核心

[解析] 选项B错误，所有权是物权中最重要也最完全的一种权利，但在实际行使过程中，其也会受到一定的法律限制。选项D错误，收益往往是因为使用而产生的，因而收益权也往往与使用权联系在一起。但是，收益权本身是一项独立的权能，使用权并不能包括收益权。有时，所有权人并不行使对物的使用权，但仍可以享有对物的收益权。

[答案] ACE

[2020真题·多选] 关于所有权的说法，正确的有（　　）。
A. 所有权人对自己的不动产，依法享有占有、使用、收益和处分的权利
B. 法律规定专属于国家所有的不动产和动产，任何个人不能取得所有权
C. 收益权是所有权内容的核心
D. 所有权的行使，不得损害他人合法权益
E. 所有权人有权在自己的动产上设立用益物权和担保物权

[解析] 选项C错误，处分权是所有权权能的核心。

[答案] ABDE

知识点 3 用益物权

《民法典》规定，用益物权人对他人所有的不动产或者动产，依法享有占有、使用和收益的权利。用益物权属于他物权，不包括处分权。《民法典》中规定的用益物权包括土地承包经营权、建设用地使用权、宅基地使用权、居住权和地役权。

一、土地承包经营权

农村集体经济组织实行以家庭承包经营为基础、统分结合的双层经营体制。农民集体所

有和国家所有由农民集体使用的耕地、林地、草地以及其他用于农业的土地，依法实行土地承包经营制度。

土地承包经营权人依法对其承包经营的耕地、林地、草地等享有占有、使用和收益的权利，有权从事种植业、林业、畜牧业等农业生产。

耕地的承包期为30年。草地的承包期为30年至50年。林地的承包期为30年至70年。上述规定的承包期限届满，由土地承包经营权人依照农村土地承包的法律规定继续承包。

土地承包经营权自土地承包经营权合同生效时设立。登记机构应当向土地承包经营权人发放土地承包经营权证、林权证等证书，并登记造册，确认土地承包经营权。

土地承包经营权人依照法律规定，有权将土地承包经营权互换、转让。未经依法批准，不得将承包地用于非农建设。

土地承包经营权互换、转让的，当事人可以向登记机构申请登记；未经登记，不得对抗善意第三人。

承包期内发包人不得调整承包地。因自然灾害严重毁损承包地等特殊情形，需要适当调整承包的耕地和草地的，应当依照农村土地承包的法律规定办理。

承包期内发包人不得收回承包地。法律另有规定的，依照其规定。

流转期限为5年以上的土地经营权，自流转合同生效时设立。当事人可以向登记机构申请土地经营权登记；未经登记，不得对抗善意第三人。

通过招标、拍卖、公开协商等方式承包农村土地，经依法登记取得权属证书的，可以依法采取出租、入股、抵押或者其他方式流转土地经营权。

二、建设用地使用权

《民法典》规定，建设用地使用权人依法对国家所有的土地享有占有、使用和收益的权利，有权利用该土地建造建筑物、构筑物及其附属设施。

（一）设立

建设用地使用权可以在土地的地表、地上或者地下分别设立。

设立建设用地使用权，应当符合节约资源、保护生态环境的要求，遵守法律、行政法规关于土地用途的规定，不得损害已经设立的用益物权。

设立建设用地使用权，可以采取出让或者划拨等方式。工业、商业、旅游、娱乐和商品住宅等经营性用地以及同一土地有两个以上意向用地者的，应当采取招标、拍卖等公开竞价的方式出让。严格限制以划拨方式设立建设用地使用权。

通过招标、拍卖、协议等出让方式设立建设用地使用权的，当事人应当采用书面形式订立建设用地使用权出让合同。建设用地使用权出让合同一般包括下列条款：

（1）当事人的名称和住所。
（2）土地界址、面积等。
（3）建筑物、构筑物及其附属设施占用的空间。
（4）土地用途、规划条件。
（5）建设用地使用权期限。
（6）出让金等费用及其支付方式。
（7）解决争议的方法。

设立建设用地使用权的，应当向登记机构申请建设用地使用权登记。建设用地使用权自登记时设立。登记机构应当向建设用地使用权人发放权属证书。

建设用地使用权人应当合理利用土地，不得改变土地用途；需要改变土地用途的，应当依法经有关行政主管部门批准。

建设用地使用权人应当依照法律规定以及合同约定支付出让金等费用。

建设用地使用权人建造的建筑物、构筑物及其附属设施的所有权属于建设用地使用权人，但是有相反证据证明的除外。

（二）流转

建设用地使用权人有权将建设用地使用权转让、互换、出资、赠与或者抵押，但是法律另有规定的除外。

建设用地使用权转让、互换、出资、赠与或者抵押的，当事人应当采用书面形式订立相应的合同。使用期限由当事人约定，但是不得超过建设用地使用权的剩余期限。

建设用地使用权转让、互换、出资或者赠与的，应当向登记机构申请变更登记。

建设用地使用权转让、互换、出资或者赠与的，附着于该土地上的建筑物、构筑物及其附属设施一并处分。

建筑物、构筑物及其附属设施转让、互换、出资或者赠与的，该建筑物、构筑物及其附属设施占用范围内的建设用地使用权一并处分。

（三）续期与消灭

建设用地使用权期限届满前，因公共利益需要提前收回该土地的，应当依据《民法典》第二百四十三条的规定对该土地上的房屋以及其他不动产给予补偿，并退还相应的出让金。

住宅建设用地使用权期限届满的，自动续期。续期费用的缴纳或者减免，依照法律、行政法规的规定办理。非住宅建设用地使用权期限届满后的续期，依照法律规定办理。该土地上的房屋以及其他不动产的归属，有约定的，按照约定；没有约定或者约定不明确的，依照法律、行政法规的规定办理。

建设用地使用权消灭的，出让人应当及时办理注销登记。登记机构应当收回权属证书。

集体所有的土地作为建设用地的，应当依照土地管理的法律规定办理。

● 总结

建设用地使用权制度流程如图 1-2-2 所示。

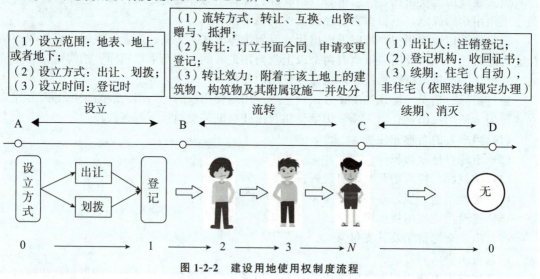

图 1-2-2　建设用地使用权制度流程

三、宅基地使用权

宅基地使用权人依法对集体所有的土地享有占有和使用的权利，有权依法利用该土地建造住宅及其附属设施。

宅基地使用权的取得、行使和转让，适用土地管理的法律和国家有关规定。

宅基地因自然灾害等原因灭失的，宅基地使用权消灭。对失去宅基地的村民，应当依法重新分配宅基地。

已经登记的宅基地使用权转让或者消灭的，应当及时办理变更登记或者注销登记。

四、居住权

《民法典》规定，居住权人有权按照合同约定，对他人的住宅享有占有、使用的用益物权，以满足生活居住的需要。

（一）设立

设立居住权，当事人应当采用书面形式订立居住权合同。居住权合同一般包括下列条款：

（1）当事人的姓名或者名称和住所。

（2）住宅的位置。

（3）居住的条件和要求。

（4）居住权期限。

（5）解决争议的方法。

居住权无偿设立，但是当事人另有约定的除外。设立居住权的，应当向登记机构申请居住权登记。居住权自登记时设立。

（二）限制

居住权不得转让、继承。设立居住权的住宅不得出租，但是当事人另有约定的除外。

（三）消灭

居住权期限届满或者居住权人死亡的，居住权消灭。居住权消灭的，应当及时办理注销登记。

● 总结

居住权设立3要件，即书面合同＋无偿＋登记。

居住权3个不得，即不得转让、继承、出租。

居住权消灭3要件，即期限届满/居住权人死亡＋注销登记。

五、地役权

地役权人有权按照合同约定，利用他人的不动产，以提高自己的不动产的效益。上述所称他人的不动产为供役地，自己的不动产为需役地。

（一）设立

设立地役权，当事人应当采用书面形式订立地役权合同。地役权合同一般包括下列条款：

（1）当事人的姓名或者名称和住所。

（2）供役地和需役地的位置。

（3）利用目的和方法。

（4）地役权期限。

（5）费用及其支付方式。

（6）解决争议的方法。

地役权自地役权合同生效时设立。当事人要求登记的，可以向登记机构申请地役权登记；未经登记，不得对抗善意第三人。

（二）限制

（1）供役地权利人应当按照合同约定，允许地役权人利用其不动产，不得妨害地役权人行使权利。

(2) 地役权人应当按照合同约定的利用目的和方法利用供役地，尽量减少对供役地权利人物权的限制。

(3) 地役权期限由当事人约定；但是，不得超过土地承包经营权、建设用地使用权等用益物权的剩余期限。

(4) 土地所有权人享有地役权或者负担地役权的，设立土地承包经营权、宅基地使用权等用益物权时，该用益物权人继续享有或者负担已经设立的地役权。

(5) 土地上已经设立土地承包经营权、建设用地使用权、宅基地使用权等用益物权的，未经用益物权人同意，土地所有权人不得设立地役权。

(三) 变动

(1) 地役权不得单独转让。土地承包经营权、建设用地使用权等转让的，地役权一并转让，但是合同另有约定的除外。

(2) 地役权不得单独抵押。土地经营权、建设用地使用权等抵押的，在实现抵押权时，地役权一并转让。

(3) 需役地以及需役地上的土地承包经营权、建设用地使用权等部分转让时，转让部分涉及地役权的，受让人同时享有地役权。

(4) 供役地以及供役地上的土地承包经营权、建设用地使用权等部分转让时，转让部分涉及地役权的，地役权对受让人具有法律约束力。

(四) 消灭

地役权人有下列情形之一的，供役地权利人有权解除地役权合同，地役权消灭：

(1) 违反法律规定或者合同约定，滥用地役权。

(2) 有偿利用供役地，约定的付款期限届满后在合理期限内经两次催告未支付费用。

已经登记的地役权变更、转让或者消灭的，应当及时办理变更登记或者注销登记。

● **总结**

关于地役权，应抓住以下两个关键点。

(1) 地役权不是必须设立的，而是为了自己不动产的便利或提高其效益。

(2) 不管是否登记，地役权均自地役权合同生效时设立。

实战演练

[2024 真题·单选] 关于居住权的说法，正确的是（　　）。

A. 当事人应当采用书面形式订立居住权合同　　B. 居住权自居住权合同生效时设立

C. 居住权可以继承　　D. 居住权人有权出租设立居住权的住宅

[解析] 选项 A 正确，设立居住权，当事人应当采用书面形式订立居住权合同。选项 B 错误，居住权自登记时设立。选项 C 错误，居住权不得转让、继承。选项 D 错误，设立居住权的住宅不得出租，但是当事人另有约定的除外。

[答案] A

[2023 真题·单选] 下列物权中，自合同生效时设立的是（　　）。

A. 地役权　　B. 建设用地使用权

C. 居住权　　D. 机动车所有权

[解析] 地役权自地役权合同生效时设立。建设用地使用权自登记时设立。《民法典》规定，居住权无偿设立，但是当事人另有约定的除外。设立居住权的，应当向登记机构申请居住权登记，居住权自登记时设立。机动车所有权属于动产物权，自交付时设立。

[答案] A

[2022真题·多选] 下列权利中，属于用益物权的有（　　）。
A. 土地承包经营权　　　　　　B. 租赁权
C. 建设用地使用权　　　　　　D. 地役权
E. 居住权
[解析] 用益物权包括土地承包经营权、建设用地使用权、宅基地使用权、居住权和地役权。
[答案] ACDE

知识点 4　担保物权

一、一般规定

《民法典》规定，担保物权人在债务人不履行到期债务或者发生当事人约定的实现担保物权的情形时，其依法享有就担保财产优先受偿的权利，但是法律另有规定的除外。

债权人在借贷、买卖等民事活动中，为保障实现其债权，需要担保的，可以依照《民法典》和其他法律的规定设立担保物权。第三人为债务人向债权人提供担保的，可以要求债务人提供反担保。反担保适用《民法典》和其他法律的规定。

（一）担保合同

设立担保物权，应当依照《民法典》和其他法律的规定订立担保合同。担保合同包括抵押合同、质押合同和其他具有担保功能的合同。担保合同是主债权债务合同的从合同。主债权债务合同无效的，担保合同无效，但是法律另有规定的除外。担保合同被确认无效后，债务人、担保人、债权人有过错的，应当根据其过错各自承担相应的民事责任。

（二）担保范围

（1）担保物权的担保范围包括主债权及其利息、违约金、损害赔偿金、保管担保财产和实现担保物权的费用。当事人另有约定的，按照其约定。

（2）担保期间，担保财产毁损、灭失或者被征收等，担保物权人可以就获得的保险金、赔偿金或者补偿金等优先受偿。被担保债权的履行期限未届满的，也可以提存该保险金、赔偿金或者补偿金等。

（3）第三人提供担保，未经其书面同意，债权人允许债务人转移全部或者部分债务的，担保人不再承担相应的担保责任。

（三）混合担保规则

被担保的债权既有物的担保又有人的担保的，债务人不履行到期债务或者发生当事人约定的实现担保物权的情形，债权人应当按照约定实现债权；没有约定或者约定不明确，债务人自己提供物的担保的，债权人应当先就该物的担保实现债权；第三人提供物的担保的，债权人可以就物的担保实现债权，也可以请求保证人承担保证责任。提供担保的第三人承担担保责任后，有权向债务人追偿。

（四）担保物权消灭

有下列情形之一的，担保物权消灭：
（1）主债权消灭。
（2）担保物权实现。
（3）债权人放弃担保物权。
（4）法律规定担保物权消灭的其他情形。

二、抵押权

《民法典》规定，为担保债务的履行，债务人或者第三人不转移财产的占有，将该财产抵押给债权人的，债务人不履行到期债务或者发生当事人约定的实现抵押权的情形，债权人有权就该财产优先受偿。

前款规定的债务人或者第三人为抵押人，债权人为抵押权人，提供担保的财产为抵押财产。

（一）抵押范围

可以抵押和不得抵押的财产见表1-2-4。

表1-2-4 可以抵押和不得抵押的财产

可以抵押的财产	债务人或者第三人有权处分的下列财产可以抵押： （1）建筑物和其他土地附着物； （2）建设用地使用权； （3）海域使用权； （4）生产设备、原材料、半成品、产品； （5）正在建造的建筑物、船舶、航空器； （6）交通运输工具； （7）法律、行政法规未禁止抵押的其他财产； 抵押人可以将前款所列财产一并抵押
	上述第（1）项至第（3）项规定的财产或者第（5）项规定的正在建造的建筑物抵押的，应当办理抵押登记。抵押权自登记时设立
不得抵押的财产	（1）土地所有权； （2）宅基地、自留地、自留山等集体所有土地的使用权，但是法律规定可以抵押的除外； （3）学校、幼儿园、医疗机构等为公益目的成立的非营利法人的教育设施、医疗卫生设施和其他公益设施； （4）所有权、使用权不明或者有争议的财产； （5）依法被查封、扣押、监管的财产； （6）法律、行政法规规定不得抵押的其他财产

企业、个体工商户、农业生产经营者可以将现有的以及将有的生产设备、原材料、半成品、产品抵押，债务人不履行到期债务或者发生当事人约定的实现抵押权的情形，债权人有权就抵押财产确定时的动产优先受偿。

以建筑物抵押的，该建筑物占用范围内的建设用地使用权一并抵押。以建设用地使用权抵押的，该土地上的建筑物一并抵押。抵押人未依据上述规定一并抵押的，未抵押的财产视为一并抵押。

乡镇、村企业的建设用地使用权不得单独抵押。以乡镇、村企业的厂房等建筑物抵押的，其占用范围内的建设用地使用权一并抵押。

● 点拨

对财产拥有所有权不一定能抵押，如"依法被查封、扣押、监管的财产"因无权处分而不能抵押。考生在做题时要注意，能够抵押的财产一定是"有权处分"的财产而不是"拥有所有权"的财产。

（二）抵押权的设立

设立抵押权，当事人应当采用书面形式订立抵押合同。抵押合同一般包括下列条款：

（1）被担保债权的种类和数额。
（2）债务人履行债务的期限。
（3）抵押财产的名称、数量等情况。
（4）担保的范围。

抵押权人在债务履行期限届满前，与抵押人约定债务人不履行到期债务时抵押财产归债权人所有的，只能依法就抵押财产优先受偿。

以动产抵押的，抵押权自抵押合同生效时设立；未经登记，不得对抗善意第三人。

以动产抵押的，不得对抗正常经营活动中已经支付合理价款并取得抵押财产的买受人。

抵押权设立前，抵押财产已经出租并转移占有的，原租赁关系不受该抵押权的影响。

（三）抵押权的转让

抵押期间，抵押人可以转让抵押财产。当事人另有约定的，按照其约定。抵押财产转让的，抵押权不受影响。

抵押人转让抵押财产的，应当及时通知抵押权人。抵押权人能够证明抵押财产转让可能损害抵押权的，可以请求抵押人将转让所得的价款向抵押权人提前清偿债务或者提存。转让的价款超过债权数额的部分归抵押人所有，不足部分由债务人清偿。

抵押权不得与债权分离而单独转让或者作为其他债权的担保。债权转让的，担保该债权的抵押权一并转让，但是法律另有规定或者当事人另有约定的除外。

抵押人的行为足以使抵押财产价值减少的，抵押权人有权请求抵押人停止其行为；抵押财产价值减少的，抵押权人有权请求恢复抵押财产的价值，或者提供与减少的价值相应的担保。抵押人不恢复抵押财产的价值，也不提供担保的，抵押权人有权请求债务人提前清偿债务。

（四）抵押权顺位与优先受偿

抵押权人可以放弃抵押权或者抵押权的顺位。抵押权人与抵押人可以协议变更抵押权顺位以及被担保的债权数额等内容。但是，抵押权的变更未经其他抵押权人书面同意的，不得对其他抵押权人产生不利影响。

债务人以自己的财产设定抵押，抵押权人放弃该抵押权、抵押权顺位或者变更抵押权的，其他担保人在抵押权人丧失优先受偿权益的范围内免除担保责任，但是其他担保人承诺仍然提供担保的除外。

债务人不履行到期债务或者发生当事人约定的实现抵押权的情形，抵押权人可以与抵押人协议以抵押财产折价或者以拍卖、变卖该抵押财产所得的价款优先受偿。协议损害其他债权人利益的，其他债权人可以请求人民法院撤销该协议。抵押权人与抵押人未就抵押权实现方式达成协议的，抵押权人可以请求人民法院拍卖、变卖抵押财产。抵押财产折价或者变卖的，应当参照市场价格。

债务人不履行到期债务或者发生当事人约定的实现抵押权的情形，致使抵押财产被人民法院依法扣押的，自扣押之日起，抵押权人有权收取该抵押财产的天然孳息或者法定孳息，但是抵押权人未通知应当清偿法定孳息义务人的除外。

上述规定的孳息应当先充抵收取孳息的费用。

抵押财产折价或者拍卖、变卖后，其价款超过债权数额的部分归抵押人所有，不足部分由债务人清偿。

同一财产向两个以上债权人抵押的，拍卖、变卖抵押财产所得的价款依照下列规定清偿：

（1）抵押权已经登记的，按照登记的时间先后确定清偿顺序。
（2）抵押权已经登记的先于未登记的受偿。

(3) 抵押权未登记的，按照债权比例清偿。

其他可以登记的担保物权，清偿顺序参照适用上述规定。

同一财产既设立抵押权又设立质权的，拍卖、变卖该财产所得的价款按照登记、交付的时间先后确定清偿顺序。

动产抵押担保的主债权是抵押物的价款，标的物交付后10日内办理抵押登记的，该抵押权人优先于抵押物买受人的其他担保物权人受偿，但是留置权人除外。

建设用地使用权抵押后，该土地上新增的建筑物不属于抵押财产。该建设用地使用权实现抵押权时，应当将该土地上新增的建筑物与建设用地使用权一并处分。但是，新增建筑物所得的价款，抵押权人无权优先受偿。

以集体所有土地的使用权依法抵押的，实现抵押权后，未经法定程序，不得改变土地所有权的性质和土地用途。

抵押权人应当在主债权诉讼时效期间行使抵押权；未行使的，人民法院不予保护。

三、质权

（一）动产质权

为担保债务的履行，债务人或者第三人将其动产出质给债权人占有的，债务人不履行到期债务或者发生当事人约定的实现质权的情形，债权人有权就该动产优先受偿。

上述规定的债务人或者第三人为出质人，债权人为质权人，交付的动产为质押财产。

法律、行政法规禁止转让的动产不得出质。

1. 设立

设立质权，当事人应当采用书面形式订立质押合同。质押合同一般包括下列条款：

(1) 被担保债权的种类和数额。

(2) 债务人履行债务的期限。

(3) 质押财产的名称、数量等情况。

(4) 担保的范围。

(5) 质押财产交付的时间、方式。

质权人在债务履行期限届满前，与出质人约定债务人不履行到期债务时质押财产归债权人所有的，只能依法就质押财产优先受偿。

质权自出质人交付质押财产时设立。

2. 责任承担

质权人在质权存续期间，未经出质人同意，擅自使用、处分质押财产，造成出质人损害的，应当承担赔偿责任。

质权人负有妥善保管质押财产的义务；因保管不善致使质押财产毁损、灭失的，应当承担赔偿责任。质权人的行为可能使质押财产毁损、灭失的，出质人可以请求质权人将质押财产提存，或者请求提前清偿债务并返还质押财产。

质权人在质权存续期间，未经出质人同意转质，造成质押财产毁损、灭失的，应当承担赔偿责任。

质权人可以放弃质权。债务人以自己的财产出质，质权人放弃该质权的，其他担保人在质权人丧失优先受偿权益的范围内免除担保责任，但是其他担保人承诺仍然提供担保的除外。

3. 清偿

债务人履行债务或者出质人提前清偿所担保的债权的，质权人应当返还质押财产。债务人不履行到期债务或者发生当事人约定的实现质权的情形，质权人可以与出质人协议以质押财产折价,也可以就拍卖、变卖质押财产所得的价款优先受偿。质押财产折价或者变卖的,应当参照市场价格。

出质人可以请求质权人在债务履行期限届满后及时行使质权;质权人不行使的,出质人可以请求人民法院拍卖、变卖质押财产。出质人请求质权人及时行使质权,因质权人怠于行使权利造成出质人损害的,由质权人承担赔偿责任。

质押财产折价或者拍卖、变卖后,其价款超过债权数额的部分归出质人所有,不足部分由债务人清偿。

(二)权利质权

根据《民法典》,在债务人或者第三人有权处分的权利中,可以出质的权利见表1-2-5。

表1-2-5 债务人或者第三人可以出质的权利

可以出质的权利	汇票、本票、支票	质权自权利凭证交付质权人时设立;没有权利凭证的,质权自办理出质登记时设立
	债券、存款单	
	仓单、提单	
	可以转让的基金份额、股权	质权自办理出质登记时设立
	可以转让的注册商标专用权、专利权、著作权等知识产权中的财产权	
	现有的以及将有的应收账款	
	法律、行政法规规定可以出质的其他财产权利	

● **点拨**

抵押与质押的联系与区别如图1-2-3所示。

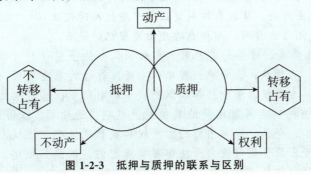

图1-2-3 抵押与质押的联系与区别

四、留置权

《民法典》规定,债务人不履行到期债务,债权人可以留置已经合法占有的债务人的动产,并有权就该动产优先受偿。

上述规定的债权人为留置权人,占有的动产为留置财产。

(一)留置财产的范围

(1)债权人留置的动产,应当与债权属于同一法律关系,但是企业之间留置的除外。

(2)法律规定或者当事人约定不得留置的动产,不得留置。

(3)留置财产为可分物的,留置财产的价值应当相当于债务的金额。

(4)留置权人负有妥善保管留置财产的义务;因保管不善致使留置财产毁损、灭失的,应当承担赔偿责任。

(二)留置权的实现

(1)留置权人与债务人应当约定留置财产后的债务履行期限;没有约定或者约定不明确

的，留置权人应当给债务人60日以上履行债务的期限，但是鲜活易腐等不易保管的动产除外。债务人逾期未履行的，留置权人可以与债务人协议以留置财产折价，也可以就拍卖、变卖留置财产所得的价款优先受偿。留置财产折价或者变卖的，应当参照市场价格。

（2）债务人可以请求留置权人在债务履行期限届满后行使留置权；留置权人不行使的，债务人可以请求人民法院拍卖、变卖留置财产。

（3）留置财产折价或者拍卖、变卖后，其价款超过债权数额的部分归债务人所有，不足部分由债务人清偿。

（4）同一动产上已经设立抵押权或者质权，该动产又被留置的，留置权人优先受偿。

（5）留置权人对留置财产丧失占有或者留置权人接受债务人另行提供担保的，留置权消灭。

● 点拨

抵押权、质权和留置权的区别见表1-2-6。

表1-2-6 抵押权、质权和留置权的区别

类型	依据	特征	适用范围
抵押权	当事人约定	不转移占有抵押物	动产、不动产
质权	当事人约定	转移占有质押物	动产、权利
留置权	法律直接规定	债权人合法占有留置物	动产

实战演练

[2023真题·单选] 关于权利质权的说法，正确的是（　　）。
A. 将有的应收账款不得出质
B. 以专利权中的财产权出质后，出质人不得许可他人使用专利权
C. 以基金份额出质的，质权自权利凭证交付质权人时设立
D. 以商业承兑汇票出质的，质权自办理出质登记时设立

[解析] 选项A错误，债务人或者第三人有权处分的下列权利可以出质：①汇票、本票、支票；②债券、存款单；③仓单、提单；④可以转让的基金份额、股权；⑤可以转让的注册商标专用权、专利权、著作权等知识产权中的财产权；⑥现有的以及将有的应收账款；⑦法律、行政法规规定可以出质的其他财产权利。选项C、D错误，以汇票、本票、支票、债券、存款单、仓单、提单出质的，质权自权利凭证交付质权人时设立；没有权利凭证的，质权自办理出质登记时设立。法律另有规定的，依照其规定。以基金份额、股权出质的，质权自办理出质登记时设立。

[答案] B

[2022真题·单选] 关于抵押权的说法，正确的是（　　）。
A. 抵押权的设立需要将抵押物转移至抵押权人占有
B. 宅基地使用权可以设立抵押权
C. 乡镇企业的建设用地使用权不得单独抵押
D. 抵押权可以与债权分离而单独转让或者作为其他债权的担保

[解析] 选项A错误，抵押权的设立是不转移占有的。选项B错误，宅基地使用权不得抵押。选项D错误，抵押权不得与债权分离而单独转让或者作为其他债权的担保。

[答案] C

[2021真题·单选] 根据《民法典》，下列财产可以抵押的是（ ）。
A. 学校的教学楼　　　　　　　　B. 生产设备
C. 依法被查封的建筑物　　　　　　D. 土地所有权

[解析] 下列财产不得抵押：①土地所有权；②宅基地、自留地、自留山等集体所有土地的使用权，但是法律规定可以抵押的除外；③学校、幼儿园、医疗机构等为公益目的成立的非营利法人的教育设施、医疗卫生设施和其他公益设施；④所有权、使用权不明或者有争议的财产；⑤依法被查封、扣押、监管的财产；⑥法律、行政法规规定不得抵押的其他财产。

[答案] B

[2021真题·多选] 债务人或者第三人有权处分的下列权利中，可以质押的有（ ）。
A. 建设用地使用权　　　　　　　　B. 支票
C. 债券　　　　　　　　　　　　　D. 可以转让的专利权中的财产权
E. 现有的以及将有的应收账款

[解析] 债务人或者第三人有权处分的下列权利可以出质：①汇票、本票、支票；②债券、存款单；③仓单、提单；④可以转让的基金份额、股权；⑤可以转让的注册商标专用权、专利权、著作权等知识产权中的财产权；⑥现有的以及将有的应收账款；⑦法律、行政法规规定可以出质的其他财产权利。

[答案] BCDE

知识点 5　占有

一、占有的分类

根据不同的标准，占有可以分为多种类型，具体内容见表1-2-7。

表1-2-7　占有的分类

分类标准	类型	含义	举例
是否合法	有权占有	基于合法的权利基础的占有	土地承包经营权人对承包地的占有
	无权占有	没有合法的权利基础的占有	拾得人或借用人对遗失物或借用物的占有
是否对标的物直接占有	直接占有	占有人直接对标的物进行管领和控制	房主居住在自己的房屋中
	间接占有	基于一定的法律关系对标的物进行管领和控制，而不直接进行控制	出租人通过承租人对房屋的占有
是否知情	善意占有	占有人不知道或者不应当知道自己的占有是无权占有	在不知情的情况下购买了被盗物品
	恶意占有	占有人知道或者应当知道自己的占有是无权占有	小偷对被盗物品的占有

续表

分类标准	类型	含义	举例
是否以所有的意思对物占有	自主占有	占有人以所有的意思对物进行的占有	房主对自己房屋的占有、建设单位对施工场地的占有
	他主占有	占有人以非所有的意思对物进行的占有	承租人对租赁物的占有、施工企业对施工场地的占有

二、占有的相关规定

(1) 基于合同关系等产生的占有，有关不动产或者动产的使用、收益、违约责任等，按照合同约定；合同没有约定或者约定不明确的，依照有关法律规定。

(2) 占有人因使用占有的不动产或者动产，致使该不动产或者动产受到损害的，恶意占有人应当承担赔偿责任。

(3) 不动产或者动产被占有人占有的，权利人可以请求返还原物及其孳息；但是，应当支付善意占有人因维护该不动产或者动产支出的必要费用。

(4) 占有的不动产或者动产毁损、灭失，该不动产或者动产的权利人请求赔偿的，占有人应当将因毁损、灭失取得的保险金、赔偿金或者补偿金等返还给权利人；权利人的损害未得到足够弥补的，恶意占有人还应当赔偿损失。

(5) 占有的不动产或者动产被侵占的，占有人有权请求返还原物；对妨害占有的行为，占有人有权请求排除妨害或者消除危险；因侵占或者妨害造成损害的，占有人有权依法请求损害赔偿。占有人返还原物的请求权，自侵占发生之日起 1 年内未行使的，该请求权消灭。

● **总结**

物权的种类概括总结如图 1-2-4 所示。

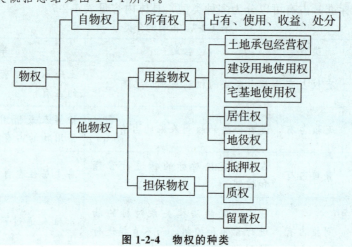

图 1-2-4 物权的种类

> **实战演练**
>
> [2024 真题·单选] 关于占有的说法，正确的是（　　）。
> A. 在施工过程中，施工企业对施工场地的占有属于自主占有
> B. 在施工过程中，建设单位对施工场地的占有属于他主占有
> C. 在施工过程中，施工企业对施工场地的占有属于恶意占有
> D. 占有的不动产或者动产被侵占的，占有人有权请求返还原物

[解析] 选项A错误，在施工过程中，施工企业对施工场地的占有属于他主占有。选项B错误，在施工过程中，建设单位对施工场地的占有属于自主占有。选项C错误，施工企业对施工场地的占有属于有权占有，而非无权占有。只有无权占有才可进一步分为善意占有和恶意占有。选项D正确，占有的不动产或者动产被侵占的，占有人有权请求返还原物；对妨害占有的行为，占有人有权请求排除妨害或者消除危险；因侵占或者妨害造成损害的，占有人有权依法请求损害赔偿。

[答案] D

第三节 建设工程知识产权制度

知识产权是民事主体对其智力劳动成果依法所享有的专有权利。《民法典》规定，知识产权是权利人依法就下列客体享有的专有的权利：①作品；②发明、实用新型、外观设计；③商标；④地理标志；⑤商业秘密；⑥集成电路布图设计；⑦植物新品种；⑧法律规定的其他客体。

建设工程知识产权制度是指在建设工程领域，对各种知识产权的保护、管理和使用的一系列法律规范，其主要涉及著作权、专利权、商标权、商业秘密等多种知识产权。

知识点 1 著作权制度

著作权，也称版权，是指自然人、法人或者其他组织对其创作的文学、艺术和科学作品依法享有的专有权利。

一、保护对象

《著作权法》所称的作品，是指文学、艺术和科学领域内具有独创性并能以一定形式表现的智力成果，包括：

(1) 文字作品。
(2) 口述作品。
(3) 音乐、戏剧、曲艺、舞蹈、杂技艺术作品。
(4) 美术、建筑作品。
(5) 摄影作品。
(6) 视听作品。
(7) 工程设计图、产品设计图、地图、示意图等图形作品和模型作品。
(8) 计算机软件。
(9) 符合作品特征的其他智力成果。

其中，建设工程活动常涉及的著作权作品见表1-3-1。

表1-3-1 建设工程活动常涉及的著作权作品

作品类型	内容
文字作品	招标文件、投标文件等以文字形式表现的作品
建筑作品	《中华人民共和国著作权法实施条例》规定的以建筑物或者构筑物形式表现的有审美意义的作品

续表

作品类型	内容
图形作品	《中华人民共和国著作权法实施条例》规定的为施工、生产绘制的工程设计图、产品设计图,以及反映地理现象、说明事物原理或者结构的地图、示意图等作品
计算机软件	计算机程序及其有关文档

不受《著作权法》保护的对象包括:
(1) 法律、法规,国家机关的决议、决定、命令和其他具有立法、行政、司法性质的文件,及其官方正式译文。
(2) 单纯事实消息。
(3) 历法、通用数表、通用表格和公式。

二、著作权人及其权利

(一) 著作权人

著作权人包括:
(1) 作者。
(2) 其他依照《著作权法》享有著作权的自然人、法人或者非法人组织。

(二) 著作权人的权利

著作权包括下列人身权和财产权:
(1) 人身权包括发表权、署名权、修改权、保护作品完整权。
(2) 财产权包括复制权、发行权、出租权、展览权、表演权、放映权、广播权、信息网络传播权、摄制权、改编权、翻译权、汇编权及应当由著作权人享有的其他权利。

三、著作权归属

《著作权法》规定,著作权属于作者,本法另有规定的除外。创作作品的自然人是作者。
根据作品的创作目的及承担的法律责任,作品分为单位作品、合作作品、职务作品、委托作品等。

(一) 单位作品

由法人或者非法人组织主持,代表法人或者非法人组织意志创作,并由法人或者非法人组织承担责任的作品,法人或者非法人组织视为作者。

(二) 合作作品

两人以上合作创作的作品,著作权由合作作者共同享有。没有参加创作的人,不能成为合作作者。合作作品的著作权由合作作者通过协商一致行使;不能协商一致,又无正当理由的,任何一方不得阻止他方行使除转让、许可他人专有使用、出质以外的其他权利,但是所得收益应当合理分配给所有合作作者。合作作品可以分割使用的,作者对各自创作的部分可以单独享有著作权,但行使著作权时不得侵犯合作作品整体的著作权。

(三) 职务作品

自然人为完成法人或者非法人组织工作任务所创作的作品是职务作品,除下列规定以外,著作权由作者享有,但法人或者非法人组织有权在其业务范围内优先使用。作品完成2年内,未经单位同意,作者不得许可第三人以与单位使用的相同方式使用该作品。
有下列情形之一的职务作品,作者享有署名权,著作权的其他权利由法人或者非法人组织享有,法人或者非法人组织可以给予作者奖励:
(1) 主要是利用法人或者非法人组织的物质技术条件创作,并由法人或者非法人组织承担责任的工程设计图、产品设计图、地图、示意图、计算机软件等职务作品。

（2）报社、期刊社、通讯社、广播电台、电视台的工作人员创作的职务作品。

（3）法律、行政法规规定或者合同约定著作权由法人或者非法人组织享有的职务作品。

● 总结

一般情况下，个人——著作权，单位——优先使用权。

特殊情况下，单位——著作权的其他权利，个人——署名权。

（四）委托作品

受委托创作的作品，著作权的归属由委托人和受托人通过合同约定。合同未作明确约定或者没有订立合同的，著作权属于受托人。

● 总结

委托作品归属权，有约从约；无约归受托人。

四、权利的保护期

《著作权法》规定，作者的署名权、修改权、保护作品完整权的保护期不受限制。

自然人的作品，其发表权、复制权、发行权、出租权、展览权、表演权、放映权、广播权、信息网络传播权、摄制权、改编权、翻译权、汇编权等权利的保护期为作者终生及其死亡后50年，截止于作者死亡后第50年的12月31日；如果是合作作品，截止于最后死亡的作者死亡后第50年的12月31日。

法人或者非法人组织的作品、著作权（署名权除外）由法人或者非法人组织享有的职务作品，其发表权的保护期为50年，截止于作品创作完成后第50年的12月31日；复制权、发行权、出租权、展览权、表演权、放映权、广播权、信息网络传播权、摄制权、改编权、翻译权、汇编权等权利的保护期为50年，截止于作品首次发表后第50年的12月31日，但作品自创作完成后50年内未发表的，《著作权法》不再保护。

五、计算机软件著作权

《计算机软件保护条例》规定，计算机软件（以下简称软件），是指计算机程序及其有关文档。软件著作权人，是指依照《计算机软件保护条例》规定，对软件享有著作权的自然人、法人或者其他组织。

（一）权利的内容

软件著作权人享有下列各项权利：①发表权；②署名权；③修改权；④复制权；⑤发行权；⑥出租权；⑦信息网络传播权；⑧翻译权；⑨应当由软件著作权人享有的其他权利。

（二）权利的归属

《计算机软件保护条例》规定，软件著作权属于软件开发者，本条例另有规定的除外。如无相反证明，在软件上署名的自然人、法人或者其他组织为开发者。

不同主体开发的软件，其著作权的归属不同，具体内容见表1-3-2。

表1-3-2 著作权的归属

软件	著作权的归属	
合作开发的软件	由合作开发者签订书面合同约定	
	无书面合同或者合同未作明确约定的	可以分割使用的，开发者对各自开发的部分可以单独享有著作权
		不能分割使用的，由各合作开发者共同享有

续表

软件	著作权的归属	
接受他人委托开发的软件	由委托人与受托人签订书面合同约定	
	无书面合同或者合同未作明确约定的	由受托人享有
由国家机关下达任务开发的软件	由项目任务书或者合同规定	
	项目任务书或者合同中未作明确规定的	由接受任务的法人或者其他组织享有

自然人在法人或者其他组织中任职期间所开发的软件有下列情形之一的，该软件著作权由该法人或者其他组织享有，该法人或者其他组织可以对开发软件的自然人进行奖励：

(1) 针对本职工作中明确指定的开发目标所开发的软件。

(2) 开发的软件是从事本职工作活动所预见的结果或者自然的结果。

(3) 主要使用了法人或者其他组织的资金、专用设备、未公开的专门信息等物质技术条件所开发并由法人或者其他组织承担责任的软件。

(三) 权利的期限

《计算机软件保护条例》规定，软件著作权自软件开发完成之日起产生。自然人的软件著作权，保护期为自然人终生及其死亡后50年，截止于自然人死亡后第50年的12月31日；软件是合作开发的，截止于最后死亡的自然人死亡后第50年的12月31日。法人或者其他组织的软件著作权，保护期为50年，截止于软件首次发表后第50年的12月31日，但软件自开发完成之日起50年内未发表的，本条例不再保护。

软件著作权属于自然人的，该自然人死亡后，在软件著作权的保护期内，软件著作权的继承人可以依照《中华人民共和国继承法》的有关规定，继承《计算机软件保护条例》第八条规定的除署名权以外的其他权利。软件著作权属于法人或者其他组织的，法人或者其他组织变更、终止后，其著作权在《计算机软件保护条例》规定的保护期内由承受其权利义务的法人或者其他组织享有；没有承受其权利义务的法人或者其他组织的，由国家享有。

(四) 权利的限制

《计算机软件保护条例》规定，软件的合法复制品所有人享有下列权利：

(1) 根据使用的需要把该软件装入计算机等具有信息处理能力的装置内。

(2) 为了防止复制品损坏而制作备份复制品。这些备份复制品不得通过任何方式提供给他人使用，并在所有人丧失该合法复制品的所有权时，负责将备份复制品销毁。

(3) 为了把该软件用于实际的计算机应用环境或者改进其功能、性能而进行必要的修改；但是，除合同另有约定外，未经该软件著作权人许可，不得向任何第三方提供修改后的软件。

为了学习和研究软件内含的设计思想和原理，通过安装、显示、传输或者存储软件等方式使用软件的，可以不经软件著作权人许可，不向其支付报酬。

实战演练

[2021真题·单选] 关于计算机软件著作权的说法，正确的是（ ）。

A. 自然人的软件著作权保护期为自然人终生

B. 如无相反证据证明，在软件上署名的自然人、法人或者其他组织为开发者

C. 接受他人委托开发的软件，其著作权由委托人享有

D. 法人的软件著作权，保护期为30年

[解析] 选项A错误,自然人的软件著作权,保护期为自然人终生及其死亡后50年,截止于自然人死亡后第50年的12月31日;软件是合作开发的,截止于最后死亡的自然人死亡后第50年的12月31日。选项C错误,接受他人委托开发的软件,其著作权的归属由委托人与受托人签订书面合同约定,无书面合同或者合同未作明确约定的,其著作权由受托人享有。选项D错误,法人或者其他组织的软件著作权,保护期为50年,截止于软件首次发表后第50年的12月31日,但软件自开发完成之日起50年内未发表的,不再受到《计算机软件保护条例》的保护。

[答案] B

[2023真题·多选] 下列知识产权的客体中,属于《著作权法》保护对象的有( )。

A. 建筑作品　　　　　　　　　B. 注册商标权
C. 外观设计专利　　　　　　　D. 工程设计图
E. 计算机软件

[解析] 注册商标由《中华人民共和国商标法》(以下简称《商标法》)保护,外观设计由《中华人民共和国专利法》(以下简称《专利法》)保护。商标设计者的人身权受《著作权法》保护,但是在本题中,选项B只提到注册商标,而非商标的权利人,所以其归类于《商标法》保护范畴。

[答案] ADE

知识点 2 专利权制度

专利权是指国家依法授予发明创造的发明人或其权利继承人在一定期限内对其发明创造享有的独占权。专利权是一种知识产权,旨在鼓励发明创造,推动发明创造的应用,提高创新能力,促进科学技术进步和经济社会发展,同时保护专利权人的合法权益。

一、保护对象

《专利法》所称的发明创造是指发明、实用新型和外观设计。

发明,是指对产品、方法或者其改进所提出的新的技术方案。

实用新型,是指对产品的形状、构造或者其结合所提出的适于实用的新的技术方案。

外观设计,是指对产品的整体或者局部的形状、图案或者其结合以及色彩与形状、图案的结合所作出的富有美感并适于工业应用的新设计。

二、专利权的内容

(一)转让权

专利申请权和专利权可以转让。转让专利申请权或者专利权的,当事人应当订立书面合同,并向国务院专利行政部门登记,由国务院专利行政部门予以公告。专利申请权或者专利权的转让自登记之日起生效。

(二)独占权

发明和实用新型专利权被授予后,除《专利法》另有规定的以外,任何单位或者个人未经专利权人许可,都不得实施其专利,即不得为生产经营目的制造、使用、许诺销售、销售、进口其专利产品,或者使用其专利方法以及使用、许诺销售、销售、进口依照该专利方法直接获得的产品。外观设计专利权被授予后,任何单位或者个人未经专利权人许可,都不得实施其专利,即不得为生产经营目的制造、许诺销售、销售、进口其外观设计专利产品。

(三)许可实施权

任何单位或者个人实施他人专利的,应当与专利权人订立实施许可合同,向专利权人支付专利使用费。被许可人无权允许合同规定以外的任何单位或者个人实施该专利。

三、授予专利权的条件

授予专利权的条件是指一项发明创造必须满足的基本要求,以便获得专利保护。根据《专利法》,其主要包括以下几个方面。

(1) 授予专利权的发明和实用新型,应当具备新颖性、创造性和实用性。

新颖性,是指该发明或者实用新型不属于现有技术;也没有任何单位或者个人就同样的发明或者实用新型在申请日以前向国务院专利行政部门提出过申请,并记载在申请日以后公布的专利申请文件或者公告的专利文件中。

创造性,是指与现有技术相比,该发明具有突出的实质性特点和显著的进步,该实用新型具有实质性特点和进步。

实用性,是指该发明或者实用新型能够制造或者使用,并且能够产生积极效果。

《专利法》所称现有技术,是指申请日以前在国内外为公众所知的技术。

(2) 授予专利权的外观设计,应当不属于现有设计;也没有任何单位或者个人就同样的外观设计在申请日以前向国务院专利行政部门提出过申请,并记载在申请日以后公告的专利文件中。授予专利权的外观设计与现有设计或者现有设计特征的组合相比,应当具有明显区别。授予专利权的外观设计不得与他人在申请日以前已经取得的合法权利相冲突。

《专利法》所称现有设计,是指申请日以前在国内外为公众所知的设计。

(3) 申请专利的发明创造在申请日以前6个月内,有下列情形之一的,不丧失新颖性:
① 在国家出现紧急状态或者非常情况时,为公共利益目的首次公开的。
② 在中国政府主办或者承认的国际展览会上首次展出的。
③ 在规定的学术会议或者技术会议上首次发表的。
④ 他人未经申请人同意而泄露其内容的。

四、专利的申请

(1) 申请发明或者实用新型专利的,应当提交请求书、说明书及其摘要和权利要求书等文件。申请外观设计专利的,应当提交请求书、该外观设计的图片或者照片以及对该外观设计的简要说明等文件。

(2) 国务院专利行政部门收到专利申请文件之日为申请日。如果申请文件是邮寄的,以寄出的邮戳日为申请日。

(3) 申请人自发明或者实用新型在外国第一次提出专利申请之日起12个月内,或者自外观设计在外国第一次提出专利申请之日起6个月内,又在中国就相同主题提出专利申请的,依照该外国同中国签订的协议或者共同参加的国际条约,或者依照相互承认优先权的原则,可以享有优先权。

申请人自发明或者实用新型在中国第一次提出专利申请之日起12个月内,或者自外观设计在中国第一次提出专利申请之日起6个月内,又向国务院专利行政部门就相同主题提出专利申请的,可以享有优先权。

五、专利权的期限

发明专利权的期限为20年,实用新型专利权的期限为10年,外观设计专利权的期限为15年,均自申请日起计算。

● **总结**
专利权的相关规定概括总结如图 1-3-1 所示。

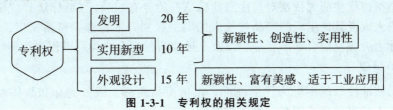

图 1-3-1 专利权的相关规定

> **实战演练**

[2024 真题·单选] 关于专利权的说法，正确的是（   ）。
A. 授予专利权的外观设计，应当具备新颖性、创造性和实用性
B.《专利法》规定的发明创造是指发明、实用新型和外观设计
C. 发明专利权的期限自专利权授予之日起计算
D. 外观设计专利权的期限为 10 年

[解析] 选项 A 错误，授予专利权的发明和实用新型，应当具备新颖性、创造性和实用性。授予专利权的外观设计，除新颖性外，还应当具备富有美感和适于工业应用两个条件。选项 C 错误，发明专利权的期限自申请日起计算。选项 D 错误，外观设计专利权的期限为 15 年。

[答案] B

[2023 真题·单选] 知识产权法的下列保护对象中，属于专利法保护对象的是（   ）。
A. 为施工绘制的工程设计图   B. 施工企业编制的投标文件
C. 项目经理完成的工程报告   D. 施工企业研发的新技术方案

[解析] 我国《专利法》保护的是发明创造专利权，并规定发明创造是指发明、实用新型和外观设计。发明，是指对产品、方法或者其改进所提出的新的技术方案。实用新型，是指对产品的形状、构造或者其结合所提出的适于实用的新的技术方案。外观设计，是指对产品的整体或者局部的形状、图案或者其结合以及色彩与形状、图案的结合所作出的富有美感并适于工业应用的新设计。选项 A、B、C 属于《著作权法》的保护对象。选项 D 为实用新型，受《专利法》保护。

[答案] D

[2019 真题·单选] 下列授予专利权的条件中，属于共性条件的是（   ）。
A. 创造性   B. 实用性
C. 新颖性   D. 艺术性

[解析] 授予专利权的发明和实用新型，应当具备新颖性、创造性和实用性。授予专利权的外观设计，应当不属于现有设计；也没有任何单位或者个人就同样的外观设计在申请日以前向国务院专利行政部门提出过申请，并记载在申请日以后公告的专利文件中。授予专利权的外观设计与现有设计或者现有设计特征的组合相比，应当具有明显区别。授予专利权的外观设计不得与他人在申请日以前已经取得的合法权利相冲突。《专利法》所称现有设计，是指申请日以前在国内外为公众所知的设计。除新颖性外，外观设计还应当富有美感并适于工业应用。

[答案] C

知识点 3 商标权制度

商标权是指商标注册人依法对其注册商标享有的专有权利。《商标法》规定，任何能够将自然人、法人或者其他组织的商品与他人的商品区别开的标志，包括文字、图形、字母、数字、三维标志、颜色组合和声音等，以及上述要素的组合，均可以作为商标申请注册。

一、保护对象

经商标局核准注册的商标为注册商标，包括商品商标、服务商标和集体商标、证明商标；商标注册人享有商标专用权，受法律保护。

注册商标的专用权，以核准注册的商标和核定使用的商品为限。

二、商标权的内容

（一）专有使用权

专有使用权是商标权最重要的内容，是商标权中最基本的核心权利。它的法律特征为：商标权人可在核定的商品上独占性地使用核准的商标，并通过使用获得其他合法权益。商标专用权的内容只包括财产权，商标设计者对其设计的商标享有发表权、署名权、修改权等人身权，受《著作权法》保护。

（二）禁止权

禁止权是指注册商标所有人有权禁止他人未经其许可，在同一种或者类似商品或服务项目上使用与其注册商标相同或近似的商标。专有使用权和禁止权是商标权的两个方面。

（三）许可权

商标注册人可以通过签订商标使用许可合同，许可他人使用其注册商标。许可人应当监督被许可人使用其注册商标的商品质量。被许可人应当保证使用该注册商标的商品质量。经许可使用他人注册商标的，必须在使用该注册商标的商品上标明被许可人的名称和商品产地。许可他人使用其注册商标的，许可人应当将其商标使用许可报商标局备案，由商标局公告。商标使用许可未经备案不得对抗善意第三人。

（四）转让权

转让是指注册商标所有人按照一定的条件，依法将其商标权转让给他人所有的行为。《商标法》规定，转让注册商标的，转让人和受让人应当签订转让协议，并共同向商标局提出申请。受让人应当保证使用该注册商标的商品质量。转让注册商标的，商标注册人对其在同一种商品上注册的近似的商标，或者在类似商品上注册的相同或者近似的商标，应当一并转让。

三、商标注册的申请

商标注册申请人应当按规定的商品分类表填报使用商标的商品类别和商品名称，提出注册申请。商标注册申请人可以通过一份申请就多个类别的商品申请注册同一商标。

商标注册申请等有关文件，可以以书面方式或者数据电文方式提出。

四、注册商标的续展

注册商标的有效期为 10 年，自核准注册之日起计算。

注册商标有效期满，需要继续使用的，商标注册人应当在期满前 12 个月内按照规定办理续展手续；在此期间未能办理的，可以给予 6 个月的宽展期。每次续展注册的有效期为 10 年，自该商标上一届有效期满次日起计算。期满未办理续展手续的，注销其注册商标。商标局应当对续展注册的商标予以公告。

> **实战演练**
>
> **[2023真题改编·单选]** 关于注册商标转让的说法，正确的是（　　）。
> A. 转让注册商标的，由转让人向商标局提出申请
> B. 转让注册商标的，商标注册人对其在类似商品上注册的近似的商标应当分开转让
> C. 转让注册商标的，商标注册人对其在同一种商品上注册的近似的商标应当一并转让
> D. 注册商标的转让是指商标专用人许可他人使用其注册商标的行为
> [解析] 选项A错误，转让注册商标的，转让人和受让人应当签订转让协议，并共同向商标局提出申请。选项B错误，选项C正确，转让注册商标的，商标注册人对其在同一种商品上注册的近似的商标，或者在类似商品上注册的相同或者近似的商标，应当一并转让。选项D错误，注册商标的转让是指商标专用人将其所有的注册商标依法转移给他人所有并由其专用的法律行为。
> [答案] C
>
> **[2021真题改编·单选]** 关于商标的说法，正确的是（　　）。
> A. 商标专用权的内容包括财产权和商标设计者的人身权
> B. 注册商标的专用权以核准注册的商标为限
> C. 注册商标的有效期自提出申请之日起计算
> D. 商标权包括专有使用权和禁止权两个方面
> [解析] 选项A错误，商标专用权的内容只包括财产权，商标设计者对其设计的商标享有发表权、署名权、修改权等人身权，受《著作权法》保护。选项B错误，注册商标的专用权，以核准注册的商标和核定使用的商品为限。选项C错误，注册商标的有效期为10年，自核准注册之日起计算。
> [答案] D

知识点 4　其他知识产权制度

除了著作权、专利权和商标权，我国的知识产权还包括地理标志、商业秘密、集成电路布图设计、植物新品种等。地理标志、商业秘密、集成电路布图设计的相关规定如下。

一、地理标志

《地理标志专用标志使用管理办法（试行）》规定，地理标志专用标志，是指适用在按照相关标准、管理规范或者使用管理规则组织生产的地理标志产品上的官方标志。

国家知识产权局负责统一制定发布地理标志专用标志使用管理要求，组织实施地理标志专用标志使用监督管理。地方知识产权管理部门负责地理标志专用标志使用的日常监管。

地理标志专用标志的合法使用人包括下列主体：
（1）经公告核准使用地理标志产品专用标志的生产者。
（2）经公告地理标志已作为集体商标注册的注册人的集体成员。
（3）经公告备案的已作为证明商标注册的地理标志的被许可人。
（4）经国家知识产权局登记备案的其他使用人。

地理标志专用标志合法使用人可在国家知识产权局官方网站下载基本图案矢量图。地理标志专用标志矢量图可按比例缩放，标注应清晰可识，不得更改专用标志的图案形状、构成、文字字体、图文比例、色值等。

地理标志专用标志合法使用人可采用的地理标志专用标志标示方法有：
（1）采取直接贴附、刻印、烙印或者编织等方式将地理标志专用标志附着在产品本身、

产品包装、容器、标签等上。

（2）使用在产品附加标牌、产品说明书、介绍手册等上。

（3）使用在广播、电视、公开发行的出版物等媒体上，包括以广告牌、邮寄广告或者其他广告方式为地理标志进行的广告宣传。

（4）使用在展览会、博览会上，包括在展览会、博览会上提供的使用地理标志专用标志的印刷品及其他资料。

（5）将地理标志专用标志使用于电子商务网站、微信、微信公众号、微博、二维码、手机应用程序等互联网载体上。

（6）其他合乎法律法规规定的标示方法。

地理标志专用标志合法使用人未按相应标准、管理规范或相关使用管理规则组织生产的，或者在2年内未在地理标志保护产品上使用专用标志的，知识产权管理部门停止其地理标志专用标志使用资格。

二、商业秘密

《中华人民共和国反不正当竞争法》（以下简称《反不正当竞争法》）规定，商业秘密，是指不为公众所知悉、具有商业价值并经权利人采取相应保密措施的技术信息、经营信息等商业信息。

经营者不得实施下列侵犯商业秘密的行为：

（1）以盗窃、贿赂、欺诈、胁迫、电子侵入或者其他不正当手段获取权利人的商业秘密。

（2）披露、使用或者允许他人使用以前项手段获取的权利人的商业秘密。

（3）违反保密义务或者违反权利人有关保守商业秘密的要求，披露、使用或者允许他人使用其所掌握的商业秘密。

（4）教唆、引诱、帮助他人违反保密义务或者违反权利人有关保守商业秘密的要求，获取、披露、使用或者允许他人使用权利人的商业秘密。

经营者以外的其他自然人、法人和非法人组织实施上述违法行为的，视为侵犯商业秘密。第三人明知或者应知商业秘密权利人的员工、前员工或者其他单位、个人实施上述违法行为，仍获取、披露、使用或者允许他人使用该商业秘密的，视为侵犯商业秘密。

经营者违反《反不正当竞争法》规定，给他人造成损害的，应当依法承担民事责任。经营者的合法权益受到不正当竞争行为损害的，可以向人民法院提起诉讼。因不正当竞争行为受到损害的经营者的赔偿数额，按照其被侵权所受到的实际损失确定；实际损失难以计算的，按照侵权人因侵权所获得的利益确定。经营者恶意实施侵犯商业秘密行为，情节严重的，可以在按照上述方法确定数额的1倍以上5倍以下确定赔偿数额。赔偿数额还应当包括经营者为制止侵权行为所支付的合理开支。

经营者违反《反不正当竞争法》第六条、第九条规定，权利人因被侵权所受到的实际损失、侵权人因侵权所获得的利益难以确定的，由人民法院根据侵权行为的情节判决给予权利人500万元以下的赔偿。

经营者以及其他自然人、法人和非法人组织违反《反不正当竞争法》第九条规定侵犯商业秘密的，由监督检查部门责令停止违法行为，没收违法所得，处10万元以上100万元以下的罚款；情节严重的，处50万元以上500万元以下的罚款。

在侵犯商业秘密的民事审判程序中，商业秘密权利人提供初步证据，证明其已经对所主张的商业秘密采取保密措施，且合理表明商业秘密被侵犯，涉嫌侵权人应当证明权利人所主张的商业秘密不属于《反不正当竞争法》规定的商业秘密。

商业秘密权利人提供初步证据合理表明商业秘密被侵犯，且提供以下证据之一的，涉嫌侵权人应当证明其不存在侵犯商业秘密的行为：

（1）有证据表明涉嫌侵权人有渠道或者机会获取商业秘密，且其使用的信息与该商业秘密实质上相同。

（2）有证据表明商业秘密已经被涉嫌侵权人披露、使用或者有被披露、使用的风险。

（3）有其他证据表明商业秘密被涉嫌侵权人侵犯。

三、集成电路布图设计

《集成电路布图设计保护条例》规定："集成电路布图设计（以下简称布图设计），是指集成电路中至少有一个是有源元件的两个以上元件和部分或者全部互连线路的三维配置，或者为制造集成电路而准备的上述三维配置。"

布图设计权利人享有下列专有权：

（1）对受保护的布图设计的全部或者其中任何具有独创性的部分进行复制。

（2）将受保护的布图设计、含有该布图设计的集成电路或含有该集成电路的物品投入商业利用。

布图设计专有权属于布图设计创作者，《集成电路布图设计保护条例》另有规定的除外。由法人或者其他组织主持，依据法人或者其他组织的意志而创作，并由法人或者其他组织承担责任的布图设计，该法人或者其他组织是创作者。由自然人创作的布图设计，该自然人是创作者。

两个以上自然人、法人或者其他组织合作创作的布图设计，其专有权的归属由合作者约定；未作约定或者约定不明的，其专有权由合作者共同享有。

受委托创作的布图设计，其专有权的归属由委托人和受托人双方约定；未作约定或者约定不明的，其专有权由受托人享有。

布图设计专有权的保护期为10年，自布图设计登记申请之日或者在世界任何地方首次投入商业利用之日起计算，以较前日期为准。但是，无论是否登记或者投入商业利用，布图设计自创作完成之日起15年后，不再受《集成电路布图设计保护条例》保护。

实战演练

[2024真题·单选] 关于侵犯商业秘密的说法，正确的是（　　）。

A. 第三人明知商业秘密权利人的前员工以盗窃手段获取权利人商业秘密，仍获取该商业秘密的，不构成侵犯商业秘密

B. 经营者违反保密义务，披露其所掌握的商业秘密属于侵犯商业秘密

C. 受到损害的商业秘密权利人的赔偿数额，应当按照侵权人因侵权所获得的利益确定

D. 在侵犯商业秘密案件的民事审判程序中，商业秘密权利人就对方侵权承担全部举证责任

[解析] 选项A错误，第三人明知或者应知商业秘密权利人的员工、前员工或者其他单位、个人实施侵犯商业秘密的违法行为，仍获取、披露、使用或者允许他人使用该商业秘密的，视为侵犯商业秘密。选项C错误，侵犯商业秘密，给商业秘密权利人造成损害的，应当依法承担民事责任，受到损害的商业秘密权利人的赔偿数额，按照其因被侵权所受到的实际损失确定；实际损失难以计算的，按照侵权人因侵权所获得的利益确定。选项D错误，在侵犯商业秘密案件的民事审判程序中，商业秘密权利人提供初步证据，证明其已经对所主张的商业秘密采取保密措施，且合理表明商业秘密被侵犯，涉嫌侵权人应当证明权利人所主张的商业秘密不属于《反不正当竞争法》规定的商业秘密。

[答案] B

第四节 建设工程侵权责任制度

知识点 1 侵权责任主体和损害赔偿

根据法律规定，侵权是指行为人违反法律规定或合同约定，侵犯他人的合法权益，导致他人受到损害的行为。侵权行为涉及多个领域，包括但不限于对他人财产、人身、知识产权等合法权益的侵犯。侵权行为通常需要承担相应的法律责任，如停止侵权、赔偿损失等。

一、侵权责任主体

（一）侵权责任主体的类型

根据《民法典》的规定，侵权责任主体主要包括：

1. 一般行为人

（1）行为人因过错侵害他人民事权益造成损害的，应当承担侵权责任。【有过错责任】

（2）依照法律规定推定行为人有过错，其不能证明自己没有过错的，应当承担侵权责任。【推定有过错责任】

（3）行为人造成他人民事权益损害，不论行为人有无过错，法律规定应当承担侵权责任的，依照其规定。【无过错责任】

2. 共同侵权行为人

（1）二人以上共同实施侵权行为，造成他人损害的，应当承担连带责任。

（2）二人以上实施危及他人人身、财产安全的行为，其中一人或者数人的行为造成他人损害，能够确定具体侵权人的，由侵权人承担责任；不能确定具体侵权人的，行为人承担连带责任。

（3）二人以上分别实施侵权行为造成同一损害，每个人的侵权行为都足以造成全部损害的，行为人承担连带责任。

（4）二人以上分别实施侵权行为造成同一损害，能够确定责任大小的，各自承担相应的责任；难以确定责任大小的，平均承担责任。

3. 教唆、帮助侵权行为人

教唆、帮助他人实施侵权行为的，应当与行为人承担连带责任。教唆、帮助无民事行为能力人、限制民事行为能力人实施侵权行为的，应当承担侵权责任；该无民事行为能力人、限制民事行为能力人的监护人未尽到监护职责的，应当承担相应的责任。

4. 第三人

损害是因第三人造成的，第三人应当承担侵权责任。

5. 自助行为人

合法权益受到侵害，情况紧迫且不能及时获得国家机关保护，不立即采取措施将使其合法权益受到难以弥补的损害的，受害人可以在保护自己合法权益的必要范围内采取扣留侵权人的财物等合理措施；但是，应当立即请求有关国家机关处理。受害人采取的措施不当造成他人损害的，应当承担侵权责任。

6. 被侵权人

（1）被侵权人对同一损害的发生或者扩大有过错的，可以减轻侵权人的责任。

（2）损害是因受害人故意造成的，行为人不承担责任。

（3）自愿参加具有一定风险的文体活动，因其他参加者的行为受到损害的，受害人不得请求其他参加者承担侵权责任；但是，其他参加者对损害的发生有故意或者重大过失的除外。

（二）责任承担方式

侵权行为危及他人人身、财产安全的，被侵权人有权请求侵权人承担停止侵害、排除妨碍、消除危险等侵权责任。

二、损害赔偿

（一）人身损害的赔偿

（1）侵害他人造成人身损害的，应当赔偿医疗费、护理费、交通费、营养费、住院伙食补助费等为治疗和康复支出的合理费用，以及因误工减少的收入。造成残疾的，还应当赔偿辅助器具费和残疾赔偿金；造成死亡的，还应当赔偿丧葬费和死亡赔偿金。

（2）因同一侵权行为造成多人死亡的，可以以相同数额确定死亡赔偿金。

（3）被侵权人死亡的，其近亲属有权请求侵权人承担侵权责任。被侵权人为组织，该组织分立、合并的，承继权利的组织有权请求侵权人承担侵权责任。

被侵权人死亡的，支付被侵权人医疗费、丧葬费等合理费用的人有权请求侵权人赔偿费用，但是侵权人已经支付该费用的除外。

（二）财产损失的赔偿

（1）侵害他人人身权益造成财产损失的，按照被侵权人因此受到的损失或者侵权人因此获得的利益赔偿；被侵权人因此受到的损失以及侵权人因此获得的利益难以确定，被侵权人和侵权人就赔偿数额协商不一致，向人民法院提起诉讼的，由人民法院根据实际情况确定赔偿数额。

（2）侵害他人财产的，财产损失按照损失发生时的市场价格或者其他合理方式计算。

（三）精神损失的赔偿

侵害自然人人身权益造成严重精神损害的，被侵权人有权请求精神损害赔偿。

因故意或者重大过失侵害自然人具有人身意义的特定物造成严重精神损害的，被侵权人有权请求精神损害赔偿。

（四）其他规定

（1）故意侵害他人知识产权，情节严重的，被侵权人有权请求相应的惩罚性赔偿。

（2）受害人和行为人对损害的发生都没有过错的，依照法律的规定由双方分担损失。

（3）损害发生后，当事人可以协商赔偿费用的支付方式。协商不一致的，赔偿费用应当一次性支付；一次性支付确有困难的，可以分期支付，但是被侵权人有权请求提供相应的担保。

三、特殊规定

（1）无民事行为能力人、限制民事行为能力人造成他人损害的，由监护人承担侵权责任。监护人尽到监护职责的，可以减轻其侵权责任。

有财产的无民事行为能力人、限制民事行为能力人造成他人损害的，从本人财产中支付赔偿费用；不足部分，由监护人赔偿。

（2）无民事行为能力人、限制民事行为能力人造成他人损害，监护人将监护职责委托给他人的，监护人应当承担侵权责任；受托人有过错的，承担相应的责任。

（3）完全民事行为能力人对自己的行为暂时没有意识或者失去控制造成他人损害有过错的，应当承担侵权责任；没有过错的，根据行为人的经济状况对受害人适当补偿。

完全民事行为能力人因醉酒、滥用麻醉药品或者精神药品对自己的行为暂时没有意识或者失去控制造成他人损害的，应当承担侵权责任。

(4) 用人单位的工作人员因执行工作任务造成他人损害的，由用人单位承担侵权责任。用人单位承担侵权责任后，可以向有故意或者重大过失的工作人员追偿。

劳务派遣期间，被派遣的工作人员因执行工作任务造成他人损害的，由接受劳务派遣的用工单位承担侵权责任；劳务派遣单位有过错的，承担相应的责任。

(5) 个人之间形成劳务关系，提供劳务一方因劳务造成他人损害的，由接受劳务一方承担侵权责任。接受劳务一方承担侵权责任后，可以向有故意或者重大过失的提供劳务一方追偿。提供劳务一方因劳务受到损害的，根据双方各自的过错承担相应的责任。

提供劳务期间，因第三人的行为造成提供劳务一方损害的，提供劳务一方有权请求第三人承担侵权责任，也有权请求接受劳务一方给予补偿。接受劳务一方补偿后，可以向第三人追偿。

(6) 承揽人在完成工作过程中造成第三人损害或者自己损害的，定作人不承担侵权责任。但是，定作人对定作、指示或者选任有过错的，应当承担相应的责任。

> **实战演练**
>
> [2022 真题·单选] 某施工企业为赶工期昼夜施工，严重影响相邻小区居民休息，经劝阻无效后，小区居民联合要求该施工企业停止夜间施工并赔偿每户居民 2 万元。关于小区居民与该施工企业之间关系的说法，正确的是（　　）。
>   A. 构成无因管理之债　　　　　　B. 构成不当得利之债
>   C. 构成侵权之债　　　　　　　　D. 不构成债的合同关系
> [解析] 侵权行为一经发生，即在侵权行为人和被侵权人之间形成债的关系。侵权行为产生的债被称为侵权之债。在建设工程活动中，常会产生侵权之债，如施工现场的施工噪声有可能产生侵权之债。
> [答案] C

知识点 2 产品责任

(1) 因产品存在缺陷造成他人损害的，生产者应当承担侵权责任。

(2) 因产品存在缺陷造成他人损害的，被侵权人可以向产品的生产者请求赔偿，也可以向产品的销售者请求赔偿。

产品缺陷由生产者造成的，销售者赔偿后，有权向生产者追偿。因销售者的过错使产品存在缺陷的，生产者赔偿后，有权向销售者追偿。

(3) 因运输者、仓储者等第三人的过错使产品存在缺陷，造成他人损害的，产品的生产者、销售者赔偿后，有权向第三人追偿。

(4) 因产品缺陷危及他人人身、财产安全的，被侵权人有权请求生产者、销售者承担停止侵害、排除妨碍、消除危险等侵权责任。

(5) 产品投入流通后发现存在缺陷的，生产者、销售者应当及时采取停止销售、警示、召回等补救措施；未及时采取补救措施或者补救措施不力造成损害扩大的，对扩大的损害也应当承担侵权责任。

依据上述规定采取召回措施的，生产者、销售者应当负担被侵权人因此支出的必要费用。

(6) 明知产品存在缺陷仍然生产、销售，或者没有依据上述规定采取有效补救措施，造成他人死亡或者健康严重损害的，被侵权人有权请求相应的惩罚性赔偿。

实战演练

[2024 真题·单选] 关于产品责任的说法，正确的是（　　）。

A. 因产品存在缺陷造成他人损害的，被侵权人仅可向产品的销售者请求赔偿
B. 因运输者的过错使产品存在缺陷，造成他人损害的，被侵权人应当向产品的运输者请求赔偿
C. 明知产品存在缺陷仍然生产、销售，造成他人死亡的，被侵权人有权请求相应的惩罚性赔偿
D. 产品投入流通后发现存在缺陷造成他人损害的，生产者、销售者不承担责任

[解析] 选项A错误，因产品存在缺陷造成他人损害的，被侵权人可以向产品的生产者请求赔偿，也可以向产品的销售者请求赔偿。选项B错误，因运输者、仓储者等第三人的过错使产品存在缺陷，造成他人损害的，产品的生产者、销售者赔偿后，有权向第三人追偿。选项D错误，产品投入流通后发现存在缺陷的，生产者、销售者应当及时采取停止销售、警示、召回等补救措施；未及时采取补救措施或者补救措施不力造成损害扩大的，对扩大的损害也应当承担侵权责任。

[答案] C

知识点 3 建筑物和物件损害责任

（1）建筑物、构筑物或者其他设施倒塌、塌陷造成他人损害的，由建设单位与施工单位承担连带责任，但是建设单位与施工单位能够证明不存在质量缺陷的除外。建设单位、施工单位赔偿后，有其他责任人的，有权向其他责任人追偿。

因所有人、管理人、使用人或者第三人的原因，建筑物、构筑物或者其他设施倒塌、塌陷造成他人损害的，由所有人、管理人、使用人或者第三人承担侵权责任。

（2）建筑物、构筑物或者其他设施及其搁置物、悬挂物发生脱落、坠落造成他人损害，所有人、管理人或者使用人不能证明自己没有过错的，应当承担侵权责任。所有人、管理人或者使用人赔偿后，有其他责任人的，有权向其他责任人追偿。

（3）禁止从建筑物中抛掷物品。从建筑物中抛掷物品或者从建筑物上坠落的物品造成他人损害的，由侵权人依法承担侵权责任；经调查难以确定具体侵权人的，除能够证明自己不是侵权人的外，由可能加害的建筑物使用人给予补偿。可能加害的建筑物使用人补偿后，有权向侵权人追偿。

物业服务企业等建筑物管理人应当采取必要的安全保障措施防止上述规定情形的发生；未采取必要的安全保障措施的，应当依法承担未履行安全保障义务的侵权责任。

发生上述规定的情形的，公安等机关应当依法及时调查，查清责任人。

（4）堆放物倒塌、滚落或者滑落造成他人损害，堆放人不能证明自己没有过错的，应当承担侵权责任。

（5）在公共道路上堆放、倾倒、遗撒妨碍通行的物品造成他人损害的，由行为人承担侵权责任。公共道路管理人不能证明已经尽到清理、防护、警示等义务的，应当承担相应的责任。

（6）因林木折断、倾倒或者果实坠落等造成他人损害，林木的所有人或者管理人不能证明自己没有过错的，应当承担侵权责任。

（7）在公共场所或者道路上挖掘、修缮安装地下设施等造成他人损害，施工人不能证明已经设置明显标志和采取安全措施的，应当承担侵权责任。

窨井等地下设施造成他人损害，管理人不能证明尽到管理职责的，应当承担侵权责任。

> **实战演练**
>
> [2024真题·单选] 从建筑物上坠落的物品造成他人损害，经调查难以确定具体侵权人的，除能够证明自己不是侵权人的外，补偿主体为（　　）。
> A. 建筑物全体业主　　　　　　B. 可能加害的建筑物使用人
> C. 物业服务企业　　　　　　　D. 居民委员会
> [解析]《民法典》规定，禁止从建筑物中抛掷物品。从建筑物中抛掷物品或者从建筑物上坠落的物品造成他人损害的，由侵权人依法承担侵权责任；经调查难以确定具体侵权人的，除能够证明自己不是侵权人的外，由可能加害的建筑物使用人给予补偿。
> [答案] B
>
> [2021真题·单选] 某建筑物倒塌造成他人损害，由建设单位与施工企业承担连带责任。该种债的产生依据是（　　）。
> A. 合同　　　　　　　　　　　B. 无因管理
> C. 不当得利　　　　　　　　　D. 侵权
> [解析] 侵权是指行为人违反法律规定或合同约定，侵犯他人的合法权益，导致他人受到损害的行为。侵权行为一经发生，即在侵权行为人和被侵权人之间形成债的关系。
> [答案] D

第五节　建设工程税收制度

知识点 1　企业所得税

一、纳税义务人

《企业所得税法》规定，在中华人民共和国境内，企业和其他取得收入的组织（以下统称企业）为企业所得税的纳税人，依照本法的规定缴纳企业所得税。个人独资企业、合伙企业不适用本法。

企业分为居民企业和非居民企业。居民企业，是指依法在中国境内成立，或者依照外国（地区）法律成立但实际管理机构在中国境内的企业。非居民企业，是指依照外国（地区）法律成立且实际管理机构不在中国境内，但在中国境内设立机构、场所的，或者在中国境内未设立机构、场所，但有来源于中国境内所得的企业。

居民企业应当就其来源于中国境内、境外的所得缴纳企业所得税。非居民企业在中国境内设立机构、场所的，应当就其所设机构、场所取得的来源于中国境内的所得，以及发生在中国境外但与其所设机构、场所有实际联系的所得，缴纳企业所得税。

非居民企业在中国境内未设立机构、场所的，或者虽设立机构、场所但取得的所得与其所设机构、场所没有实际联系的，应当就其来源于中国境内的所得缴纳企业所得税。

二、企业所得税税率

企业所得税的税率为25%。

非居民企业取得《企业所得税法》第三条第三款规定的所得，适用税率为20%。

企业所得税的具体税率见表1-5-1。

表 1-5-1　企业所得税的具体税率

居民企业	境内、境外所得		25%
非居民企业	境内：设立机构、场所的	有实际联系	25%
		无实际联系	20%
	境内：未设立机构、场所的		20%

三、应纳税所得额

企业每一纳税年度的收入总额，减除不征税收入、免税收入、各项扣除以及允许弥补的以前年度亏损后的余额，为应纳税所得额。

应纳税所得额＝收入总额－不征税收入－免税收入－各项扣除－弥补亏损

企业以货币形式和非货币形式从各种来源取得的收入，为收入总额。包括：

(1) 销售货物收入。
(2) 提供劳务收入。
(3) 转让财产收入。
(4) 股息、红利等权益性投资收益。
(5) 利息收入。
(6) 租金收入。
(7) 特许权使用费收入。
(8) 接受捐赠收入。
(9) 其他收入。

收入总额中的下列收入为不征税收入：

(1) 财政拨款。
(2) 依法收取并纳入财政管理的行政事业性收费、政府性基金。
(3) 国务院规定的其他不征税收入。

企业实际发生的与取得收入有关的、合理的支出，包括成本、费用、税金、损失和其他支出，准予在计算应纳税所得额时扣除。

企业发生的公益性捐赠支出，在年度利润总额 12% 以内的部分，准予在计算应纳税所得额时扣除；超过年度利润总额 12% 的部分，准予结转以后 3 年内在计算应纳税所得额时扣除。

在计算应纳税所得额时，下列支出不得扣除：

(1) 向投资者支付的股息、红利等权益性投资收益款项。
(2) 企业所得税税款。
(3) 税收滞纳金。
(4) 罚金、罚款和被没收财物的损失。
(5)《企业所得税法》第九条规定以外的捐赠支出。
(6) 赞助支出。
(7) 未经核定的准备金支出。
(8) 与取得收入无关的其他支出。

企业对外投资期间，投资资产的成本在计算应纳税所得额时不得扣除。

企业使用或者销售存货，按照规定计算的存货成本，准予在计算应纳税所得额时扣除。

企业转让资产，该项资产的净值，准予在计算应纳税所得额时扣除。

四、应纳税额

企业的应纳税所得额乘以适用税率，减除依照《企业所得税法》关于税收优惠的规定减免和抵免的税额后的余额，为应纳税额。

五、税收优惠

国家对重点扶持和鼓励发展的产业和项目，给予企业所得税优惠。

企业的下列收入为免税收入：

(1) 国债利息收入。

(2) 符合条件的居民企业之间的股息、红利等权益性投资收益。

(3) 在中国境内设立机构、场所的非居民企业从居民企业取得与该机构、场所有实际联系的股息、红利等权益性投资收益。

(4) 符合条件的非营利组织的收入。

企业的下列所得，可以免征、减征企业所得税：

(1) 从事农、林、牧、渔业项目的所得。

(2) 从事国家重点扶持的公共基础设施项目投资经营的所得。

(3) 从事符合条件的环境保护、节能节水项目的所得。

(4) 符合条件的技术转让所得。

(5)《企业所得税法》第三条第三款规定的所得。

符合条件的小型微利企业，减按 20% 的税率征收企业所得税。国家需要重点扶持的高新技术企业，减按 15% 的税率征收企业所得税。

实战演练

[2022真题补考·单选] 根据《企业所得税法》，关于居民企业的说法，正确的是（　　）。

A. 外资企业不属于居民企业
B. 依法在中国境内成立的企业是居民企业
C. 依照外国法律成立的企业不是居民企业
D. 按照外国法律成立且有来源于中国境内所得的企业是居民企业

[解析] 居民企业是指依法在中国境内成立，或者依照外国（地区）法律成立但实际管理机构在中国境内的企业。

[答案] B

[2022真题·多选] 根据《企业所得税法》，企业下列收入中应当缴纳企业所得税的有（　　）。

A. 租金收入　　　　　　　　B. 接受捐赠收入
C. 股息、红利等权益性投资收益　D. 特许权使用费收入
E. 财政拨款

[解析] 企业以货币形式和非货币形式从各种来源取得的收入，为收入总额，包括：①销售货物收入；②提供劳务收入；③转让财产收入；④股息、红利等权益性投资收益；⑤利息收入；⑥租金收入；⑦特许权使用费收入；⑧接受捐赠收入；⑨其他收入。收入总额中的下列收入为不征税收入：①财政拨款；②依法收取并纳入财政管理的行政事业性收费、政府性基金；③国务院规定的其他不征税收入。

[答案] ABCD

[2022真题补考·多选] 根据《企业所得税法》，我国境内的下列企业中，应当缴纳企业所得税的有（   ）。

A. 国有独资公司　　　　　　　　B. 个人独资企业
C. 有限责任公司　　　　　　　　D. 股份有限公司
E. 合伙企业

[解析] 在中华人民共和国境内，企业为企业所得税的纳税人，依照《企业所得税法》的规定缴纳企业所得税。个人独资企业、合伙企业不适用《企业所得税法》。

[答案] ACD

知识点 2　企业增值税

《中华人民共和国增值税暂行条例》（以下简称《增值税暂行条例》）规定，在中华人民共和国境内销售货物或者加工、修理修配劳务（以下简称劳务），销售服务、无形资产、不动产以及进口货物的单位和个人，为增值税的纳税人，应当依照本条例缴纳增值税。我国将增值税的纳税人分为一般纳税人和小规模纳税人。

一、增值税税率

2019年3月20日，财政部、税务总局、海关总署联合发布的《关于深化增值税改革有关政策的公告》明确指出："增值税一般纳税人（以下称纳税人）发生增值税应税销售行为或者进口货物，原适用16%税率的，税率调整为13%；原适用10%税率的，税率调整为9%。"具体来说，自2019年起，增值税税率调整为：

（1）纳税人销售货物、劳务、有形动产租赁服务或者进口货物，除下述第（2）项、第（4）项、第（5）项另有规定外，税率为13%。

（2）纳税人销售交通运输、邮政、基础电信、建筑、不动产租赁服务，销售不动产，转让土地使用权，销售或者进口下列货物，税率为9%：

①粮食等农产品、食用植物油、食用盐。

②自来水、暖气、冷气、热水、煤气、石油液化气、天然气、二甲醚、沼气、居民用煤炭制品。

③图书、报纸、杂志、音像制品、电子出版物。

④饲料、化肥、农药、农机、农膜。

⑤国务院规定的其他货物。

（3）纳税人销售服务、无形资产，除上述第（1）项、第（2）项和下述第（5）项另有规定外，税率为6%。

（4）纳税人出口货物，税率为零；但是，国务院另有规定的除外。

（5）境内单位和个人跨境销售国务院规定范围内的服务、无形资产，税率为零。

税率的调整，由国务院决定。

《增值税暂行条例》规定，纳税人兼营不同税率的项目，应当分别核算不同税率项目的销售额；未分别核算销售额的，从高适用税率。

二、增值税计算

除《增值税暂行条例》第十一条规定外，纳税人销售货物、劳务、服务、无形资产、不动产（以下统称应税销售行为），应纳税额为当期销项税额抵扣当期进项税额后的余额。应纳税额计算公式为：

$$应纳税额＝当期销项税额－当期进项税额$$

当期销项税额小于当期进项税额不足抵扣时，其不足部分可以结转下期继续抵扣。

纳税人发生应税销售行为，按照销售额和《增值税暂行条例》第二条规定的税率计算收取的增值税额，为销项税额。销项税额计算公式为：

$$销项税额＝销售额×税率$$

销售额为纳税人发生应税销售行为收取的全部价款和价外费用，但是不包括收取的销项税额。销售额以人民币计算。纳税人以人民币以外的货币结算销售额的，应当折合成人民币计算。

纳税人发生应税销售行为的价格明显偏低并无正当理由的，由主管税务机关核定其销售额。

纳税人购进货物、劳务、服务、无形资产、不动产支付或者负担的增值税额，为进项税额。

下列进项税额准予从销项税额中抵扣：

（1）从销售方取得的增值税专用发票上注明的增值税额。

（2）从海关取得的海关进口增值税专用缴款书上注明的增值税额。

（3）购进农产品，除取得增值税专用发票或者海关进口增值税专用缴款书外，按照农产品收购发票或者销售发票上注明的农产品买价和11％的扣除率计算的进项税额，国务院另有规定的除外。进项税额计算公式为：

$$进项税额＝买价×扣除率$$

（4）自境外单位或者个人购进劳务、服务、无形资产或者境内的不动产，从税务机关或者扣缴义务人取得的代扣代缴税款的完税凭证上注明的增值税额。

准予抵扣的项目和扣除率的调整，由国务院决定。

纳税人购进货物、劳务、服务、无形资产、不动产，取得的增值税扣税凭证不符合法律、行政法规或者国务院税务主管部门有关规定的，其进项税额不得从销项税额中抵扣。

下列项目的进项税额不得从销项税额中抵扣：

（1）用于简易计税方法计税项目、免征增值税项目、集体福利或者个人消费的购进货物、劳务、服务、无形资产和不动产。

（2）非正常损失的购进货物，以及相关的劳务和交通运输服务。

（3）非正常损失的在产品、产成品所耗用的购进货物（不包括固定资产）、劳务和交通运输服务。

（4）国务院规定的其他项目。

小规模纳税人发生应税销售行为，实行按照销售额和征收率计算应纳税额的简易办法，并不得抵扣进项税额。应纳税额计算公式为：

$$应纳税额＝销售额×征收率$$

小规模纳税人的标准由国务院财政、税务主管部门规定。小规模纳税人增值税征收率为3％，国务院另有规定的除外。

三、增值税的免征

下列项目免征增值税：

（1）农业生产者销售的自产农产品。

（2）避孕药品和用具。

（3）古旧图书。

(4) 直接用于科学研究、科学试验和教学的进口仪器、设备。
(5) 外国政府、国际组织无偿援助的进口物资和设备。
(6) 由残疾人的组织直接进口供残疾人专用的物品。
(7) 销售的自己使用过的物品。

除上述规定外，增值税的免税、减税项目由国务院规定。任何地区、部门均不得规定免税、减税项目。

纳税人兼营免税、减税项目的，应当分别核算免税、减税项目的销售额；未分别核算销售额的，不得免税、减税。

四、增值税纳税时间

(1) 增值税纳税义务发生时间：
①发生应税销售行为，为收讫销售款项或者取得索取销售款项凭据的当天；先开具发票的，为开具发票的当天。
②进口货物，为报关进口的当天。
增值税扣缴义务发生时间为纳税人增值税纳税义务发生的当天。

(2) 增值税由税务机关征收，进口货物的增值税由海关代征。个人携带或者邮寄进境自用物品的增值税，连同关税一并计征。具体办法由国务院关税税则委员会会同有关部门制定。

(3) 纳税人发生应税销售行为，应当向索取增值税专用发票的购买方开具增值税专用发票，并在增值税专用发票上分别注明销售额和销项税额。

属于下列情形之一的，不得开具增值税专用发票：
①应税销售行为的购买方为消费者个人的。
②发生应税销售行为适用免税规定的。

● 点拨

一般纳税人和小规模纳税人的区别见表1-5-2。

表1-5-2 一般纳税人和小规模纳税人的区别

类型	纳税登记	会计核算健全	增值税专用发票	计税方法	计税公式	抵扣进项税额	税率（征收率）	转换
一般纳税人	应当	√	√	一般计税方法	应纳税额＝当期销项税额－当期进项税额	√	13%、9%、6%、0	×
小规模纳税人	可以	×	×	简易计税方法	应纳税额＝销售额×征收率	×	3%（特殊5%）	√

> 实战演练

[2024真题·单选] 计算增值税应纳税额时，下列项目的进项税额不得从销项税额中抵扣的是（　　）。
A. 自境外单位购进无形资产，从税务机关或者扣缴义务人取得的代扣代缴税款的完税凭证上注明的增值税额
B. 非正常损失的在产品、产成品所耗用的购进货物（不包括固定资产）、劳务和交通运输服务
C. 从海关取得的海关进口增值税专用缴款书上注明的增值税额
D. 从销售方取得的增值税专用发票上注明的增值税额

[解析] 下列项目的进项税额不得从销项税额中抵扣：①用于简易计税方法计税项目、免征增值税项目、集体福利或者个人消费的购进货物、劳务、服务、无形资产和不动产；②非正常损失的购进货物，以及相关的劳务和交通运输服务；③非正常损失的在产品、产成品所耗用的购进货物（不包括固定资产）、劳务和交通运输服务；④国务院规定的其他项目。选项A、C、D均属于进项税额准予从销项税额中抵扣的项目。

[答案] B

知识点 3 环境保护税

《中华人民共和国环境保护税法》（以下简称《环境保护税法》）规定："在中华人民共和国领域和中华人民共和国管辖的其他海域，直接向环境排放应税污染物的企业事业单位和其他生产经营者为环境保护税的纳税人，应当依照本法规定缴纳环境保护税。本法所称应税污染物，是指本法所附《环境保护税税目税额表》、《应税污染物和当量值表》规定的大气污染物、水污染物、固体废物和噪声。"

有下列情形之一的，不属于直接向环境排放污染物，不缴纳相应污染物的环境保护税：

（1）企业事业单位和其他生产经营者向依法设立的污水集中处理、生活垃圾集中处理场所排放应税污染物的。

（2）企业事业单位和其他生产经营者在符合国家和地方环境保护标准的设施、场所贮存或者处置固体废物的。

依法设立的城乡污水集中处理、生活垃圾集中处理场所超过国家和地方规定的排放标准向环境排放应税污染物的，应当缴纳环境保护税。

企业事业单位和其他生产经营者贮存或者处置固体废物不符合国家和地方环境保护标准的，应当缴纳环境保护税。

一、计税依据和应纳税额

应税污染物的计税依据，按照下列方法确定：

（1）应税大气污染物按照污染物排放量折合的污染当量数确定。

（2）应税水污染物按照污染物排放量折合的污染当量数确定。

（3）应税固体废物按照固体废物的排放量确定。

（4）应税噪声按照超过国家规定标准的分贝数确定。

应税大气污染物、水污染物的污染当量数，以该污染物的排放量除以该污染物的污染当量值计算。每种应税大气污染物、水污染物的具体污染当量值，依照《环境保护税法》所附《应税污染物和当量值表》执行。

应税大气污染物、水污染物、固体废物的排放量和噪声的分贝数，按照下列方法和顺序计算：

（1）纳税人安装使用符合国家规定和监测规范的污染物自动监测设备的，按照污染物自动监测数据计算。

（2）纳税人未安装使用污染物自动监测设备的，按照监测机构出具的符合国家有关规定和监测规范的监测数据计算。

（3）因排放污染物种类多等原因不具备监测条件的，按照国务院生态环境主管部门规定的排污系数、物料衡算方法计算。

（4）不能按照上述第（1）项至第（3）项规定的方法计算的，按照省、自治区、直辖市人民政府生态环境主管部门规定的抽样测算的方法核定计算。

环境保护税应纳税额按照下列方法计算：
（1）应税大气污染物的应纳税额为污染当量数乘以具体适用税额。
（2）应税水污染物的应纳税额为污染当量数乘以具体适用税额。
（3）应税固体废物的应纳税额为固体废物排放量乘以具体适用税额。
（4）应税噪声的应纳税额为超过国家规定标准的分贝数对应的具体适用税额。

二、税收减免

《环境保护税法》规定，下列情形，暂予免征环境保护税：
（1）农业生产（不包括规模化养殖）排放应税污染物的。
（2）机动车、铁路机车、非道路移动机械、船舶和航空器等流动污染源排放应税污染物的。
（3）依法设立的城乡污水集中处理、生活垃圾集中处理场所排放相应应税污染物，不超过国家和地方规定的排放标准的。
（4）纳税人综合利用的固体废物，符合国家和地方环境保护标准的。
（5）国务院批准免税的其他情形。
上述第（5）项免税规定，由国务院报全国人民代表大会常务委员会备案。
纳税人排放应税大气污染物或者水污染物的浓度值低于国家和地方规定的污染物排放标准30％的，减按75％征收环境保护税。纳税人排放应税大气污染物或者水污染物的浓度值低于国家和地方规定的污染物排放标准50％的，减按50％征收环境保护税。

三、征收管理

（1）环境保护税由税务机关依照《中华人民共和国税收征收管理法》（以下简称《税收征收管理法》）和《环境保护税法》的有关规定征收管理。生态环境主管部门依照《环境保护税法》和有关环境保护法律法规的规定负责对污染物的监测管理。县级以上地方人民政府应当建立税务机关、生态环境主管部门和其他相关单位分工协作工作机制，加强环境保护税征收管理，保障税款及时足额入库。
（2）生态环境主管部门和税务机关应当建立涉税信息共享平台和工作配合机制。
生态环境主管部门应当将排污单位的排污许可、污染物排放数据、环境违法和受行政处罚情况等环境保护相关信息，定期交送税务机关。
税务机关应当将纳税人的纳税申报、税款入库、减免税额、欠缴税款以及风险疑点等环境保护税涉税信息，定期交送生态环境主管部门。
（3）纳税义务发生时间为纳税人排放应税污染物的当日。
（4）纳税人应当向应税污染物排放地的税务机关申报缴纳环境保护税。
（5）环境保护税按月计算，按季申报缴纳。不能按固定期限计算缴纳的，可以按次申报缴纳。纳税人申报缴纳时，应当向税务机关报送所排放应税污染物的种类、数量，大气污染物、水污染物的浓度值，以及税务机关根据实际需要要求纳税人报送的其他纳税资料。
（6）纳税人按季申报缴纳的，应当自季度终了之日起15日内，向税务机关办理纳税申报并缴纳税款。纳税人按次申报缴纳的，应当自纳税义务发生之日起15日内，向税务机关办理纳税申报并缴纳税款。纳税人应当依法如实办理纳税申报，对申报的真实性和完整性承担责任。
（7）税务机关应当将纳税人的纳税申报数据资料与生态环境主管部门交送的相关数据资料进行比对。
税务机关发现纳税人的纳税申报数据资料异常或者纳税人未按照规定期限办理纳税申

的，可以提请生态环境主管部门进行复核，生态环境主管部门应当自收到税务机关的数据资料之日起15日内向税务机关出具复核意见。税务机关应当按照生态环境主管部门复核的数据资料调整纳税人的应纳税额。

> **实战演练**
>
> **[2019真题·多选]** 根据《环境保护税法》，环境保护税的计税依据有（　　）。
> A. 排放量　　　　　　　　　B. 个数
> C. 污染当量数　　　　　　　D. 超标分贝数
> E. 立方米数
> **[解析]** 环境保护税的应税污染物的计税依据，按照下列方法确定：①应税大气污染物按照污染物排放量折合的污染当量数确定；②应税水污染物按照污染物排放量折合的污染当量数确定；③应税固体废物按照固体废物的排放量确定；④应税噪声按照超过国家规定标准的分贝数确定。环境保护税的税目、税额详见《环境保护税法》所附《环境保护税税目税额表》。环境保护税应纳税额按照下列方法计算：①应税大气污染物的应纳税额为污染当量数乘以具体适用税额；②应税水污染物的应纳税额为污染当量数乘以具体适用税额；③应税固体废物的应纳税额为固体废物排放量乘以具体适用税额；④应税噪声的应纳税额为超过国家规定标准的分贝数对应的具体适用税额。
> **[答案]** ACD

知识点 4　其他相关税种

一、个人所得税

《中华人民共和国个人所得税法》（以下简称《个人所得税法》）规定，在中国境内有住所，或者无住所而一个纳税年度内在中国境内居住累计满183天的个人，为居民个人。居民个人从中国境内和境外取得的所得，依照本法规定缴纳个人所得税。

在中国境内无住所又不居住，或者无住所而一个纳税年度内在中国境内居住累计不满183天的个人，为非居民个人。非居民个人从中国境内取得的所得，依照本法规定缴纳个人所得税。

纳税年度，自公历1月1日起至12月31日止。

（一）征税对象

下列各项个人所得，应当缴纳个人所得税：

(1) 工资、薪金所得。
(2) 劳务报酬所得。
(3) 稿酬所得。
(4) 特许权使用费所得。
(5) 经营所得。
(6) 利息、股息、红利所得。
(7) 财产租赁所得。
(8) 财产转让所得。
(9) 偶然所得。

居民个人取得上述第（1）项至第（4）项所得（以下称综合所得），按纳税年度合并计算个人所得税；非居民个人取得上述第（1）项至第（4）项所得，按月或者按次分项计算个人所得税。纳税人取得上述第（5）项至第（9）项所得，依照《个人所得税法》规定分别计算个人所得税。

(二)税率

个人所得税的税率:

(1) 综合所得,适用3%至45%的超额累进税率。

(2) 经营所得,适用5%至35%的超额累进税率。

(3) 利息、股息、红利所得,财产租赁所得,财产转让所得和偶然所得,适用比例税率,税率为20%。

● 点拨

个人所得税的征税范围及税率记忆口诀,即工劳稿特"345";经营所得"535";利偶转租"整20"。

(三)税收减免

下列各项个人所得,免征个人所得税:

(1) 省级人民政府、国务院部委和中国人民解放军军以上单位,以及外国组织、国际组织颁发的科学、教育、技术、文化、卫生、体育、环境保护等方面的奖金。

(2) 国债和国家发行的金融债券利息。

(3) 按照国家统一规定发给的补贴、津贴。

(4) 福利费、抚恤金、救济金。

(5) 保险赔款。

(6) 军人的转业费、复员费、退役金。

(7) 按照国家统一规定发给干部、职工的安家费、退职费、基本养老金或者退休费、离休费、离休生活补助费。

(8) 依照有关法律规定应予免税的各国驻华使馆、领事馆的外交代表、领事官员和其他人员的所得。

(9) 中国政府参加的国际公约、签订的协议中规定免税的所得。

(10) 国务院规定的其他免税所得。

上述第(10)项免税规定,由国务院报全国人民代表大会常务委员会备案。

有下列情形之一的,可以减征个人所得税,具体幅度和期限由省、自治区、直辖市人民政府规定,并报同级人民代表大会常务委员会备案:

(1) 残疾、孤老人员和烈属的所得。

(2) 因自然灾害遭受重大损失的。

国务院可以规定其他减税情形,报全国人民代表大会常务委员会备案。

(四)应纳税所得额

应纳税所得额的计算:

(1) 居民个人的综合所得,以每一纳税年度的收入额减除费用6万元以及专项扣除、专项附加扣除和依法确定的其他扣除后的余额,为应纳税所得额。

(2) 非居民个人的工资、薪金所得,以每月收入额减除费用5000元后的余额为应纳税所得额;劳务报酬所得、稿酬所得、特许权使用费所得,以每次收入额为应纳税所得额。

(3) 经营所得,以每一纳税年度的收入总额减除成本、费用以及损失后的余额,为应纳税所得额。

(4) 财产租赁所得,每次收入不超过4000元的,减除费用800元;4000元以上的,减除20%的费用,其余额为应纳税所得额。

(5) 财产转让所得,以转让财产的收入额减除财产原值和合理费用后的余额,为应纳税所得额。

(6) 利息、股息、红利所得和偶然所得，以每次收入额为应纳税所得额。

劳务报酬所得、稿酬所得、特许权使用费所得以收入减除20％的费用后的余额为收入额。稿酬所得的收入额减按70％计算。

个人将其所得对教育、扶贫、济困等公益慈善事业进行捐赠，捐赠额未超过纳税人申报的应纳税所得额30％的部分，可以从其应纳税所得额中扣除；国务院规定对公益慈善事业捐赠实行全额税前扣除的，从其规定。

(五) 扣缴与申报

个人所得税以所得人为纳税人，以支付所得的单位或者个人为扣缴义务人。

纳税人有中国公民身份号码的，以中国公民身份号码为纳税人识别号；纳税人没有中国公民身份号码的，由税务机关赋予其纳税人识别号。扣缴义务人扣缴税款时，纳税人应当向扣缴义务人提供纳税人识别号。

有下列情形之一的，纳税人应当依法办理纳税申报：
(1) 取得综合所得需要办理汇算清缴。
(2) 取得应税所得没有扣缴义务人。
(3) 取得应税所得，扣缴义务人未扣缴税款。
(4) 取得境外所得。
(5) 因移居境外注销中国户籍。
(6) 非居民个人在中国境内从两处以上取得工资、薪金所得。
(7) 国务院规定的其他情形。

扣缴义务人应当按照国家规定办理全员全额扣缴申报，并向纳税人提供其个人所得和已扣缴税款等信息。

二、城镇土地使用税

《中华人民共和国城镇土地使用税暂行条例》（以下简称《城镇土地使用税暂行条例》）规定，在城市、县城、建制镇、工矿区范围内使用土地的单位和个人，为城镇土地使用税（以下简称土地使用税）的纳税人，应当依照本条例的规定缴纳土地使用税。

上述所称单位，包括国有企业、集体企业、私营企业、股份制企业、外商投资企业、外国企业以及其他企业和事业单位、社会团体、国家机关、军队以及其他单位；所称个人，包括个体工商户以及其他个人。

(一) 计税依据

土地使用税以纳税人实际占用的土地面积为计税依据，依照规定税额计算征收。

上述土地占用面积的组织测量工作，由省、自治区、直辖市人民政府根据实际情况确定。

(二) 税额

土地使用税每平方米年税额如下：
(1) 大城市1.5元至30元。
(2) 中等城市1.2元至24元。
(3) 小城市0.9元至18元。
(4) 县城、建制镇、工矿区0.6元至12元。

省、自治区、直辖市人民政府，应当在《城镇土地使用税暂行条例》第四条规定的税额幅度内，根据市政建设状况、经济繁荣程度等条件，确定所辖地区的适用税额幅度。市、县人民政府应当根据实际情况，将本地区土地划分为若干等级，在省、自治区、直辖市人民政府确定的税额幅度内，制定相应的适用税额标准，报省、自治区、直辖市人民政府批准执行。经省、自治区、直辖市人民政府批准,经济落后地区土地使用税的适用税额标准可以适当降低,但降低额不得超过《城镇土地使用税暂行条例》第四条规定最低税额的30%。经济发达地区土地使用税的适用税额标准可以适当提高,但须报经财政部批准。

(三) 税收减免

下列土地免缴土地使用税:
(1) 国家机关、人民团体、军队自用的土地。
(2) 由国家财政部门拨付事业经费的单位自用的土地。
(3) 宗教寺庙、公园、名胜古迹自用的土地。
(4) 市政街道、广场、绿化地带等公共用地。
(5) 直接用于农、林、牧、渔业的生产用地。
(6) 经批准开山填海整治的土地和改造的废弃土地,从使用的月份起免缴土地使用税5年至10年。
(7) 由财政部另行规定免税的能源、交通、水利设施用地和其他用地。

除上述规定外,纳税人缴纳土地使用税确有困难需要定期减免的,由县以上税务机关批准。

(四) 其他规定

土地使用税按年计算、分期缴纳。缴纳期限由省、自治区、直辖市人民政府确定。
新征收的土地,依照下列规定缴纳土地使用税:
(1) 征收的耕地,自批准征收之日起满1年时开始缴纳土地使用税。
(2) 征收的非耕地,自批准征收次月起缴纳土地使用税。
土地使用税由土地所在地的税务机关征收。土地管理机关应当向土地所在地的税务机关提供土地使用权属资料。

三、城市维护建设税

《中华人民共和国城市维护建设税法》(以下简称《城市维护建设税法》)规定,在中华人民共和国境内缴纳增值税、消费税的单位和个人,为城市维护建设税的纳税人,应当依照本法规定缴纳城市维护建设税。

(一) 计税依据

(1) 城市维护建设税以纳税人依法实际缴纳的增值税、消费税税额为计税依据。
城市维护建设税的计税依据应当按照规定扣除期末留抵退税退还的增值税税额。
城市维护建设税计税依据的具体确定办法,由国务院依据《城市维护建设税法》和有关税收法律、行政法规规定,报全国人民代表大会常务委员会备案。
(2) 对进口货物或者境外单位和个人向境内销售劳务、服务、无形资产缴纳的增值税、消费税税额,不征收城市维护建设税。

(二) 税率

城市维护建设税税率如下:
(1) 纳税人所在地在市区的,税率为7%。
(2) 纳税人所在地在县城、镇的,税率为5%。
(3) 纳税人所在地不在市区、县城或者镇的,税率为1%。

上述所称纳税人所在地,是指纳税人住所地或者与纳税人生产经营活动相关的其他地点,具体地点由省、自治区、直辖市确定。

(三) 其他规定

(1) 城市维护建设税的纳税义务发生时间与增值税、消费税的纳税义务发生时间一致,分别与增值税、消费税同时缴纳。

(2) 城市维护建设税的扣缴义务人为负有增值税、消费税扣缴义务的单位和个人,在扣缴增值税、消费税的同时扣缴城市维护建设税。

四、房产税

《中华人民共和国房产税暂行条例》(以下简称《房产税暂行条例》)规定,房产税由产权所有人缴纳。产权属于全民所有的,由经营管理的单位缴纳。产权出典的,由承典人缴纳。产权所有人、承典人不在房产所在地的,或者产权未确定及租典纠纷未解决的,由房产代管人或者使用人缴纳。

上述列举的产权所有人、经营管理单位、承典人、房产代管人或者使用人,统称为纳税义务人(以下简称纳税人)。

(一) 征税范围

房产税在城市、县城、建制镇和工矿区征收。

(二) 计税依据

房产税依照房产原值一次减除10%至30%后的余值计算缴纳。具体减除幅度,由省、自治区、直辖市人民政府规定。

没有房产原值作为依据的,由房产所在地税务机关参考同类房产核定。

房产出租的,以房产租金收入为房产税的计税依据。

(三) 税率

房产税的税率,依照房产余值计算缴纳的,税率为1.2%;依照房产租金收入计算缴纳的,税率为12%。

(四) 税收减免

下列房产免纳房产税:
(1) 国家机关、人民团体、军队自用的房产。
(2) 由国家财政部门拨付事业经费的单位自用的房产。
(3) 宗教寺庙、公园、名胜古迹自用的房产。
(4) 个人所有非营业用的房产。
(5) 经财政部批准免税的其他房产。

除上述规定者外,纳税人纳税确有困难的,可由省、自治区、直辖市人民政府确定,定期减征或者免征房产税。

五、车辆购置税

《中华人民共和国车辆购置税法》规定,在中华人民共和国境内购置汽车、有轨电车、汽车挂车、排气量超过150毫升的摩托车(以下统称应税车辆)的单位和个人,为车辆购置税的纳税人,应当依照本法规定缴纳车辆购置税。

购置,是指以购买、进口、自产、受赠、获奖或者其他方式取得并自用应税车辆的行为。

(一) 税率

车辆购置税的税率为10%。

(二) 应纳税额

车辆购置税的应纳税额按照应税车辆的计税价格乘以税率计算。

应税车辆的计税价格,按照下列规定确定:
(1) 纳税人购买自用应税车辆的计税价格,为纳税人实际支付给销售者的全部价款,不包括增值税税款。

(2) 纳税人进口自用应税车辆的计税价格，为关税完税价格加上关税和消费税。

(3) 纳税人自产自用应税车辆的计税价格，按照纳税人生产的同类应税车辆的销售价格确定，不包括增值税税款。

(4) 纳税人以受赠、获奖或者其他方式取得自用应税车辆的计税价格，按照购置应税车辆时相关凭证载明的价格确定，不包括增值税税款。

(三) 税收减免

下列车辆免征车辆购置税：

(1) 依照法律规定应当予以免税的外国驻华使馆、领事馆和国际组织驻华机构及其有关人员自用的车辆。

(2) 中国人民解放军和中国人民武装警察部队列入装备订货计划的车辆。

(3) 悬挂应急救援专用号牌的国家综合性消防救援车辆。

(4) 设有固定装置的非运输专用作业车辆。

(5) 城市公交企业购置的公共汽电车辆。

根据国民经济和社会发展的需要，国务院可以规定减征或者其他免征车辆购置税的情形，报全国人民代表大会常务委员会备案。

(四) 其他规定

(1) 车辆购置税实行一次性征收。购置已征车辆购置税的车辆，不再征收车辆购置税。

(2) 车辆购置税由税务机关负责征收。

(3) 纳税人购置应税车辆，应当向车辆登记地的主管税务机关申报缴纳车辆购置税；购置不需要办理车辆登记的应税车辆的，应当向纳税人所在地的主管税务机关申报缴纳车辆购置税。

(4) 车辆购置税的纳税义务发生时间为纳税人购置应税车辆的当日。纳税人应当自纳税义务发生之日起60日内申报缴纳车辆购置税。

(5) 纳税人应当在向公安机关交通管理部门办理车辆注册登记前，缴纳车辆购置税。

六、车船税

《中华人民共和国车船税法》（以下简称《车船税法》）规定，在中华人民共和国境内属于本法所附《车船税税目税额表》规定的车辆、船舶（以下简称车船）的所有人或者管理人，为车船税的纳税人，应当依照本法缴纳车船税。

(一) 适用税额

车船的适用税额依照《车船税法》所附《车船税税目税额表》执行。

车辆的具体适用税额由省、自治区、直辖市人民政府依照《车船税法》所附《车船税税目税额表》规定的税额幅度和国务院的规定确定。

船舶的具体适用税额由国务院在《车船税法》所附《车船税税目税额表》规定的税额幅度内确定。

(二) 税收减免

下列车船免征车船税：

(1) 捕捞、养殖渔船。

(2) 军队、武装警察部队专用的车船。

(3) 警用车船。

(4) 悬挂应急救援专用号牌的国家综合性消防救援车辆和国家综合性消防救援专用船舶。

(5) 依照法律规定应当予以免税的外国驻华使领馆、国际组织驻华代表机构及其有关人员的车船。

对节约能源、使用新能源的车船可以减征或者免征车船税；对受严重自然灾害影响纳税困难以及有其他特殊原因确需减税、免税的，可以减征或者免征车船税。具体办法由国务院规定，并报全国人民代表大会常务委员会备案。

省、自治区、直辖市人民政府根据当地实际情况，可以对公共交通车船，农村居民拥有并主要在农村地区使用的摩托车、三轮汽车和低速载货汽车定期减征或者免征车船税。

(三) 其他规定

(1) 从事机动车第三者责任强制保险业务的保险机构为机动车车船税的扣缴义务人，应当在收取保险费时依法代收车船税，并出具代收税款凭证。

(2) 车船税的纳税地点为车船的登记地或者车船税扣缴义务人所在地。依法不需要办理登记的车船，车船税的纳税地点为车船的所有人或者管理人所在地。

(3) 车船税纳税义务发生时间为取得车船所有权或者管理权的当月。

(4) 车船税按年申报缴纳。具体申报纳税期限由省、自治区、直辖市人民政府规定。

七、印花税

《中华人民共和国印花税法》规定，在中华人民共和国境内书立应税凭证、进行证券交易的单位和个人，为印花税的纳税人，应当依照本法规定缴纳印花税。在中华人民共和国境外书立在境内使用的应税凭证的单位和个人，应当依照本法规定缴纳印花税。

(一) 计税依据

印花税的计税依据如下：

(1) 应税合同的计税依据，为合同所列的金额，不包括列明的增值税税款。

(2) 应税产权转移书据的计税依据，为产权转移书据所列的金额，不包括列明的增值税税款。

(3) 应税营业账簿的计税依据，为账簿记载的实收资本（股本）、资本公积合计金额。

(4) 证券交易的计税依据，为成交金额。

应税合同、产权转移书据未列明金额的，印花税的计税依据按照实际结算的金额确定。

计税依据按照上述规定仍不能确定的，按照书立合同、产权转移书据时的市场价格确定；依法应当执行政府定价或者政府指导价的，按照国家有关规定确定。

(二) 应纳税额

$$应纳税额 = 计税依据 \times 适用税率$$

同一应税凭证载有两个以上税目事项并分别列明金额的，按照各自适用的税目税率分别计算应纳税额；未分别列明金额的，从高适用税率。

同一应税凭证由两方以上当事人书立的，按照各自涉及的金额分别计算应纳税额。

(三) 税收减免

下列凭证免征印花税：

(1) 应税凭证的副本或者抄本。

(2) 依照法律规定应当予以免税的外国驻华使馆、领事馆和国际组织驻华代表机构为获得馆舍书立的应税凭证。

(3) 中国人民解放军、中国人民武装警察部队书立的应税凭证。

(4) 农民、家庭农场、农民专业合作社、农村集体经济组织、村民委员会购买农业生产资料或者销售农产品书立的买卖合同和农业保险合同。

(5) 无息或者贴息借款合同、国际金融组织向中国提供优惠贷款书立的借款合同。

(6) 财产所有权人将财产赠与政府、学校、社会福利机构、慈善组织书立的产权转移书据。

(7) 非营利性医疗卫生机构采购药品或者卫生材料书立的买卖合同。
(8) 个人与电子商务经营者订立的电子订单。

根据国民经济和社会发展的需要，国务院对居民住房需求保障、企业改制重组、破产、支持小型微型企业发展等情形可以规定减征或者免征印花税，报全国人民代表大会常务委员会备案。

八、契税

《中华人民共和国契税法》（以下简称《契税法》）规定，在中华人民共和国境内转移土地、房屋权属，承受的单位和个人为契税的纳税人，应当依照本法规定缴纳契税。

《契税法》第二条规定，本法所称转移土地、房屋权属，是指下列行为：
(1) 土地使用权出让。
(2) 土地使用权转让，包括出售、赠与、互换。
(3) 房屋买卖、赠与、互换。

上述第(2)项土地使用权转让，不包括土地承包经营权和土地经营权的转移。以作价投资（入股）、偿还债务、划转、奖励等方式转移土地、房屋权属的，应当依照《契税法》规定征收契税。

(一) 税率

《契税法》第三条规定，契税税率为3％至5％。

契税的具体适用税率，由省、自治区、直辖市人民政府在上述规定的税率幅度内提出，报同级人民代表大会常务委员会决定，并报全国人民代表大会常务委员会和国务院备案。

省、自治区、直辖市可以依照上述规定的程序对不同主体、不同地区、不同类型的住房的权属转移确定差别税率。

(二) 计税依据

契税的计税依据：
(1) 土地使用权出让、出售，房屋买卖，为土地、房屋权属转移合同确定的成交价格，包括应交付的货币以及实物、其他经济利益对应的价款。
(2) 土地使用权互换、房屋互换，为所互换的土地使用权、房屋价格的差额。
(3) 土地使用权赠与、房屋赠与以及其他没有价格的转移土地、房屋权属行为，为税务机关参照土地使用权出售、房屋买卖的市场价格依法核定的价格。

纳税人申报的成交价格、互换价格差额明显偏低且无正当理由的，由税务机关依照《税收征收管理法》的规定核定。

(三) 应纳税额

契税的应纳税额按照计税依据乘以具体适用税率计算。

(四) 税收减免

有下列情形之一的，免征契税：
(1) 国家机关、事业单位、社会团体、军事单位承受土地、房屋权属用于办公、教学、医疗、科研、军事设施。
(2) 非营利性的学校、医疗机构、社会福利机构承受土地、房屋权属用于办公、教学、医疗、科研、养老、救助。
(3) 承受荒山、荒地、荒滩土地使用权用于农、林、牧、渔业生产。
(4) 婚姻关系存续期间夫妻之间变更土地、房屋权属。
(5) 法定继承人通过继承承受土地、房屋权属。
(6) 依照法律规定应当予以免税的外国驻华使馆、领事馆和国际组织驻华代表机构承受土地、房屋权属。

● 点拨

免征契税的关键词包括公共利益、公用事业、夫妻、法定继承。

根据国民经济和社会发展的需要，国务院对居民住房需求保障、企业改制重组、灾后重建等情形可以规定免征或者减征契税，报全国人民代表大会常务委员会备案。

《契税法》第七条规定，省、自治区、直辖市可以决定对下列情形免征或者减征契税：

（1）因土地、房屋被县级以上人民政府征收、征用，重新承受土地、房屋权属。

（2）因不可抗力灭失住房，重新承受住房权属。

上述规定的免征或者减征契税的具体办法，由省、自治区、直辖市人民政府提出，报同级人民代表大会常务委员会决定，并报全国人民代表大会常务委员会和国务院备案。

● 总结

与建设工程相关的税收种类较多，考生在学习时可通过填写表1-5-3，进行对比记忆。

表1-5-3 税收种类比较

税种	所属类型	征税对象	纳税人	税率	其他
企业所得税					
企业增值税					
环境保护税					
个人所得税					
城镇土地使用税					
城市维护建设税					
房产税					
车辆购置税					
车船税					
印花税					
契税					

实战演练

[2024真题·单选] 关于契税的说法，正确的是（   ）。

A. 契税的具体税率，由省、自治区、直辖市人民政府决定

B. 房屋互换的，契税的计税依据为所互换的房屋价格的差额

C. 以偿还债务方式转移土地、房屋权属的，应免征契税

D. 婚姻关系存续期间夫妻之间变更房屋权属的，应征收契税

[解析] 选项A错误，契税的具体适用税率，由省、自治区、直辖市人民政府在规定的税率幅度内提出，报同级人民代表大会常务委员会决定，并报全国人民代表大会常务委员会和国务院备案。选项C错误，以作价投资（入股）、偿还债务、划转、奖励等方式转移土地、房屋权属的，应当依照《契税法》规定征收契税。选项D错误，有下列情形之一的，免征契税：①国家机关、事业单位、社会团体、军事单位承受土地、房屋权属用于办公、教学、医疗、科研、军事设施；②非营利性的学校、医疗机构、社会福利机构承受土地、房屋权属用于办公、教学、医疗、科研、养老、救助；③承受荒山、荒地、荒滩土地使用权用于农、林、牧、渔业生产；④婚姻关系存续期间夫妻之间变更土地、房屋权属；⑤法定继承人通过继承承受土地、房屋权属；⑥依照法律规定应当予以免税的外国驻华使馆、领事馆和国际组织驻华代表机构承受土地、房屋权属。

[答案] B

[2023真题·单选] 关于个人所得税的说法，正确的是（　　）。
A. 居民个人从中国境外取得的所得，不必缴纳个人所得税
B. 因自然灾害遭受重大损失的，免征个人所得税
C. 个人红利所得和财产租赁所得，适用20%的比例税率
D. 非居民个人在中国境内从两处以上取得工资、薪金所得的，不需要办理纳税申报
[解析] 选项A错误，居民个人从中国境内和境外取得的所得，依照《个人所得税法》规定缴纳个人所得税。选项B错误，有下列情形之一的，可以减征个人所得税，具体幅度和期限由省、自治区、直辖市人民政府规定，并报同级人民代表大会常务委员会备案：①残疾、孤老人员和烈属的所得；②因自然灾害遭受重大损失的。选项C正确，利息、股息、红利所得，财产租赁所得，财产转让所得和偶然所得，适用比例税率，税率为20%。选项D错误，非居民个人在中国境内从两处以上取得工资、薪金所得，纳税人应当依法办理纳税申报。

[答案] C

[2022真题·单选] 根据《个人所得税法》，关于个人所得税税率的说法，正确的是（　　）。
A. 财产租赁所得，适用20%的比例税率
B. 综合所得，适用5%至35%的超额累进税率
C. 经营所得，适用3%至45%的超额累进税率
D. 财产转让所得，享受税率减免优惠
[解析] 个人所得税的税率：①综合所得，适用3%至45%的超额累进税率；②经营所得，适用5%至35%的超额累进税率；③利息、股息、红利所得，财产租赁所得，财产转让所得和偶然所得，适用比例税率，税率为20%。

[答案] A

[2022真题·单选] 下列关于土地使用税的说法，正确的是（　　）。
A. 以纳税人实际占用的土地面积为计税依据，依照规定税额计算征收
B. 经济发达地区的适用税额标准可以适当提高，但须报经国家税务总局批准
C. 土地使用税按月计算，一次性缴纳
D. 市政街道、广场、绿化地带等公共用地的土地使用税减半缴纳
[解析] 选项B错误，经济发达地区土地使用税的适用税额标准可以适当提高，但须报经财政部批准。选项C错误，土地使用税按年计算，分期缴纳。选项D错误，下列土地免缴土地使用税：①国家机关、人民团体、军队自用的土地；②由国家财政部门拨付事业经费的单位自用的土地；③宗教寺庙、公园、名胜古迹自用的土地；④市政街道、广场、绿化地带等公共用地；⑤直接用于农、林、牧、渔业的生产用地；⑥经批准开山填海整治的土地和改造的废弃土地，从使用的月份起免缴土地使用税5年至10年；⑦由财政部另行规定免税的能源、交通、水利设施用地和其他用地。

[答案] A

[2021真题改编·单选] 关于城市维护建设税的说法，正确的是（　　）。
A. 城市维护建设税分别与增值税、消费税同时缴纳
B. 缴纳增值税、所得税的单位和个人为城市维护建设税的纳税人
C. 城市维护建设税以纳税人实际缴纳的增值税、所得税税额为计税依据
D. 城市维护建设税实行单一税率

[解析] 选项B错误,《城市维护建设税法》规定,在中华人民共和国境内缴纳增值税、消费税的单位和个人,为城市维护建设税的纳税人,应当依照本法规定缴纳城市维护建设税。选项C错误,城市维护建设税以纳税人依法实际缴纳的增值税、消费税税额为计税依据。选项D错误,城市维护建设税税率如下:①纳税人所在地在市区的,税率为7%;②纳税人所在地在县城、镇的,税率为5%;③纳税人所在地不在市区、县城或者镇的,税率为1%。

[答案] A

[2021真题·多选] 根据《房产税暂行条例》,关于房产税的说法,正确的有( )。
A. 房产税在城市、县城、建制镇和工矿区征收
B. 房产税由产权所有人缴纳
C. 房产税依照房产原值一次减除10%至30%后的余值计算缴纳
D. 个人所有非营业用的房产免纳房产税
E. 房产税依照房产租金收入计算缴纳的,税率为1.2%

[解析] 选项E错误,房产税的税率,依照房产余值计算缴纳的,税率为1.2%;依照房产租金收入计算缴纳的,税率为12%。

[答案] ABCD

[2020真题·多选] 下列车船中,属于免征车船税范围的有( )。
A. 悬挂应急救援专用号牌的国家综合性消防救援专用船舶
B. 渣土运输车辆
C. 警用车船
D. 排气量2 000毫升以下的乘用车
E. 政府机关所有的乘用车

[解析] 下列车船免征车船税:①捕捞、养殖渔船;②军队、武装警察部队专用的车船;③警用车船;④悬挂应急救援专用号牌的国家综合性消防救援车辆和国家综合性消防救援专用船舶;⑤依照法律规定应当予以免税的外国驻华使领馆、国际组织驻华代表机构及其有关人员的车船。

[答案] AC

第六节 建设工程行政法律制度

知识点 1 行政法的特征和基本原则

一、行政法的特征

行政法是调整和规范行政主体在行使行政职权过程中与公民、法人及其他组织之间的权利义务关系的法律规范体系。行政法的特征包括:
(1) 行政法律规范数量多,内容广泛。
(2) 没有统一、完整的法典。
(3) 具有复杂性和易变性。
(4) 以多种多样的法律形式表现出来。
(5) 与行政实体性规范通常交织在一起。

二、行政法的基本原则

行政法的基本原则是指导和规范行政行为的重要准则，旨在确保行政机关依法行政、公正行使权力，并保障公民、法人及其他组织的合法权益。

根据行政法学理论，行政法的基本原则主要包括以下几方面。

(一) 合法行政原则

行政机关必须依据法律、法规和规章行使职权，任何行政行为都不得违反法律规定。法律保留行政机关的权限和职责必须由法律明确规定，未经法律授权，行政机关不得擅自行使权力。

(二) 合理行政原则

行政机关在行使裁量权时，应当遵循合理行政原则，确保行政决定符合公平、公正、比例等要求。行政措施应当与所要实现的目标相适应，不得采取过度或不必要的手段。

(三) 公正与公平原则

行政主体应当平等对待所有公民、法人及其他组织，行政行为不得有歧视性。

(四) 程序正当原则

行政机关在作出行政决定时，必须遵循法定程序，确保程序的合法性。行政程序应当尽可能公开透明，保障公众的知情权和参与权。

(五) 高效便民原则

行政机关应当提高行政效率，及时处理行政事务，避免拖延和推诿，并应简化办事程序，提供便捷的服务。

(六) 诚实信用原则

行政机关应当诚实守信，言行一致，不得欺骗、误导公众，并依法公开政府信息，确保信息的真实、准确和完整。

(七) 监督与救济原则

行政机关应当建立健全内部监督机制，加强对行政行为的自我监督，并接受社会公众、新闻媒体和其他外部主体的监督，确保行政行为的透明和公正。

行政机关应当为公民、法人及其他组织提供有效的救济途径。

知识点 2 行政许可

《中华人民共和国行政许可法》（以下简称《行政许可法》）规定，行政许可是指行政机关根据公民、法人或者其他组织的申请，经依法审查，准予其从事特定活动的行为。行政许可的设定和实施，适用本法。有关行政机关对其他机关或者对其直接管理的事业单位的人事、财务、外事等事项的审批，不适用本法。

一、行政许可的设定

(一) 可以设定行政许可的事项

《行政许可法》规定，下列事项可以设定行政许可：

（1）直接涉及国家安全、公共安全、经济宏观调控、生态环境保护以及直接关系人身健康、生命财产安全等特定活动，需要按照法定条件予以批准的事项。

（2）有限自然资源开发利用、公共资源配置以及直接关系公共利益的特定行业的市场准入等，需要赋予特定权利的事项。

（3）提供公众服务并且直接关系公共利益的职业、行业，需要确定具备特殊信誉、特殊条件或者特殊技能等资格、资质的事项。

(4) 直接关系公共安全、人身健康、生命财产安全的重要设备、设施、产品、物品，需要按照技术标准、技术规范，通过检验、检测、检疫等方式进行审定的事项。

(5) 企业或者其他组织的设立等，需要确定主体资格的事项。

(6) 法律、行政法规规定可以设定行政许可的其他事项。

（二）可以不设行政许可的事项

《行政许可法》规定，上述所列事项，通过下列方式能够予以规范的，可以不设行政许可：

(1) 公民、法人或者其他组织能够自主决定的。

(2) 市场竞争机制能够有效调节的。

(3) 行业组织或者中介机构能够自律管理的。

(4) 行政机关采用事后监督等其他行政管理方式能够解决的。

（三）行政许可的设定权限

根据《行政许可法》，行政许可的设定权限见表1-6-1。

表1-6-1 行政许可的设定权限

类型	行政许可的设定
法律	可以设定行政许可
行政法规	尚未制定法律的，行政法规可以设定行政许可；必要时，国务院可以采用发布决定的方式设定行政许可
地方性法规	尚未制定法律、行政法规的，地方性法规可以设定行政许可
地方政府规章（省级）	尚未制定法律、行政法规和地方性法规的，因行政管理的需要，确需立即实施行政许可的，省、自治区、直辖市人民政府规章可以设定临时性的行政许可
其他规范性文件	一律不得设定行政许可

(1) 地方性法规和省、自治区、直辖市人民政府规章，不得设定应当由国家统一确定的公民、法人或者其他组织的资格、资质的行政许可；不得设定企业或者其他组织的设立登记及其前置性行政许可。其设定的行政许可，不得限制其他地区的个人或者企业到本地区从事生产经营和提供服务，不得限制其他地区的商品进入本地区市场。

(2) 行政法规可以在法律设定的行政许可事项范围内，对实施该行政许可作出具体规定。地方性法规可以在法律、行政法规设定的行政许可事项范围内，对实施该行政许可作出具体规定。规章可以在上位法设定的行政许可事项范围内，对实施该行政许可作出具体规定。法规、规章对实施上位法设定的行政许可作出的具体规定，不得增设行政许可；对行政许可条件作出的具体规定，不得增设违反上位法的其他条件。

二、行政许可的实施机关

(1) 行政许可由具有行政许可权的行政机关在其法定职权范围内实施。

(2) 法律、法规授权的具有管理公共事务职能的组织，在法定授权范围内，以自己的名义实施行政许可。被授权的组织适用《行政许可法》有关行政机关的规定。

(3) 行政机关在其法定职权范围内，依照法律、法规、规章的规定，可以委托其他行政机关实施行政许可。委托机关应当将受委托行政机关和受委托实施行政许可的内容予以公告。委托行政机关对受委托行政机关实施行政许可的行为应当负责监督，并对该行为的后果承担法律责任。受委托行政机关在委托范围内，以委托行政机关名义实施行政许可；不得再委托其他组织或者个人实施行政许可。

（4）经国务院批准，省、自治区、直辖市人民政府根据精简、统一、效能的原则，可以决定一个行政机关行使有关行政机关的行政许可权。

（5）行政许可需要行政机关内设的多个机构办理的，该行政机关应当确定一个机构统一受理行政许可申请，统一送达行政许可决定。

行政许可依法由地方人民政府两个以上部门分别实施的，本级人民政府可以确定一个部门受理行政许可申请并转告有关部门分别提出意见后统一办理，或者组织有关部门联合办理、集中办理。

三、行政许可的实施程序

（一）申请与受理

（1）公民、法人或者其他组织从事特定活动，依法需要取得行政许可的，应当向行政机关提出申请。申请书需要采用格式文本的，行政机关应当向申请人提供行政许可申请书格式文本。申请书格式文本中不得包含与申请行政许可事项没有直接关系的内容。

申请人可以委托代理人提出行政许可申请。但是，依法应当由申请人到行政机关办公场所提出行政许可申请的除外。

行政许可申请可以通过信函、电报、电传、传真、电子数据交换和电子邮件等方式提出。

（2）申请人申请行政许可，应当如实向行政机关提交有关材料和反映真实情况，并对其申请材料实质内容的真实性负责。行政机关不得要求申请人提交与其申请的行政许可事项无关的技术资料和其他材料。

行政机关及其工作人员不得以转让技术作为取得行政许可的条件；不得在实施行政许可的过程中，直接或者间接地要求转让技术。

（3）行政机关对申请人提出的行政许可申请，应当根据下列情况分别作出处理：

①申请事项依法不需要取得行政许可的，应当即时告知申请人不受理。

②申请事项依法不属于本行政机关职权范围的，应当即时作出不予受理的决定，并告知申请人向有关行政机关申请。

③申请材料存在可以当场更正的错误的，应当允许申请人当场更正。

④申请材料不齐全或者不符合法定形式的，应当当场或者在5日内一次告知申请人需要补正的全部内容，逾期不告知的，自收到申请材料之日起即为受理。

⑤申请事项属于本行政机关职权范围，申请材料齐全、符合法定形式，或者申请人按照本行政机关的要求提交全部补正申请材料的，应当受理行政许可申请。

行政机关受理或者不予受理行政许可申请，应当出具加盖本行政机关专用印章和注明日期的书面凭证。

（4）行政机关应当建立和完善有关制度，推行电子政务，在行政机关的网站上公布行政许可事项，方便申请人采取数据电文等方式提出行政许可申请；应当与其他行政机关共享有关行政许可信息，提高办事效率。

（二）审查与决定

（1）行政机关应当对申请人提交的申请材料进行审查。

申请人提交的申请材料齐全、符合法定形式，行政机关能够当场作出决定的，应当当场作出书面的行政许可决定。

根据法定条件和程序，需要对申请材料的实质内容进行核实的，行政机关应当指派2名以上工作人员进行核查。

（2）依法应当先经下级行政机关审查后报上级行政机关决定的行政许可，下级行政机关应当在法定期限内将初步审查意见和全部申请材料直接报送上级行政机关。上级行政机关不得要求申请人重复提供申请材料。

（3）行政机关对行政许可申请进行审查时，发现行政许可事项直接关系他人重大利益的，应当告知该利害关系人。申请人、利害关系人有权进行陈述和申辩。行政机关应当听取申请人、利害关系人的意见。

（4）行政机关对行政许可申请进行审查后，除当场作出行政许可决定的外，应当在法定期限内按照规定程序作出行政许可决定。

（5）行政机关作出准予行政许可的决定，需要颁发行政许可证件的，应当向申请人颁发加盖本行政机关印章的下列行政许可证件：

①许可证、执照或者其他许可证书。

②资格证、资质证或者其他合格证书。

③行政机关的批准文件或者证明文件。

④法律、法规规定的其他行政许可证件。

行政机关实施检验、检测、检疫的，可以在检验、检测、检疫合格的设备、设施、产品、物品上加贴标签或者加盖检验、检测、检疫印章。

（6）行政机关作出的准予行政许可决定，应当予以公开，公众有权查阅。

（7）法律、行政法规设定的行政许可，其适用范围没有地域限制的，申请人取得的行政许可在全国范围内有效。

（三）期限

（1）除可以当场作出行政许可决定的外，行政机关应当自受理行政许可申请之日起20日内作出行政许可决定。20日内不能作出决定的，经本行政机关负责人批准，可以延长10日，并应当将延长期限的理由告知申请人。但是，法律、法规另有规定的，依照其规定。

依照《行政许可法》第二十六条的规定，行政许可采取统一办理或者联合办理、集中办理的，办理的时间不得超过45日；45日内不能办结的，经本级人民政府负责人批准，可以延长15日，并应当将延长期限的理由告知申请人。

（2）依法应当先经下级行政机关审查后报上级行政机关决定的行政许可，下级行政机关应当自其受理行政许可申请之日起20日内审查完毕。但是，法律、法规另有规定的，依照其规定。

（3）行政机关作出准予行政许可的决定，应当自作出决定之日起10日内向申请人颁发、送达行政许可证件，或者加贴标签、加盖检验、检测、检疫印章。

（四）听证

（1）法律、法规、规章规定实施行政许可应当听证的事项，或者行政机关认为需要听证的其他涉及公共利益的重大行政许可事项，行政机关应当向社会公告，并举行听证。

（2）行政许可直接涉及申请人与他人之间重大利益关系的，行政机关在作出行政许可决定前，应当告知申请人、利害关系人享有要求听证的权利；申请人、利害关系人在被告知听证权利之日起5日内提出听证申请的，行政机关应当在20日内组织听证。

申请人、利害关系人不承担行政机关组织听证的费用。

（3）听证按照下列程序进行：

①行政机关应当于举行听证的7日前将举行听证的时间、地点通知申请人、利害关系

人，必要时予以公告。

②听证应当公开举行。

③行政机关应当指定审查该行政许可申请的工作人员以外的人员为听证主持人，申请人、利害关系人认为主持人与该行政许可事项有直接利害关系的，有权申请回避。

④举行听证时，审查该行政许可申请的工作人员应当提供审查意见的证据、理由，申请人、利害关系人可以提出证据，并进行申辩和质证。

⑤听证应当制作笔录，听证笔录应当交听证参加人确认无误后签字或者盖章。

行政机关应当根据听证笔录，作出行政许可决定。

（五）变更与延续

（1）被许可人要求变更行政许可事项的，应当向作出行政许可决定的行政机关提出申请；符合法定条件、标准的，行政机关应当依法办理变更手续。

（2）被许可人需要延续依法取得的行政许可的有效期的，应当在该行政许可有效期届满30日前向作出行政许可决定的行政机关提出申请。但是，法律、法规、规章另有规定的，依照其规定。

行政机关应当根据被许可人的申请，在该行政许可有效期届满前作出是否准予延续的决定；逾期未作决定的，视为准予延续。

四、行政许可的费用

行政机关实施行政许可和对行政许可事项进行监督检查，不得收取任何费用。但是，法律、行政法规另有规定的，依照其规定。行政机关提供行政许可申请书格式文本，不得收费。行政机关实施行政许可所需经费应当列入本行政机关的预算，由本级财政予以保障，按照批准的预算予以核拨。

实战演练

[2022真题·单选] 关于行政机关对申请人提出的行政许可申请的处理，正确的是（　　）。

A. 申请事项依法不属于本行政机关职权范围的，应当即时作出驳回申请的决定

B. 申请事项依法不需要取得行政许可的，应当即时告知申请人不受理

C. 申请材料存在可以更正的错误的，应当要求申请人当场更正

D. 申请材料不齐全的，应当当场或者在7日内一次告知申请人需要补正的全部内容

[解析] 行政机关对申请人提出的行政许可申请，应当根据下列情况分别作出处理：①申请事项依法不需要取得行政许可的，应当即时告知申请人不受理；②申请事项依法不属于本行政机关职权范围的，应当即时作出不予受理的决定，并告知申请人向有关行政机关申请；③申请材料存在可以当场更正的错误的，应当允许申请人当场更正；④申请材料不齐全或者不符合法定形式的，应当当场或者在5日内一次告知申请人需要补正的全部内容，逾期不告知的，自收到申请材料之日起即为受理；⑤申请事项属于本行政机关职权范围，申请材料齐全、符合法定形式，或者申请人按照本行政机关的要求提交全部补正申请材料的，应当受理行政许可申请。行政机关受理或者不予受理行政许可申请，应当出具加盖本行政机关专用印章和注明日期的书面凭证。

[答案] B

[2019 真题·多选] 下列事项中，可以设定行政许可的有（　　）。
A. 有限自然资源开发利用，需要赋予特定权利的
B. 企业或者其他组织的设立，需要确定主体资格的
C. 市场竞争机制能够有效调节的
D. 行业组织能够自律管理的
E. 行政机关采用事后监督等其他行政管理方式能够解决的
[解析] 选项 A、B 属于可以设定行政许可的事项。选项 C、D、E 属于可以不设定行政许可的事项。
[答案] AB

知识点 3 行政处罚

《中华人民共和国行政处罚法》（以下简称《行政处罚法》）规定，行政处罚是指行政机关依法对违反行政管理秩序的公民、法人或者其他组织，以减损权益或者增加义务的方式予以惩戒的行为。行政处罚的设定和实施，适用本法。

行政处罚遵循公正、公开的原则。设定和实施行政处罚必须以事实为依据，与违法行为的事实、性质、情节以及社会危害程度相当。对违法行为给予行政处罚的规定必须公布；未经公布的，不得作为行政处罚的依据。

一、行政处罚的种类和设定

（一）行政处罚的种类

(1) 警告、通报批评。
(2) 罚款、没收违法所得、没收非法财物。
(3) 暂扣许可证件、降低资质等级、吊销许可证件。
(4) 限制开展生产经营活动、责令停产停业、责令关闭、限制从业。
(5) 行政拘留。
(6) 法律、行政法规规定的其他行政处罚。

（二）行政处罚的设定

行政处罚的设定见表 1-6-2。

表 1-6-2　行政处罚的设定

法的形式	限制人身自由	吊销营业执照	其他
法律	√	√	√
行政法规	×	√	√
地方性法规	×	×	√
国务院部门规章	—	—	尚未制定法律、行政法规的，国务院部门规章对违反行政管理秩序的行为，可以设定警告、通报批评或者一定数额罚款的行政处罚
地方政府规章	—	—	尚未制定法律、法规的，地方政府规章对违反行政管理秩序的行为，可以设定警告、通报批评或者一定数额罚款的行政处罚

二、行政处罚的实施机关

行政处罚由具有行政处罚权的行政机关在法定职权范围内实施。

国家在城市管理、市场监管、生态环境、文化市场、交通运输、应急管理、农业等领域推行建立综合行政执法制度，相对集中行政处罚权。

国务院或者省、自治区、直辖市人民政府可以决定一个行政机关行使有关行政机关的行政处罚权。

限制人身自由的行政处罚权只能由公安机关和法律规定的其他机关行使。

法律、法规授权的具有管理公共事务职能的组织可以在法定授权范围内实施行政处罚。

行政机关依照法律、法规、规章的规定，可以在其法定权限内书面委托符合《行政处罚法》第二十一条规定条件的组织实施行政处罚。行政机关不得委托其他组织或者个人实施行政处罚。

委托书应当载明委托的具体事项、权限、期限等内容。委托行政机关和受委托组织应当将委托书向社会公布。

委托行政机关对受委托组织实施行政处罚的行为应当负责监督，并对该行为的后果承担法律责任。

受委托组织在委托范围内，以委托行政机关名义实施行政处罚；不得再委托其他组织或者个人实施行政处罚。

受委托组织必须符合以下条件：
（1）依法成立并具有管理公共事务职能。
（2）有熟悉有关法律、法规、规章和业务并取得行政执法资格的工作人员。
（3）需要进行技术检查或者技术鉴定的，应当有条件组织进行相应的技术检查或者技术鉴定。

三、行政处罚的管辖和适用

（一）行政处罚的管辖

行政处罚由违法行为发生地的行政机关管辖。法律、行政法规、部门规章另有规定的，从其规定。

行政处罚由县级以上地方人民政府具有行政处罚权的行政机关管辖。法律、行政法规另有规定的，从其规定。

省、自治区、直辖市根据当地实际情况，可以决定将基层管理迫切需要的县级人民政府部门的行政处罚权交由能够有效承接的乡镇人民政府、街道办事处行使，并定期组织评估。决定应当公布。承接行政处罚权的乡镇人民政府、街道办事处应当加强执法能力建设，按照规定范围、依照法定程序实施行政处罚。有关地方人民政府及其部门应当加强组织协调、业务指导、执法监督，建立健全行政处罚协调配合机制，完善评议、考核制度。

两个以上行政机关都有管辖权的，由最先立案的行政机关管辖。对管辖发生争议的，应当协商解决，协商不成的，报请共同的上一级行政机关指定管辖；也可以直接由共同的上一级行政机关指定管辖。

（二）行政处罚的适用

1. 从轻或者减轻行政处罚的情形

不满14周岁的未成年人有违法行为的，不予行政处罚，责令监护人加以管教；已满14周岁不满18周岁的未成年人有违法行为的，应当从轻或者减轻行政处罚。

精神病人、智力残疾人在不能辨认或者不能控制自己行为时有违法行为的，不予行政处罚，但应当责令其监护人严加看管和治疗。间歇性精神病人在精神正常时有违法行为的，应当给予行政处罚。尚未完全丧失辨认或者控制自己行为能力的精神病人、智力残疾人有违法行为的，可以从轻或者减轻行政处罚。

当事人有下列情形之一，应当从轻或者减轻行政处罚：
（1）主动消除或者减轻违法行为危害后果的。
（2）受他人胁迫或者诱骗实施违法行为的。
（3）主动供述行政机关尚未掌握的违法行为的。
（4）配合行政机关查处违法行为有立功表现的。
（5）法律、法规、规章规定其他应当从轻或者减轻行政处罚的。

2. 可以不予行政处罚的情形

违法行为轻微并及时改正，没有造成危害后果的，不予行政处罚。初次违法且危害后果轻微并及时改正的，可以不予行政处罚。

当事人有证据足以证明没有主观过错的，不予行政处罚。法律、行政法规另有规定的，从其规定。

对当事人的违法行为依法不予行政处罚的，行政机关应当对当事人进行教育。

3. 不再给予行政处罚的情形

违法行为构成犯罪，人民法院判处罚金时，行政机关已经给予当事人罚款的，应当折抵相应罚金；行政机关尚未给予当事人罚款的，不再给予罚款。

《行政处罚法》第三十六条：违法行为在 2 年内未被发现的，不再给予行政处罚；涉及公民生命健康安全、金融安全且有危害后果的，上述期限延长至 5 年。法律另有规定的除外。

前款规定的期限，从违法行为发生之日起计算；违法行为有连续或者继续状态的，从行为终了之日起计算。

4. 其他规定

行政机关可以依法制定行政处罚裁量基准，规范行使行政处罚裁量权。行政处罚裁量基准应当向社会公布。

行政处罚没有依据或者实施主体不具有行政主体资格的，行政处罚无效。违反法定程序构成重大且明显违法的，行政处罚无效。

四、行政处罚的程序

（一）简易程序

违法事实确凿并有法定依据，对公民处以 200 元以下、对法人或者其他组织处以 3 000 元以下罚款或者警告的行政处罚的，可以当场作出行政处罚决定。法律另有规定的，从其规定。

《行政处罚法》第五十二条：执法人员当场作出行政处罚决定的，应当向当事人出示执法证件，填写预定格式、编有号码的行政处罚决定书，并当场交付当事人。当事人拒绝签收的，应当在行政处罚决定书上注明。

前款规定的行政处罚决定书应当载明当事人的违法行为，行政处罚的种类和依据、罚款数额、时间、地点，申请行政复议、提起行政诉讼的途径和期限以及行政机关名称，并由执法人员签名或者盖章。

执法人员当场作出的行政处罚决定，应当报所属行政机关备案。

（二）普通程序

除《行政处罚法》第五十一条规定的可以当场作出的行政处罚外，行政机关发现公民、法人或者其他组织有依法应当给予行政处罚的行为的，必须全面、客观、公正地调查，收集有关证据；必要时，依照法律、法规的规定，可以进行检查。

符合立案标准的，行政机关应当及时立案。

执法人员在调查或者进行检查时，应当主动向当事人或者有关人员出示执法证件。当事人或者有关人员有权要求执法人员出示执法证件。执法人员不出示执法证件的，当事人或者有关人员有权拒绝接受调查或者检查。

当事人或者有关人员应当如实回答询问，并协助调查或者检查，不得拒绝或者阻挠。询问或者检查应当制作笔录。

行政机关在收集证据时，可以采取抽样取证的方法；在证据可能灭失或者以后难以取得的情况下，经行政机关负责人批准，可以先行登记保存，并应当在 7 日内及时作出处理决定，在此期间，当事人或者有关人员不得销毁或者转移证据。

调查终结，行政机关负责人应当对调查结果进行审查，根据不同情况，分别作出如下决定：

（1）确有应受行政处罚的违法行为的，根据情节轻重及具体情况，作出行政处罚决定。
（2）违法行为轻微，依法可以不予行政处罚的，不予行政处罚。
（3）违法事实不能成立的，不予行政处罚。
（4）违法行为涉嫌犯罪的，移送司法机关。

对情节复杂或者重大违法行为给予行政处罚，行政机关负责人应当集体讨论决定。

有下列情形之一，在行政机关负责人作出行政处罚的决定之前，应当由从事行政处罚决定法制审核的人员进行法制审核；未经法制审核或者审核未通过的，不得作出决定：

（1）涉及重大公共利益的。
（2）直接关系当事人或者第三人重大权益，经过听证程序的。
（3）案件情况疑难复杂、涉及多个法律关系的。
（4）法律、法规规定应当进行法制审核的其他情形。

行政机关中初次从事行政处罚决定法制审核的人员，应当通过国家统一法律职业资格考试取得法律职业资格。

行政机关依照《行政处罚法》第五十七条的规定给予行政处罚，应当制作行政处罚决定书。行政处罚决定书应当载明下列事项：

（1）当事人的姓名或者名称、地址。
（2）违反法律、法规、规章的事实和证据。
（3）行政处罚的种类和依据。
（4）行政处罚的履行方式和期限。
（5）申请行政复议、提起行政诉讼的途径和期限。
（6）作出行政处罚决定的行政机关名称和作出决定的日期。

行政处罚决定书必须盖有作出行政处罚决定的行政机关的印章。

行政机关应当自行政处罚案件立案之日起 90 日内作出行政处罚决定。法律、法规、规章另有规定的，从其规定。

行政处罚决定书应当在宣告后当场交付当事人；当事人不在场的，行政机关应当在 7 日内依照《中华人民共和国民事诉讼法》（以下简称《民事诉讼法》）的有关规定，将行政处罚决定书送达当事人。

当事人同意并签订确认书的，行政机关可以采用传真、电子邮件等方式，将行政处罚决定书等送达当事人。

行政机关及其执法人员在作出行政处罚决定之前，未依照《行政处罚法》第四十四条、第四十五条的规定向当事人告知拟作出的行政处罚内容及事实、理由、依据，或者拒绝听取当事人的陈述、申辩，不得作出行政处罚决定；当事人明确放弃陈述或者申辩权利的除外。

（三）听证程序

行政机关拟作出下列行政处罚决定，应当告知当事人有要求听证的权利，当事人要求听证的，行政机关应当组织听证：

（1）较大数额罚款。
（2）没收较大数额违法所得、没收较大价值非法财物。
（3）降低资质等级、吊销许可证件。
（4）责令停产停业、责令关闭、限制从业。
（5）其他较重的行政处罚。
（6）法律、法规、规章规定的其他情形。

当事人不承担行政机关组织听证的费用。

听证应当依照以下程序组织：

（1）当事人要求听证的，应当在行政机关告知后5日内提出。
（2）行政机关应当在举行听证的7日前，通知当事人及有关人员听证的时间、地点。
（3）除涉及国家秘密、商业秘密或者个人隐私依法予以保密外，听证公开举行。
（4）听证由行政机关指定的非本案调查人员主持；当事人认为主持人与本案有直接利害关系的，有权申请回避。
（5）当事人可以亲自参加听证，也可以委托1至2人代理。
（6）当事人及其代理人无正当理由拒不出席听证或者未经许可中途退出听证的，视为放弃听证权利，行政机关终止听证。
（7）举行听证时，调查人员提出当事人违法的事实、证据和行政处罚建议，当事人进行申辩和质证。
（8）听证应当制作笔录。笔录应当交当事人或者其代理人核对无误后签字或者盖章。当事人或者其代理人拒绝签字或者盖章的，由听证主持人在笔录中注明。

听证结束后，行政机关应当根据听证笔录，依照《行政处罚法》第五十七条的规定，作出决定。

五、行政处罚的执行

依照《行政处罚法》第五十一条的规定当场作出行政处罚决定，有下列情形之一，执法人员可以当场收缴罚款：

（1）依法给予100元以下罚款的。
（2）不当场收缴事后难以执行的。

在边远、水上、交通不便地区，行政机关及其执法人员依照《行政处罚法》第五十一条、第五十七条的规定作出罚款决定后，当事人到指定的银行或者通过电子支付系统缴纳罚款确有困难，经当事人提出，行政机关及其执法人员可以当场收缴罚款。

执法人员当场收缴的罚款，应当自收缴罚款之日起2日内，交至行政机关；在水上当场收缴的罚款，应当自抵岸之日起2日内交至行政机关；行政机关应当在2日内将罚款缴付指定的银行。

> **实战演练**
>
> **[2024真题·单选]** 尚未制定法律、行政法规的，国务院部门规章对违反行政管理秩序的行为，可以设定的行政处罚是（　　）。
> A. 行政拘留　　　　　　　　　B. 责令停产停业
> C. 警告　　　　　　　　　　　D. 没收违法所得
> [解析] 尚未制定法律、行政法规的，国务院部门规章对违反行政管理秩序的行为，可以设定警告、通报批评或者一定数额罚款的行政处罚。
> [答案] C
>
> **[2022真题·单选]** 下列责任承担方式中，属于行政处罚的是（　　）。
> A. 责令停止施工　　　　　　　B. 记大过
> C. 排除妨碍　　　　　　　　　D. 消除危险
> [解析] 行政处罚的种类：①警告、通报批评；②罚款、没收违法所得、没收非法财物；③暂扣许可证件、降低资质等级、吊销许可证件；④限制开展生产经营活动、责令停产停业、责令关闭、限制从业；⑤行政拘留；⑥法律、行政法规规定的其他行政处罚。选项 B 属于行政处分。选项 C、D 属于民事责任的承担方式。
> [答案] A

知识点 4　行政强制

《中华人民共和国行政强制法》（以下简称《行政强制法》）规定，行政强制包括行政强制措施和行政强制执行。

行政强制措施，是指行政机关在行政管理过程中，为制止违法行为、防止证据损毁、避免危害发生、控制危险扩大等情形，依法对公民的人身自由实施暂时性限制，或者对公民、法人或者其他组织的财物实施暂时性控制的行为。

行政强制执行，是指行政机关或者行政机关申请人民法院，对不履行行政决定的公民、法人或者其他组织，依法强制履行义务的行为。

一、行政强制措施

（一）行政强制措施的种类
（1）限制公民人身自由。
（2）查封场所、设施或者财物。
（3）扣押财物。
（4）冻结存款、汇款。
（5）其他行政强制措施。

（二）行政强制措施的设定
行政强制措施的设定见表 1-6-3。

表 1-6-3　行政强制措施的设定

法的形式	限制公民人身自由	查封场所、设施或者财物	扣押财物	冻结存款、汇款	其他行政强制措施
法律	√	√	√	√	√
行政法规	×	√	√	×	√（法律专属除外）
地方性法规	×	√	√	×	×

续表

法的形式	限制公民人身自由	查封场所、设施或者财物	扣押财物	冻结存款、汇款	其他行政强制措施
部门规章	×	×	×	×	×
地方政府规章	×	×	×	×	×

(三) 行政强制措施实施程序

行政机关履行行政管理职责，依照法律、法规的规定，实施行政强制措施。违法行为情节显著轻微或者没有明显社会危害的，可以不采取行政强制措施。

行政强制措施由法律、法规规定的行政机关在法定职权范围内实施。行政强制措施权不得委托。依据《行政处罚法》的规定行使相对集中行政处罚权的行政机关，可以实施法律、法规规定的与行政处罚权有关的行政强制措施。

行政强制措施应当由行政机关具备资格的行政执法人员实施，其他人员不得实施。

二、行政强制执行

(一) 行政强制执行的方式

(1) 加处罚款或者滞纳金。
(2) 划拨存款、汇款。
(3) 拍卖或者依法处理查封、扣押的场所、设施或者财物。
(4) 排除妨碍、恢复原状。
(5) 代履行。
(6) 其他强制执行方式。

(二) 行政强制执行的设定

行政强制执行由法律设定。法律没有规定行政机关强制执行的，作出行政决定的行政机关应当申请人民法院强制执行。

(三) 行政机关强制执行程序

行政机关依法作出行政决定后，当事人在行政机关决定的期限内不履行义务的，具有行政强制执行权的行政机关依照《行政强制法》第四章的规定强制执行。

1. 催告

行政机关作出强制执行决定前，应当事先催告当事人履行义务。催告应当以书面形式作出，并载明下列事项：

(1) 履行义务的期限。
(2) 履行义务的方式。
(3) 涉及金钱给付的，应当有明确的金额和给付方式。
(4) 当事人依法享有的陈述权和申辩权。

当事人收到催告书后有权进行陈述和申辩。行政机关应当充分听取当事人的意见，对当事人提出的事实、理由和证据，应当进行记录、复核。当事人提出的事实、理由或者证据成立的，行政机关应当采纳。

经催告，当事人逾期仍不履行行政决定，且无正当理由的，行政机关可以作出强制执行决定。

2. 中止执行与终结执行

中止执行与终结执行的情形见表1-6-4。

表 1-6-4　中止执行与终结执行的情形

中止执行的情形	终结执行的情形
（1）当事人履行行政决定确有困难或者暂无履行能力的； （2）第三人对执行标的主张权利，确有理由的； （3）执行可能造成难以弥补的损失，且中止执行不损害公共利益的； （4）行政机关认为需要中止执行的其他情形	（1）公民死亡，无遗产可供执行，又无义务承受人的； （2）法人或者其他组织终止，无财产可供执行，又无义务承受人的； （3）执行标的灭失的； （4）据以执行的行政决定被撤销的； （5）行政机关认为需要终结执行的其他情形

中止执行的情形消失后，行政机关应当恢复执行。对没有明显社会危害，当事人确无能力履行，中止执行满 3 年未恢复执行的，行政机关不再执行。

在执行中或者执行完毕后，据以执行的行政决定被撤销、变更，或者执行错误的，应当恢复原状或者退还财物；不能恢复原状或者退还财物的，依法给予赔偿。

（四）申请人民法院强制执行

（1）当事人在法定期限内不申请行政复议或者提起行政诉讼，又不履行行政决定的，没有行政强制执行权的行政机关可以自期限届满之日起 3 个月内，依照《行政强制法》第五章的规定申请人民法院强制执行。

（2）行政机关申请人民法院强制执行前，应当催告当事人履行义务。催告书送达 10 日后当事人仍未履行义务的，行政机关可以向所在地有管辖权的人民法院申请强制执行；执行对象是不动产的，向不动产所在地有管辖权的人民法院申请强制执行。

（3）人民法院接到行政机关强制执行的申请，应当在 5 日内受理。行政机关对人民法院不予受理的裁定有异议的，可以在 15 日内向上一级人民法院申请复议，上一级人民法院应当自收到复议申请之日起 15 日内作出是否受理的裁定。

[2020 真题·单选] 根据《行政强制法》，法律没有规定行政机关强制执行的，作出行政决定的行政机关应当申请强制执行的机关是（　　）。
A. 人民法院　　　　　　　　　B. 人民政府
C. 公安机关　　　　　　　　　D. 监察机关

[解析] 当事人在法定期限内不申请行政复议或者提起行政诉讼，又不履行行政决定的，没有行政强制执行权的行政机关可以自期限届满之日起 3 个月内，依照《行政强制法》第五章的规定申请人民法院强制执行。

[答案] A

[2024 真题·多选] 关于行政强制的说法，正确的有（　　）。
A. 排除妨碍、恢复原状属于行政强制措施
B. 行政强制包括行政强制措施和行政强制执行
C. 尚未制定法律、行政法规，且属于地方性事务的，地方性法规可以设定扣押财物的行政强制措施
D. 尚未制定法律，且属于国务院行政管理职权事项的，行政法规可以设定限制公民人身自由的行政强制措施
E. 法律、法规以外的其他规范性文件不得设定行政强制措施

[解析] 行政强制，包括行政强制措施和行政强制执行。行政强制措施的种类：①限制公民人身自由；②查封场所、设施或者财物；③扣押财物；④冻结存款、汇款；⑤其他行政强制措施。选项 A 错误，行政强制执行的方式：①加处罚款或者滞纳金；②划拨存款、汇款；③拍卖或者依法处理查封、扣押的场所、设施或者财物；④排除妨碍、恢复原状；⑤代履行；⑥其他强制执行方式。选项 D 错误，尚未制定法律，且属于国务院行政管理职权事项的，行政法规可以设定除限制公民人身自由、冻结存款及汇款和应当由法律规定的行政强制措施以外的其他行政强制措施。

[答案] BCE

第七节 建设工程刑事法律制度

知识点 1 刑法的特征和基本原则

一、刑法的特征

刑法是规定犯罪及其法律后果的法律规范，其调整和保护的社会关系很广泛，涉及国家安全、公共安全、经济秩序、人身权利、财产权利等多个方面。

刑法具有法律性、阶级性、严格性、公共性、程序性、公平和公正性等特征。

二、刑法的基本原则

刑法的基本原则是指刑法明文规定的、在全部刑事立法和司法活动中应当遵循的准则。《刑法》规定的基本原则见表 1-7-1。

表 1-7-1 《刑法》规定的基本原则

基本原则	基本含义	具体规定
罪刑法定原则	法无规定不为罪、不处罚	法律明文规定为犯罪行为的，依照法律定罪处刑；法律没有明文规定为犯罪行为的，不得定罪处刑
适用刑法人人平等原则	任何人都无特权	对任何人犯罪，在适用法律上一律平等。不允许任何人有超越法律的特权
罪责刑相适应原则	刑罚的轻重适应于罪行	刑罚的轻重，应当与犯罪分子所犯罪行和承担的刑事责任相适应

知识点 2 犯罪概念和犯罪构成

一、犯罪概念

《刑法》规定，一切危害国家主权、领土完整和安全，分裂国家、颠覆人民民主专政的政权和推翻社会主义制度，破坏社会秩序和经济秩序，侵犯国有财产或者劳动群众集体所有的财产，侵犯公民私人所有的财产，侵犯公民的人身权利、民主权利和其他权利，以及其他危害社会的行为，依照法律应当受刑罚处罚的，都是犯罪，但是情节显著轻微危害不大的，不认为是犯罪。

明知自己的行为会发生危害社会的结果，并且希望或者放任这种结果发生，因而构成犯罪的，是故意犯罪。故意犯罪，应当负刑事责任。

应当预见自己的行为可能发生危害社会的结果，因为疏忽大意而没有预见，或者已经预见而轻信能够避免，以致发生这种结果的，是过失犯罪。过失犯罪，法律有规定的才负刑事责任。

行为在客观上虽然造成了损害结果，但是不是出于故意或者过失，而是由于不能抗拒或者不能预见的原因所引起的，不是犯罪。

二、犯罪构成

犯罪构成是指依照我国《刑法》规定，决定某一具体行为构成犯罪所必须具备的一切客观要件和主观要件的总和，是追究该行为的刑事责任的根据。任何一种犯罪的成立都必须具备犯罪主体、犯罪主观方面、犯罪客体、犯罪客观方面四个要件。

知识点 3 刑罚种类和刑罚裁量

一、刑罚种类

《刑法》规定，刑罚分为主刑和附加刑，刑罚的种类具体见表1-7-2。

表1-7-2　刑罚的种类

主刑	附加刑
（1）管制； （2）拘役； （3）有期徒刑； （4）无期徒刑； （5）死刑	（1）罚金； （2）剥夺政治权利； （3）没收财产； 附加刑也可以独立适用

> **注意：** 对于犯罪的外国人，可以独立适用或者附加适用驱逐出境。

二、刑罚裁量

对犯罪分子决定刑罚的时候，应当根据犯罪的事实、犯罪的性质、情节和对社会的危害程度，依照《刑法》的有关规定判处。《刑法》规定了刑罚裁量制度，包括累犯、自首和立功、数罪并罚、缓刑、减刑、假释等。

(一) 累犯

《刑法》第六十五条：被判处有期徒刑以上刑罚的犯罪分子，刑罚执行完毕或者赦免以后，在5年以内再犯应当判处有期徒刑以上之罪的，是累犯，应当从重处罚，但是过失犯罪和不满18周岁的人犯罪的除外。

前款规定的期限，对于被假释的犯罪分子，从假释期满之日起计算。

危害国家安全犯罪、恐怖活动犯罪、黑社会性质的组织犯罪的犯罪分子，在刑罚执行完毕或者赦免以后，在任何时候再犯上述任一类罪的，都以累犯论处。

(二) 自首和立功

对于自首和立功的量刑，《刑法》的规定见表1-7-3。

表1-7-3　自首和立功的量刑

类型	具体表现	刑罚
自首和立功	犯罪以后自动投案，如实供述自己的罪行的	可以从轻或者减轻处罚。其中，犯罪较轻的，可以免除处罚
	被采取强制措施的犯罪嫌疑人、被告人和正在服刑的罪犯，如实供述司法机关还未掌握的本人其他罪行的，以自首论	
	犯罪嫌疑人虽不具有上述规定的自首情节，但是如实供述自己罪行的	可以从轻处罚

类型	具体表现	刑罚
自首和立功	因其如实供述自己罪行，避免特别严重后果发生的	可以减轻处罚
	犯罪分子有揭发他人犯罪行为，查证属实的，或者提供重要线索，从而得以侦破其他案件等立功表现的	可以从轻或者减轻处罚
	有重大立功表现的	可以减轻或者免除处罚

（三）数罪并罚

《刑法》关于数罪并罚的规定见表1-7-4。

表1-7-4 《刑法》关于数罪并罚的规定

类型	内容	刑罚裁量
数罪并罚	判决宣告以前一人犯数罪的，除判处死刑和无期徒刑的以外，应当在总和刑期以下、数刑中最高刑期以上，酌情决定执行的刑期	管制最高不能超过3年，拘役最高不能超过1年
	有期徒刑总和刑期不满35年的	最高不能超过20年
	有期徒刑总和刑期在35年以上的	最高不能超过25年
	数罪中有判处有期徒刑和拘役的	执行有期徒刑
	数罪中有判处有期徒刑和管制，或者拘役和管制的	有期徒刑、拘役执行完毕后，管制仍须执行
	数罪中有判处附加刑的，附加刑仍须执行，其中附加刑种类相同的，合并执行，种类不同的，分别执行	
	判决宣告以后，刑罚执行完毕以前，发现被判刑的犯罪分子在判决宣告以前还有其他罪没有判决的，应当对新发现的罪作出判决，把前后两个判决所判处的刑罚，依照《刑法》第六十九条的规定，决定执行的刑罚。已经执行的刑期，应当计算在新判决决定的刑期以内	
	判决宣告以后，刑罚执行完毕以前，被判刑的犯罪分子又犯罪的，应当对新犯的罪作出判决，把前罪没有执行的刑罚和后罪所判处的刑罚，依照《刑法》第六十九条的规定，决定执行的刑罚	

（四）缓刑

对于被判处拘役、3年以下有期徒刑的犯罪分子，同时符合下列条件的，可以宣告缓刑，对其中不满18周岁的人、怀孕的妇女和已满75周岁的人，应当宣告缓刑：

（1）犯罪情节较轻。

（2）有悔罪表现。

（3）没有再犯罪的危险。

（4）宣告缓刑对所居住社区没有重大不良影响。

宣告缓刑，可以根据犯罪情况，同时禁止犯罪分子在缓刑考验期限内从事特定活动，进入特定区域、场所，接触特定的人。被宣告缓刑的犯罪分子，如果被判处附加刑，附加刑仍须执行。

拘役的缓刑考验期限为原判刑期以上1年以下，但是不能少于2个月。有期徒刑的缓刑考验期限为原判刑期以上5年以下，但是不能少于1年。缓刑考验期限，从判决确定之日起计算。

对于累犯和犯罪集团的首要分子，不适用缓刑。被宣告缓刑的犯罪分子，应当遵守下列规定：

(1) 遵守法律、行政法规，服从监督。
(2) 按照考察机关的规定报告自己的活动情况。
(3) 遵守考察机关关于会客的规定。
(4) 离开所居住的市、县或者迁居，应当报经考察机关批准。

(五) 减刑

《刑法》规定，被判处管制、拘役、有期徒刑、无期徒刑的犯罪分子，在执行期间，如果认真遵守监规，接受教育改造，确有悔改表现的，或者有立功表现的，可以减刑；有下列重大立功表现之一的，应当减刑：

(1) 阻止他人重大犯罪活动的。
(2) 检举监狱内外重大犯罪活动，经查证属实的。
(3) 有发明创造或者重大技术革新的。
(4) 在日常生产、生活中舍己救人的。
(5) 在抗御自然灾害或者排除重大事故中，有突出表现的。
(6) 对国家和社会有其他重大贡献的。

减刑以后实际执行的刑期不能少于下列期限：

(1) 判处管制、拘役、有期徒刑的，不能少于原判刑期的 1/2。
(2) 判处无期徒刑的，不能少于 13 年。
(3) 人民法院依照《刑法》第五十条第二款规定限制减刑的死刑缓期执行的犯罪分子，缓期执行期满后依法减为无期徒刑的，不能少于 25 年，缓期执行期满后依法减为 25 年有期徒刑的，不能少于 20 年。

(六) 假释

《刑法》规定，被判处有期徒刑的犯罪分子，执行原判刑期 1/2 以上，被判处无期徒刑的犯罪分子，实际执行 13 年以上，如果认真遵守监规，接受教育改造，确有悔改表现，没有再犯罪的危险的，可以假释。如果有特殊情况，经最高人民法院核准，可以不受上述执行刑期的限制。对累犯以及因故意杀人、强奸、抢劫、绑架、放火、爆炸、投放危险物质或者有组织的暴力性犯罪被判处 10 年以上有期徒刑、无期徒刑的犯罪分子，不得假释。对犯罪分子决定假释时，应当考虑其假释后所居住社区的影响。

有期徒刑的假释考验期限，为没有执行完毕的刑期；无期徒刑的假释考验期限为 10 年。假释考验期限，从假释之日起计算。

> **实战演练**
>
> [2024 真题·单选] 关于刑罚的说法，正确的是（　　）。
> A. 拘役是刑罚主刑的一种 　　B. 罚款是刑罚附加刑的一种
> C. 附加刑不得独立适用 　　D. 没收财产是刑罚主刑的一种
> [解析] 选项 A 正确，选项 C、D 错误，刑罚分为主刑和附加刑。主刑的种类包括：①管制；②拘役；③有期徒刑；④无期徒刑；⑤死刑。附加刑的种类包括：①罚金；②剥夺政治权利；③没收财产。附加刑也可以独立适用。对于犯罪的外国人，可以独立适用或者附加适用驱逐出境。选项 B 错误，罚款是行政处罚。
> [答案] A

[2021 真题·单选] 下列法律责任中，属于刑罚主刑的是（　　）。
A. 拘留　　　　　　　　B. 剥夺政治权利
C. 拘役　　　　　　　　D. 驱逐出境

[解析] 主刑的种类包括：①管制；②拘役；③有期徒刑；④无期徒刑；⑤死刑。附加刑的种类包括：①罚金；②剥夺政治权利；③没收财产。附加刑也可以独立适用。对于犯罪的外国人，可以独立适用或者附加适用驱逐出境。

[答案] C

知识点 4　建设工程常见犯罪行为及罪名

一、重大责任事故罪

犯罪客体：厂矿企业、事业单位的安全生产制度。

犯罪客观方面：在生产、作业活动中违反有关安全管理的规定，因而发生重大伤亡事故或者造成其他严重后果。

犯罪主体：对生产、作业负有组织、指挥或者管理职责的负责人、管理人员、实际控制人、投资人等人员，以及直接从事生产、作业的人员。

犯罪主观方面：过失。行为人违反规章制度可能是故意的，但对于自己违章行为所造成的重大事故是由于疏忽大意而没有预见或者已经预见而轻信能够避免，这是判断具有本罪过失的重要根据。

处罚：处 3 年以下有期徒刑或者拘役；情节特别恶劣的，处 3 年以上 7 年以下有期徒刑。

二、强令、组织他人违章冒险作业罪

（一）本罪的构成

犯罪客体：安全生产秩序。

犯罪客观方面：强令他人违章冒险作业，或者明知存在重大事故隐患而不排除，仍冒险组织作业的行为。

犯罪主体：对生产、作业负有组织、指挥或者管理职责的负责人、管理人员、实际控制人、投资人等人员。

犯罪主观方面：过失。

（二）本罪的判定

有下列情形之一的，属于《刑法》规定的"强令他人违章冒险作业"：
(1) 以威逼、胁迫、恐吓等手段，强制他人违章作业的。
(2) 利用组织、指挥、管理职权，强制他人违章作业的。

（三）处罚

处 5 年以下有期徒刑或者拘役；情节特别恶劣的，处 5 年以上有期徒刑。

三、工程重大安全事故罪

犯罪客体：人民的财产和生命安全以及国家的建筑管理制度。

犯罪客观方面：违反国家规定，降低工程质量标准，造成重大安全事故的行为。

犯罪主体：特殊主体，即建设单位、设计单位、施工单位、工程监理单位等，为单位犯罪。但该罪名不处罚单位，只处罚直接责任人员。

犯罪主观方面：过失。

处罚：对直接责任人员，处 5 年以下有期徒刑或者拘役，并处罚金；后果特别严重的，处 5 年以上 10 年以下有期徒刑，并处罚金。

四、重大劳动安全事故罪

犯罪客体：工厂、矿山、林场、建筑企业或其他企业、事业单位的劳动安全。

犯罪客观方面：安全生产设施或者安全生产条件不符合国家规定，因而发生重大伤亡事故或者造成其他严重后果的行为。

犯罪主体：直接负责的主管人员和其他直接责任人员。

犯罪主观方面：过失。

处罚：处 3 年以下有期徒刑或者拘役；情节特别恶劣的，处 3 年以上 7 年以下有期徒刑。

五、虚开增值税专用发票、用于骗取出口退税、抵扣税款发票罪

虚开的税款数额在 50 万元以上的，认定为《刑法》规定的"数额较大"。虚开的税款数额在 250 万元以上的，认定为《刑法》规定的"数额巨大"。

六、串通投标罪

犯罪客体：市场公平竞争秩序。

犯罪客观方面：相互串通投标报价，损害招标人或者其他投标人利益，或者损害国家、集体、公民的合法利益，情节严重的行为。

犯罪主体：投标人之间、招标人与投标人之间。

犯罪主观方面：故意。

处罚：处 3 年以下有期徒刑或者拘役，并处或者单处罚金。

➤ **知识链接**：建设工程常见犯罪还涉及组织考试作弊罪。

《刑法》第二百八十四条之一：在法律规定的国家考试中，组织作弊的，处 3 年以下有期徒刑或者拘役，并处或者单处罚金；情节严重的，处 3 年以上 7 年以下有期徒刑，并处罚金。

为他人实施前款犯罪提供作弊器材或者其他帮助的，依照前款的规定处罚。

为实施考试作弊行为，向他人非法出售或者提供第一款规定的考试的试题、答案的，依照第一款的规定处罚。

代替他人或者让他人代替自己参加第一款规定的考试的，处拘役或者管制，并处或者单处罚金。

实战演练

[2024 真题·单选] 某施工企业在施工中偷工减料，降低工程质量标准，造成重大安全事故。该施工企业的行为构成（　　）。

A. 工程重大安全事故罪　　　　　　B. 重大劳动安全事故罪
C. 强令违章冒险作业罪　　　　　　D. 重大责任事故罪

[解析] 工程重大安全事故罪是指建设单位、设计单位、施工单位、工程监理单位违反国家规定，降低工程质量标准，造成重大安全事故的行为。

[答案] A

[2021真题·多选] 关于工程重大安全事故罪的说法，正确的有（　　）。

A. 该犯罪是单位犯罪

B. 该犯罪的客观方面表现为违反国家规定，降低工程质量标准，造成重大安全事故

C. 该犯罪的犯罪主体包括勘察单位

D. 该犯罪的法定最高刑为 20 年

E. 该犯罪应当对直接责任人员并处罚金

[解析] 选项 C 错误，工程重大安全事故罪的主体为特殊主体，即为单位犯罪。主体只能是建设单位、设计单位、施工单位、工程监理单位等。但该罪名不处罚单位，只处罚直接责任人员。选项 D 错误，建设单位、设计单位、施工单位、工程监理单位违反国家规定，降低工程质量标准，造成重大安全事故的，对直接责任人员，处 5 年以下有期徒刑或者拘役，并处罚金；后果特别严重的，处 5 年以上 10 年以下有期徒刑，并处罚金。

[答案] ABE

第二章 建筑市场主体制度

本章导学

本章主要介绍建筑市场主体的一般规定、建筑业企业资质制度、建造师注册执业制度、建筑市场主体信用体系建设和营商环境制度。本章内容以最新考试大纲为基础,同时参考《民法典》《中华人民共和国建筑法》(以下简称《建筑法》)、《建筑业企业资质管理规定》《注册建造师管理规定》编写。

纵观近几年考试,代理的种类,委托代理,企业资质的法定条件,施工企业资质证书的申请、延续和变更,以及建造师的注册和执业范围是重难点内容,在考试中分值占比较大,考生在学习时应着重掌握。

第一节 建筑市场主体的一般规定

知识点 1　自然人、法人和非法人组织

一、自然人

《民法典》规定，自然人从出生时起到死亡时止，具有民事权利能力，依法享有民事权利，承担民事义务。自然人的民事权利能力一律平等。

（一）自然人分类

自然人根据其行为能力的不同，可分为完全民事行为能力人、限制民事行为能力人、无民事行为能力人三种。

1. 完全民事行为能力人

成年人为完全民事行为能力人，可以独立实施民事法律行为。16 周岁以上的未成年人，以自己的劳动收入为主要生活来源的，视为完全民事行为能力人。

2. 限制民事行为能力人

8 周岁以上的未成年人为限制民事行为能力人，实施民事法律行为由其法定代理人代理或者经其法定代理人同意、追认；但是，可以独立实施纯获利益的民事法律行为或者与其年龄、智力相适应的民事法律行为。

不能完全辨认自己行为的成年人为限制民事行为能力人，实施民事法律行为由其法定代理人代理或者经其法定代理人同意、追认；但是，可以独立实施纯获利益的民事法律行为或者与其智力、精神健康状况相适应的民事法律行为。

3. 无民事行为能力人

不满 8 周岁的未成年人为无民事行为能力人，由其法定代理人代理实施民事法律行为。

不能辨认自己行为的成年人为无民事行为能力人，由其法定代理人代理实施民事法律行为。8 周岁以上的未成年人不能辨认自己行为的，适用前款规定。

（二）个体工商户和农村承包经营户

自然人从事工商业经营，经依法登记，为个体工商户。个体工商户可以起字号。

农村集体经济组织的成员，依法取得农村土地承包经营权，从事家庭承包经营的，为农村承包经营户。

个体工商户的债务，个人经营的，以个人财产承担；家庭经营的，以家庭财产承担；无法区分的，以家庭财产承担。农村承包经营户的债务，以从事农村土地承包经营的农户财产承担；事实上由农户部分成员经营的，以该部分成员的财产承担。

二、法人

（一）一般规定

《民法典》规定，法人是具有民事权利能力和民事行为能力，依法独立享有民事权利和承担民事义务的组织。

法人应当依法成立。法人应当有自己的名称、组织机构、住所、财产或者经费。法人成立的具体条件和程序，依照法律、行政法规的规定。

设立法人，法律、行政法规规定须经有关机关批准的，依照其规定。

法人的民事权利能力和民事行为能力，从法人成立时产生，到法人终止时消灭。

法人以其全部财产独立承担民事责任。

依照法律或者法人章程的规定，代表法人从事民事活动的负责人，为法人的法定代表人。法定代表人以法人名义从事的民事活动，其法律后果由法人承受。法人章程或者法人权力机构对法定代表人代表权的限制，不得对抗善意相对人。

法定代表人因执行职务造成他人损害的，由法人承担民事责任。法人承担民事责任后，依照法律或者法人章程的规定，可以向有过错的法定代表人追偿。

法人以其主要办事机构所在地为住所。依法需要办理法人登记的，应当将主要办事机构所在地登记为住所。

综上所述，法人成立的具体条件主要包括：①依法成立；②有自己的名称、组织机构、住所、财产或者经费；③独立承担民事责任；④有法定代表人。

● 点拨

法人条件的"三独"，即名义独、财产独、责任独。法人≠法定代表人。

（二）法人分类

根据《民法典》，法人分为三大类，见表2-1-1。

表2-1-1　法人的分类

分类	内容
营利法人	以取得利润并分配给股东等出资人为目的成立的法人
	包括有限责任公司、股份有限公司和其他企业法人等
	营利法人经依法登记成立。营业执照签发日期为营利法人的成立日期
非营利法人	为公益目的或者其他非营利目的成立，不向出资人、设立人或者会员分配所取得利润的法人
	包括事业单位、社会团体、基金会、社会服务机构等
	具备法人条件，为适应经济社会发展需要，提供公益服务设立的事业单位，经依法登记成立，取得事业单位法人资格；依法不需要办理法人登记的，从成立之日起，具有事业单位法人资格
特别法人	包括机关法人、农村集体经济组织法人、城镇农村的合作经济组织法人、基层群众性自治组织法人
	有独立经费的机关和承担行政职能的法定机构从成立之日起，具有机关法人资格，可以从事为履行职能所需要的民事活动

（三）项目经理与项目经理部

1. 项目经理

建筑施工企业项目经理（以下简称项目经理），是指受企业法定代表人委托对工程项目施工过程全面负责的项目管理者，是建筑施工企业法定代表人在工程项目上的代表人。

● 点拨

结合《民法典》的规定，法定代表人以法人名义从事的民事活动，其法律后果由法人承受。故项目经理是受企业法人委托对工程项目施工过程全面负责的项目管理者。

项目经理是岗位职务，即同其他管理者一样，项目经理属于企业法人的一种企业内部的岗位职务，是一个组织系统中的管理者，至于他是否有人权、财权、材料和设备的采购权等，应由其企业的管理层来定。鉴于建设工程的特殊性，在每个施工项目上必须有一位经企业法人授权的项目经理。

2. 项目经理部

根据《建设工程项目经理岗位职业资质管理导则》，项目经理部，是指建设工程项目经理在企业法定代表人授权和职能部门支持下组建的，进行项目管理的一次性现场组织机构。

大、中型施工项目，施工企业必须在施工现场设立项目经理部；小型施工项目，可由企业法定代表人委托一个项目经理部兼管，但不得削弱其项目管理职责。项目经理部行为的法律后果由企业法人承担。

● 点拨

法定代表人、项目经理、项目经理部，都不具有法人资格，无法独立承担民事责任，其法律后果由企业法人承担。法定代表人、项目经理、项目经理部的关系如图2-1-1所示。

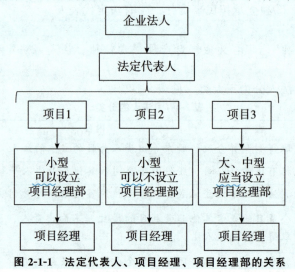

图 2-1-1　法定代表人、项目经理、项目经理部的关系

三、非法人组织

《民法典》规定，非法人组织是不具有法人资格，但是能够依法以自己的名义从事民事活动的组织。

非法人组织包括个人独资企业、合伙企业、不具有法人资格的专业服务机构等，非法人组织的类别的具体内容见表2-1-2。

表 2-1-2　非法人组织的类别

分类	内容	
个人独资企业	由一个自然人投资，财产为投资人个人所有，投资人以其个人财产对企业债务承担无限责任的经营实体	
合伙企业	普通合伙企业：由普通合伙人组成	合伙人对合伙企业债务承担无限连带责任
	有限合伙企业：由普通合伙人＋有限合伙人组成	普通合伙人：对合伙企业债务承担无限连带责任
		有限合伙人：以其认缴的出资额为限对合伙企业债务承担责任
不具有法人资格的专业服务机构	未取得法人资格的律师事务所、会计师事务所	
	可以作为建设单位、设计单位、监理单位	

（1）非法人组织应当依照法律的规定登记。设立非法人组织，法律、行政法规规定须经有关机关批准的，依照其规定。

（2）非法人组织的财产不足以清偿债务的，其出资人或者设立人承担无限责任。法律另有规定的，依照其规定。

（3）非法人组织可以确定1人或者数人代表该组织从事民事活动。

实战演练

[2022真题·单选] 由甲施工企业设立的乙项目经理部订立采购合同，未能按时支付合同价款，应当承担违约责任的主体是（　　）。

A. 乙　　　　　　　　　　　　B. 甲
C. 甲的法定代表人　　　　　　D. 乙的项目经理

[解析] 由于项目经理部不具备独立的法人资格，无法独立承担民事责任。所以，项目经理部行为的法律后果由企业法人承担。

[答案] B

[2021真题·单选] 关于施工企业项目经理部的说法，正确的是（　　）。

A. 项目经理部不具有独立法人资格　　B. 项目经理部是施工企业的下属子公司
C. 项目经理部是常设机构　　　　　　D. 项目经理部能够独立承担民事责任

[解析] 项目经理部不具备独立的法人资格，而是施工企业根据建设工程施工项目而组建的非常设的下属机构，无法独立承担民事责任。因此，项目经理部行为的法律后果由企业法人承担。

[答案] A

[2023真题·多选] 下列关于法人分类的说法，正确的有（　　）。

A. 某县级人民政府属于机关法人
B. 某基金会属于非营利法人
C. 某设计院有限责任公司属于事业法人
D. 某基层群众性自治组织属于非营利法人
E. 法人分为营利法人、非营利法人和特别法人

[解析] 选项A正确，选项D错误，机关法人、农村集体经济组织法人、城镇农村的合作经济组织法人、基层群众性自治组织法人为特别法人。选项B正确，非营利法人包括事业单位、社会团体、基金会、社会服务机构等。选项C错误，营利法人包括有限责任公司、股份有限公司和其他企业法人等。选项E正确，法人分为营利法人、非营利法人和特别法人三大类。

[答案] ABE

知识点 2　建设工程委托代理

一、一般规定

根据《民法典》，代理是指代理人以被代理人的名义，在代理权限内与第三人实施民事法律行为，其法律后果直接由被代理人承担的法律制度。

（一）代理的特征

（1）代理是一种法律行为。代理行为必须能够产生设立、变更或终止某种民事法律关系的法律后果。

（2）代理人在代理权限内，以被代理人名义实施民事法律行为，对被代理人发生

效力。

（3）代理是代理人在授权范围内所为的独立意思表示。

（4）代理人在代理授权范围内进行代理的法律后果直接归被代理人，代理人与第三人确立的权利义务关系（甚至于代理的不良后果和损失），均由被代理人承受，从而在被代理人和第三人之间确立了法律关系。

代理关系如图 2-1-2 所示。

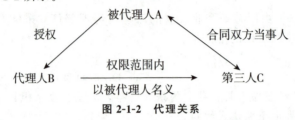

图 2-1-2　代理关系

（二）代理的种类

代理包括委托代理和法定代理，其具体内容如图 2-1-3 所示。

委托代理人按照被代理人的委托行使代理权。法定代理人依照法律的规定行使代理权。

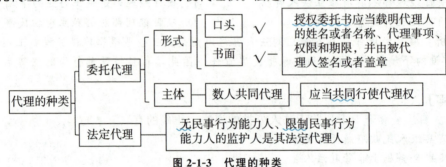

图 2-1-3　代理的种类

二、委托代理及其法律关系

（一）委托代理的规定

委托代理是指委托人（被代理人）授权代理人以委托人的名义，在授权范围内处理特定事务的法律行为。被代理人死亡后，有下列情形之一的，委托代理人实施的代理行为有效：①代理人不知道且不应当知道被代理人死亡；②被代理人的继承人予以承认；③授权中明确代理权在代理事务完成时终止；④被代理人死亡前已经实施，为了被代理人的继承人的利益继续代理。作为被代理人的法人、非法人组织终止的，参照适用上述规定。

（二）违法代理

（1）代理人知道或者应当知道代理事项违法仍然实施代理行为，或者被代理人知道或者应当知道代理人的代理行为违法未作反对表示的，被代理人和代理人应当承担连带责任。

（2）代理人不得以被代理人的名义与自己实施民事法律行为，但是被代理人同意或者追认的除外。代理人不得以被代理人的名义与自己同时代理的其他人实施民事法律行为，但是被代理的双方同意或者追认的除外。

（三）转委托代理

代理人需要转委托第三人代理的，应当取得被代理人的同意或者追认。

转委托代理经被代理人同意或者追认的，被代理人可以就代理事务直接指示转委托的第三人，代理人仅就第三人的选任以及对第三人的指示承担责任。

转委托代理未经被代理人同意或者追认的，代理人应当对转委托的第三人的行为承担责任；但是，在紧急情况下代理人为了维护被代理人的利益需要转委托第三人代理的除外。

（四）无权代理

行为人没有代理权、超越代理权或者代理权终止后，仍然实施代理行为，未经被代理人追认的，对被代理人不发生效力。

相对人可以催告被代理人自收到通知之日起30日内予以追认。被代理人未作表示的，视为拒绝追认。行为人实施的行为被追认前，善意相对人有撤销的权利。撤销应当以通知的方式作出。

行为人实施的行为未被追认的，善意相对人有权请求行为人履行债务或者就其受到的损害请求行为人赔偿。但是，赔偿的范围不得超过被代理人追认时相对人所能获得的利益。

相对人知道或者应当知道行为人无权代理的，相对人和行为人按照各自的过错承担责任。

（五）表见代理

行为人没有代理权、超越代理权或者代理权终止后，仍然实施代理行为，相对人有理由相信行为人有代理权的，代理行为有效。

表见代理的构成要件：

（1）行为人无代理权，即代理人以被代理人名义与第三人订立合同时，没有代理权。

（2）有权利外观，存在足以使第三人相信行为人享有代理权的事实和理由，包括但不限于：

①行为人持有被代理人的介绍信或者盖有被代理人公章的空白合同书。
②法人或非法人组织对其工作人员的职权范围有限制，但第三人不知情。
③无代理权的人以被代理人的名义订立合同，被代理人知道而不作否认表示。

（3）善意第三人。所谓善意，是指第三人不知代理人无代理权。

（4）权利外观的形成可归责于被代理人。

● 点拨

建设工程中可以代理和不得代理的行为如图2-1-4所示。

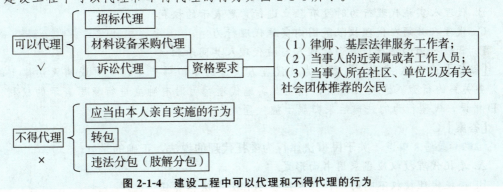

图2-1-4 建设工程中可以代理和不得代理的行为

（六）法律责任

《民法典》规定，代理人不履行或者不完全履行职责，造成被代理人损害的，应当承担民事责任。

代理人和相对人恶意串通，损害被代理人合法权益的，代理人和相对人应当承担连带责任。

代理人知道或者应当知道代理事项违法仍然实施代理行为，或者被代理人知道或者应当知道代理人的代理行为违法未作反对表示的，被代理人和代理人应当承担连带责任。

相对人知道或者应当知道行为人无权代理的，相对人和行为人按照各自的过错承担责任。

● 点拨

不同情形的法律责任承担见表 2-1-3。

表 2-1-3　不同情形的法律责任承担

情形	判断标准	法律责任的承担人
代理人和第三人串通	两人有错连带	代理人、第三人
代理人或被代理人明知对方行为违法		被代理人、代理人
第三人明知行为人属于无权代理	按照各自的过错承担责任	行为人、第三人
代理人不履行职责	谁错，谁承担	代理人
无权代理		代理人（被代理人追认除外）
表见代理		被代理人
默示代理		被代理人
转委托代理（复代理）		代理人（被代理人追认或紧急情况为了被代理人利益的除外）

三、代理终止

有下列情形之一的，委托代理终止：
(1) 代理期限届满或者代理事务完成。
(2) 被代理人取消委托或者代理人辞去委托。
(3) 代理人丧失民事行为能力。
(4) 代理人或者被代理人死亡。
(5) 作为代理人或者被代理人的法人、非法人组织终止。

实战演练

[2024 真题·单选] 关于代理法律特征的说法，正确的是（　　）。
A. 代理行为不能导致法律权利义务关系的变化
B. 代理人实施代理行为时没有独立进行意思表示的权利
C. 代理人必须在代理权限范围内实施代理行为
D. 代理行为的法律后果由代理人与被代理人共同承担

[解析] 选项 A 错误，代理人为被代理人实施的是能够产生、变更或消灭法律上的权利义务关系的行为。选项 B 错误，代理人实施代理行为时有独立进行意思表示的权利。选项 D 错误，代理行为的法律后果归属于被代理人。

[答案] C

[2023 真题·单选] 关于民事法律行为委托代理的说法，正确的是（　　）。
A. 委托代理授权应当采用书面形式
B. 委托代理授权不明的，代理人应当承担全部法律责任
C. 同一代理事项的委托代理人可以为数人
D. 代理人知道代理事项违法仍然实施代理行为的，应当承担全部法律责任

[解析] 选项 A 错误，民事法律行为的委托代理，可以采用书面形式，也可以采用口头形式，但法律规定采用书面形式的，应当采用书面形式。选项 B 错误，根据《民法典》推断，代理人各自承担过错责任。选项 C 正确，数人为同一代理事项的代理人的，应当共同行使代理权，但是当事人另有约定的除外。选项 D 错误，代理人知道或者应当知道代理事项违法仍然实施代理行为，或者被代理人知道或者应当知道代理人的代理行为违法未作反对表示的，被代理人和代理人应当承担连带责任。

[答案] C

[2022真题·单选] 乙施工企业委托员工王某与甲建设单位办理结算事宜。后王某离职，乙未及时将该情形告知甲。此后，王某又和甲签署了一份结算文件。关于该结算文件的说法，正确的是（　　）。

A. 对乙无效
B. 其后果由乙承担
C. 其后果由王某承担
D. 对甲无效

[解析] 表见代理是指行为人虽无权代理，但行为人的某些行为造成了足以使善意相对人相信其有代理权的表象，而与善意相对人进行的、由本人承担法律后果的代理行为。表见代理对本人产生有权代理的效力，本人不能以无权代理为抗辩。本人在承担表见代理行为所产生的责任后，可以向无权代理人追偿因代理行为而遭受的损失。本题中，乙施工企业为本人，王某为表见代理人，甲建设单位为相对人，乙承担后果后，可以向王某追偿。

[答案] B

[2021真题·单选] 代理人知道或者应当知道代理事项违法，仍然实施代理行为的，为违法代理。下列关于违法代理责任承担的说法，正确的是（　　）。

A. 仅由被代理人承担责任
B. 仅由代理人承担责任
C. 由被代理人和代理人按过错承担按份责任
D. 由被代理人和代理人承担连带责任

[解析] 代理人知道或者应当知道代理事项违法仍然实施代理行为，或者被代理人知道或者应当知道代理人的代理行为违法未作反对表示的，被代理人和代理人应当承担连带责任。

[答案] D

第二节　建筑业企业资质制度

根据《建筑业企业资质管理规定》，企业应当按照其拥有的资产、主要人员、已完成的工程业绩和技术装备等条件申请建筑业企业资质，经审查合格，取得建筑业企业资质证书后，方可在资质许可的范围内从事建筑施工活动。

知识点 1　建筑业企业资质条件和等级

一、企业资质的法定条件

《住房城乡建设部关于印发〈建筑业企业资质标准〉的通知》（建市〔2014〕159号）总则中规定，具有法人资格的企业申请建筑业企业资质应具备下列基本条件：

（1）具有满足本标准要求的资产。

（2）具有满足本标准要求的注册建造师及其他注册人员、工程技术人员、施工现场管理人员和技术工人。

（3）具有满足本标准要求的工程业绩。

（4）具有必要的技术装备。

《住房城乡建设部关于简化建筑业企业资质标准部分指标的通知》（建市〔2016〕226号）规定，除各类别最低等级资质外，取消关于注册建造师、中级以上职称人员、持有岗位证书的现场管理人员、技术工人的指标考核。

《建筑法》规定，从事建筑活动的建筑施工企业、勘察单位、设计单位和工程监理单位，

应当具备下列条件:
(1) 有符合国家规定的注册资本。
(2) 有与其从事的建筑活动相适应的具有法定执业资格的专业技术人员。
(3) 有从事相关建筑活动所应有的技术装备。
(4) 法律、行政法规规定的其他条件。

从事建筑活动的建筑施工企业、勘察单位、设计单位和工程监理单位,按照其拥有的注册资本、专业技术人员、技术装备和已完成的建筑工程业绩等资质条件,划分为不同的资质等级,经资质审查合格,取得相应等级的资质证书后,方可在其资质等级许可的范围内从事建筑活动。

二、施工企业的资质序列

根据《建筑业企业资质管理规定》,建筑业企业资质分为施工总承包资质、专业承包资质、施工劳务资质3个序列。施工总承包资质、专业承包资质按照工程性质和技术特点分别划分为若干资质类别,各资质类别按照规定的条件划分为若干资质等级。施工劳务资质不分类别与等级。

根据《住房和城乡建设部关于印发建设工程企业资质管理制度改革方案的通知》(建市〔2020〕94号)的规定,施工资质分为施工综合资质、施工总承包资质、专业承包资质和专业作业资质,施工资质分类见表2-2-1。

表2-2-1 施工资质分类

资质序列	类别	等级	其他
施工综合资质	不分类别	不分等级	可承担各行业、各等级施工总承包业务
施工总承包资质	13	甲、乙两级	施工总承包甲级资质在本行业内承揽业务规模不受限制
专业承包资质	18	甲、乙两级(一般)	不分等级(特殊)
专业作业资质	不分类别	不分等级	审批制改为备案制

> **实战演练**
>
> [2021真题·多选] 根据《建筑业企业资质管理规定》,建筑业企业资质序列包括( )。
> A. 施工总承包资质 B. 专业承包资质
> C. 工程总承包资质 D. 专业分包资质
> E. 施工劳务资质
> [解析] 根据《建筑业企业资质管理规定》,建筑业企业资质分为施工总承包资质、专业承包资质、施工劳务资质3个序列。
> [答案] ABE

知识点 2 建筑业企业资质的申请、许可、延续和变更

根据《建筑业企业资质管理规定》,建筑业企业资质的申请、许可、延续和变更等相关内容见表2-2-2。

表 2-2-2 建筑业企业资质的申请、许可、延续和变更等相关内容

项目	具体要求
申请	（1）企业可以申请一项或多项建筑业企业资质。企业首次申请或增项申请资质，应当申请最低等级资质； （2）《住房和城乡建设部办公厅关于做好建筑业"证照分离"改革衔接有关工作的通知》（建办市〔2021〕30号）进一步规定，建筑业企业施工劳务资质由审批制改为备案制，由企业注册地设区市住建主管部门负责办理备案手续。企业完成备案手续并取得资质证书后，即可承接施工劳务作业
使用	根据《住房城乡建设部关于印发〈建筑业企业资质管理规定和资质标准实施意见〉的通知》（建市〔2015〕20号），每套新版建筑业企业资质证书包括1个正本和1个副本，每本证书上均印制二维码标识。为切实减轻企业负担，各有关部门和单位在对企业跨地区承揽业务监督管理、招标活动中，不得要求企业提供建筑业企业资质证书原件，企业资质情况可通过扫描建筑业企业资质证书复印件的二维码查询
延续	资质证书有效期为5年。建筑业企业资质证书有效期届满，企业继续从事建筑施工活动的，应当于资质证书有效期届满3个月前，向原资质许可机关提出延续申请。资质许可机关应当在建筑业企业资质证书有效期届满前做出是否准予延续的决定；逾期未做出决定的，视为准予延续
变更	企业在建筑业企业资质证书有效期内名称、地址、注册资本、法定代表人等发生变更的，应当在工商部门办理变更手续后1个月内办理资质证书变更手续
更换、遗失补办	（1）企业需更换、遗失补办建筑业企业资质证书的，应当持建筑业企业资质证书更换、遗失补办申请等材料向资质许可机关申请办理。资质许可机关应当在2个工作日内办理完毕； （2）企业遗失建筑业企业资质证书的，在申请补办前应当在公众媒体上刊登遗失声明； （3）《住房和城乡建设部关于取消部分部门规章和规范性文件设定的证明事项的决定》（建法规〔2019〕6号）进一步规定，申请人不再需要在公众媒体上声明作废，由申请人告知资质许可机关，由资质许可机关在官网发布信息
合并、分立、改制	企业发生合并、分立、重组以及改制等事项，需承继原建筑业企业资质的，应当申请重新核定建筑业企业资质等级
不予批准企业资质升级申请和增项申请	根据《建筑业企业资质管理规定》，企业申请建筑业企业资质升级、资质增项，在申请之日起前1年至资质许可决定作出前，有下列情形之一的，资质许可机关不予批准其建筑业企业资质升级申请和增项申请： （1）超越本企业资质等级或以其他企业的名义承揽工程，或允许其他企业或个人以本企业的名义承揽工程的； （2）与建设单位或企业之间相互串通投标，或以行贿等不正当手段谋取中标的； （3）未取得施工许可证擅自施工的； （4）将承包的工程转包或违法分包的； （5）违反国家工程建设强制性标准施工的； （6）恶意拖欠分包企业工程款或者劳务人员工资的； （7）隐瞒或谎报、拖延报告工程质量安全事故，破坏事故现场、阻碍对事故调查的； （8）按照国家法律、法规和标准规定需要持证上岗的现场管理人员和技术工种作业人员未取得证书上岗的；

续表

项目	具体要求
不予批准企业资质升级申请和增项申请	(9) 未依法履行工程质量保修义务或拖延履行保修义务的； (10) 伪造、变造、倒卖、出租、出借或者以其他形式非法转让建筑业企业资质证书的； (11) 发生过较大以上质量安全事故或者发生过2起以上一般质量安全事故的； (12) 其他违反法律、法规的行为

实战演练

[2024真题·多选] 根据《建筑业企业资质管理规定》，企业申请建筑业企业资质升级，资质许可机关不予批准其建筑业企业资质升级申请的情形有（   ）。

A. 未依法纳税
B. 未按规定缴纳社会保障资金
C. 超越本企业资质等级承接工程
D. 未取得施工许可证擅自施工
E. 未依法履行工程质量保修义务

[解析] 根据《建筑业企业资质管理规定》，企业申请建筑业企业资质升级、资质增项，在申请之日起前1年至资质许可决定作出前，有下列情形之一的，资质许可机关不予批准其建筑业企业资质升级申请和增项申请：①超越本企业资质等级或以其他企业的名义承揽工程，或允许其他企业或个人以本企业的名义承揽工程的（选项C正确）；②与建设单位或企业之间相互串通投标，或以行贿等不正当手段谋取中标的；③未取得施工许可证擅自施工的（选项D正确）；④将承包的工程转包或违法分包的；⑤违反国家工程建设强制性标准施工的；⑥恶意拖欠分包企业工程款或者劳务人员工资的；⑦隐瞒或谎报、拖延报告工程质量安全事故，破坏事故现场、阻碍对事故调查的；⑧按照国家法律、法规和标准规定需要持证上岗的现场管理人员和技术工种作业人员未取得证书上岗的；⑨未依法履行工程质量保修义务或拖延履行保修义务的（选项E正确）；⑩伪造、变造、倒卖、出租、出借或者以其他形式非法转让建筑业企业资质证书的；⑪发生过较大以上质量安全事故或者发生过2起以上一般质量安全事故的；⑫其他违反法律、法规的行为。

[答案] CDE

知识点 3　建筑业企业资质的撤回、撤销、注销和吊销

一、撤回

【合法取得资质后，不再具备条件】

根据《建筑业企业资质管理规定》，企业不再符合相应建筑业企业资质标准要求条件的，县级以上地方人民政府住房城乡建设主管部门、其他有关部门，应当责令其限期改正并向社会公告，整改期限最长不超过3个月；企业整改期间不得申请建筑业企业资质的升级、增项，不能承揽新的工程；逾期仍未达到建筑业企业资质标准要求条件的，资质许可机关可以撤回其建筑业企业资质证书。

被撤回建筑业企业资质证书的企业，可以在资质被撤回后3个月内，向资质许可机关提出核定低于原等级同类别资质的申请。

二、撤销

【以非法手段取得资质】

根据《建筑业企业资质管理规定》，有下列情形之一的，资质许可机关应当撤销建筑业企业资质：

(1) 资质许可机关工作人员滥用职权、玩忽职守准予资质许可的。
(2) 超越法定职权准予资质许可的。
(3) 违反法定程序准予资质许可的。
(4) 对不符合资质标准条件的申请企业准予资质许可的。
(5) 依法可以撤销资质许可的其他情形。

以欺骗、贿赂等不正当手段取得资质许可的，应当予以撤销。

三、注销

【取消登记在册的事项】

根据《建筑业企业资质管理规定》，有下列情形之一的，资质许可机关应当依法注销建筑业企业资质，并向社会公布其建筑业企业资质证书作废，企业应当及时将建筑业企业资质证书交回资质许可机关：

(1) 资质证书有效期届满，未依法申请延续的。
(2) 企业依法终止的。
(3) 资质证书依法被撤回、撤销或吊销的。
(4) 企业提出注销申请的。
(5) 法律、法规规定的应当注销建筑业企业资质的其他情形。

四、吊销

吊销是指由有管辖权力的部门要求原来准许进行某项活动的对象停止该项活动并收回准许文本的执行过程。起因基本是该对象违背或违反了发放文本时的约定。吊销是一种行使法律的处罚行为，具有强制性和制裁性。

实战演练

[2022真题补考·单选] 根据《建筑业企业资质管理规定》，关于建筑业企业资质证书的说法，正确的是（　　）。

A. 被撤回资质证书的建筑业企业可以在资质被撤回后3个月内，向资质许可机关提出核定低于原等级同类别资质的申请
B. 资质许可机关收到延续申请后，未在企业资质证书有效期届满前作出是否准予延续资质证书决定的，视为不准予延续
C. 取得企业资质证书承揽业务受地区、行业限制
D. 资质证书有效期届满，未依法申请延续的，资质许可机关应当撤回其资质证书

[解析] 选项B错误，资质许可机关应当在建筑业企业资质证书有效期届满前做出是否准予延续的决定；逾期未做出决定的，视为准予延续。选项C错误，企业资质全国通用，严禁各行业、各地区设置限制性措施，严厉查处变相设置市场准入壁垒，违规限制企业跨地区、跨行业承揽业务等行为，维护统一规范的建筑市场。选项D错误，有下列情形之一的，资质许可机关应当依法注销建筑业企业资质，并向社会公布其建筑业企业资质证书作废，企业应当及时将建筑业企业资质证书交回资质许可机关：①资质证书有效期届满，未依法申请延续的；②企业依法终止的；③资质证书依法被撤回、撤销或吊销的；④企业提出注销申请的；⑤法律、法规规定的应当注销建筑业企业资质的其他情形。

[答案] A

知识点 4 承揽工程的"三个禁止"

一、禁止无资质承揽工程

《建筑法》规定，承包建筑工程的单位应当持有依法取得的资质证书，并在其资质等级许可的业务范围内承揽工程。

二、禁止越级承揽工程

《建筑法》规定，禁止建筑施工企业超越本企业资质等级许可的业务范围或者以任何形式用其他建筑施工企业的名义承揽工程。

《最高人民法院关于审理建设工程施工合同纠纷案件适用法律问题的解释（一）》规定，承包人超越资质等级签订的建设工程施工合同认定为无效合同。

三、禁止以其他企业或其他企业以本企业名义承揽工程

《建筑法》规定，禁止建筑施工企业以任何形式允许其他单位或者个人使用本企业的资质证书、营业执照，以本企业的名义承揽工程。

《房屋建筑和市政基础设施工程施工分包管理办法》规定，分包工程发包人没有将其承包的工程进行分包，在施工现场所设项目管理机构的项目负责人、技术负责人、项目核算负责人、质量管理人员、安全管理人员不是工程承包人本单位人员的，视同允许他人以本企业名义承揽工程。

知识点 5 违法行为的法律责任

一、企业申请办理资质违法行为应承担的法律责任

根据《建筑业企业资质管理规定》，申请企业隐瞒有关真实情况或者提供虚假材料申请建筑业企业资质的，资质许可机关不予许可，并给予警告，申请企业在1年内不得再次申请建筑业企业资质。

企业以欺骗、贿赂等不正当手段取得建筑业企业资质的，由原资质许可机关予以撤销；由县级以上地方人民政府住房城乡建设主管部门或者其他有关部门给予警告，并处3万元的罚款；申请企业3年内不得再次申请建筑业企业资质。

二、允许其他单位或者个人以本单位名义承揽工程应承担的法律责任

《建筑法》规定，建筑施工企业转让、出借资质证书或者以其他方式允许他人以本企业的名义承揽工程的，责令改正，没收违法所得，并处罚款，可以责令停业整顿，降低资质等级；情节严重的，吊销资质证书。对因该项承揽工程不符合规定的质量标准造成的损失，建筑施工企业与使用本企业名义的单位或者个人承担连带赔偿责任。

三、将建设工程分包给不具备相应资质条件的单位（即违法分包）应承担的法律责任

《建筑法》规定，承包单位将承包的工程转包的，或者违反本法规定进行分包的，责令改正，没收违法所得，并处罚款，可以责令停业整顿，降低资质等级；情节严重的，吊销资质证书。

承包单位有前款规定的违法行为的，对因转包工程或者违法分包的工程不符合规定的质量标准造成的损失，与接受转包或者分包的单位承担连带赔偿责任。

实战演练

[2024 真题·单选] 根据《建筑法》,以欺骗手段取得建筑业企业资质的,应当承担的法律责任是（   ）。

A. 注销资质证书 B. 罚金
C. 拘留 D. 吊销资质证书

[解析]《建筑法》规定,以欺骗手段取得资质证书的,吊销资质证书,处以罚款；构成犯罪的,依法追究刑事责任,选项 D 正确。《建筑业企业资质管理规定》规定,企业以欺骗、贿赂等不正当手段取得建筑业企业资质的,由原资质许可机关予以撤销；由县级以上地方人民政府住房城乡建设主管部门或者其他有关部门给予警告,并处 3 万元的罚款；申请企业 3 年内不得再次申请建筑业企业资质。

[答案] D

第三节　建造师注册执业制度

知识点 1　建造师考试

注册建造师是指通过考核认定或考试合格取得中华人民共和国建造师资格证书（以下简称资格证书）,并按照规定注册,取得中华人民共和国建造师注册证书（以下简称注册证书）和执业印章,担任施工单位项目负责人及从事相关活动的专业技术人员。

未取得注册证书和执业印章的,不得担任大中型建设工程项目的施工单位项目负责人,不得以注册建造师的名义从事相关活动。

根据《建造师执业资格制度暂行规定》,凡遵守国家法律、法规,具备下列条件之一者,可以申请参加一级建造师执业资格考试：

（1）取得工程类或工程经济类大学专科学历,工作满 6 年,其中从事建设工程项目施工管理工作满 4 年。

（2）取得工程类或工程经济类大学本科学历,工作满 4 年,其中从事建设工程项目施工管理工作满 3 年。

（3）取得工程类或工程经济类双学士学位或研究生班毕业,工作满 3 年,其中从事建设工程项目施工管理工作满 2 年。

（4）取得工程类或工程经济类硕士学位,工作满 2 年,其中从事建设工程项目施工管理工作满 1 年。

（5）取得工程类或工程经济类博士学位,从事建设工程项目施工管理工作满 1 年。

知识点 2　建造师注册和受聘

一、注册

根据《注册建造师管理规定》,注册建造师实行注册执业管理制度,注册建造师分为一级注册建造师和二级注册建造师。取得资格证书的人员,经过注册方能以注册建造师的名义执业。

（一）初始注册

申请初始注册时应当具备以下条件：

（1）经考核认定或考试合格取得资格证书。

（2）受聘于一个相关单位。

(3) 达到继续教育要求。

(4) 没有《注册建造师管理规定》第十五条所列情形。

取得一级建造师资格证书并受聘于一个建设工程勘察、设计、施工、监理、招标代理、造价咨询等单位的人员，应当通过聘用单位向单位工商注册所在地的省、自治区、直辖市人民政府建设主管部门提出注册申请。

申请初始注册需要提交下列材料：

(1) 注册建造师初始注册申请表。

(2) 资格证书、学历证书和身份证明复印件。

(3) 申请人与聘用单位签订的聘用劳动合同复印件或其他有效证明文件。

(4) 逾期申请初始注册的，应当提供达到继续教育要求的证明材料。

初始注册者，可自资格证书签发之日起3年内提出申请。逾期未申请者，须符合本专业继续教育的要求后方可申请初始注册。

（二）延续注册

注册证书和执业印章是注册建造师的执业凭证，由注册建造师本人保管、使用。

注册证书与执业印章有效期为3年。注册有效期满需继续执业的，应当在注册有效期届满30日前，按照《注册建造师管理规定》第七条、第八条的规定申请延续注册。延续注册的，有效期为3年。

申请延续注册的，应当提交下列材料：

(1) 注册建造师延续注册申请表。

(2) 原注册证书。

(3) 申请人与聘用单位签订的聘用劳动合同复印件或其他有效证明文件。

(4) 申请人注册有效期内达到继续教育要求的证明材料。

（三）变更注册

在注册有效期内，注册建造师变更执业单位，应当与原聘用单位解除劳动关系，并按照《注册建造师管理规定》第七条、第八条的规定办理变更注册手续，变更注册后仍延续原注册有效期。

申请变更注册的，应当提交下列材料：

(1) 注册建造师变更注册申请表。

(2) 注册证书和执业印章。

(3) 申请人与新聘用单位签订的聘用合同复印件或有效证明文件。

(4) 工作调动证明（与原聘用单位解除聘用合同或聘用合同到期的证明文件、退休人员的退休证明）。

● 总结

建造师注册类型比较见表2-3-1。

表2-3-1 建造师注册类型比较

类型	有效期限	申请
初始注册	3年	(1) 自资格证书签发之日起3年内提出申请； (2) 逾期申请，继续教育需符合要求（证书不作废）
延续注册	3年	注册有效期届满30日前申请
变更注册	延续原注册有效期	通过新聘用单位申请办理变更手续

（四）不予注册

申请人有下列情形之一的，不予注册：

(1) 不具有完全民事行为能力的。
(2) 申请在2个或者2个以上单位注册的。
(3) 未达到注册建造师继续教育要求的。
(4) 受到刑事处罚，刑事处罚尚未执行完毕的。
(5) 因执业活动受到刑事处罚，自刑事处罚执行完毕之日起至申请注册之日止不满5年的。
(6) 因前项规定以外的原因受到刑事处罚，自处罚决定之日起至申请注册之日止不满3年的。
(7) 被吊销注册证书，自处罚决定之日起至申请注册之日止不满2年的。
(8) 在申请注册之日前3年内担任项目经理期间，所负责项目发生过重大质量和安全事故的。
(9) 申请人的聘用单位不符合注册单位要求的。
(10) 年龄超过65周岁的。
(11) 法律、法规规定不予注册的其他情形。

（五）失效与注销

注册建造师有下列情形之一的，其注册证书和执业印章失效：

(1) 聘用单位破产的。
(2) 聘用单位被吊销营业执照的。
(3) 聘用单位被吊销或者撤回资质证书的。
(4) 已与聘用单位解除聘用合同关系的。
(5) 注册有效期满且未延续注册的。
(6) 年龄超过65周岁的。
(7) 死亡或不具有完全民事行为能力的。
(8) 其他导致注册失效的情形。

注册建造师有下列情形之一的，由注册机关办理注销手续，收回注册证书和执业印章或者公告注册证书和执业印章作废：

(1) 有《注册建造师管理规定》第十六条所列情形发生的。
(2) 依法被撤销注册的。
(3) 依法被吊销注册证书的。
(4) 受到刑事处罚的。
(5) 法律、法规规定应当注销注册的其他情形。

二、受聘

根据《注册建造师管理规定》，取得资格证书的人员应当受聘于一个具有建设工程勘察、设计、施工、监理、招标代理、造价咨询等一项或者多项资质的单位，经注册后方可从事相应的执业活动。担任施工单位项目负责人的，应当受聘并注册于一个具有施工资质的企业。

> **实战演练**
>
> **[2024真题·单选]** 关于申请建造师初始注册的说法，正确的是（　　）。
> A. 应当通过聘用单位提出申请
> B. 初始注册的条件与建造师资格考试的条件相同
> C. 取得证书的人员可以受聘于2个相关单位
> D. 建造师初始注册通过备案完成
>
> [解析] 选项B错误，申请初始注册时应当具备以下条件：①经考核认定或考试合格取得资格证书；②受聘于一个相关单位；③达到继续教育要求；④没有《注册建造师管理规定》第十五条所列情形。凡遵守国家法律、法规，具备下列条件之一者，可以申请参加一级建造师执业资格考试：①取得工程类或工程经济类大学专科学历，工作满6年，其中从事建设工程项目施工管理工作满4年；②取得工程类或工程经济类大学本科学历，工作满4年，其中从事建设工程项目施工管理工作满3年；③取得工程类或工程经济类双学士学位或研究生班毕业，工作满3年，其中从事建设工程项目施工管理工作满2年；④取得工程类或工程经济类硕士学位，工作满2年，其中从事建设工程项目施工管理工作满1年；⑤取得工程类或工程经济类博士学位，从事建设工程项目施工管理工作满1年。选项C错误，取得证书的人员不得同时受聘于2个相关单位。选项D错误，根据《注册建造师管理规定》，取得一级建造师资格证书并受聘于一个建设工程勘察、设计、施工、监理、招标代理、造价咨询等单位的人员，应当通过聘用单位向单位工商注册所在地的省、自治区、直辖市人民政府建设主管部门提出注册申请。省、自治区、直辖市人民政府住房城乡建设主管部门收到申请材料后，应当在5日内将全部申请材料报国务院住房城乡建设主管部门审批。
>
> [答案] A

知识点 3　建造师执业范围

《注册建造师执业管理办法》（试行）规定，注册建造师应当在其注册证书所注明的专业范围内从事建设工程施工管理活动，具体执业按照本办法附件《注册建造师执业工程范围》执行。未列入或新增工程范围由国务院建设主管部门会同国务院有关部门另行规定。

大中型工程施工项目负责人必须由本专业注册建造师担任。一级注册建造师可担任大、中、小型工程施工项目负责人，二级注册建造师可以承担中、小型工程施工项目负责人。

一级注册建造师可在全国范围内以一级注册建造师名义执业。注册建造师不得有的行为和除外情形如图2-3-1所示。

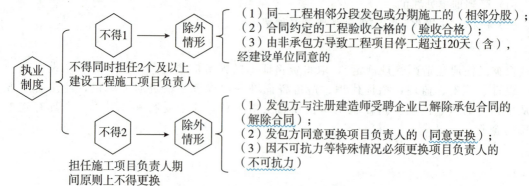

图 2-3-1　注册建造师不得有的行为和除外情形

建设工程合同履行期间变更项目负责人的，企业应当于项目负责人变更5个工作日内报建设行政主管部门和有关部门及时进行网上变更。

注册建造师担任施工项目负责人，在其承建的建设工程项目竣工验收或移交项目手续办结前，除《注册建造师执业管理办法》（试行）第十条规定的情形外，不得变更注册至另一企业。

> **实战演练**
>
> **[2022真题·单选]** 一级注册建造师李某担任某施工项目负责人，在该项目竣工验收手续办结前，李某可以变更注册到另一施工企业的情形是（　　）。
> A. 建设单位与李某受聘企业已经解除施工合同的
> B. 因不可抗力暂停施工的
> C. 李某受聘企业同意更换项目负责人的
> D. 建设单位与李某受聘企业发生了合同纠纷的
> [解析] 注册建造师担任施工项目负责人期间原则上不得更换。如发生下列情形之一的，应当办理书面交接手续后更换施工项目负责人：①发包方与注册建造师受聘企业已解除承包合同的；②发包方同意更换项目负责人的；③因不可抗力等特殊情况必须更换项目负责人的。
> [答案] A

知识点 4　建造师基本权利和义务

一、权利与义务

根据《注册建造师管理规定》，建造师的基本权利和义务见表2-3-2。

表2-3-2　建造师的基本权利和义务

权利	义务
（1）使用注册建造师名称； （2）在规定范围内从事执业活动； （3）在本人执业活动中形成的文件上签字并加盖执业印章； （4）保管和使用本人注册证书、执业印章； （5）对本人执业活动进行解释和辩护； （6）接受继续教育； （7）获得相应的劳动报酬； （8）对侵犯本人权利的行为进行申述	（1）遵守法律、法规和有关管理规定，恪守职业道德； （2）执行技术标准、规范和规程； （3）保证执业成果的质量，并承担相应责任； （4）接受继续教育，努力提高执业水准； （5）保守在执业中知悉的国家秘密和他人的商业、技术等秘密； （6）与当事人有利害关系的，应当主动回避； （7）协助注册管理机关完成相关工作

建设工程施工活动中形成的有关工程施工管理文件，应当由注册建造师签字并加盖执业印章。施工单位签署质量合格的文件上，必须有注册建造师的签字盖章。

《注册建造师管理规定》第二十六条规定，注册建造师不得有下列行为：
（1）不履行注册建造师义务。
（2）在执业过程中，索贿、受贿或者谋取合同约定费用外的其他利益。
（3）在执业过程中实施商业贿赂。
（4）签署有虚假记载等不合格的文件。
（5）允许他人以自己的名义从事执业活动。
（6）同时在2个或者2个以上单位受聘或者执业。

(7) 涂改、倒卖、出租、出借或以其他形式非法转让资格证书、注册证书和执业印章。
(8) 超出执业范围和聘用单位业务范围内从事执业活动。
(9) 法律、法规、规章禁止的其他行为。

二、法律责任

根据《注册建造师管理规定》，隐瞒有关情况或者提供虚假材料申请注册的，建设主管部门不予受理或者不予注册，并给予警告，申请人1年内不得再次申请注册。

以欺骗、贿赂等不正当手段取得注册证书的，由注册机关撤销其注册，3年内不得再次申请注册，并由县级以上地方人民政府建设主管部门处以罚款。其中没有违法所得的，处以1万元以下的罚款；有违法所得的，处以违法所得3倍以下且不超过3万元的罚款。

县级以上人民政府建设主管部门及其工作人员，在注册建造师管理工作中，有下列情形之一的，由其上级行政机关或者监察机关责令改正，对直接负责的主管人员和其他直接责任人员依法给予处分；构成犯罪的，依法追究刑事责任：
(1) 对不符合法定条件的申请人准予注册的。
(2) 对符合法定条件的申请人不予注册或者不在法定期限内作出准予注册决定的。
(3) 对符合法定条件的申请不予受理或者未在法定期限内初审完毕的。
(4) 利用职务上的便利，收受他人财物或者其他好处的。
(5) 不依法履行监督管理职责或者监督不力，造成严重后果的。

违反《注册建造师管理规定》，注册建造师在执业活动中有《注册建造师管理规定》第二十六条所列行为之一的，由县级以上地方人民政府建设主管部门或者其他有关部门给予警告，责令改正，没有违法所得的，处以1万元以下的罚款；有违法所得的，处以违法所得3倍以下且不超过3万元的罚款。

实战演练

[2024真题·单选] 根据《注册建造师管理规定》，关于建造师基本权利和义务的说法，正确的是（　　）。
A. 接受继续教育是其权利而非义务
B. 在本人执业活动中形成的文件上签字是其义务而非权利
C. 协助注册管理机关完成相关工作是其义务
D. 本人的注册证书应当交由聘用单位保管

[解析] 选项A错误，"接受继续教育"既是权利又是义务。选项B错误，"在本人执业活动中形成的文件上签字"是权利，而不是义务。选项C正确，"协助注册管理机关完成相关工作"是义务。选项D错误，建造师有"保管和使用本人注册证书、执业印章"的权利，而不是交由聘用单位保管。

[答案] C

[2024真题·多选] 根据《注册建造师管理规定》，注册建造师在执业活动中有违法行为，县级以上地方人民政府住房城乡建设主管部门有权作出的行政处罚决定有（　　）。
A. 警告   B. 责令赔偿损失
C. 行政拘留   D. 责令改正
E. 没收违法所得

[解析] 根据《注册建造师管理规定》，注册建造师在执业活动中有下列行为之一的，由县级以上地方人民政府建设主管部门或者其他有关部门给予警告，责令改正，没有违法所得的，处以1万元以下的罚款；有违法所得的，处以违法所得3倍以下且不超过3万元的罚款：①不履行注册建造师义务；②在执业过程中，索贿、受贿或者谋取合同约定费用外的其他利益；③在执业过程中实施商业贿赂；④签署有虚假记载等不合格的文件；⑤允许他人以自己的名义从事执业活动；⑥同时在2个或者2个以上单位受聘或者执业；⑦涂改、倒卖、出租、出借或以其他形式非法转让资格证书、注册证书和执业印章；⑧超出执业范围和聘用单位业务范围内从事执业活动；⑨法律、法规、规章禁止的其他行为。

[答案] AD

第四节　建筑市场主体信用体系建设

根据《建筑市场信用管理暂行办法》，建筑市场信用管理是指在房屋建筑和市政基础设施工程建设活动中，对建筑市场各方主体信用信息的认定、采集、交换、公开、评价、使用及监督管理。建筑市场各方主体是指工程项目的建设单位和从事工程建设活动的勘察、设计、施工、监理等企业，以及注册建筑师、勘察设计注册工程师、注册建造师、注册监理工程师等注册执业人员。

知识点 1　建筑市场各方主体信用信息分类

根据《建筑市场信用管理暂行办法》，建筑市场信用信息由基本信息、优良信用信息、不良信用信息构成。

基本信息是指注册登记信息、资质信息、工程项目信息、注册执业人员信息等。

优良信用信息是指建筑市场各方主体在工程建设活动中获得的县级以上行政机关或群团组织表彰奖励等信息。

不良信用信息是指建筑市场各方主体在工程建设活动中违反有关法律、法规、规章或工程建设强制性标准等，受到县级以上住房城乡建设主管部门行政处罚的信息，以及经有关部门认定的其他不良信用信息。

知识点 2　建筑市场各方主体信用信息公开和应用

一、信用信息公开

(一)《建筑市场信用管理暂行办法》的相关规定

各级住房城乡建设主管部门应当完善信用信息公开制度，通过省级建筑市场监管一体化工作平台和全国建筑市场监管公共服务平台，及时公开建筑市场各方主体的信用信息。

公开建筑市场各方主体信用信息不得危及国家安全、公共安全、经济安全和社会稳定，不得泄露国家秘密、商业秘密和个人隐私。

建筑市场各方主体的信用信息公开期限为：

(1) 基本信息长期公开。

(2) 优良信用信息公开期限一般为3年。

(3) 不良信用信息公开期限一般为6个月至3年，并不得低于相关行政处罚期限。具体公开期限由不良信用信息的认定部门确定。

地方各级住房城乡建设主管部门应当通过省级建筑市场监管一体化工作平台办理信用信息变更,并及时推送至全国建筑市场监管公共服务平台。

(二)《招标投标违法行为记录公告暂行办法》的相关规定

《招标投标违法行为记录公告暂行办法》规定,对招标投标违法行为所作出的以下行政处理决定应给予公告:

(1) 警告。
(2) 罚款。
(3) 没收违法所得。
(4) 暂停或者取消招标代理资格。
(5) 取消在一定时期内参加依法必须进行招标的项目的投标资格。
(6) 取消担任评标委员会成员的资格。
(7) 暂停项目执行或追回已拨付资金。
(8) 暂停安排国家建设资金。
(9) 暂停建设项目的审查批准。
(10) 行政主管部门依法作出的其他行政处理决定。

违法行为记录公告的基本内容为:被处理的招标投标当事人名称(或姓名)、违法行为、处理依据、处理决定、处理时间和处理机关等。公告部门可将招标投标违法行为行政处理决定书直接进行公告。

被公告的招标投标当事人认为公告记录与行政处理决定的相关内容不符的,可向公告部门提出书面更正申请,并提供相关证据。公告部门接到书面申请后,应在 5 个工作日内进行核对。公告的记录与行政处理决定的相关内容不一致的,应当给予更正并告知申请人;公告的记录与行政处理决定的相关内容一致的,应当告知申请人。公告部门在作出答复前不停止对违法行为记录的公告。

二、信用信息应用

各级住房城乡建设主管部门应当充分利用全国建筑市场监管公共服务平台,建立完善建筑市场各方主体守信激励和失信惩戒机制。对信用好的,可根据实际情况在行政许可等方面实行优先办理、简化程序等激励措施;对存在严重失信行为的,作为"双随机、一公开"监管重点对象,加强事中事后监管,依法采取约束和惩戒措施。

有关单位或个人应当依法使用信用信息,不得使用超过公开期限的不良信用信息对建筑市场各方主体进行失信惩戒,法律、法规或部门规章另有规定的,从其规定。

> **实战演练**
>
> [2021 真题改编·单选] 关于建筑市场各方主体信用信息公开期限的说法,正确的是( )。
> A. 建筑市场各方主体的基本信息永久公开
> B. 建筑市场各方主体的优良信用信息公布期限一般为 6 个月
> C. 对招标投标违法行为作出罚款行政处理决定应当公告
> D. 不良信用信息公开期限一般为 9 个月至 3 年,并不得低于相关行政处罚期限

[解析] 建筑市场各方主体的信用信息公开期限为：①基本信息长期公开；②优良信用信息公开期限一般为 3 年；③不良信用信息公开期限一般为 6 个月至 3 年，并不得低于相关行政处罚期限。具体公开期限由不良信用信息的认定部门确定。《招标投标违法行为记录公告暂行办法》规定，国务院有关行政主管部门和省级人民政府有关行政主管部门应自招标投标违法行为行政处理决定作出之日起 20 个工作日内对外进行记录公告。

[答案] C

知识点 3 建筑市场主体"黑名单"

《建筑市场信用管理暂行办法》规定，县级以上住房城乡建设主管部门按照"谁处罚、谁列入"的原则，将存在下列情形的建筑市场各方主体，列入建筑市场主体"黑名单"：

(1) 利用虚假材料、以欺骗手段取得企业资质的。
(2) 发生转包、出借资质，受到行政处罚的。
(3) 发生重大及以上工程质量安全事故，或 1 年内累计发生 2 次及以上较大工程质量安全事故，或发生性质恶劣、危害性严重、社会影响大的较大工程质量安全事故，受到行政处罚的。
(4) 经法院判决或仲裁机构裁决，认定为拖欠工程款，且拒不履行生效法律文书确定的义务的。

各级住房城乡建设主管部门应当参照建筑市场主体"黑名单"，对被人力资源社会保障主管部门列入拖欠农民工工资"黑名单"的建筑市场各方主体加强监管。

建筑市场主体"黑名单"管理期限为自被列入名单之日起 1 年。建筑市场各方主体修复失信行为并且在管理期限内未再次发生符合列入建筑市场主体"黑名单"情形行为的，由原列入部门将其从"黑名单"移出。

➤ **知识链接**：《建筑业企业资质管理规定》规定，企业未按照本规定要求提供企业信用档案信息的，由县级以上地方人民政府住房城乡建设主管部门或者其他有关部门给予警告，责令限期改正；逾期未改正的，可处以 1 000 元以上 1 万元以下的罚款。

实战演练

[2024 真题·单选] 根据《建筑业企业资质管理规定》，企业未按照要求提供企业信用档案信息的，县级以上地方人民政府住房城乡建设主管部门有权作出的行政处罚决定是（　　）。

A. 没收违法所得
B. 责令限期改正
C. 责令赔偿损失
D. 罚金

[解析]《建筑业企业资质管理规定》规定，企业未按照本规定要求提供企业信用档案信息的，由县级以上地方人民政府住房城乡建设主管部门或者其他有关部门给予警告，责令限期改正；逾期未改正的，可处以 1 000 元以上 1 万元以下的罚款。

[答案] B

[2023 真题·多选] 根据《建筑市场信用管理暂行办法》，建筑市场各方主体存在的下列情形中，应当被列入建筑市场主体"黑名单"的有（　　）。

A. 利用虚假材料取得企业资质的
B. 出借资质，受到行政处罚的

C. 发生工程质量安全事故的

D. 因转包受到行政处罚的

E. 经人民法院判决认定为拖欠工程款，且拒不履行生效法律文书确定的义务的

[解析]《建筑市场信用管理暂行办法》规定，县级以上住房城乡建设主管部门按照"谁处罚、谁列入"的原则，将存在下列情形的建筑市场各方主体，列入建筑市场主体"黑名单"：①利用虚假材料、以欺骗手段取得企业资质的；②发生转包、出借资质，受到行政处罚的；③发生重大及以上工程质量安全事故，或1年内累计发生2次及以上较大工程质量安全事故，或发生性质恶劣、危害性严重、社会影响大的较大工程质量安全事故，受到行政处罚的；④经法院判决或仲裁机构裁决，认定为拖欠工程款，且拒不履行生效法律文书确定的义务的。

[答案] ABDE

知识点 4 建筑市场各方主体不良行为记录认定标准

《全国建筑市场各方主体不良行为记录认定标准》规定，施工单位不良行为分为资质不良行为、承揽业务不良行为、工程质量不良行为、工程安全不良行为、拖欠工程款或工人工资不良行为。

一、资质不良行为认定标准

(1) 未取得资质证书承揽工程的，或超越本单位资质等级承揽工程的。

(2) 以欺骗手段取得资质证书承揽工程的。

(3) 允许其他单位或个人以本单位名义承揽工程的。（外借资质）

(4) 未在规定期限内办理资质变更手续的。

(5) 涂改、伪造、出借、转让建筑业企业资质证书的。

(6) 按照国家规定需要持证上岗的技术工种的作业人员未经培训、考核，未取得证书上岗，情节严重的。

二、承揽业务不良行为认定标准

(1) 利用向发包单位及其工作人员行贿、提供回扣或者给予其他好处等不正当手段承揽业务的。

(2) 相互串通投标或与招标人串通投标的，以向招标人或评标委员会成员行贿的手段谋取中标的。

(3) 以他人名义投标或以其他方式弄虚作假，骗取中标的。（内借资质）

(4) 不按照与招标人订立的合同履行义务，情节严重的。

(5) 将承包的工程转包或违法分包的。

三、工程质量不良行为认定标准

(1) 在施工中偷工减料的，使用不合格的建筑材料、建筑构配件和设备的，或者有不按照工程设计图纸或施工技术标准施工的其他行为的。

(2) 未按照节能设计进行施工的。

(3) 未对建筑材料、建筑构配件、设备和商品混凝土进行检测，或未对涉及结构安全的试块、试件以及有关材料取样检测的。

(4) 工程竣工验收后，不向建设单位出具质量保修书的，或质量保修的内容、期限违反规定的。

(5) 不履行保修义务或者拖延履行保修义务的。

四、工程安全不良行为认定标准

(1) 主要负责人在本单位发生重大生产安全事故时，不立即组织抢救或者在事故调查处理期间擅离职守或者逃匿的；主要负责人对生产安全事故隐瞒不报、谎报或者拖延不报的。

(2) 对建筑安全事故隐患不采取措施予以消除的。

(3) 未设立安全生产管理机构、配备专职安全生产管理人员或者分部分项工程施工时无专职安全生产管理人员现场监督的。

(4) 主要负责人、项目负责人、专职安全生产管理人员、作业人员或特种作业人员，未经安全教育培训或经考核不合格即从事相关工作的。

(5) 未在施工现场的危险部位设置明显的安全警示标志，或者未按照国家有关规定在施工现场设置消防通道、消防水源、配备消防设施和灭火器材的。

(6) 未向作业人员提供安全防护用具和安全防护服装的。

(7) 未按照规定在施工起重机械和整体提升脚手架、模板等自升式架设设施验收合格后登记的。

(8) 使用国家明令淘汰、禁止使用的危及施工安全的工艺、设备、材料的。

(9) 违法挪用列入建设工程概算的安全生产作业环境及安全施工措施所需费用的。

(10) 施工前未对有关安全施工的技术要求作出详细说明的。

(11) 未根据不同施工阶段和周围环境及季节、气候的变化，在施工现场采取相应的安全施工措施，或者在城市市区内的建设工程的施工现场未实行封闭围挡的。

(12) 在尚未竣工的建筑物内设置员工集体宿舍的。

(13) 施工现场临时搭建的建筑物不符合安全使用要求的。

(14) 未对因建设工程施工可能造成损害的毗邻建筑物、构筑物和地下管线等采取专项防护措施的。

(15) 安全防护用具、机械设备、施工机具及配件在进入施工现场前未经查验或者查验不合格即投入使用的。

(16) 使用未经验收或验收不合格的施工起重机械和整体提升脚手架、模板等自升式架设设施的。

(17) 委托不具有相应资质的单位承担施工现场安装、拆卸施工起重机械和整体提升脚手架、模板等自升式架设设施的。

(18) 在施工组织设计中未编制安全技术措施、施工现场临时用电方案或者专项施工方案的。

(19) 主要负责人、项目负责人未履行安全生产管理职责的，或不服管理、违反规章制度和操作规程冒险作业的。

(20) 施工单位取得资质证书后，降低安全生产条件的；或经整改仍未达到与其资质等级相适应的安全生产条件的。

(21) 取得安全生产许可证发生重大安全事故的。

(22) 未取得安全生产许可证擅自进行生产的。

(23) 安全生产许可证有效期满未办理延期手续，继续进行生产的，或逾期不办理延期手续，继续进行生产的。

(24) 转让安全生产许可证的；接受转让的；冒用或者使用伪造的安全生产许可证的。

五、拖欠工程款或工人工资不良行为认定标准

恶意拖欠或克扣劳动者工资。

> **实战演练**
>
> **[2023 真题·单选]** 下列行为中，属于工程质量不良行为的是（ ）。
> A. 使用国家明令淘汰、禁止使用的危及施工安全的工艺、设备、材料的
> B. 在尚未竣工的建筑物内设置员工集体宿舍的
> C. 对建筑安全事故隐患不采取措施予以消除的
> D. 未对涉及结构安全的试块取样检测的
> [解析] 选项 A、B、C 属于工程安全不良行为。
> [答案] D
>
> **[2024 真题·多选]** 根据《全国建筑市场各方主体不良行为记录认定标准》，下列不良行为记录中，属于施工企业资质不良行为的有（ ）。
> A. 未取得资质证书承揽工程的
> B. 以欺骗手段取得资质证书承揽工程的
> C. 以他人名义投标或者以其他方式弄虚作假，骗取中标的
> D. 不按照与招标人订立的合同履行义务，情节严重的
> E. 将承包的工程转包或者违法分包的
> [解析] 选项 C、D、E 均为承揽业务不良行为。
> [答案] AB

第五节　营商环境制度

知识点 1　营商环境优化

《优化营商环境条例》规定，本条例所称营商环境，是指企业等市场主体在市场经济活动中所涉及的体制机制性因素和条件。

优化营商环境应当坚持市场化、法治化、国际化原则，以市场主体需求为导向，以深刻转变政府职能为核心，创新体制机制、强化协同联动、完善法治保障，对标国际先进水平，为各类市场主体投资兴业营造稳定、公平、透明、可预期的良好环境。

一、市场主体保护

国家加快建立统一开放、竞争有序的现代市场体系，依法促进各类生产要素自由流动，保障各类市场主体公平参与市场竞争。

国家坚持权利平等、机会平等、规则平等，保障各种所有制经济平等受到法律保护。

市场主体依法享有经营自主权。对依法应当由市场主体自主决策的各类事项，任何单位和个人不得干预。

二、市场环境

国家持续深化商事制度改革，统一企业登记业务规范，统一数据标准和平台服务接口，采用统一社会信用代码进行登记管理。

国家推进"证照分离"改革，持续精简涉企经营许可事项，依法采取直接取消审批、审批改为备案、实行告知承诺、优化审批服务等方式，对所有涉企经营许可事项进行分类管

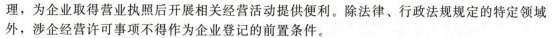

理，为企业取得营业执照后开展相关经营活动提供便利。除法律、行政法规规定的特定领域外，涉企经营许可事项不得作为企业登记的前置条件。

国家持续放宽市场准入，并实行全国统一的市场准入负面清单制度。市场准入负面清单以外的领域，各类市场主体均可以依法平等进入。

各地区、各部门不得另行制定市场准入性质的负面清单。

国家加强社会信用体系建设，持续推进政务诚信、商务诚信、社会诚信和司法公信建设，提高全社会诚信意识和信用水平，维护信用信息安全，严格保护商业秘密和个人隐私。

三、政务服务

政府及其有关部门应当通过政府网站、一体化在线平台，集中公布涉及市场主体的法律、法规、规章、行政规范性文件和各类政策措施，并通过多种途径和方式加强宣传解读。

国家严格控制新设行政许可。新设行政许可应当按照《行政许可法》和国务院的规定严格设定标准，并进行合法性、必要性和合理性审查论证。对通过事中事后监管或者市场机制能够解决以及《行政许可法》和国务院规定不得设立行政许可的事项，一律不得设立行政许可，严禁以备案、登记、注册、目录、规划、年检、年报、监制、认定、认证、审定以及其他任何形式变相设定或者实施行政许可。

法律、行政法规和国务院决定对相关管理事项已作出规定，但未采取行政许可管理方式的，地方不得就该事项设定行政许可。对相关管理事项尚未制定法律、行政法规的，地方可以依法就该事项设定行政许可。

国家实行行政许可清单管理制度，适时调整行政许可清单并向社会公布，清单之外不得违法实施行政许可。

国家大力精简已有行政许可。对已取消的行政许可，行政机关不得继续实施或者变相实施，不得转由行业协会商会或者其他组织实施。

> **实战演练**
>
> [2023真题·单选] 根据《优化营商环境条例》，关于工程建设项目审批事项行政许可的说法，正确的是（　）。
> A. 通过事中事后监管能够解决的事项，一律不得设立行政许可
> B. 可以以年检、年报的形式设定或者实施行政许可
> C. 对相关管理事项尚未制定法律、行政法规的，地方不得就该事项设定行政许可
> D. 已经取消的行政许可，可以转由行业协会组织实施
> [解析] 选项A正确，选项B错误，对通过事中事后监管或者市场机制能够解决以及《行政许可法》和国务院规定不得设立行政许可的事项，一律不得设立行政许可，严禁以备案、登记、注册、目录、规划、年检、年报、监制、认定、认证、审定以及其他任何形式变相设定或者实施行政许可。选项C错误，对相关管理事项尚未制定法律、行政法规的，地方可以依法就该事项设定行政许可。选项D错误，对已取消的行政许可，行政机关不得继续实施或者变相实施，不得转由行业协会商会或者其他组织实施。
> [答案] A

知识点 2　中小企业款项支付保障

《保障中小企业款项支付条例》所称中小企业，是指在中华人民共和国境内依法设立，依据国务院批准的中小企业划分标准确定的中型企业、小型企业和微型企业；所称大型企

业，是指中小企业以外的企业。中小企业、大型企业依合同订立时的企业规模类型确定。中小企业与机关、事业单位、大型企业订立合同时，应当主动告知其属于中小企业。

关于中小企业款项支付，《保障中小企业款项支付条例》规定如下：

（1）机关、事业单位使用财政资金从中小企业采购货物、工程、服务，应当严格按照批准的预算执行，不得无预算、超预算开展采购。政府投资项目所需资金应当按照国家有关规定确保落实到位，不得由施工单位垫资建设。

（2）机关、事业单位从中小企业采购货物、工程、服务，应当自货物、工程、服务交付之日起30日内支付款项；合同另有约定的，付款期限最长不得超过60日。大型企业从中小企业采购货物、工程、服务，应当按照行业规范、交易习惯合理约定付款期限并及时支付款项。

合同约定采取履行进度结算、定期结算等结算方式的，付款期限应当自双方确认结算金额之日起算。

（3）机关、事业单位和大型企业与中小企业约定以货物、工程、服务交付后经检验或者验收合格作为支付中小企业款项条件的，付款期限应当自检验或者验收合格之日起算。合同双方应当在合同中约定明确、合理的检验或者验收期限，并在该期限内完成检验或者验收。机关、事业单位和大型企业拖延检验或者验收的，付款期限自约定的检验或者验收期限届满之日起算。

（4）机关、事业单位和大型企业使用商业汇票等非现金支付方式支付中小企业款项的，应当在合同中作出明确、合理约定，不得强制中小企业接受商业汇票等非现金支付方式，不得利用商业汇票等非现金支付方式变相延长付款期限。

（5）机关、事业单位和国有大型企业不得强制要求以审计机关的审计结果作为结算依据，但合同另有约定或者法律、行政法规另有规定的除外。

（6）除依法设立的投标保证金、履约保证金、工程质量保证金、农民工工资保证金外，工程建设中不得收取其他保证金。保证金的收取比例应当符合国家有关规定。

机关、事业单位和大型企业不得将保证金限定为现金。中小企业以金融机构保函提供保证的，机关、事业单位和大型企业应当接受。

机关、事业单位和大型企业应当按照合同约定，在保证期限届满后及时与中小企业对收取的保证金进行核实和结算。

（7）机关、事业单位和大型企业不得以法定代表人或者主要负责人变更，履行内部付款流程，或者在合同未作约定的情况下以等待竣工验收批复、决算审计等为由，拒绝或者迟延支付中小企业款项。

（8）机关、事业单位和大型企业迟延支付中小企业款项的，应当支付逾期利息。双方对逾期利息的利率有约定的，约定利率不得低于合同订立时1年期贷款市场报价利率；未作约定的，按照每日利率万分之五支付逾期利息。

实战演练

[2024真题·单选] 根据《保障中小企业款项支付条例》，机关、事业单位从中小企业采购货物、工程、服务，应当自（　　）之日起30日内支付款项。

A. 采购合同生效
B. 保修期满
C. 货物、工程、服务交付
D. 双方确认结算金额

[解析] 机关、事业单位从中小企业采购货物、工程、服务，应当自货物、工程、服务交付之日起30日内支付款项；合同另有约定的，付款期限最长不得超过60日。

[答案] C

第三章

建设工程许可法律制度

■ 本章导学

本章主要介绍建设工程规划许可和建设工程施工许可。本章内容在最新考试大纲的基础上,根据《中华人民共和国城乡规划法》(以下简称《城乡规划法》)、《建筑法》《建筑工程施工许可管理办法》等进行编写。

本章内容所占篇幅较少,但与工程实际联系紧密,且是考试中的重点内容,尤其是建设工程施工许可的相关内容,几乎每年考试都有涉及,考生应当重点掌握。在学习时,考生可以结合图表对比记忆相关内容。

第一节　建设工程规划许可

2024年1月24日，中华人民共和国自然资源部公布施行《城乡规划编制单位资质管理办法》，其第二条规定，国家建立国土空间规划体系，将主体功能区规划、土地利用规划、城乡规划等空间类规划融合为统一的国土空间规划。在中华人民共和国境内从事国土空间规划编制工作的单位，应当取得相应等级的城乡规划（国土空间规划）编制单位资质，并在资质等级规定的范围内承担业务。

根据《城乡规划法》，城乡规划相关内容如图3-1-1所示。

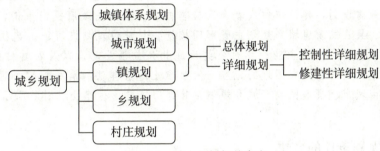

图3-1-1　城乡规划相关内容

知识点 1　规划许可证的申请

一、在城市、镇规划区内进行工程建设

在城市、镇规划区内进行建筑物、构筑物、道路、管线和其他工程建设的，建设单位或者个人应当向城市、县人民政府城乡规划主管部门或者省、自治区、直辖市人民政府确定的镇人民政府申请办理建设工程规划许可证。

申请办理建设工程规划许可证，应当提交使用土地的有关证明文件、建设工程设计方案等材料。需要建设单位编制修建性详细规划的建设项目，还应当提交修建性详细规划。对符合控制性详细规划和规划条件的，由城市、县人民政府城乡规划主管部门或者省、自治区、直辖市人民政府确定的镇人民政府核发建设工程规划许可证。

城市、县人民政府城乡规划主管部门或者省、自治区、直辖市人民政府确定的镇人民政府应当依法将经审定的修建性详细规划、建设工程设计方案的总平面图予以公布。

二、在乡、村庄规划区内进行工程建设

在乡、村庄规划区内进行乡镇企业、乡村公共设施和公益事业建设的，建设单位或者个人应当向乡、镇人民政府提出申请，由乡、镇人民政府报城市、县人民政府城乡规划主管部门核发乡村建设规划许可证。

在乡、村庄规划区内使用原有宅基地进行农村村民住宅建设的规划管理办法，由省、自治区、直辖市制定。

在乡、村庄规划区内进行乡镇企业、乡村公共设施和公益事业建设以及农村村民住宅建设，不得占用农用地；确需占用农用地的，应当依照《中华人民共和国土地管理法》（以下简称《土地管理法》）有关规定办理农用地转用审批手续后，由城市、县人民政府城乡规划主管部门核发乡村建设规划许可证。

建设单位或者个人在取得乡村建设规划许可证后，方可办理用地审批手续。

城乡规划主管部门不得在城乡规划确定的建设用地范围以外作出规划许可。

> **实战演练**
>
> [2024真题·单选] 关于乡村建设规划许可证的说法，正确的是（　　）。
> A. 在村庄规划区内进行乡镇企业建设，不必申请乡村建设规划许可证
> B. 在乡规划区内使用原有宅基地进行农村村民住宅建设的，统一由城市、县人民政府核发乡村建设规划许可证
> C. 在村庄规划区内进行公益事业建设，申请乡村建设规划许可证的可以是个人
> D. 在乡规划区内占用农用地进行乡村公共设施建设，直接核发乡村建设规划许可证
> [解析] 选项A、B错误，选项C正确，在乡、村庄规划区内进行乡镇企业、乡村公共设施和公益事业建设的，建设单位或者个人应当向乡、镇人民政府提出申请，由乡、镇人民政府报城市、县人民政府城乡规划主管部门核发乡村建设规划许可证。选项D错误，在乡、村庄规划区内进行乡镇企业、乡村公共设施和公益事业建设以及农村村民住宅建设，不得占用农用地；确需占用农用地的，应当依照《土地管理法》有关规定办理农用地转用审批手续后，由城市、县人民政府城乡规划主管部门核发乡村建设规划许可证。
> [答案] C

知识点 2　规划条件的变更

建设单位应当按照规划条件进行建设；确需变更的，必须向城市、县人民政府城乡规划主管部门提出申请。变更内容不符合控制性详细规划的，城乡规划主管部门不得批准。城市、县人民政府城乡规划主管部门应当及时将依法变更后的规划条件通报同级土地主管部门并公示。建设单位应当及时将依法变更后的规划条件报有关人民政府土地主管部门备案。

在城市、镇规划区内进行临时建设的，应当经城市、县人民政府城乡规划主管部门批准。临时建设影响近期建设规划或者控制性详细规划的实施以及交通、市容、安全等的，不得批准。临时建设应当在批准的使用期限内自行拆除。临时建设和临时用地规划管理的具体办法，由省、自治区、直辖市人民政府制定。

县级以上地方人民政府城乡规划主管部门按照国务院规定对建设工程是否符合规划条件予以核实。未经核实或者经核实不符合规划条件的，建设单位不得组织竣工验收。建设单位应当在竣工验收后6个月内向城乡规划主管部门报送有关竣工验收资料。

城市、县、镇人民政府修改近期建设规划的，应当将修改后的近期建设规划报总体规划审批机关备案。

在选址意见书、建设用地规划许可证、建设工程规划许可证或者乡村建设规划许可证发放后，因依法修改城乡规划给被许可人合法权益造成损失的，应当依法给予补偿。

经依法审定的修建性详细规划、建设工程设计方案的总平面图不得随意修改；确需修改的，城乡规划主管部门应当采取听证会等形式，听取利害关系人的意见；因修改给利害关系人合法权益造成损失的，应当依法给予补偿。

> **实战演练**
>
> [2024真题·多选] 根据《城乡规划法》，关于规划条件的说法，正确的有（　　）。
> A. 变更规划条件必须向城市、县人民政府城乡规划主管部门提出申请
> B. 规划条件的变更内容不符合控制性详细规划的，城乡规划主管部门不得批准

C. 建设单位应当参照规划条件进行建设
D. 县级以上地方人民政府城乡规划主管部门对建设工程是否符合规划条件予以核实
E. 经城乡规划主管部门核实不符合规划条件的,建设单位不得组织竣工验收

[解析] 选项 A 正确,选项 C 错误,建设单位应当按照规划条件进行建设;确需变更的,必须向城市、县人民政府城乡规划主管部门提出申请(选项 C 错在"参照")。选项 B 正确,变更内容不符合控制性详细规划的,城乡规划主管部门不得批准。选项 D、E 正确,县级以上地方人民政府城乡规划主管部门按照国务院规定对建设工程是否符合规划条件予以核实。未经核实或者经核实不符合规划条件的,建设单位不得组织竣工验收。

[答案] ABDE

第二节 建设工程施工许可

知识点 1 施工许可证和开工报告的适用范围

一、施工许可证的适用范围

《建筑法》规定,建筑工程开工前,建设单位应当按照国家有关规定向工程所在地县级以上人民政府建设行政主管部门申请领取施工许可证;但是,国务院建设行政主管部门确定的限额以下的小型工程除外。本法所称建筑活动,是指各类房屋建筑及其附属设施的建造和与其配套的线路、管道、设备的安装活动。

《建筑工程施工许可管理办法》进一步规定,应当申请领取施工许可证的建筑工程未取得施工许可证的,一律不得开工。

《住房城乡建设部办公厅关于工程总承包项目和政府采购工程建设项目办理施工许可手续有关事项的通知》对施工许可证进行了如下规定:

(1)关于工程总承包项目施工许可。对采用工程总承包模式的工程建设项目,在施工许可证及其申请表中增加"工程总承包单位"和"工程总承包项目经理"栏目。各级住房城乡建设主管部门可以根据工程总承包合同及分包合同确定设计、施工单位,依法办理施工许可证。对在工程总承包项目中承担分包工作,且已与工程总承包单位签订分包合同的设计单位或施工单位,各级住房城乡建设主管部门不得要求其与建设单位签订设计合同或施工合同,也不得将上述要求作为申请领取施工许可证的前置条件。

(2)关于政府采购工程建设项目施工许可。对依法通过竞争性谈判或单一来源方式确定供应商的政府采购工程建设项目,应严格执行《建筑法》《建筑工程施工许可管理办法》等规定,对符合申请条件的,应当颁发施工许可证。

此外,《住房和城乡建设部办公厅关于全面推行建筑工程施工许可证电子证照的通知》进一步提出,全面推行施工许可电子证照。自 2021 年 1 月 1 日起,全国范围内的房屋建筑和市政基础设施工程项目全面实行施工许可电子证照。电子证照与纸质证照具有同等法律效力。

二、开工报告的适用范围

国家和地方审批的大中型建设项目,实行批准开工报告制度。《政府投资条例》规定,国务院规定应当审批开工报告的重大政府投资项目,按照规定办理开工报告审批手续后方可开工建设。

根据《建筑法》《建筑工程施工许可管理办法》等相关规定,不需要办理施工许可证和开工报告的情形概括总结见表 3-2-1。

表 3-2-1　不需要办理施工许可证和开工报告的情形

类型	相关规定
限额以下的小型工程	工程投资额：<30 万元 建筑面积：<300 m²
抢险救灾及其他临时性房屋建筑 农民自建低层住宅	不适用《建筑法》的办理施工许可证
作为文物保护的纪念建筑物和古建筑等的修缮	依照文物保护的有关法律规定，办理相关审批手续
军用房屋建筑工程	具体管理办法由国务院、中央军事委员会依据《建筑法》制定

实战演练

[2019 真题改编·多选] 根据《建筑法》《建筑工程施工许可管理办法》，下列建设工程中，不需要办理施工许可证的有（　　）。

A. 抢险救灾及其他临时性房屋建筑　　B. 农民自建低层住宅
C. 军用房屋建筑工程　　D. 工程投资额在 50 万元以下的建筑工程
E. 建筑面积在 500 m² 以下的建筑工程

[解析]《建筑工程施工许可管理办法》规定，工程投资额在 30 万元以下或者建筑面积在 300 m² 以下的建筑工程，可以不申请办理施工许可证。抢险救灾及其他临时性房屋建筑和农民自建低层住宅的建筑活动，不适用《建筑法》的办理施工许可证。军用房屋建筑工程建筑活动的具体管理办法，由国务院、中央军事委员会依据《建筑法》制定。

[答案] ABC

知识点 2　施工许可证的申请

根据《建筑法》，建筑工程开工前，建设单位应当按照国家有关规定向工程所在地县级以上人民政府建设行政主管部门申请领取施工许可证。

发证机关应当自收到申请之日起 7 日内，对符合条件的申请颁发施工许可证。施工许可证的法定批准条件见表 3-2-2。

表 3-2-2　施工许可证的法定批准条件

《建筑法》	《建筑工程施工许可管理办法》
(1) 已经办理该建筑工程用地批准手续； (2) 依法应当办理建设工程规划许可证的，已经取得建设工程规划许可证； (3) 需要拆迁的，其拆迁进度符合施工要求； (4) 已经确定建筑施工企业； (5) 有满足施工需要的资金安排、施工图纸及技术资料； (6) 有保证工程质量和安全的具体措施	(1) 依法应当办理用地批准手续的，已经办理该建筑工程用地批准手续； (2) 依法应当办理建设工程规划许可证的，已经取得建设工程规划许可证； (3) 施工场地已经基本具备施工条件，需要征收房屋的，其进度符合施工要求； (4) 已经确定施工企业； (5) 有满足施工需要的资金安排、施工图纸及技术资料，建设单位应当提供建设资金已经落实承诺书，施工图设计文件已按规定审查合格； (6) 有保证工程质量和安全的具体措施

第三章 建设工程许可法律制度

> **实战演练**

[2024真题·单选] 下列事项中，属于申请领取施工许可证条件的是（　　）。
A. 已向建设单位提交履约保证金
B. 已经在中标候选人公示期内
C. 建设资金已经落实
D. 施工场地已经基本具备施工条件

[解析] 施工许可证的申请条件包括：①依法应当办理用地批准手续的，已经办理该建筑工程用地批准手续；②依法应当办理建设工程规划许可证的，已经取得建设工程规划许可证；③施工场地已经基本具备施工条件，需要征收房屋的，其进度符合施工要求；④已经确定施工企业；⑤有满足施工需要的资金安排、施工图纸及技术资料，建设单位应当提供建设资金已经落实承诺书，施工图设计文件已按规定审查合格；⑥有保证工程质量和安全的具体措施。

[答案] D

知识点 3　延期开工、核验和重新办理批准

根据《建筑法》，延期开工、核验和重新办理批准的规定见表3-2-3。

表3-2-3　延期开工、核验和重新办理批准的规定

施工许可证	延期施工规定	(1) 自领证之日起3个月内开工； (2) 不能按期开工的，应当申请延期；延期以2次为限，每次不超过3个月； (3) 施工许可证自行废止的情形： ①施工许可证有效期内不开工又不申请延期的； ②施工许可证超过延期时限的
	中止施工规定	(1) 因故中止施工的，建设单位应当自中止施工之日起1个月内，向发证机关报告，并按照规定做好建筑工程的维护管理工作； (2) 中止施工＜1年，恢复施工时，应当向发证机关报告； (3) 中止施工≥1年，恢复施工前，建设单位应当报发证机关核验施工许可证（符合条件，恢复施工；不符合条件，收回证书重新领取）
开工报告		因故不能按期开工超过6个月的，应当重新办理开工报告的批准手续

> **实战演练**

[2024真题·单选] 关于建筑工程中止施工的说法，正确的是（　　）。
A. 中止施工满1年的工程恢复施工前，建设单位应当报发证机关核验施工许可证
B. 在建的建筑工程因故中止施工的，建设单位应当自中止施工之日起3个月内，向发证机关报告
C. 施工企业应当按照规定做好建筑工程的维护管理工作
D. 建筑工程恢复施工时，应当经发证机关批准

[解析] 选项B、C错误，《建筑法》规定，在建的建筑工程因故中止施工的，建设单位应当自中止施工之日起1个月内，向发证机关报告，并按照规定做好建筑工程的维护管理工作。选项D错误，建筑工程恢复施工时，应当向发证机关报告；中止施工满1年的工程恢复施工前，建设单位应当报发证机关核验施工许可证。

[答案] A

[2022 真题·单选] 根据《建筑法》，在建的建筑工程因故中止施工的，建设单位应当自中止施工之日起（   ）内，向施工许可证的发证机关报告，并按照规定做好建筑工程的维护管理工作。

A. 15 天
B. 2 个月
C. 1 个月
D. 3 个月

[解析] 根据《建筑法》，在建的建筑工程因故中止施工的，建设单位应当自中止施工之日起 1 个月内，向发证机关报告，并按照规定做好建筑工程的维护管理工作。

[答案] C

[2021 真题·单选] 根据《建筑法》，关于施工许可证期限的说法，正确的是（   ）。

A. 应当自领取施工许可证之日起 2 个月内开工
B. 既不开工又不申请延期或者超过延期时限的，施工许可证自行废止
C. 可以延期，但只能延期 1 次
D. 延期以 2 次为限，每次不超过 2 个月

[解析]《建筑法》规定，建设单位应当自领取施工许可证之日起 3 个月内开工。因故不能按期开工的，应当向发证机关申请延期；延期以 2 次为限，每次不超过 3 个月。既不开工又不申请延期或者超过延期时限的，施工许可证自行废止。

[答案] B

第四章

建设工程发承包法律制度

> **本章导学**
>
> 本章主要介绍建设工程发承包的一般规定、建设工程招标投标制度、非招标采购制度。本章内容主要以最新考试大纲为基础,根据《建筑法》《建筑工程施工发包与承包违法行为认定查处管理办法》《中华人民共和国招标投标法》(以下简称《招标投标法》)、《中华人民共和国政府采购法》(以下简称《政府采购法》)、《政府采购非招标采购方式管理办法》等编写。
>
> 本章内容属于常考点,尤其是建设工程招标投标制度,更是恒重知识点,历年考试都进行了考查,并且所占分值较高,是考生应着重掌握的内容;考生学习时,可按照"招标→投标→开标→评标→中标→异议及投诉处理"的思路来理解记忆此内容。

第一节　建设工程发承包的一般规定

知识点 1　建设工程总承包

根据《房屋建筑和市政基础设施项目工程总承包管理办法》，工程总承包，是指承包单位按照与建设单位签订的合同，对工程设计、采购、施工或者设计、施工等阶段实行总承包，并对工程的质量、安全、工期和造价等全面负责的工程建设组织实施方式。

《建筑法》规定，提倡对建筑工程实行总承包，禁止将建筑工程肢解发包。建筑工程的发包单位可以将建筑工程的勘察、设计、施工、设备采购一并发包给一个工程总承包单位，也可以将建筑工程勘察、设计、施工、设备采购的一项或者多项发包给一个工程总承包单位；但是，不得将应当由一个承包单位完成的建筑工程肢解成若干部分发包给几个承包单位。

建设工程总承包制度流程如图4-1-1所示。

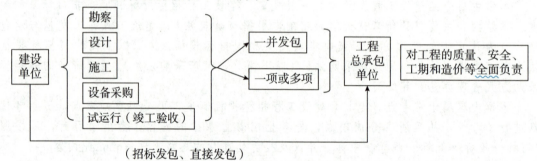

图 4-1-1　建设工程总承包制度流程

一、发包的规定

《建筑法》规定，建筑工程实行招标发包的，发包单位应当将建筑工程发包给依法中标的承包单位。建筑工程实行直接发包的，发包单位应当将建筑工程发包给具有相应资质条件的承包单位。

根据《建筑工程施工发包与承包违法行为认定查处管理办法》，违法发包，是指建设单位将工程发包给个人或不具有相应资质的单位、肢解发包、违反法定程序发包及其他违反法律法规规定发包的行为。

存在下列情形之一的，属于违法发包：

(1) 建设单位将工程发包给个人的。
(2) 建设单位将工程发包给不具有相应资质的单位的。
(3) 依法应当招标未招标或未按照法定招标程序发包的。
(4) 建设单位设置不合理的招标投标条件，限制、排斥潜在投标人或者投标人的。
(5) 建设单位将一个单位工程的施工分解成若干部分发包给不同的施工总承包或专业承包单位的。

根据《建筑法》，按照合同约定，建筑材料、建筑构配件和设备由工程承包单位采购的，发包单位不得指定承包单位购入用于工程的建筑材料、建筑构配件和设备或者指定生产厂、供应商。

二、承包的规定

《房屋建筑和市政基础设施项目工程总承包管理办法》规定,建设单位应当根据项目情况和自身管理能力等,合理选择工程建设组织实施方式。建设内容明确、技术方案成熟的项目,适宜采用工程总承包方式。

建设单位应当在发包前完成项目审批、核准或者备案程序。采用工程总承包方式的企业投资项目,应当在核准或者备案后进行工程总承包项目发包。采用工程总承包方式的政府投资项目,原则上应当在初步设计审批完成后进行工程总承包项目发包;其中,按照国家有关规定简化报批文件和审批程序的政府投资项目,应当在完成相应的投资决策审批后进行工程总承包项目发包。

(一)总承包单位的选择

建设单位依法采用招标或者直接发包等方式选择工程总承包单位。工程总承包项目范围内的设计、采购或者施工中,有任一项属于依法必须进行招标的项目范围且达到国家规定规模标准的,应当采用招标的方式选择工程总承包单位。

工程总承包单位应当同时具有与工程规模相适应的工程设计资质和施工资质,或者由具有相应资质的设计单位和施工单位组成联合体。工程总承包单位应当具有相应的项目管理体系和项目管理能力、财务和风险承担能力,以及与发包工程相类似的设计、施工或者工程总承包业绩。

设计单位和施工单位组成联合体的,应当根据项目的特点和复杂程度,合理确定牵头单位,并在联合体协议中明确联合体成员单位的责任和权利。联合体各方应当共同与建设单位签订工程总承包合同,就工程总承包项目承担连带责任。

工程总承包单位不得是工程总承包项目的代建单位、项目管理单位、监理单位、造价咨询单位、招标代理单位。政府投资项目的项目建议书、可行性研究报告、初步设计文件编制单位及其评估单位,一般不得成为该项目的工程总承包单位。政府投资项目招标人公开已经完成的项目建议书、可行性研究报告、初步设计文件的,上述单位可以参与该工程总承包项目的投标,经依法评标、定标,成为工程总承包单位。

鼓励设计单位申请取得施工资质,已取得工程设计综合资质、行业甲级资质、建筑工程专业甲级资质的单位,可以直接申请相应类别施工总承包一级资质。鼓励施工单位申请取得工程设计资质,具有一级及以上施工总承包资质的单位可以直接申请相应类别的工程设计甲级资质。完成的相应规模工程总承包业绩可以作为设计、施工业绩申报。

(二)合理分担风险

建设单位和工程总承包单位应当加强风险管理,合理分担风险。建设单位承担的风险主要包括:

(1)主要工程材料、设备、人工价格与招标时基期价相比,波动幅度超过合同约定幅度的部分。

(2)因国家法律法规政策变化引起的合同价格的变化。

(3)不可预见的地质条件造成的工程费用和工期的变化。

(4)因建设单位原因产生的工程费用和工期的变化。

(5)不可抗力造成的工程费用和工期的变化。

具体风险分担内容由双方在合同中约定。鼓励建设单位和工程总承包单位运用保险手段增强防范风险能力。

三、总承包项目实施

建设单位根据自身资源和能力，可以自行对工程总承包项目进行管理，也可以委托勘察设计单位、代建单位等项目管理单位，赋予相应权利，依照合同对工程总承包项目进行管理。

工程总承包单位应当建立与工程总承包相适应的组织机构和管理制度，形成项目设计、采购、施工、试运行管理以及质量、安全、工期、造价、节约能源和生态环境保护管理等工程总承包综合管理能力。

工程总承包单位应当设立项目管理机构，设置项目经理，配备相应管理人员，加强设计、采购与施工的协调，完善和优化设计，改进施工方案，实现对工程总承包项目的有效管理控制。

工程总承包项目经理应当具备下列条件：

（1）取得相应工程建设类注册执业资格，包括注册建筑师、勘察设计注册工程师、注册建造师或者注册监理工程师等；未实施注册执业资格的，取得高级专业技术职称。

（2）担任过与拟建项目相类似的工程总承包项目经理、设计项目负责人、施工项目负责人或者项目总监理工程师。

（3）熟悉工程技术和工程总承包项目管理知识以及相关法律法规、标准规范。

（4）具有较强的组织协调能力和良好的职业道德。

工程总承包项目经理不得同时在2个或者2个以上工程项目担任工程总承包项目经理、施工项目负责人。

工程总承包单位可以采用直接发包的方式进行分包。但以暂估价形式包括在总承包范围内的工程、货物、服务分包时，属于依法必须进行招标的项目范围且达到国家规定规模标准的，应当依法招标。政府投资项目所需资金应当按照国家有关规定确保落实到位，不得由工程总承包单位或者分包单位垫资建设。政府投资项目建设投资原则上不得超过经核定的投资概算。

四、责任承担

建设单位不得迫使工程总承包单位以低于成本的价格竞标，不得明示或者暗示工程总承包单位违反工程建设强制性标准、降低建设工程质量，不得明示或者暗示工程总承包单位使用不合格的建筑材料、建筑构配件和设备。

工程总承包单位应当对其承包的全部建设工程质量负责，分包单位对其分包工程的质量负责，分包不免除工程总承包单位对其承包的全部建设工程所负的质量责任。工程总承包单位、工程总承包项目经理依法承担质量终身责任。

建设单位不得对工程总承包单位提出不符合建设工程安全生产法律、法规和强制性标准规定的要求，不得明示或者暗示工程总承包单位购买、租赁、使用不符合安全施工要求的安全防护用具、机械设备、施工机具及配件、消防设施和器材。工程总承包单位对承包范围内工程的安全生产负总责。分包单位应当服从工程总承包单位的安全生产管理，分包单位不服从管理导致生产安全事故的，由分包单位承担主要责任，分包不免除工程总承包单位的安全责任。

建设单位不得设置不合理工期，不得任意压缩合理工期。工程总承包单位应当依据合同对工期全面负责，对项目总进度和各阶段的进度进行控制管理，确保工程按期竣工。

工程保修书由建设单位与工程总承包单位签署，保修期内工程总承包单位应当根据法律法规规定以及合同约定承担保修责任，工程总承包单位不得以其与分包单位之间保修责任划分而拒绝履行保修责任。

工程总承包单位和工程总承包项目经理在设计、施工活动中有转包违法分包等违法违规行为或者造成工程质量安全事故的，按照法律法规对设计、施工单位及其项目负责人相同违法违规行为的规定追究责任。

➤ **知识链接**：《建筑法》规定，建筑工程总承包单位按照总承包合同的约定对建设单位负责；分包单位按照分包合同的约定对总承包单位负责。总承包单位和分包单位就分包工程对建设单位承担连带责任。

《建设工程质量管理条例》规定，施工单位对建设工程的施工质量负责。施工单位应当建立质量责任制，确定工程项目的项目经理、技术负责人和施工管理负责人。建设工程实行总承包的，总承包单位应当对全部建设工程质量负责；建设工程勘察、设计、施工、设备采购的一项或者多项实行总承包的，总承包单位应当对其承包的建设工程或者采购的设备的质量负责。

实战演练

[2021真题·单选] 关于工程总承包责任承担的说法，正确的是（ ）。
A. 分包单位应当向建设单位承担全部责任
B. 工程总承包单位、工程总承包项目经理依法对建设工程质量承担终身责任
C. 工程总承包单位可以与分包单位订立合同，将保修责任转移至分包单位
D. 分包单位不服从工程总承包单位管理导致生产安全事故的，可以免除工程总承包单位的安全责任

[解析] 建筑工程实行总承包的，工程质量由工程总承包单位负责，总承包单位将建筑工程分包给其他单位的，应当对分包工程的质量与分包单位承担连带责任。工程总承包单位应当对其承包的全部建设工程质量负责，分包单位对其分包工程的质量负责，分包不免除工程总承包单位对其承包的全部建设工程所负的质量责任。

[答案] B

[2023真题·多选] 下列情形中，属于违法发包的有（ ）。
A. 建设单位将工程发包给个人的
B. 建设单位将工程发包给不具有相应资质单位的
C. 建设单位将建筑工程的设计、采购、施工一并发包给一个工程总承包单位的
D. 依法应当招标未招标的
E. 建设单位将一个单位工程的施工分解成若干部分发包给不同的专业承包单位的

[解析] 存在下列情形之一的，属于违法发包：①建设单位将工程发包给个人的；②建设单位将工程发包给不具有相应资质的单位的；③依法应当招标未招标或未按照法定招标程序发包的；④建设单位设置不合理的招标投标条件，限制、排斥潜在投标人或者投标人的；⑤建设单位将一个单位工程的施工分解成若干部分发包给不同的施工总承包或专业承包单位的。

[答案] ABDE

◇ 知识点 2　建设工程共同承包

共同承包是指2个或2个以上的承包单位组成联合体，以共同名义对工程进行承包的行为。共同承包是一种灵活且有效的承包方式，通常适用于大型或结构复杂的建筑工程。

《建筑法》规定,大型建筑工程或者结构复杂的建筑工程,可以由2个以上的承包单位联合共同承包。共同承包的各方对承包合同的履行承担连带责任。2个以上不同资质等级的单位实行联合共同承包的,应当按照资质等级低的单位的业务许可范围承揽工程。

这意味着在共同承包的情况下,参与的各个施工企业需要共同对项目的质量、进度、安全等方面负责,并且如果出现问题,各方都要承担相应的法律责任。

知识点 3 建设工程分包

一、分包工程的范围

《建筑法》规定,禁止承包单位将其承包的全部建筑工程转包给他人,禁止承包单位将其承包的全部建筑工程肢解以后以分包的名义分别转包给他人。

建筑工程总承包单位可以将承包工程中的部分工程发包给具有相应资质条件的分包单位;但是,除总承包合同中约定的分包外,必须经建设单位认可。施工总承包的,建筑工程主体结构的施工必须由总承包单位自行完成。

建筑工程总承包单位按照总承包合同的约定对建设单位负责;分包单位按照分包合同的约定对总承包单位负责。总承包单位和分包单位就分包工程对建设单位承担连带责任。

禁止总承包单位将工程分包给不具备相应资质条件的单位。禁止分包单位将其承包的工程再分包。

《民法典》规定,发包人可以与总承包人订立建设工程合同,也可以分别与勘察人、设计人、施工人订立勘察、设计、施工承包合同。发包人不得将应当由一个承包人完成的建设工程支解成若干部分发包给数个承包人。

总承包人或者勘察、设计、施工承包人经发包人同意,可以将自己承包的部分工作交由第三人完成。第三人就其完成的工作成果与总承包人或者勘察、设计、施工承包人向发包人承担连带责任。承包人不得将其承包的全部建设工程转包给第三人或者将其承包的全部建设工程支解以后以分包的名义分别转包给第三人。

禁止承包人将工程分包给不具备相应资质条件的单位。禁止分包单位将其承包的工程再分包。建设工程主体结构的施工必须由承包人自行完成。

二、对分包单位的要求

《房屋建筑和市政基础设施工程施工分包管理办法》规定,建设单位不得直接指定分包工程承包人。任何单位和个人不得对依法实施的分包活动进行干预。

分包工程承包人必须具有相应的资质,并在其资质等级许可的范围内承揽业务。严禁个人承揽分包工程业务。

专业工程分包除在施工总承包合同中有约定外,必须经建设单位认可。专业分包工程承包人必须自行完成所承包的工程。

三、违法分包与转包、挂靠的界定

关于违法分包、转包和挂靠,《建筑工程施工发包与承包违法行为认定查处管理办法》规定如下。

(一)违法分包

违法分包,是指承包单位承包工程后违反法律法规规定,把单位工程或分部分项工程分包给其他单位或个人施工的行为。

存在下列情形之一的,属于违法分包:

(1)承包单位将其承包的工程分包给个人的。

(2) 施工总承包单位或专业承包单位将工程分包给不具备相应资质单位的。
(3) 施工总承包单位将施工总承包合同范围内工程主体结构的施工分包给其他单位的，钢结构工程除外。
(4) 专业分包单位将其承包的专业工程中非劳务作业部分再分包的。
(5) 专业作业承包人将其承包的劳务再分包的。
(6) 专业作业承包人除计取劳务作业费用外，还计取主要建筑材料款和大中型施工机械设备、主要周转材料费用的。

（二）转包

转包，是指承包单位承包工程后，不履行合同约定的责任和义务，将其承包的全部工程或者将其承包的全部工程肢解后以分包的名义分别转给其他单位或个人施工的行为。

存在下列情形之一的，应当认定为转包，但有证据证明属于挂靠或者其他违法行为的除外：

(1) 承包单位将其承包的全部工程转给其他单位（包括母公司承接建筑工程后将所承接工程交由具有独立法人资格的子公司施工的情形）或个人施工的。
(2) 承包单位将其承包的全部工程肢解以后，以分包的名义分别转给其他单位或个人施工的。
(3) 施工总承包单位或专业承包单位未派驻项目负责人、技术负责人、质量管理负责人、安全管理负责人等主要管理人员，或派驻的项目负责人、技术负责人、质量管理负责人、安全管理负责人中一人及以上与施工单位没有订立劳动合同且没有建立劳动工资和社会养老保险关系，或派驻的项目负责人未对该工程的施工活动进行组织管理，又不能进行合理解释并提供相应证明的。
(4) 合同约定由承包单位负责采购的主要建筑材料、构配件及工程设备或租赁的施工机械设备，由其他单位或个人采购、租赁，或施工单位不能提供有关采购、租赁合同及发票等证明，又不能进行合理解释并提供相应证明的。
(5) 专业作业承包人承包的范围是承包单位承包的全部工程，专业作业承包人计取的是除上缴给承包单位"管理费"之外的全部工程价款的。
(6) 承包单位通过采取合作、联营、个人承包等形式或名义，直接或变相将其承包的全部工程转给其他单位或个人施工的。
(7) 专业工程的发包单位不是该工程的施工总承包或专业承包单位的，但建设单位依约作为发包单位的除外。
(8) 专业作业的发包单位不是该工程承包单位的。
(9) 施工合同主体之间没有工程款收付关系，或者承包单位收到款项后又将款项转拨给其他单位和个人，又不能进行合理解释并提供材料证明的。

2个以上的单位组成联合体承包工程，在联合体分工协议中约定或者在项目实际实施过程中，联合体一方不进行施工也未对施工活动进行组织管理的，并且向联合体其他方收取管理费或者其他类似费用的，视为联合体一方将承包的工程转包给联合体其他方。

（三）挂靠

挂靠，是指单位或个人以其他有资质的施工单位的名义承揽工程的行为。承揽工程包括参与投标、订立合同、办理有关施工手续、从事施工等活动。

存在下列情形之一的，属于挂靠：
(1) 没有资质的单位或个人借用其他施工单位的资质承揽工程的。
(2) 有资质的施工单位相互借用资质承揽工程的，包括资质等级低的借用资质等级高的，资质等级高的借用资质等级低的，相同资质等级相互借用的。

（3）上述"（二）转包"中第（3）～（9）项规定的情形，有证据证明属于挂靠的。

任何单位和个人发现转包、违法分包及挂靠等违法行为的，均可向工程所在地县级以上人民政府住房和城乡建设主管部门进行举报。接到举报的住房和城乡建设主管部门应当依法受理、调查、认定和处理，除无法告知举报人的情况外，应当及时将查处结果告知举报人。

> **实战演练**
>
> [2024 真题·单选] 下列行为中，属于违法分包的是（　　）。
> A. 专业承包单位未派驻项目负责人、技术负责人、质量管理负责人、安全管理负责人等主要管理人员的
> B. 专业作业承包人承包的范围是承包单位承包的全部工程，专业作业承包人计取的是除上缴给承包单位的"管理费"之外的全部工程价款的
> C. 专业作业的发包单位不是该工程承包单位的
> D. 专业作业承包人除计取劳务作业费用外，还计取主要建筑材料款和大中型施工机械设备、主要周转材料费用的
>
> [解析]《建筑工程施工发包与承包违法行为认定查处管理办法》列举了以下违法分包的情形：①承包单位将其承包的工程分包给个人的；②施工总承包单位或专业承包单位将工程分包给不具备相应资质单位的；③施工总承包单位将施工总承包合同范围内工程主体结构的施工分包给其他单位的，钢结构工程除外；④专业分包单位将其承包的专业工程中非劳务作业部分再分包的；⑤专业作业承包人将其承包的劳务再分包的；⑥专业作业承包人除计取劳务作业费用外，还计取主要建筑材料款和大中型施工机械设备、主要周转材料费用的。选项A、B、C均属于转包行为。
>
> [答案] D
>
> [2022 真题·单选] 根据《建筑工程施工发包与承包违法行为认定查处管理办法》，下列情形中，属于转包的是（　　）。
> A. 有资质的施工企业相互借用资质承揽工程的
> B. 母公司承接建筑工程后将所承接工程交由其子公司施工的
> C. 施工总承包单位将合同范围内的建设工程主体结构施工分包给其他单位的
> D. 没有资质的单位借用其他施工企业的资质承揽工程的
>
> [解析] 承包单位将其承包的全部工程转给其他单位（包括母公司承接建筑工程后将所承接工程交由具有独立法人资格的子公司施工的情形）或个人施工，并且没有证据证明属于挂靠或者其他违法行为的，应当认定为转包，故选项B属于转包。选项A、D属于挂靠。选项C属于违法分包。
>
> [答案] B

第二节　建设工程招标投标制度

建设工程招标投标是指在建设工程项目中，业主（通常是建设单位或项目发包方）通过公开或邀请的方式，向潜在的承包单位征集施工方案和报价，并从中选择最合适的承包单位来完成工程项目的过程。

招标投标活动应当遵循公开、公平、公正和诚实信用的原则。招标投标活动及其当事人应当接受依法实施的监督。

根据《招标投标法》及《中华人民共和国招标投标法实施条例》（以下简称《招标投标法实施条例》），招标投标法律程序如图 4-2-1 所示。

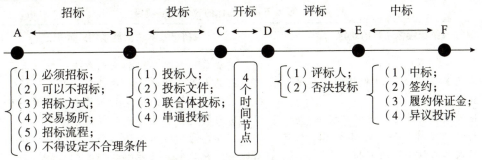

图 4-2-1　招标投标法律程序

知识点 1　建设工程法定招标的范围、招标方式和交易场所

一、法定招标的范围

（一）必须招标的范围

根据《招标投标法》，在中华人民共和国境内进行下列工程建设项目（表 4-2-1）包括项目的勘察、设计、施工、监理以及与工程建设有关的重要设备、材料等的采购，必须进行招标。

表 4-2-1　工程建设项目招标的范围及说明

范围	说明
大型基础设施、公用事业等关系社会公共利益、公众安全的项目	（1）基础设施——能源、交通、通信、水利、城市轨道； （2）公用事业——市政、"教科文卫体"、住宅
全部或者部分使用国有资金投资或者国家融资的项目	根据《必须招标的工程项目规定》，全部或者部分使用国有资金投资或者国家融资的项目包括： （1）使用预算资金 200 万元人民币以上，并且该资金占投资额 10% 以上的项目； （2）使用国有企业事业单位资金，并且该资金占控股或者主导地位的项目
使用国际组织或者外国政府贷款、援助资金的项目	根据《必须招标的工程项目规定》，使用国际组织或者外国政府贷款、援助资金的项目包括： （1）使用世界银行、亚洲开发银行等国际组织贷款、援助资金的项目； （2）使用外国政府及其机构贷款、援助资金的项目

《必须招标的工程项目规定》第二条至第四条规定范围内的项目，其勘察、设计、施工、监理以及与工程建设有关的重要设备、材料等的采购达到下列标准之一的，必须招标：

（1）施工单项合同估算价在 400 万元人民币以上。

（2）重要设备、材料等货物的采购，单项合同估算价在 200 万元人民币以上。

（3）勘察、设计、监理等服务的采购，单项合同估算价在 100 万元人民币以上。

同一项目中可以合并进行的勘察、设计、施工、监理以及与工程建设有关的重要设备、材料等的采购，合同估算价合计达到上述规定标准的，必须招标。

（二）可以不进行招标的项目

可以不进行招标的建设工程项目见表 4-2-2。

表 4-2-2　可以不进行招标的建设工程项目

《招标投标法》的规定	《招标投标法实施条例》的规定
（1）涉及国家安全、国家秘密的情形不适宜招标； （2）抢险救灾的情形不适宜招标； （3）利用扶贫资金实行以工代赈、需要使用农民工的情形不适宜招标	（1）需要采用不可替代的专利或者专有技术； （2）采购人依法能够自行建设、生产或者提供； （3）已通过招标方式选定的特许经营项目投资人依法能够自行建设、生产或者提供； （4）需要向原中标人采购工程、货物或者服务，否则将影响施工或者功能配套要求； （5）国家规定的其他特殊情形

根据《招标投标法实施条例》，工程建设项目，是指工程以及与工程建设有关的货物、服务。工程，是指建设工程，包括建筑物和构筑物的新建、改建、扩建及其相关的装修、拆除、修缮等。与工程建设有关的货物，是指构成工程不可分割的组成部分，且为实现工程基本功能所必需的设备、材料等。与工程建设有关的服务，是指为完成工程所需的勘察、设计、监理等服务。

二、招标方式

（一）公开招标和邀请招标

根据《招标投标法》，招标分为公开招标和邀请招标，具体内容见表 4-2-3。公开招标，是指招标人以招标公告的方式邀请不特定的法人或者其他组织投标。邀请招标，是指招标人以投标邀请书的方式邀请特定的法人或者其他组织投标。

表 4-2-3　公开招标和邀请招标

项目	公开招标	邀请招标
具体方式	通过招标公告	通过投标邀请书
招标对象	不特定的法人或者其他组织	特定的法人或者其他组织（3个以上，具备承担招标项目的能力，资信良好）
适用范围	国务院发展计划部门确定的国家重点项目和省、自治区、直辖市人民政府确定的地方重点项目不适宜公开招标的，经国务院发展计划部门或者省、自治区、直辖市人民政府批准，可以进行邀请招标	
	国有资金占控股或者主导地位的依法必须进行招标的项目，应当公开招标；但有下列情形之一的，可以邀请招标： （1）技术复杂、有特殊要求或者受自然环境限制，只有少量潜在投标人可供选择； （2）采用公开招标方式的费用占项目合同金额的比例过大	

> **注意**：依法必须进行招标的项目的招标公告，应当通过国家指定的报刊、信息网络或者其他媒介发布。招标公告应当载明招标人的名称和地址、招标项目的性质、数量、实施地点和时间以及获取招标文件的办法等事项。

（二）总承包招标

《招标投标法实施条例》第二十九条规定，招标人可以依法对工程以及与工程建设有关的货物、服务全部或者部分实行总承包招标。以暂估价形式包括在总承包范围内的工程、货物、服务属于依法必须进行招标的项目范围且达到国家规定规模标准的，应当依法进行招标。

前款所称暂估价，是指总承包招标时不能确定价格而由招标人在招标文件中暂时估定的工程、货物、服务的金额。

（三）两阶段招标

根据《招标投标法实施条例》，对技术复杂或者无法精确拟定技术规格的项目，招标人可以分两阶段进行招标。

第一阶段，投标人按照招标公告或者投标邀请书的要求提交不带报价的技术建议，招标人根据投标人提交的技术建议确定技术标准和要求，编制招标文件。

第二阶段，招标人向在第一阶段提交技术建议的投标人提供招标文件，投标人按照招标文件的要求提交包括最终技术方案和投标报价的投标文件。

招标人要求投标人提交投标保证金的，应当在第二阶段提出。

三、交易场所

《招标投标法实施条例》规定，设区的市级以上地方人民政府可以根据实际需要，建立统一规范的招标投标交易场所，为招标投标活动提供服务。招标投标交易场所不得与行政监督部门存在隶属关系，不得以营利为目的。

国家鼓励利用信息网络进行电子招标投标。

关于电子招标投标，《电子招标投标办法》规定如下：

（1）电子招标投标活动是指以数据电文形式，依托电子招标投标系统完成的全部或者部分招标投标交易、公共服务和行政监督活动。

数据电文形式与纸质形式的招标投标活动具有同等法律效力。

（2）电子招标投标交易平台按照标准统一、互联互通、公开透明、安全高效的原则以及市场化、专业化、集约化方向建设和运营。

（3）依法设立的招标投标交易场所、招标人、招标代理机构以及其他依法设立的法人组织可以按行业、专业类别，建设和运营电子招标投标交易平台。国家鼓励电子招标投标交易平台平等竞争。

（4）电子招标投标交易平台应当按照本办法和技术规范规定，具备下列主要功能：

①在线完成招标投标全部交易过程。

②编辑、生成、对接、交换和发布有关招标投标数据信息。

③提供行政监督部门和监察机关依法实施监督和受理投诉所需的监督通道。

④本办法和技术规范规定的其他功能。

（5）电子招标投标交易平台运营机构不得以任何手段限制或者排斥潜在投标人，不得泄露依法应当保密的信息，不得弄虚作假、串通投标或者为弄虚作假、串通投标提供便利。

> **实战演练**

[2024 真题·单选] 关于招标方式的说法,正确的是( )。
A. 公开招标是招标人以招标公告的方式邀请不特定的法人或者其他组织投标
B. 邀请招标必须向 5 个以上潜在投标人发出邀请
C. 邀请招标是招标人以投标邀请书的方式邀请不特定的法人或者其他组织投标
D. 省、自治区、直辖市人民政府确定的地方重点项目,均可以进行邀请招标

[解析] 选项 B 错误,邀请招标必须向 3 个以上潜在投标人发出邀请。选项 C 错误,邀请招标,是指招标人以投标邀请书的方式邀请特定的法人或者其他组织投标。选项 D 错误,国务院发展计划部门确定的国家重点项目和省、自治区、直辖市人民政府确定的地方重点项目不适宜公开招标的,经国务院发展计划部门或者省、自治区、直辖市人民政府批准,可以进行邀请招标。

[答案] A

[2023 真题·单选] 国有资金占控股地位的依法必须进行招标的下列项目中,可以邀请招标的是( )。
A. 工期紧张的
B. 采用公开招标方式所需时间过长的
C. 采购时无法精确拟定技术规格的
D. 技术复杂,只有少量潜在投标人可供选择的

[解析]《招标投标法实施条例》规定,国有资金占控股或者主导地位的依法必须进行招标的项目,应当公开招标;但有下列情形之一的,可以邀请招标:①技术复杂、有特殊要求或者受自然环境限制,只有少量潜在投标人可供选择;②采用公开招标方式的费用占项目合同金额的比例过大。

[答案] D

知识点 2 建设工程招标程序

一、履行项目审批手续

《招标投标法》规定,招标项目按照国家有关规定需要履行项目审批手续的,应当先履行审批手续,取得批准。招标人应当有进行招标项目的相应资金或者资金来源已经落实,并应当在招标文件中如实载明。

《招标投标法实施条例》规定,按照国家有关规定需要履行项目审批、核准手续的依法必须进行招标的项目,其招标范围、招标方式、招标组织形式应当报项目审批、核准部门审批、核准。

> **知识链接:**《工程建设项目施工招标投标办法》规定,依法必须招标的工程建设项目,应当具备下列条件才能进行施工招标:①招标人已经依法成立;②初步设计及概算应当履行审批手续的,已经批准;③有相应资金或资金来源已经落实;④有招标所需的设计图纸及技术资料。

二、编制招标文件

(一)招标文件的内容

《招标投标法》规定,招标人应当根据招标项目的特点和需要编制招标文件。招标文件应当包括招标项目的技术要求、对投标人资格审查的标准、投标报价要求和评标标准等所有

实质性要求和条件以及拟签订合同的主要条款。

国家对招标项目的技术、标准有规定的，招标人应当按照其规定在招标文件中提出相应要求。招标项目需要划分标段、确定工期的，招标人应当合理划分标段、确定工期，并在招标文件中载明。

招标文件不得要求或者标明特定的生产供应者以及含有倾向或者排斥潜在投标人的其他内容。

招标人不得向他人透露已获取招标文件的潜在投标人的名称、数量以及可能影响公平竞争的有关招标投标的其他情况。招标人设有标底的，标底必须保密。

《招标投标法实施条例》规定，招标人不得以不合理的条件限制、排斥潜在投标人或者投标人。招标人有下列行为之一的，属于以不合理条件限制、排斥潜在投标人或者投标人：

（1）就同一招标项目向潜在投标人或者投标人提供有差别的项目信息。

（2）设定的资格、技术、商务条件与招标项目的具体特点和实际需要不相适应或者与合同履行无关。

（3）依法必须进行招标的项目以特定行政区域或者特定行业的业绩、奖项作为加分条件或者中标条件。

（4）对潜在投标人或者投标人采取不同的资格审查或者评标标准。

（5）限定或者指定特定的专利、商标、品牌、原产地或者供应商。

（6）依法必须进行招标的项目非法限定潜在投标人或者投标人的所有制形式或者组织形式。

（7）以其他不合理条件限制、排斥潜在投标人或者投标人。

（二）招标文件的提交

《招标投标法》规定，招标人应当确定投标人编制投标文件所需要的合理时间；但是，依法必须进行招标的项目，自招标文件开始发出之日起至投标人提交投标文件截止之日止，最短不得少于 20 日。

（三）招标文件的澄清和修改

《招标投标法》规定，招标人对已发出的招标文件进行必要的澄清或者修改的，应当在招标文件要求提交投标文件截止时间至少 15 日前，以书面形式通知所有招标文件收受人。该澄清或者修改的内容为招标文件的组成部分。

《招标投标法实施条例》规定，招标人可以对已发出的资格预审文件或者招标文件进行必要的澄清或者修改。提交资格预审申请文件截止时间不足 3 日或者投标截止时间不足 15 日的，招标人应当顺延提交资格预审申请文件或者投标文件的截止时间。

（四）对招标文件的异议

《招标投标法实施条例》规定，潜在投标人或者其他利害关系人对招标文件有异议的，应当在投标截止时间 10 日前提出。招标人应当自收到异议之日起 3 日内作出答复；作出答复前，应当暂停招标投标活动。

（五）标底的编制

《招标投标法实施条例》规定，招标人可以自行决定是否编制标底。一个招标项目只能有一个标底，标底必须保密。招标人设有最高投标限价的，应当在招标文件中明确最高投标限价或者最高投标限价的计算方法。招标人不得规定最低投标限价。

招标项目设有标底的，招标人应当在开标时公布。标底只能作为评标的参考，不得以投标报价是否接近标底作为中标条件，也不得以投标报价超过标底上下浮动范围作为否决投标的条件。

三、发布招标公告

根据《招标投标法实施条例》，资格预审文件或者招标文件的发售期不得少于5日。招标人发售资格预审文件、招标文件收取的费用应当限于补偿印刷、邮寄的成本支出，不得以营利为目的。

根据《招标公告和公示信息发布管理办法》，依法必须招标项目的招标公告和公示信息，除依法需要保密或者涉及商业秘密的内容外，应当按照公益服务、公开透明、高效便捷、集中共享的原则，依法向社会公开。

依法必须招标项目的资格预审公告和招标公告，应当载明以下内容：

（1）招标项目名称、内容、范围、规模、资金来源。
（2）投标资格能力要求，以及是否接受联合体投标。
（3）获取资格预审文件或招标文件的时间、方式。
（4）递交资格预审文件或投标文件的截止时间、方式。
（5）招标人及其招标代理机构的名称、地址、联系人及联系方式。
（6）采用电子招标投标方式的，潜在投标人访问电子招标投标交易平台的网址和方法。
（7）其他依法应当载明的内容。

依法必须招标项目的招标公告和公示信息应当在"中国招标投标公共服务平台"或者项目所在地省级电子招标投标公共服务平台（以下统一简称发布媒介）发布。

发布媒介应当免费提供依法必须招标项目的招标公告和公示信息发布服务，并允许社会公众和市场主体免费、及时查阅上述招标公告和公示的完整信息。

四、资格审查

《工程建设项目施工招标投标办法》规定，招标人可以根据招标项目本身的特点和需要，要求潜在投标人或者投标人提供满足其资格要求的文件，对潜在投标人或者投标人进行资格审查；国家对潜在投标人或者投标人的资格条件有规定的，依照其规定。

资格审查分为资格预审和资格后审。资格预审，是指在投标前对潜在投标人进行的资格审查。资格后审，是指在开标后对投标人进行的资格审查。进行资格预审的，一般不再进行资格后审，但招标文件另有规定的除外。

《招标投标法实施条例》规定，招标人采用资格预审办法对潜在投标人进行资格审查的，应当发布资格预审公告、编制资格预审文件。

招标人应当合理确定提交资格预审申请文件的时间。依法必须进行招标的项目提交资格预审申请文件的时间，自资格预审文件停止发售之日起不得少于5日。

资格预审结束后，招标人应当及时向资格预审申请人发出资格预审结果通知书。未通过资格预审的申请人不具有投标资格。通过资格预审的申请人少于3个的，应当重新招标。

招标人采用资格后审办法对投标人进行资格审查的，应当在开标后由评标委员会按照招标文件规定的标准和方法对投标人的资格进行审查。

五、现场踏勘和答疑

招标人根据招标项目的具体情况，可以组织潜在投标人踏勘项目现场，向其介绍工程场地和相关环境的有关情况。潜在投标人依据招标人介绍情况作出的判断和决策，由投标人自行负责。招标人不得单独或者分别组织任何一个投标人进行现场踏勘。

对于潜在投标人在阅读招标文件和现场踏勘中提出的疑问，招标人可以书面形式或召开投标预备会的方式解答，但需同时将解答以书面方式通知所有购买招标文件的潜在投标人。该解答的内容为招标文件的组成部分。

六、终止招标

《招标投标法实施条例》规定，招标人终止招标的，应当及时发布公告，或者以书面形式通知被邀请的或者已经获取资格预审文件、招标文件的潜在投标人。已经发售资格预审文件、招标文件或者已经收取投标保证金的，招标人应当及时退还所收取的资格预审文件、招标文件的费用，以及所收取的投标保证金及银行同期存款利息。

● 点拨

根据《招标投标法》及《招标投标法实施条例》，应当重新招标的情形总结如下。
(1) 依法必须进行招标的项目的所有投标被否决的，招标人应当重新招标。
(2) 通过资格预审的申请人少于3个的，应当重新招标。
(3) 投标人少于3个的，不得开标；招标人应当重新招标。
(4) 招标人编制的资格预审文件、招标文件的内容违反法律、行政法规的强制性规定，违反公开、公平、公正和诚实信用原则，影响资格预审结果或者潜在投标人投标的，依法必须进行招标的项目的招标人应当在修改资格预审文件或者招标文件后重新招标。

实战演练

[2023 真题·单选] 招标人的下列行为中，属于以不合理条件限制、排斥潜在投标人或者投标人的是（　　）。
A. 组织投标人踏勘现场
B. 要求提供类似业绩
C. 指定特定的专利
D. 对投标人进行资格预审

[解析]《招标投标法实施条例》规定，招标人有下列行为之一的，属于以不合理条件限制、排斥潜在投标人或者投标人：①就同一招标项目向潜在投标人或者投标人提供有差别的项目信息；②设定的资格、技术、商务条件与招标项目的具体特点和实际需要不相适应或者与合同履行无关；③依法必须进行招标的项目以特定行政区域或者特定行业的业绩、奖项作为加分条件或者中标条件；④对潜在投标人或者投标人采取不同的资格审查或者评标标准；⑤限定或者指定特定的专利、商标、品牌、原产地或者供应商；⑥依法必须进行招标的项目非法限定潜在投标人或者投标人的所有制形式或者组织形式；⑦以其他不合理条件限制、排斥潜在投标人或者投标人。招标人不得组织单个或者部分潜在投标人踏勘项目现场。

[答案] C

[2018 真题·多选] 关于投标人资格审查的说法，正确的有（　　）。
A. 资格审查分为资格预审、资格中审和资格后审
B. 资格预审结束后，评标委员会应当及时向资格预审申请人发出资格预审结果通知书
C. 招标人采用资格预审的应当发布资格预审公告
D. 国有资金占控股或主导地位的依法必须招标的项目，招标人应当组建资格审查委员会
E. 资格后审在开标后由招标人按照招标文件的标准和方法对投标人资格进行审查

[解析] 选项 A 错误，资格审查分为资格预审和资格后审。选项 B 错误，资格预审结束后，招标人应当及时向资格预审申请人发出资格预审结果通知书。选项 E 错误，资格后审在开标后由评标委员会按照招标文件的标准和方法对投标人的资格进行审查。

[答案] CD

知识点 3 建设工程投标

一、投标人

投标人是响应招标、参加投标竞争的法人或者其他组织。投标人应当具备承担招标项目的能力；国家有关规定对投标人资格条件或者招标文件对投标人资格条件有规定的，投标人应当具备规定的资格条件。

（一）一般规定

根据《招标投标法》及《招标投标法实施条例》，投标人的一般规定概括总结见表4-2-4。

表4-2-4 投标人的一般规定

情形	规定
投标人参加依法必须进行招标的项目的投标	不受地区或者部门的限制，任何单位和个人不得非法干涉
与招标人存在利害关系可能影响招标公正性	不得参加投标，否则其投标无效
单位负责人为同一人或者存在控股、管理关系的不同单位	不得参加同一标段投标或者未划分标段的同一招标项目投标，否则其投标无效
投标人发生合并、分立、破产等重大变化的	应当及时书面告知招标人
投标人不再具备资格预审文件、招标文件规定的资格条件或其投标影响招标公正性的	其投标无效

● 总结

投标无效情形的关键词包括利害关系、隶属关系、影响公正性。

（二）联合体投标

《招标投标法》规定，2个以上法人或者其他组织可以组成一个联合体，以一个投标人的身份共同投标。

联合体各方均应当具备承担招标项目的相应能力；国家有关规定或者招标文件对投标人资格条件有规定的，联合体各方均应当具备规定的相应资格条件。由同一专业的单位组成的联合体，按照资质等级较低的单位确定资质等级。

联合体各方应当签订共同投标协议，明确约定各方拟承担的工作和责任，并将共同投标协议连同投标文件一并提交招标人。联合体中标的，联合体各方应当共同与招标人签订合同，就中标项目向招标人承担连带责任。

招标人不得强制投标人组成联合体共同投标，不得限制投标人之间的竞争。

《招标投标法实施条例》进一步规定，招标人应当在资格预审公告、招标公告或者投标邀请书中载明是否接受联合体投标。

招标人接受联合体投标并进行资格预审的，联合体应当在提交资格预审申请文件前组成。资格预审后联合体增减、更换成员的，其投标无效。

联合体各方在同一招标项目中以自己名义单独投标或者参加其他联合体投标的，相关投标均无效。

二、投标文件

根据《招标投标法》及《招标投标法实施条例》，投标文件的相关规定概括总结见表4-2-5。

第四章 建设工程发承包法律制度

表 4-2-5 投标文件的相关规定

投标文件	相关规定
编制要求	(1) 投标人应当按照招标文件的要求编制投标文件。投标文件应当对招标文件提出的实质性要求和条件作出响应； (2) 招标项目属于建设施工的，投标文件的内容应当包括拟派出的项目负责人与主要技术人员的简历、业绩和拟用于完成招标项目的机械设备等； (3) 投标人根据招标文件载明的项目实际情况，拟在中标后将中标项目的部分非主体、非关键性工作进行分包的，应当在投标文件中载明
送达与签收	(1) 投标人应当在招标文件要求提交投标文件的截止时间前，将投标文件送达投标地点； (2) 招标人收到投标文件后，应当签收保存，不得开启； (3) 在招标文件要求提交投标文件的截止时间后送达的投标文件，招标人应当拒收； (4) 未通过资格预审的申请人提交的投标文件，以及逾期送达或者不按照招标文件要求密封的投标文件，招标人应当拒收。招标人应当如实记载投标文件的送达时间和密封情况，并存档备查
修改与撤回	(1) 投标人在招标文件要求提交投标文件的截止时间前，可以补充、修改或者撤回已提交的投标文件，并书面通知招标人。补充、修改的内容为投标文件的组成部分； (2) 投标人撤回已提交的投标文件，应当在投标截止时间前书面通知招标人

三、投标有效期

《招标投标法实施条例》规定，招标人应当在招标文件中载明投标有效期。投标有效期从提交投标文件的截止之日起算。

四、投标保证金

投标保证金是投标人按照招标文件规定的形式和金额向招标人递交的，用于约束投标人履行其投标义务的担保。为有效约束投标人的投标行为，有必要设立投标保证金制度。

《招标投标法实施条例》规定，招标人在招标文件中要求投标人提交投标保证金的，投标保证金不得超过招标项目估算价的2%。投标保证金有效期应当与投标有效期一致。

依法必须进行招标的项目的境内投标单位，以现金或者支票形式提交的投标保证金应当从其基本账户转出。招标人不得挪用投标保证金。

投标人撤回已提交的投标文件，应当在投标截止时间前书面通知招标人。招标人已收取投标保证金的，应当自收到投标人书面撤回通知之日起5日内退还。

投标截止后投标人撤销投标文件的，招标人可以不退还投标保证金。

➤ **知识链接**：关于投标保证金，《工程建设项目施工招标投标办法》《工程建设项目货物招标投标办法》进一步规定，投标保证金不得超过项目估算价的2%，但最高不得超过80万元人民币。《工程建设项目勘察设计招标投标办法》还规定，招标文件要求投标人提交投标保证金的，保证金数额不得超过勘察设计估算费用的2%，最多不超过10万元人民币。

五、串通投标

《招标投标法》规定，投标人不得相互串通投标报价，不得排挤其他投标人的公平竞争，损害招标人或者其他投标人的合法权益。投标人不得与招标人串通投标，损害国家利益、社会公共利益或者他人的合法权益。禁止投标人以向招标人或者评标委员会成员行贿的手段谋取中标。

投标人不得以低于成本的报价竞标，也不得以他人名义投标或者以其他方式弄虚作假，骗取中标。

投标人有下列情形之一的，属于《招标投标法》第三十三条规定的以其他方式弄虚作假的行为：

（1）使用伪造、变造的许可证件。
（2）提供虚假的财务状况或者业绩。
（3）提供虚假的项目负责人或者主要技术人员简历、劳动关系证明。
（4）提供虚假的信用状况。
（5）其他弄虚作假的行为。

使用通过受让或者租借等方式获取的资格、资质证书投标的，属于《招标投标法》第三十三条规定的以他人名义投标。

《招标投标法实施条例》进一步规定，禁止投标人相互串通投标。

有下列情形之一的，属于投标人相互串通投标【主观意思共谋】：
（1）投标人之间协商投标报价等投标文件的实质性内容。
（2）投标人之间约定中标人。
（3）投标人之间约定部分投标人放弃投标或者中标。
（4）属于同一集团、协会、商会等组织成员的投标人按照该组织要求协同投标。
（5）投标人之间为谋取中标或者排斥特定投标人而采取的其他联合行动。

有下列情形之一的，视为投标人相互串通投标【客观行为一致】：
（1）不同投标人的投标文件由同一单位或者个人编制。
（2）不同投标人委托同一单位或者个人办理投标事宜。
（3）不同投标人的投标文件载明的项目管理成员为同一人。
（4）不同投标人的投标文件异常一致或者投标报价呈规律性差异。
（5）不同投标人的投标文件相互混装。
（6）不同投标人的投标保证金从同一单位或者个人的账户转出。

另外，《招标投标法实施条例》还规定禁止招标人与投标人串通投标。

有下列情形之一的，属于招标人与投标人串通投标：
（1）招标人在开标前开启投标文件并将有关信息泄露给其他投标人。
（2）招标人直接或者间接向投标人泄露标底、评标委员会成员等信息。
（3）招标人明示或者暗示投标人压低或者抬高投标报价。
（4）招标人授意投标人撤换、修改投标文件。
（5）招标人明示或者暗示投标人为特定投标人中标提供方便。
（6）招标人与投标人为谋求特定投标人中标而采取的其他串通行为。

● 点拨

"禁止以不合理的条件限制、排斥投标人"指招标人的单方行为，强调设置了不合理的条件，面向不特定主体。

"串通投标"指招标人与投标人或投标人之间的两方或两方以上的行为，且有内部沟通，面向特定主体。

> **实战演练**

[2023 真题·单选] 关于联合体投标的说法，正确的是（　　）。
A. 由同一专业的单位组成的联合体，按照资质等级较低的单位确定资质等级
B. 招标人可以要求投标人必须组成联合体共同投标
C. 联合体中标的，联合体各方按照联合体协议就中标项目分别向招标人承担责任
D. 联合体各方可以在同一招标项目中以自己名义再进行单独投标

[解析] 选项 B 错误，招标人不得强制投标人组成联合体共同投标，不得限制投标人之间的竞争。选项 C 错误，联合体中标的，联合体各方应当共同与招标人签订合同，就中标项目向招标人承担连带责任。选项 D 错误，联合体各方在同一招标项目中以自己名义单独投标或者参加其他联合体投标的，相关投标均无效。

[答案] A

[2023 真题·单选] 根据《招标投标法实施条例》，属于两个单位不得参加同一标段投标的是（　　）。
A. 丙公司及其控股子公司
B. 甲公司和其上游供应商
C. 乙公司下属两家相互无控股、管理关系的子公司
D. 注册地址在同一园区的丁、戊两公司

[解析] 单位负责人为同一人或者存在控股、管理关系的不同单位，不得参加同一标段投标或者未划分标段的同一招标项目投标。违反上述规定的，相关投标均无效。

[答案] A

[2021 真题·多选] 招标人与投标人串通投标的情形有（　　）。
A. 招标人在开标前开启投标文件并将有关信息泄露给其他投标人
B. 招标人直接或者间接向投标人泄露标底、评标委员会成员等信息
C. 招标人明示或者暗示投标人为特定投标人中标提供方便
D. 投标人在开标后撤销投标文件，与招标人协商退还投标保证金
E. 招标人分别组织投标人踏勘现场

[解析] 有下列情形之一的，属于招标人与投标人串通投标：①招标人在开标前开启投标文件并将有关信息泄露给其他投标人；②招标人直接或者间接向投标人泄露标底、评标委员会成员等信息；③招标人明示或者暗示投标人压低或者抬高投标报价；④招标人授意投标人撤换、修改投标文件；⑤招标人明示或者暗示投标人为特定投标人中标提供方便；⑥招标人与投标人为谋求特定投标人中标而采取的其他串通行为。

[答案] ABC

知识点 4　建设工程开标、评标和中标

一、开标

《招标投标法》规定，开标应当在招标文件确定的提交投标文件截止时间的同一时间公开进行；开标地点应当为招标文件中预先确定的地点。

开标由招标人主持，邀请所有投标人参加。

开标时，由投标人或者其推选的代表检查投标文件的密封情况，也可以由招标人委托的

公证机构检查并公证；经确认无误后，由工作人员当众拆封，宣读投标人名称、投标价格和投标文件的其他主要内容。招标人在招标文件要求提交投标文件的截止时间前收到的所有投标文件，开标时都应当当众予以拆封、宣读。开标过程应当记录，并存档备查。

● 总结

投标文件的拆封开标通常按照"检查（密封情况）→（公证）→拆封→宣读→记录→存档备查"的顺序进行。

《招标投标法实施条例》进一步规定，招标人应当按照招标文件规定的时间、地点开标。投标人少于3个的，不得开标；招标人应当重新招标。投标人对开标有异议的，应当在开标现场提出，招标人应当当场作出答复，并制作记录。

● 点拨

开标日＝截标日＝投标有效期的起始日＝投标保证金有效期的起始日。

二、评标

评标是指在招标过程中，由评标委员会按照预定的评标标准，对各投标人提交的投标文件进行审查、比较和评价，以确定最合适的中标人的过程。

（一）评标委员会

1. 成立评标委员会

《招标投标法》第三十七条规定，评标由招标人依法组建的评标委员会负责。

依法必须进行招标的项目，其评标委员会由招标人的代表和有关技术、经济等方面的专家组成，成员人数为5人以上单数，其中技术、经济等方面的专家不得少于成员总数的2/3。

● 总结

评标委员会总成员 $X \geqslant 5$，X 是单数；专家 $Y \geqslant 2/3X$。

上述专家应当从事相关领域工作满8年并具有高级职称或者具有同等专业水平，由招标人从国务院有关部门或者省、自治区、直辖市人民政府有关部门提供的专家名册或者招标代理机构的专家库内的相关专业的专家名单中确定；一般招标项目可以采取随机抽取方式，特殊招标项目可以由招标人直接确定。

与投标人有利害关系的人不得进入相关项目的评标委员会；已经进入的应当更换。

评标委员会成员的名单在中标结果确定前应当保密。

《招标投标法实施条例》进一步规定，除《招标投标法》第三十七条第三款规定的特殊招标项目外，依法必须进行招标的项目，其评标委员会的专家成员应当从评标专家库内相关专业的专家名单中以随机抽取方式确定。任何单位和个人不得以明示、暗示等任何方式指定或者变相指定参加评标委员会的专家成员。

上述所称特殊招标项目，是指技术复杂、专业性强或者国家有特殊要求，采取随机抽取方式确定的专家难以保证胜任评标工作的项目。

➢ 知识链接：根据《评标委员会和评标方法暂行规定》，评标专家应符合下列条件。

(1) 从事相关专业领域工作满8年并具有高级职称或者同等专业水平。

(2) 熟悉有关招标投标的法律法规，并具有与招标项目相关的实践经验。

(3) 能够认真、公正、诚实、廉洁地履行职责。

有下列情形之一的，不得担任评标委员会成员。

(1) 投标人或者投标人主要负责人的近亲属。

(2) 项目主管部门或者行政监督部门的人员。
(3) 与投标人有经济利益关系，可能影响对投标公正评审的。
(4) 曾因在招标、评标以及其他与招标投标有关活动中从事违法行为而受过行政处罚或刑事处罚的。

评标委员会成员有上述规定情形之一的，应当主动提出回避。

2. 评标委员会的职责

根据《评标委员会和评标方法暂行规定》，招标人或者其委托的招标代理机构应当向评标委员会提供评标所需的重要信息和数据，但不得带有明示或者暗示倾向或者排斥特定投标人的信息。招标人设有标底的，标底在开标前应当保密，并在评标时作为参考。

评标委员会可以书面方式要求投标人对投标文件中含义不明确、对同类问题表述不一致或者有明显文字和计算错误的内容作必要的澄清、说明或者补正。澄清、说明或者补正应以书面方式进行并不得超出投标文件的范围或者改变投标文件的实质性内容。

投标文件中的大写金额和小写金额不一致的，以大写金额为准；总价金额与单价金额不一致的，以单价金额为准，但单价金额小数点有明显错误的除外；对不同文字文本投标文件的解释发生异议的，以中文文本为准。

评标委员会应当根据招标文件，审查并逐项列出投标文件的全部投标偏差。投标偏差分为重大偏差和细微偏差。

下列情况属于重大偏差：
(1) 没有按照招标文件要求提供投标担保或者所提供的投标担保有瑕疵。
(2) 投标文件没有投标人授权代表签字和加盖公章。
(3) 投标文件载明的招标项目完成期限超过招标文件规定的期限。
(4) 明显不符合技术规格、技术标准的要求。
(5) 投标文件载明的货物包装方式、检验标准和方法等不符合招标文件的要求。
(6) 投标文件附有招标人不能接受的条件。
(7) 不符合招标文件中规定的其他实质性要求。

细微偏差是指投标文件在实质上响应招标文件要求，但在个别地方存在漏项或者提供了不完整的技术信息和数据等情况，并且补正这些遗漏或者不完整不会对其他投标人造成不公平的结果。细微偏差不影响投标文件的有效性。评标委员会应当书面要求存在细微偏差的投标人在评标结束前予以补正。拒不补正的，在详细评审时可以对细微偏差作不利于该投标人的量化，量化标准应当在招标文件中规定。

(二) 评标方法

根据《评标委员会和评标方法暂行规定》，评标方法包括经评审的最低投标价法、综合评估法或者法律、行政法规允许的其他评标方法。

1. 经评审的最低投标价法

经评审的最低投标价法一般适用于具有通用技术、性能标准或者招标人对其技术、性能没有特殊要求的招标项目。

采用经评审的最低投标价法的，评标委员会应当根据招标文件中规定的评标价格调整方法，对所有投标人的投标报价以及投标文件的商务部分作必要的价格调整。

采用经评审的最低投标价法的，中标人的投标应当符合招标文件规定的技术要求和标准，但评标委员会无须对投标文件的技术部分进行价格折算。

2. 综合评估法

不宜采用经评审的最低投标价法的招标项目，一般应当采取综合评估法进行评审。

根据综合评估法，最大限度地满足招标文件中规定的各项综合评价标准的投标，应当推荐为中标候选人。衡量投标文件是否最大限度地满足招标文件中规定的各项评价标准，可以采取折算为货币的方法、打分的方法或者其他方法。需量化的因素及其权重应当在招标文件中明确规定。

（三）否决投标的情形

根据《招标投标法》，评标委员会经评审，认为所有投标都不符合招标文件要求的，可以否决所有投标。依法必须进行招标的项目的所有投标被否决的，招标人应当依照《招标投标法》重新招标。

根据《招标投标法实施条例》，有下列情形之一的，评标委员会应当否决其投标：

（1）投标文件未经投标单位盖章和单位负责人签字。
（2）投标联合体没有提交共同投标协议。
（3）投标人不符合国家或者招标文件规定的资格条件。
（4）同一投标人提交2个以上不同的投标文件或者投标报价，但招标文件要求提交备选投标的除外。
（5）投标报价低于成本或者高于招标文件设定的最高投标限价。
（6）投标文件没有对招标文件的实质性要求和条件作出响应。
（7）投标人有串通投标、弄虚作假、行贿等违法行为。

（四）投标文件澄清说明

投标文件中有含义不明确的内容、明显文字或者计算错误，评标委员会认为需要投标人作出必要澄清、说明的，应当书面通知该投标人。

投标人的澄清、说明应当采用书面形式，并不得超出投标文件的范围或者改变投标文件的实质性内容。

评标委员会不得暗示或者诱导投标人作出澄清、说明，不得接受投标人主动提出的澄清、说明。

（五）评标报告

评标完成后，评标委员会应当向招标人提交书面评标报告和中标候选人名单。中标候选人应当不超过3个，并标明排序。

评标报告应当由评标委员会全体成员签字。对评标结果有不同意见的评标委员会成员应当以书面形式说明其不同意见和理由，评标报告应当注明该不同意见。评标委员会成员拒绝在评标报告上签字又不书面说明其不同意见和理由的，视为同意评标结果。

三、中标

（一）确定中标人

《招标投标法》规定，评标委员会应当按照招标文件确定的评标标准和方法，对投标文件进行评审和比较；设有标底的，应当参考标底。评标委员会完成评标后，应当向招标人提出书面评标报告，并推荐合格的中标候选人。

招标人根据评标委员会提出的书面评标报告和推荐的中标候选人确定中标人。招标人也可以授权评标委员会直接确定中标人。

国务院对特定招标项目的评标有特别规定的，从其规定。

中标人的投标应当符合下列条件之一：

(1) 能够最大限度地满足招标文件中规定的各项综合评价标准。
(2) 能够满足招标文件的实质性要求，并且经评审的投标价格最低；但是投标价格低于成本的除外。

根据《招标投标法实施条例》，国有资金占控股或者主导地位的依法必须进行招标的项目，招标人应当确定排名第一的中标候选人为中标人。排名第一的中标候选人放弃中标、因不可抗力不能履行合同、不按照招标文件要求提交履约保证金，或者被查实存在影响中标结果的违法行为等情形，不符合中标条件的，招标人可以按照评标委员会提出的中标候选人名单排序依次确定其他中标候选人为中标人，也可以重新招标。

（二）履约能力审查

中标候选人的经营、财务状况发生较大变化或者存在违法行为，招标人认为可能影响其履约能力的，应当在发出中标通知书前由原评标委员会按照招标文件规定的标准和方法审查确认。

（三）发出中标通知书

根据《招标投标法》，中标人确定后，招标人应当向中标人发出中标通知书，并同时将中标结果通知所有未中标的投标人。中标通知书对招标人和中标人具有法律效力。依法必须进行招标的项目，招标人应当自确定中标人之日起 15 日内，向有关行政监督部门提交招标投标情况的书面报告。

（四）签订合同

根据《招标投标法》，招标人和中标人应当自中标通知书发出之日起 30 日内，按照招标文件和中标人的投标文件订立书面合同。招标人和中标人不得再行订立背离合同实质性内容的其他协议。

根据《招标投标法实施条例》，招标人和中标人应当依照《招标投标法》及《招标投标法实施条例》的规定签订书面合同，合同的标的、价款、质量、履行期限等主要条款应当与招标文件和中标人的投标文件的内容一致。招标人和中标人不得再行订立背离合同实质性内容的其他协议。

根据《最高人民法院关于审理建设工程施工合同纠纷案件适用法律问题的解释（一）》，当事人签订的建设工程施工合同与招标文件、投标文件、中标通知书载明的工程范围、建设工期、工程质量、工程价款不一致，一方当事人请求将招标文件、投标文件、中标通知书作为结算工程价款的依据的，人民法院应予支持。

（五）履约保证金

履约保证金属于中标人向招标人提供的用以保障其履行合同义务的担保。根据《招标投标法实施条例》，招标文件要求中标人提交履约保证金的，中标人应当按照招标文件的要求提交。履约保证金不得超过中标合同金额的 10%。

根据《招标投标法》，中标人不履行与招标人订立的合同的，履约保证金不予退还，给招标人造成的损失超过履约保证金数额的，还应当对超过部分予以赔偿；没有提交履约保证金的，应当对招标人的损失承担赔偿责任。

● 总结

招标投标时间轴如图 4-2-2 所示。

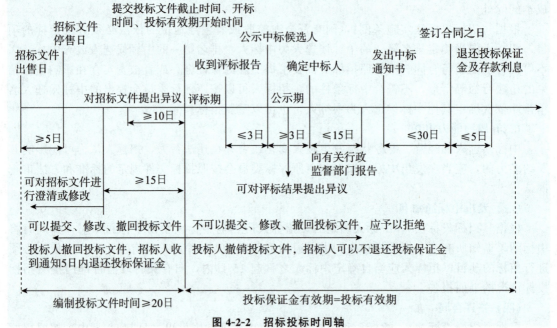

图 4-2-2 招标投标时间轴

[实战演练]

[2024 真题·单选] 关于建设工程开标的说法，正确的是（   ）。
A. 开标应当在招标文件确定的提交投标文件截止时间之后公开进行
B. 开标地点应当为招标文件中预先确定的地点
C. 开标由招标人主持，邀请投标人推选的代表参加
D. 开标过程可以根据需要进行记录

[解析] 选项 A 错误，选项 B 正确，开标应当在招标文件确定的提交投标文件截止时间的同一时间公开进行；开标地点应当为招标文件中预先确定的地点。选项 C 错误，开标由招标人主持，邀请所有投标人参加。选项 D 错误，开标过程应当记录，并存档备查。

[答案] B

[2022 真题·单选] 关于评标的说法，正确的是（   ）。
A. 评标委员会完成评标后应当向投标人提出书面评标报告
B. 评标应当公开进行
C. 评标委员会可以对招标文件确定的评标标准和方法进行补充和完善
D. 评标由招标人依法组建的评标委员会负责

[解析] 选项 A 错误，评标委员会完成评标后，应当向招标人提出书面评标报告，并推荐合格的中标候选人。选项 B 错误，招标人应当采取必要的措施，保证评标在严格保密的情况下进行。选项 C 错误，评标委员会应当根据招标文件规定的评标标准和方法，对投标文件进行系统的评审和比较。招标文件没有规定的评标标准和方法不得作为评标的依据。

[答案] D

知识点 5 招标投标审查

为加强和规范招标投标领域公平竞争审查，维护公平竞争市场秩序，相关部门应履行公平竞争审查职责。政策制定机关应当确定专门机构具体负责政策措施的公平竞争审查工作。多个部门联合制定政策措施的，由牵头部门组织开展公平竞争审查，各参与部门对职责范围内的政策措施负责。

根据《招标投标领域公平竞争审查规则》，招标投标审查的相关规定如下。

一、审查标准

政策制定机关应当尊重和保障招标人组织招标、选择招标代理机构、编制资格预审文件和招标文件的自主权，不得制定以下政策措施：

（1）为招标人指定招标代理机构或者违法限定招标人选择招标代理机构的方式。

（2）为招标人指定投标资格、技术、商务条件。

（3）为招标人指定特定类型的资格审查方法或者评标方法。

（4）为招标人指定具体的资格审查标准或者评标标准。

（5）为招标人指定评标委员会成员。

（6）对于已经纳入统一的公共资源交易平台体系的电子交易系统，限制招标人自主选择。

（7）强制招标人或者招标代理机构选择电子认证服务。

（8）为招标人或者招标代理机构指定特定交易工具。

（9）为招标人指定承包商（供应商）预选库、资格库或者备选名录等。

（10）要求招标人依照本地区创新产品名单、优先采购产品名单等地方性扶持政策开展招标投标活动。

（11）以其他不合理条件限制招标人自主权的政策措施。

政策制定机关应当落实全国统一的市场准入条件，对经营主体参与投标活动，不得制定以下政策措施：

（1）对市场准入负面清单以外的行业、领域、业务，要求经营主体在参与投标活动前取得行政许可。

（2）要求经营主体在本地区设立分支机构、缴纳税收社保或者与本地区经营主体组成联合体。

（3）要求经营主体取得本地区业绩或者奖项。

（4）要求经营主体取得培训合格证、上岗证等特定地区或者特定行业组织颁发的相关证书。

（5）要求经营主体取得特定行业组织成员身份。

（6）以其他不合理条件限制经营主体参与投标的政策措施。

政策制定机关制定标准招标文件（示范文本）和标准资格预审文件（示范文本），应当平等对待不同地区、所有制形式的经营主体，不得在标准招标文件（示范文本）和标准资格预审文件（示范文本）中设置以下内容：

（1）根据经营主体取得业绩的区域设置差异性得分。

（2）根据经营主体的所有制形式设置差异性得分。

（3）根据经营主体投标产品的产地设置差异性得分。

（4）根据经营主体的规模、注册地址、注册资金、市场占有率、负债率、净资产规模等设置差异性得分。

（5）根据联合体成员单位的注册地址、所有制形式等设置差异性得分。

（6）其他排除或者限制竞争的内容。

政策制定机关制定定标相关政策措施，应当尊重和保障招标人定标权，落实招标人定标主体责任，不得制定以下政策措施：

（1）为招标人指定定标方法。

（2）为招标人指定定标单位或者定标人员。

（3）将定标权交由招标人或者其授权的评标委员会以外的其他单位或者人员行使。

（4）规定直接以抽签、摇号、抓阄等方式确定合格投标人、中标候选人或者中标人。

（5）以其他不合理条件限制招标人定标权的政策措施。

政策制定机关可以通过组织开展信用评价引导经营主体诚信守法参与招标投标活动，并可以通过制定实施相应政策措施鼓励经营主体应用信用评价结果，但应当平等对待不同地区、所有制形式的经营主体，依法保障经营主体自主权，不得制定以下政策措施：

（1）在信用信息记录、归集、共享等方面对不同地区或者所有制形式的经营主体作出区别规定。

（2）对不同地区或者所有制形式经营主体的资质、资格、业绩等采用不同信用评价标准。

（3）根据经营主体的所在地区或者所有制形式采取差异化的信用监管措施。

（4）没有法定依据，限制经营主体参考使用信用评价结果的自主权。

（5）其他排除限制竞争或者损害经营主体合法权益的政策措施。

政策制定机关制定涉及招标投标交易监管和服务的政策措施，应当平等保障各类经营主体参与，不得在交易流程上制定以下政策措施：

（1）规定招标投标交易服务机构行使审批、备案、监管、处罚等具有行政管理性质的职能。

（2）强制非公共资源交易项目进入公共资源交易平台交易。

（3）对能够通过告知承诺和事后核验核实真伪的事项，强制投标人在投标环节提供原件。

（4）在获取招标文件、开标环节违法要求投标人的法定代表人、技术负责人、项目负责人或者其他特定人员到场。

（5）其他不当限制经营主体参与招标投标的政策措施。

政策制定机关制定涉及保证金的政策措施，不得设置以下不合理限制：

（1）限制招标人依法收取保证金。

（2）要求经营主体缴纳除投标保证金、履约保证金、工程质量保证金、农民工工资保证金以外的其他保证金。

（3）限定经营主体缴纳保证金的形式。

（4）要求经营主体从特定机构开具保函（保险）。

（5）在招标文件之外设定保证金退还的前置条件。

（6）其他涉及保证金的不合理限制措施。

二、审查机制

政策制定机关应当建立本机关公平竞争审查工作机制，明确公平竞争审查负责机构、审查标准和审查流程，规范公平竞争审查行为。

政策措施应当在提请审议或者报批前完成公平竞争审查。政策制定机关应当作出符合或者不符合审查标准的书面审查结论。适用有关法律、行政法规或者国务院规定的公平竞争审查例外情形的，应当在审查结论中说明理由。

政策制定机关在对政策措施开展公平竞争审查过程中，应当以适当方式听取有关经营主体、行业协会商会等意见；除依法保密外，应当向社会公开征求意见。在起草政策措施的其他环节已经向社会公开征求意见或者征求过有关方面意见的，可以不再专门就公平竞争审查征求意见。

政策制定机关可以委托第三方机构对拟出台政策措施的公平竞争影响、已出台政策措施的竞争效果和本地区招标投标公平竞争审查制度总体实施情况、市场竞争状况等开展评估。

三、监督管理

《招标投标领域公平竞争审查规则》规定，地方各级招标投标指导协调部门会同招标投标行政监督部门，应当定期组织开展政策措施评估，发现违反公平竞争审查有关规定的，应当及时纠正。

公民、法人或者其他组织认为政策措施妨碍公平竞争的，有权向政策制定机关及其上一级机关反映。地方各级招标投标指导协调部门、招标投标行政监督部门应当建立招标投标市场壁垒线索征集机制，动态清理废止各类有违公平竞争的政策措施。

公民、法人或者其他组织认为资格预审文件、招标文件存在排斥、限制潜在投标人不合理条件的，有权依照《招标投标法》及其实施条例相关规定提出异议和投诉。招标投标行政监督部门、招标人应当按照规定程序处理。

> **实战演练**
>
> [经典例题·多选] 下列关于招标投标保证金的政策中，属于不合理限制的有（　　）。
> A．限定经营主体缴纳保证金的形式
> B．在招标文件之外设定保证金退还的前置条件
> C．限制招标人依法收取保证金
> D．限定经营主体缴纳保证金的时间
> E．要求经营主体从特定机构开具保函
> [解析] 政策制定机关制定涉及保证金的政策措施，不得设置以下不合理限制：①限制招标人依法收取保证金；②要求经营主体缴纳除投标保证金、履约保证金、工程质量保证金、农民工工资保证金以外的其他保证金；③限定经营主体缴纳保证金的形式；④要求经营主体从特定机构开具保函（保险）；⑤在招标文件之外设定保证金退还的前置条件；⑥其他涉及保证金的不合理限制措施。
> [答案] ABCE

知识点 6 招标投标异议、投诉处理

一、时间要求

潜在投标人或者其他利害关系人对资格预审文件有异议的，应当在提交资格预审申请文件截止时间 2 日前提出；对招标文件有异议的，应当在投标截止时间 10 日前提出。招标人应当自收到异议之日起 3 日内作出答复；作出答复前，应当暂停招标投标活动。

投标人或者其他利害关系人认为招标投标活动不符合法律、行政法规规定的，可以自知道或者应当知道之日起 10 日内向有关行政监督部门投诉。投诉应当有明确的请求和必要的证明材料。

二、程序要求

投标人和其他利害关系人认为招标投标活动不符合《招标投标法》有关规定的，有权向招标人提出异议或者依法向有关行政监督部门投诉。

对资格预审文件、招标文件、开标以及对依法必须进行招标项目的评标结果有异议的，应当依法先向招标人提出异议，异议答复期间不计算在上述规定的期限（自知道或者应当知道之日起 10 日内）内。

投标人对开标有异议的，应当在开标现场提出，招标人应当当场作出答复，并制作记录。

投标人或者其他利害关系人对依法必须进行招标的项目的评标结果有异议的，应当在中标候选人公示期间提出。

三、处理措施

投诉人就同一事项向 2 个以上有权受理的行政监督部门投诉的，由最先收到投诉的行政监督部门负责处理。

行政监督部门应当自收到投诉之日起 3 个工作日内决定是否受理投诉，并自受理投诉之日起 30 个工作日内作出书面处理决定；需要检验、检测、鉴定、专家评审的，所需时间不计算在内。

投诉人捏造事实、伪造材料或者以非法手段取得证明材料进行投诉的，行政监督部门应当予以驳回。

行政监督部门处理投诉，有权查阅、复制有关文件、资料，调查有关情况，相关单位和人员应当予以配合。必要时，行政监督部门可以责令暂停招标投标活动。

行政监督部门的工作人员对监督检查过程中知悉的国家秘密、商业秘密，应当依法予以保密。

实战演练

[2024 真题·单选] 关于招标投标投诉处理的说法，正确的是（　　）。
A. 投标人对开标有异议的，应当自知道或者应当知道之日起 15 日内向有关行政监督部门投诉
B. 行政监督部门应当自收到投诉之日起 5 个工作日内决定是否受理投诉
C. 行政监督部门应当自受理投诉之日起 20 个工作日内作出书面处理决定
D. 投诉人以非法手段取得证明材料进行投诉的，行政监督部门应当予以驳回

[解析] 选项 A 错误，投标人对开标有异议的，应当在开标现场提出，招标人应当当场作出答复，并制作记录。对资格预审文件、招标文件、招标过程和中标结果的异议，应当先向招标人提出。选项 B、C 错误，行政监督部门应当自收到投诉之日起 3 个工作日内决定是否受理投诉，并自受理投诉之日起 30 个工作日内作出书面处理决定；需要检验、检测、鉴定、专家评审的，所需时间不计算在内。

[答案] D

[2024 真题·多选] 关于招标投标异议及其处理的说法，正确的有（　　）。
A. 投标人认为招标投标不符合规定的，有权向招标人提出异议
B. 潜在投标人对资格预审文件有异议的，应当在提交资格预审申请文件截止时间 3 日内提出
C. 投标人对开标有异议的，招标人应当在评标完成后作出答复
D. 投标人对招标文件有异议的，应当在投标截止时间 10 日前提出
E. 招标人对评标结果的异议作出答复前，应暂停招标投标活动

[解析] 选项B错误，潜在投标人或者其他利害关系人对资格预审文件有异议的，应当在提交资格预审申请文件截止时间2日前提出。选项C错误，投标人对开标有异议的，应当在开标现场提出，招标人应当当场作出答复，并制作记录。

[答案] ADE

第三节　非招标采购制度

非招标采购是指在采购过程中，采购方不通过公开招标和邀请招标的方式，而采用其他方式取得货物、工程和服务等。《政府采购非招标采购方式管理办法》规定，本法所称非招标采购方式，是指竞争性谈判、单一来源采购和询价采购方式。此外，框架协议采购也属于非招标采购方式，通常适用于技术、服务等标准明确、统一，需要多次重复采购的货物和服务。以下将详细介绍这四种非招标采购方式。

知识点 1　竞争性谈判

《政府采购非招标采购方式管理办法》规定，竞争性谈判是指谈判小组与符合资格条件的供应商就采购货物、工程和服务事宜进行谈判，供应商按照谈判文件的要求提交响应文件和最后报价，采购人从谈判小组提出的成交候选人中确定成交供应商的采购方式。

符合下列情形之一的采购项目，可以采用竞争性谈判方式采购：
(1) 招标后没有供应商投标或者没有合格标的，或者重新招标未能成立的。
(2) 技术复杂或者性质特殊，不能确定详细规格或者具体要求的。
(3) 非采购人所能预见的原因或者非采购人拖延造成采用招标所需时间不能满足用户紧急需要的。
(4) 因艺术品采购、专利、专有技术或者服务的时间、数量事先不能确定等原因不能事先计算出价格总额的。

公开招标的货物、服务采购项目，招标过程中提交投标文件或者经评审实质性响应招标文件要求的供应商只有2家时，采购人、采购代理机构按照《政府采购非招标采购方式管理办法》第四条经本级财政部门批准后可以与该2家供应商进行竞争性谈判采购，采购人、采购代理机构应当根据招标文件中的采购需求编制谈判文件，成立谈判小组，由谈判小组对谈判文件进行确认。

《政府采购法》规定，采用竞争性谈判方式采购的，应当遵循下列程序：
(1) 成立谈判小组。谈判小组由采购人的代表和有关专家共3人以上的单数组成，其中专家的人数不得少于成员总数的2/3。
(2) 制定谈判文件。谈判文件应当明确谈判程序、谈判内容、合同草案的条款以及评定成交的标准等事项。
(3) 确定邀请参加谈判的供应商名单。谈判小组从符合相应资格条件的供应商名单中确定不少于3家的供应商参加谈判，并向其提供谈判文件。
(4) 谈判。谈判小组所有成员集中与单一供应商分别进行谈判。在谈判中，谈判的任何一方不得透露与谈判有关的其他供应商的技术资料、价格和其他信息。谈判文件有实质性变动的，谈判小组应当以书面形式通知所有参加谈判的供应商。
(5) 确定成交供应商。谈判结束后，谈判小组应当要求所有参加谈判的供应商在规定时间内进行最后报价，采购人从谈判小组提出的成交候选人中根据符合采购需求、质量和服务相等且报价最低的原则确定成交供应商，并将结果通知所有参加谈判的未成交的供应商。

▶ **知识拓展**：《政府采购法》规定，政府采购采用以下方式：①公开招标；②邀请招标；③竞争性谈判；④单一来源采购；⑤询价；⑥国务院政府采购监督管理部门认定的其他采购方式。公开招标应作为政府采购的主要采购方式。采购人不得将应当以公开招标方式采购的货物或者服务化整为零或者以其他任何方式规避公开招标采购。

知识点 2 单一来源采购

《政府采购非招标采购方式管理办法》规定，单一来源采购是指采购人从某一特定供应商处采购货物、工程和服务的采购方式。

属于《政府采购法》第三十一条第一项情形，且达到公开招标数额的货物、服务项目，拟采用单一来源采购方式的，采购人、采购代理机构在按照《政府采购非招标采购方式管理办法》第四条报财政部门批准之前，应当在省级以上财政部门指定媒体上公示，并将公示情况一并报财政部门。公示期不得少于5个工作日，公示内容应当包括：

（1）采购人、采购项目名称和内容。
（2）拟采购的货物或者服务的说明。
（3）采用单一来源采购方式的原因及相关说明。
（4）拟定的唯一供应商名称、地址。
（5）专业人员对相关供应商因专利、专有技术等原因具有唯一性的具体论证意见，以及专业人员的姓名、工作单位和职称。
（6）公示的期限。
（7）采购人、采购代理机构、财政部门的联系地址、联系人和联系电话。

▶ **知识链接**：《政府采购法》第三十一条规定，符合下列情形之一的货物或者服务，可以依照本法采用单一来源方式采购。

（1）只能从唯一供应商处采购的。
（2）发生了不可预见的紧急情况不能从其他供应商处采购的。
（3）必须保证原有采购项目一致性或者服务配套的要求，需要继续从原供应商处添购，且添购资金总额不超过原合同采购金额10%的。

任何供应商、单位或者个人对采用单一来源采购方式公示有异议的，可以在公示期内将书面意见反馈给采购人、采购代理机构，并同时抄送相关财政部门。

采购人、采购代理机构收到对采用单一来源采购方式公示的异议后，应当在公示期满后5个工作日内，组织补充论证，论证后认为异议成立的，应当依法采取其他采购方式；论证后认为异议不成立的，应当将异议意见、论证意见与公示情况一并报相关财政部门。采购人、采购代理机构应当将补充论证的结论告知提出异议的供应商、单位或者个人。

采用单一来源采购方式采购的，采购人、采购代理机构应当组织具有相关经验的专业人员与供应商商定合理的成交价格并保证采购项目质量。

实战演练

[2024真题·多选] 关于单一来源采购的说法，正确的有（　　）。

A. 单一来源采购方式适用于工程采购
B. 拟采用单一来源采购方式的，在报批之前，应当在省级以上财政部门指定媒体上公示，并将公示情况一并报财政部门

C. 对采用单一来源采购方式公示有异议的，可以在公示期间内将书面意见反馈给采购人、采购代理机构，并同时抄送相关财政部门

D. 采购人收到公示异议后，应当组织补充论证，论证后认为异议成立的，应当采用其他采购方式

E. 采用单一来源采购方式，公示期不得少于3个工作日

[解析] 选项B错误，属于《政府采购法》第三十一条第一项情形，即"只能从唯一供应商处采购"且达到公开招标数额的货物、服务项目，拟采用单一来源采购方式的，采购人、采购代理机构在报财政部门批准之前，应当在省级以上财政部门指定媒体上公示，并将公示情况一并报财政部门。选项E错误，采用单一来源采购方式，公示期不得少于5个工作日。

[答案] ACD

知识点 3 询价

《政府采购非招标采购方式管理办法》规定，询价是指询价小组向符合资格条件的供应商发出采购货物询价通知书，要求供应商一次报出不得更改的价格，采购人从询价小组提出的成交候选人中确定成交供应商的采购方式。

询价采购需求中的技术、服务等要求应当完整、明确，符合相关法律、行政法规和政府采购政策的规定。

询价小组在询价过程中，不得改变询价通知书所确定的技术和服务等要求、评审程序、评定成交的标准和合同文本等事项。

《政府采购法》规定，采购的货物规格、标准统一，现货货源充足且价格变化幅度小的政府采购项目，可以依照本法采用询价方式采购。

采取询价方式采购的，应当遵循下列程序：

(1) 成立询价小组。询价小组由采购人的代表和有关专家共3人以上的单数组成，其中专家的人数不得少于成员总数的2/3。询价小组应当对采购项目的价格构成和评定成交的标准等事项作出规定。

(2) 确定被询价的供应商名单。询价小组根据采购需求，从符合相应资格条件的供应商名单中确定不少于3家的供应商，并向其发出询价通知书让其报价。

(3) 询价。询价小组要求被询价的供应商一次报出不得更改的价格。

(4) 确定成交供应商。采购人根据符合采购需求、质量和服务相等且报价最低的原则确定成交供应商，并将结果通知所有被询价的未成交的供应商。

知识点 4 框架协议采购

框架协议采购是指集中采购机构或者主管预算单位对技术、服务等标准明确、统一，需要多次重复采购的货物和服务，通过公开征集程序，确定第一阶段入围供应商并订立框架协议，采购人或者服务对象按照框架协议约定规则，在入围供应商范围内确定第二阶段成交供应商并订立采购合同的采购方式。

符合下列情形之一的，可以采用框架协议采购方式采购：

(1) 集中采购目录以内品目，以及与之配套的必要耗材、配件等，属于小额零星采购的。

(2) 集中采购目录以外，采购限额标准以上，本部门、本系统行政管理所需的法律、评

估、会计、审计等鉴证咨询服务，属于小额零星采购的。

(3) 集中采购目录以外，采购限额标准以上，为本部门、本系统以外的服务对象提供服务的政府购买服务项目，需要确定2家以上供应商由服务对象自主选择的。

(4) 国务院财政部门规定的其他情形。

上述所称采购限额标准以上，是指同一品目或者同一类别的货物、服务年度采购预算达到采购限额标准以上。

● 点拨

四种非招标采购方式的比较见表4-3-1。

表4-3-1 四种非招标采购方式的比较

类别	对象	适用情况
竞争性谈判（≥3家）	货物、工程、服务	没有供应商投标或者没有合格标的，或者重新招标未能成立；不能确定详细规格或者具体要求；不能满足用户紧急需要；不能事先计算出价格总额
单一来源采购	货物、工程、服务	唯一供应商；不可预见的紧急情况；从原供应商处添购，且添购资金总额不超过原合同采购金额的10%
询价（≥3家）	货物	规格、标准统一，现货货源充足且价格变化幅度小；被询价的供应商一次报出不得更改的价格
框架协议采购	货物、服务	技术、服务等标准明确、统一，需要多次重复采购

根据《政府采购框架协议采购方式管理暂行办法》，框架协议采购的相关规定如下。

一、一般规定

(一) 框架协议采购的类型

框架协议采购包括封闭式框架协议采购和开放式框架协议采购。封闭式框架协议采购是框架协议采购的主要形式。除法律、行政法规或者《政府采购框架协议采购方式管理暂行办法》另有规定外，框架协议采购应当采用封闭式框架协议采购。

符合下列情形之一的，可以采用开放式框架协议采购：

(1)《政府采购框架协议采购方式管理暂行办法》第三条第一款第一项规定的情形，因执行政府采购政策不宜淘汰供应商的，或者受基础设施、行政许可、知识产权等限制，供应商数量在3家以下且不宜淘汰供应商的。

(2)《政府采购框架协议采购方式管理暂行办法》第三条第一款第三项规定的情形，能够确定统一付费标准，因地域等服务便利性要求，需要接纳所有愿意接受协议条件的供应商加入框架协议，以供服务对象自主选择的。

集中采购机构或者主管预算单位应当确定框架协议采购需求。框架协议采购需求在框架协议有效期内不得变动。确定框架协议采购需求应当开展需求调查，听取采购人、供应商和专家等意见。面向采购人和供应商开展需求调查时，应当选择具有代表性的调查对象，调查对象一般各不少于3个。

(二) 最高限制单价

集中采购机构或者主管预算单位应当在征集公告和征集文件中确定框架协议采购的最高限制单价。征集文件中可以明确量价关系折扣，即达到一定采购数量，价格应当按照征集文件中明确的折扣降低。在开放式框架协议中，付费标准即为最高限制单价。

最高限制单价是供应商第一阶段响应报价的最高限价。入围供应商第一阶段响应报价（有量价关系折扣的，包括量价关系折扣，以下统称协议价格）是采购人或者服务对象确定第二阶段成交供应商的最高限价。

确定最高限制单价时，有政府定价的，执行政府定价；没有政府定价的，应当通过需求调查，并根据需求标准科学确定，属于《政府采购框架协议采购方式管理暂行办法》第十条第二款第一项规定情形的采购项目，需要订立开放式框架协议的，与供应商协商确定。

货物项目单价按照台（套）等计量单位确定，其中包含售后服务等相关服务费用。服务项目单价按照单位采购标的价格或者人工单价等确定。服务项目所涉及的货物的费用，能够折算入服务项目单价的应当折入，需要按实结算的应当明确结算规则。

（三）框架协议的内容

框架协议应当包括以下内容：①集中采购机构或者主管预算单位以及入围供应商的名称、地址和联系方式；②采购项目名称、编号；③采购需求以及最高限制单价；④封闭式框架协议第一阶段的入围产品详细技术规格或者服务内容、服务标准，协议价格；⑤入围产品升级换代规则；⑥确定第二阶段成交供应商的方式；⑦适用框架协议的采购人或者服务对象范围，以及履行合同的地域范围；⑧资金支付方式、时间和条件；⑨采购合同文本，包括根据需要约定适用的简式合同或者具有合同性质的凭单、订单；⑩框架协议期限；⑪入围供应商清退和补充规则；⑫协议方的权利和义务；⑬需要约定的其他事项。

（四）框架协议的期限

集中采购机构或者主管预算单位应当根据工作需要和采购标的市场供应及价格变化情况，科学合理确定框架协议期限。货物项目框架协议有效期一般不超过1年，服务项目框架协议有效期一般不超过2年。

（五）框架协议的解除

入围供应商有下列情形之一，尚未签订框架协议的，取消其入围资格；已经签订框架协议的，解除与其签订的框架协议：

（1）恶意串通谋取入围或者合同成交的。
（2）提供虚假材料谋取入围或者合同成交的。
（3）无正当理由拒不接受合同授予的。
（4）不履行合同义务或者履行合同义务不符合约定，经采购人请求履行后仍不履行或者仍未按约定履行的。
（5）框架协议有效期内，因违法行为被禁止或限制参加政府采购活动的。
（6）框架协议约定的其他情形。

被取消入围资格或者被解除框架协议的供应商不得参加同一封闭式框架协议补充征集，或者重新申请加入同一开放式框架协议。

封闭式框架协议入围供应商无正当理由，不得主动放弃入围资格或者退出框架协议。

开放式框架协议入围供应商可以随时申请退出框架协议。集中采购机构或者主管预算单位应当在收到退出申请2个工作日内，发布入围供应商退出公告。

二、封闭式框架协议采购

（一）封闭式框架协议的订立

（1）征集人应当发布征集公告，编制征集文件。供应商应当按照征集文件要求编制响应文件，对响应文件的真实性和合法性承担法律责任。

供应商响应的货物和服务的技术、商务等条件不得低于采购需求，货物原则上应当是市场上已有销售的规格型号，不得是专供政府采购的产品。对货物项目每个采购包只能用一个产品进行响应，征集文件有要求的，应当同时对产品的选配件、耗材进行报价。服务项目包含货物的，响应文件中应当列明货物清单及质量标准。

（2）确定第一阶段入围供应商的评审方法包括价格优先法和质量优先法。

价格优先法是指对满足采购需求且响应报价不超过最高限制单价的货物、服务，按照响应报价从低到高排序，根据征集文件规定的淘汰率或者入围供应商数量上限，确定入围供应商的评审方法。

质量优先法是指对满足采购需求且响应报价不超过最高限制单价的货物、服务进行质量综合评分，按照质量评分从高到低排序，根据征集文件规定的淘汰率或者入围供应商数量上限，确定入围供应商的评审方法。货物项目质量因素包括采购标的的技术水平、产品配置、售后服务等，服务项目质量因素包括服务内容、服务水平、供应商的履约能力、服务经验等。质量因素中的可量化指标应当划分等次，作为评分项；质量因素中的其他指标可以作为实质性要求，不得作为评分项。

有政府定价、政府指导价的项目，以及对质量有特别要求的检测、实验等仪器设备，可以采用质量优先法，其他项目应当采用价格优先法。

（3）对耗材使用量大的复印、打印、实验、医疗等仪器设备进行框架协议采购的，应当要求供应商同时对3年以上约定期限内的专用耗材进行报价。评审时应当考虑约定期限的专用耗材使用成本，修正仪器设备的响应报价或者质量评分。

征集人应当在征集文件、框架协议和采购合同中规定，入围供应商在约定期限内，应当以不高于其报价的价格向适用框架协议的采购人供应专用耗材。

（4）确定第一阶段入围供应商时，提交响应文件和符合资格条件、实质性要求的供应商应当均不少于2家，淘汰比例一般不得低于20%，且至少淘汰1家供应商。

采用质量优先法的检测、实验等仪器设备采购，淘汰比例不得低于40%，且至少淘汰1家供应商。

（5）集中采购机构或者主管预算单位应当在入围通知书发出之日起30日内和入围供应商签订框架协议，并在框架协议签订后7个工作日内，将框架协议副本报本级财政部门备案。

框架协议不得对征集文件确定的事项以及入围供应商的响应文件作实质性修改。

（6）征集人应当在框架协议签订后3个工作日内通过电子化采购系统将入围信息告知适用框架协议的所有采购人或者服务对象。

入围信息应当包括所有入围供应商的名称、地址、联系方式、入围产品信息和协议价格等内容。入围产品信息应当详细列明技术规格或者服务内容、服务标准等能反映产品质量特点的内容。

征集人应当确保征集文件和入围信息在整个框架协议有效期内随时可供公众查阅。

（7）除剩余入围供应商不足入围供应商总数70%且影响框架协议执行的情形外，框架协议有效期内，征集人不得补充征集供应商。

征集人补充征集供应商的，补充征集规则应当在框架协议中约定，补充征集的条件、程序、评审方法和淘汰比例应当与初次征集相同。补充征集应当遵守原框架协议的有效期。补充征集期间，原框架协议继续履行。

（二）采购合同的授予

（1）确定第二阶段成交供应商的方式包括直接选定、二次竞价和顺序轮候。

直接选定方式是确定第二阶段成交供应商的主要方式。除征集人根据采购项目特点和提高绩效等要求，在征集文件中载明采用二次竞价或者顺序轮候方式外，确定第二阶段成交供应商应当由采购人或者服务对象依据入围产品价格、质量以及服务便利性、用户评价等因素，从第一阶段入围供应商中直接选定。

二次竞价方式是指以框架协议约定的入围产品、采购合同文本等为依据，以协议价格为最高限价，采购人明确第二阶段竞价需求，从入围供应商中选择所有符合竞价需求的供应商参与二次竞价，确定报价最低的为成交供应商的方式。进行二次竞价应当给予供应商必要的响应时间。二次竞价一般适用于采用价格优先法的采购项目。

顺序轮候方式是指根据征集文件中确定的轮候顺序规则，对所有入围供应商依次授予采购合同的方式。每个入围供应商在一个顺序轮候期内，只有一次获得合同授予的机会。合同授予顺序确定后，应当书面告知所有入围供应商。除清退入围供应商和补充征集外，框架协议有效期内不得调整合同授予顺序。顺序轮候一般适用于服务项目。

(2) 以二次竞价或者顺序轮候方式确定成交供应商的，征集人应当在确定成交供应商后2个工作日内逐笔发布成交结果公告。

成交结果单笔公告可以在省级以上财政部门指定的媒体上发布，也可以在开展框架协议采购的电子化采购系统发布，发布成交结果公告的渠道应当在征集文件或者框架协议中告知供应商。单笔公告应当包括以下主要内容：①采购人的名称、地址和联系方式；②框架协议采购项目名称、编号；③成交供应商名称、地址和成交金额；④成交标的名称、规格型号或者主要服务内容及服务标准、数量、单价；⑤公告期限。

征集人应当在框架协议有效期满后10个工作日内发布成交结果汇总公告。汇总公告应当包括上述第①项、第②项内容和所有成交供应商的名称、地址及其成交合同总数和总金额。

(3) 框架协议采购应当订立固定价格合同。根据实际采购数量和协议价格确定合同总价的，合同中应当列明实际采购数量或者计量方式，包括服务项目用于计算合同价的工日数、服务工作量等详细工作量清单。采购人应当要求供应商提供能证明其按照合同约定数量或者工作量清单履约的相关记录或者凭证，作为验收资料一并存档。

(4) 采购人证明能够以更低价格向非入围供应商采购相同货物，且入围供应商不同意将价格降至非入围供应商以下的，可以将合同授予非入围供应商。采购项目适用上述规定的，征集人应当在征集文件中载明并在框架协议中约定。

采购人将合同授予非入围供应商的，应当在确定成交供应商后1个工作日内，将成交结果抄送征集人，由征集人按照单笔公告要求发布成交结果公告。采购人应当将相关证明材料和采购合同一并存档备查。

三、开放式框架协议采购

订立开放式框架协议的，征集人应当发布征集公告，邀请供应商加入框架协议。

征集公告发布后至框架协议期满前，供应商可以按照征集公告要求，随时提交加入框架协议的申请。征集人应当在收到供应商申请后7个工作日内完成审核，并将审核结果书面通知申请供应商。

征集人应当在审核通过后2个工作日内，发布入围结果公告，公告入围供应商名称、地址、联系方式及付费标准，并动态更新入围供应商信息。

征集人应当确保征集公告和入围结果公告在整个框架协议有效期内随时可供公众查阅。

征集人可以根据采购项目特点，在征集公告中申明是否与供应商另行签订书面框架协议。申明不再签订书面框架协议的，发布入围结果公告，视为签订框架协议。

第二阶段成交供应商由采购人或者服务对象从第一阶段入围供应商中直接选定。

供应商履行合同后，依据框架协议约定的凭单、订单以及结算方式，与采购人进行费用结算。

> **实战演练**
>
> **[2024真题·单选]** 关于框架协议采购的说法，正确的是（　　）。
> A. 开放式框架协议是框架协议的主要形式
> B. 框架协议要求在框架协议有效期内可以变动
> C. 框架协议可以确定1名或多名入围供应商
> D. 封闭式框架协议供应商可以随时退出框架协议
>
> [解析] 选项A错误，框架协议采购包括封闭式框架协议采购和开放式框架协议采购。封闭式框架协议采购是框架协议采购的主要形式。选项B错误，框架协议采购需求在框架协议有效期内不得变动。选项D错误，封闭式框架协议入围供应商无正当理由，不得主动放弃入围资格或者退出框架协议。开放式框架协议入围供应商可以随时申请退出框架协议。
>
> [答案] C

第五章

建设工程合同法律制度

■ 本章导学

本章主要介绍合同的基本规定、建设工程施工合同的规定和相关合同制度。本章内容以最新考试大纲为基础，根据《民法典》《最高人民法院关于审理建设工程施工合同纠纷案件适用法律问题的解释（一）》等相关法律、法规编写。

本章内容在历年考试中所占分值较大，尤其是合同的订立，合同的履行，违约责任，建设工程工期、质量和价款，施工合同的权利义务终止，买卖合同，租赁合同，承揽合同等内容，每年都对其进行了考查。考生学习时，可以结合图表理解记忆相关内容。

第一节　合同的基本规定

《民法典》规定，合同是民事主体之间设立、变更、终止民事法律关系的协议。依法成立的合同，受法律保护。依法成立的合同，仅对当事人具有法律约束力，但是法律另有规定的除外。

《建设工程施工合同（示范文本）》（GF—2017—0201）进一步明确，合同是指根据法律规定和合同当事人约定具有约束力的文件，构成合同的文件包括合同协议书、中标通知书（如果有）、投标函及其附录（如果有）、专用合同条款及其附件、通用合同条款、技术标准和要求、图纸、已标价工程量清单或预算书以及其他合同文件。

以合同为主线的全过程体系梳理如图 5-1-1 所示。

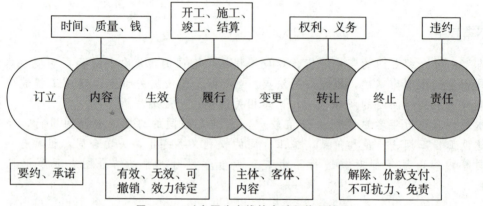

图 5-1-1　以合同为主线的全过程体系梳理

知识点 1　合同的订立

一、合同的类型

依据不同的标准，合同可以分为多种类型。合同的主要类型见表 5-1-1。

表 5-1-1　合同的主要类型

划分标准		合同类型	举例
是否互相负有给付义务	是	双务合同	买卖合同、租赁合同、承揽合同、建设工程合同、运输合同
	否	单务合同	赠与合同、无息借款合同、无偿保管合同
是否需要实际交付标的物	是	实践合同	保管合同、定金合同
	否	诺成合同	买卖合同、租赁合同、保证合同、建设工程合同、劳动合同、运输合同
形式是否有特定要求	是	要式合同	融资租赁合同、建设工程合同
	否	不要式合同	买卖合同、自然人之间的借款合同

续表

划分标准		合同类型	举例
是否向对方偿付一定代价	是	有偿合同	买卖合同、租赁合同、承揽合同、运输合同、建设工程合同
	否	无偿合同	赠与合同
是否以他种合同的存在为前提	是	主合同	债权合同
	否	从合同	保证合同

二、合同的形式

《民法典》规定，当事人订立合同，可以采用书面形式、口头形式或者其他形式。

书面形式是合同书、信件、电报、电传、传真等可以有形地表现所载内容的形式。以电子数据交换、电子邮件等方式能够有形地表现所载内容，并可以随时调取查用的数据电文，视为书面形式。

其他形式是指根据当事人的行为或者特定情形推定成立的合同，也称为默示合同。

建设工程合同应当采用书面形式。

三、合同的内容

《民法典》规定，合同的内容由当事人约定，一般包括下列条款：
(1) 当事人的姓名或者名称和住所。
(2) 标的。
(3) 数量。
(4) 质量。
(5) 价款或者报酬。
(6) 履行期限、地点和方式。
(7) 违约责任。
(8) 解决争议的方法。

当事人可以参照各类合同的示范文本订立合同。

四、合同订立的程序

(一) 要约

《民法典》规定，要约是希望与他人订立合同的意思表示。

要约邀请是希望他人向自己发出要约的表示。拍卖公告、招标公告、招股说明书、债券募集办法、基金招募说明书、商业广告和宣传、寄送的价目表等为要约邀请。商业广告和宣传的内容符合要约条件的，构成要约。

要约的相关规定见表 5-1-2。

表 5-1-2　要约的相关规定

要约构成	(1) 内容具体确定； (2) 表明经受要约人承诺，要约人即受该意思表示约束
生效时间	以对话方式作出的意思表示，相对人知道其内容时生效；以非对话方式作出的意思表示，到达相对人时生效

续表

要约撤回	要约可以撤回，但撤回要约的通知应当在意思表示到达相对人前或者与意思表示同时到达相对人
要约撤销	要约可以撤销，但是有下列情形之一的除外： (1) 要约人以确定承诺期限或者其他形式明示要约不可撤销； (2) 受要约人有理由认为要约是不可撤销的，并已经为履行合同做了合理准备工作 撤销要约的意思表示以对话方式作出的，该意思表示的内容应当在受要约人作出承诺之前为受要约人所知道；撤销要约的意思表示以非对话方式作出的，应当在受要约人作出承诺之前到达受要约人
要约失效	有下列情形之一的，要约失效： (1) 要约被拒绝； (2) 要约被依法撤销； (3) 承诺期限届满，受要约人未作出承诺； (4) 受要约人对要约的内容作出实质性变更

(二) 承诺

《民法典》规定，承诺是受要约人同意要约的意思表示。承诺的相关规定见表 5-1-3。

表 5-1-3　承诺的相关规定

承诺方式	承诺应当以通知的方式作出；但是，根据交易习惯或者要约表明可以通过行为作出承诺的除外
承诺期限	承诺应当在要约确定的期限内到达要约人。要约没有确定承诺期限的，承诺应当依照下列规定到达： (1) 要约以对话方式作出的，应当即时作出承诺； (2) 要约以非对话方式作出的，承诺应当在合理期限内到达
生效时间	(1) 要约以信件或者电报作出的，承诺期限自信件载明的日期或者电报交发之日开始计算（信件未载明日期的，自投寄该信件的邮戳日期开始计算）； (2) 要约以电话、传真、电子邮件等快速通讯方式作出的，承诺期限自要约到达受要约人时开始计算； (3) 以通知方式作出的承诺，到达相对人时生效；承诺不需要通知的，根据交易习惯或者要约的要求作出承诺的行为时生效
承诺到达	(1) 受要约人超过承诺期限发出承诺，或者在承诺期限内发出承诺，按照通常情形不能及时到达要约人的，为新要约，但是要约人及时通知受要约人该承诺有效的除外； (2) 受要约人在承诺期限内发出承诺，按照通常情形能够及时到达要约人，但是因其他原因致使承诺到达要约人时超过承诺期限的，除要约人及时通知受要约人因承诺超过期限不接受该承诺外，该承诺有效
承诺内容	(1) 承诺的内容应当与要约的内容一致； (2) 受要约人对要约的内容作出实质性变更的，为新要约；有关合同标的、数量、质量、价款或者报酬、履行期限、履行地点和方式、违约责任和解决争议方法等的变更，是对要约内容的实质性变更

续表

承诺变更	承诺对要约的内容作出非实质性变更的，除要约人及时表示反对或者要约表明承诺不得对要约的内容作出任何变更外，该承诺有效，合同的内容以承诺的内容为准
承诺撤回	承诺可以撤回，但承诺撤回的通知应当在意思表示到达相对人前或者与意思表示同时到达相对人

（三）合同的成立

《民法典》规定，承诺生效时合同成立，但是法律另有规定或者当事人另有约定的除外。

当事人采用合同书形式订立合同的，自当事人均签名、盖章或者按指印时合同成立。在签名、盖章或者按指印之前，当事人一方已经履行主要义务，对方接受时，该合同成立。

法律、行政法规规定或者当事人约定合同应当采用书面形式订立，当事人未采用书面形式但是一方已经履行主要义务，对方接受时，该合同成立。

当事人采用信件、数据电文等形式订立合同要求签订确认书的，签订确认书时合同成立。当事人一方通过互联网等信息网络发布的商品或者服务信息符合要约条件的，对方选择该商品或者服务并提交订单成功时合同成立，但是当事人另有约定的除外。

承诺生效的地点为合同成立的地点。采用数据电文形式订立合同的，收件人的主营业地为合同成立的地点；没有主营业地的，其住所地为合同成立的地点。当事人另有约定的，按照其约定。

当事人采用合同书形式订立合同的，最后签名、盖章或者按指印的地点为合同成立的地点，但是当事人另有约定的除外。

国家根据抢险救灾、疫情防控或者其他需要下达国家订货任务、指令性任务的，有关民事主体之间应当依照有关法律、行政法规规定的权利和义务订立合同。

依照法律、行政法规的规定负有发出要约义务的当事人，应当及时发出合理的要约。依照法律、行政法规的规定负有作出承诺义务的当事人，不得拒绝对方合理的订立合同要求。

根据《最高人民法院关于适用〈中华人民共和国民法典〉合同编通则若干问题的解释》，当事人对合同是否成立存在争议，人民法院能够确定当事人姓名或者名称、标的和数量的，一般应当认定合同成立。但是，法律另有规定或者当事人另有约定的除外。根据上述规定能够认定合同已经成立的，对合同欠缺的内容，人民法院应当依据《民法典》第五百一十条、第五百一十一条等规定予以确定。

当事人主张合同无效或者请求撤销、解除合同等，人民法院认为合同不成立的，应当依据《最高人民法院关于民事诉讼证据的若干规定》第五十三条的规定将合同是否成立作为焦点问题进行审理，并可以根据案件的具体情况重新指定举证期限。

采取招标方式订立合同，当事人请求确认合同自中标通知书到达中标人时成立的，人民法院应予支持。合同成立后，当事人拒绝签订书面合同的，人民法院应当依据招标文件、投标文件和中标通知书等确定合同内容。

五、其他规定

《民法典》规定，当事人约定在将来一定期限内订立合同的认购书、订购书、预订书等，构成预约合同。当事人一方不履行预约合同约定的订立合同义务的，对方可以请求其承担预约合同的违约责任。

格式条款是当事人为了重复使用而预先拟定，并在订立合同时未与对方协商的条款。采用格式条款订立合同的，提供格式条款的一方应当遵循公平原则确定当事人之间的权利和义务，并采取合理的方式提示对方注意免除或者减轻其责任等与对方有重大利害关系的条款，按照对方的要求，对该条款予以说明。提供格式条款的一方未履行提示或者说明义务，致使对方没有注意或者理解与其有重大利害关系的条款的，对方可以主张该条款不成为合同的内容。

当事人在订立合同过程中有下列情形之一，造成对方损失的，应当承担赔偿责任：
(1) 假借订立合同，恶意进行磋商。
(2) 故意隐瞒与订立合同有关的重要事实或者提供虚假情况。
(3) 有其他违背诚信原则的行为。

当事人在订立合同过程中知悉的商业秘密或者其他应当保密的信息，无论合同是否成立，不得泄露或者不正当地使用；泄露、不正当地使用该商业秘密或者信息，造成对方损失的，应当承担赔偿责任。

实战演练

[2022 真题·单选] 施工企业根据材料供应商寄送的价目表用邮政快递发出建筑材料采购清单，后又发出电子邮件通知取消了该采购清单。如果施工企业后发出的取消通知先于采购清单到达材料供应商处，则该取消通知从法律上称为（ ）。

A. 要约撤销　　　　　　　　　　B. 要约撤回
C. 承诺撤回　　　　　　　　　　D. 承诺撤销

[解析] 要约可以撤回。撤回要约的通知应当在意思表示到达相对人前或者与意思表示同时到达相对人。要约一旦被撤回，即对要约人失去拘束力。

[答案] B

[2021 真题·单选] 3月1日，甲施工企业向乙钢材供应商发出钢材采购单，承诺期限为3月5日前。3月1日，乙收到甲的采购单。3月2日，乙收到甲取消本次采购的函。3月4日，乙发函至甲表示同意履行3月1日的采购单。关于甲、乙双方合同订立的说法，正确的是（ ）。

A. 甲3月2日的行为属于要约邀请
B. 甲、乙之间买卖合同成立
C. 乙3月4日的行为属于新要约
D. 甲的要约已经撤销

[解析] 要约可以撤回。撤回要约的通知应当在意思表示到达相对人前或者与意思表示同时到达相对人。要约一旦被撤回，即对要约人失去拘束力。要约可以撤销，但是有下列情形之一的除外：①要约人以确定承诺期限或者其他形式明示要约不可撤销；②受要约人有理由认为要约是不可撤销的，并已经为履行合同做了合理准备工作。

[答案] B

[2023 真题·多选] 下列关于意思表示生效的说法，正确的有（ ）。

A. 无相对人的意思表示，表示完成时生效
B. 以对话方式作出的意思表示，到达相对人时生效
C. 以非对话方式作出的意思表示，相对人未指定特定系统的，该数据电文进入系统时生效
D. 以非对话方式作出的意思表示，相对人知道其内容时生效
E. 以公告方式作出的意思表示，公告发布时生效

[解析] 选项B错误，以对话方式作出的意思表示（要约），相对人知道其内容时生效。选项C错误，以非对话方式作出的采用数据电文形式的意思表示（要约），相对人指定特定系统接收数据电文的，该数据电文进入该特定系统时生效；未指定特定系统的，相对人知道或者应当知道该数据电文进入其系统时生效。当事人对采用数据电文形式的意思表示（要约）的生效时间另有约定的，按照其约定。选项D错误，以非对话方式作出的意思表示（要约），到达相对人时生效。

[答案] AE

知识点 2 合同的效力

一、有效合同

《民法典》规定，依法成立的合同，自成立时生效，但是法律另有规定或者当事人另有约定的除外。

依照法律、行政法规的规定，合同应当办理批准等手续的，依照其规定。未办理批准等手续影响合同生效的，不影响合同中履行报批等义务条款以及相关条款的效力。应当办理申请批准等手续的当事人未履行义务的，对方可以请求其承担违反该义务的责任。

具备下列条件的民事法律行为有效【有效合同的3个法定条件】：
(1) 行为人具有相应的民事行为能力。
(2) 意思表示真实。
(3) 不违反法律、行政法规的强制性规定，不违背公序良俗。

二、无效合同

无效合同是相对有效合同而言的，是指虽然经当事人协商成立，但因其不具备或违反法定条件，危害社会公共利益，法律不承认其效力的合同。

根据《民法典》，无效合同的相关规定见表5-1-4。

表5-1-4 无效合同的相关规定

类别	具体情形
无效合同的特征	(1) 当事人为无民事行为能力人； (2) 行为人与相对人以虚假的意思表示订立合同； (3) 违反法律、行政法规的强制性规定； (4) 违背公序良俗； (5) 行为人与相对人恶意串通，损害他人合法权益
免责条款无效	(1) 造成对方人身损害的； (2) 因故意或者重大过失造成对方财产损失的

(1) 无效的或者被撤销的民事法律行为自始没有法律约束力。
(2) 民事法律行为部分无效，不影响其他部分效力的，其他部分仍然有效。
(3) 民事法律行为无效、被撤销或者确定不发生效力后，行为人因该行为取得的财产，应当予以返还；不能返还或者没有必要返还的，应当折价补偿。有过错的一方应当赔偿对方由此所受到的损失；各方都有过错的，应当各自承担相应的责任。法律另有规定的，依照其规定。

根据《最高人民法院关于适用〈中华人民共和国民法典〉合同编通则若干问题的解释》，当事人之间就同一交易订立多份合同，人民法院应当认定其中以虚假意思表示订立的合同无效。当事人为规避法律、行政法规的强制性规定，以虚假意思表示隐藏真实意思表示的，人民法院应当依据《民法典》第一百五十三条第一款的规定认定被隐藏合同的效力;当事人为规避法律、行政法规关于合同应当办理批准等手续的规定,以虚假意思表示隐藏真实意思表示的,人民法院应当依据《民法典》第五百零二条第二款的规定认定被隐藏合同的效力。

当事人就同一交易订立的多份合同均系真实意思表示,且不存在其他影响合同效力情形的,人民法院应当在查明各合同成立先后顺序和实际履行情况的基础上,认定合同内容是否发生变更。法律、行政法规禁止变更合同内容的,人民法院应当认定合同的相应变更无效。

合同存在无效或者可撤销的情形,当事人以该合同已在有关行政管理部门办理备案、已经批准机关批准或者已依据该合同办理财产权利的变更登记、移转登记等为由主张合同有效的,人民法院不予支持。

三、效力待定合同

效力待定合同是指已经成立但效力尚未确定,需经特定程序或特定主体的确认或追认后才能生效的合同。【合同已经成立,缺乏生效条件】

关于效力待定合同,《民法典》中的相关规定如下:

(1)限制民事行为能力人实施的纯获利益的民事法律行为或者与其年龄、智力、精神健康状况相适应的民事法律行为有效;实施的其他民事法律行为经法定代理人同意或者追认后有效。

相对人可以催告法定代理人自收到通知之日起 30 日内予以追认。法定代理人未作表示的,视为拒绝追认。民事法律行为被追认前,善意相对人有撤销的权利。撤销应当以通知的方式作出。

(2)行为人没有代理权、超越代理权或者代理权终止后,仍然实施代理行为,未经被代理人追认的,对被代理人不发生效力。

相对人可以催告被代理人自收到通知之日起 30 日内予以追认。被代理人未作表示的,视为拒绝追认。行为人实施的行为被追认前,善意相对人有撤销的权利。撤销应当以通知的方式作出。

(3)无权代理人以被代理人的名义订立合同,被代理人已经开始履行合同义务或者接受相对人履行的,视为对合同的追认。

四、可撤销合同

可撤销合同是指因在订立合同时存在某些法定情形,使得合同内容不符合其真实意思表示,请求人民法院或者仲裁机构行使撤销权,使合同效力消灭的合同。【合同已经生效,撤销后无效】

上述所称法定情形主要包括以下几方面:

(1)基于重大误解实施的民事法律行为,行为人有权请求人民法院或者仲裁机构予以撤销。

(2)一方以欺诈手段,使对方在违背真实意思的情况下实施的民事法律行为,受欺诈方有权请求人民法院或者仲裁机构予以撤销。

(3)第三人实施欺诈行为,使一方在违背真实意思的情况下实施的民事法律行为,对方知道或者应当知道该欺诈行为的,受欺诈方有权请求人民法院或者仲裁机构予以撤销。

(4)一方或者第三人以胁迫手段,使对方在违背真实意思的情况下实施的民事法律行为,受胁迫方有权请求人民法院或者仲裁机构予以撤销。

(5)一方利用对方处于危困状态、缺乏判断能力等情形,致使民事法律行为成立时显失公平的,受损害方有权请求人民法院或者仲裁机构予以撤销。

有下列情形之一的，撤销权消灭：
(1) 当事人自知道或者应当知道撤销事由之日起 1 年内、重大误解的当事人自知道或者应当知道撤销事由之日起 90 日内没有行使撤销权。
(2) 当事人受胁迫，自胁迫行为终止之日起 1 年内没有行使撤销权。
(3) 当事人知道撤销事由后明确表示或者以自己的行为表明放弃撤销权。
当事人自民事法律行为发生之日起 5 年内没有行使撤销权的，撤销权消灭。

● 点拨

"效力待定合同"与"可撤销合同"在撤销程序上不同。
(1) 效力待定合同：已经成立但没有生效，所以善意相对人自主撤销，无须有关部门介入。
(2) 可撤销合同：已经生效，受影响一方请求人民法院或者仲裁机构予以撤销，由人民法院或者仲裁机构决定是否撤销。

实战演练

[2024 真题·单选] 根据《民法典》，下列合同中，属于可撤销合同的是（　　）。
A. 违背公序良俗的合同
B. 行为人与相对人以虚假的意思表示订立的合同
C. 行为人与相对人恶意串通，损害他人合法权益订立的合同
D. 第三人以胁迫手段，使对方在违背真实意思的情况下订立的合同
[解析] 根据《民法典》，可撤销合同的种类包括：①基于重大误解订立的合同，行为人有权请求人民法院或者仲裁机构予以撤销；②一方以欺诈手段，使对方在违背真实意思的情况下订立的合同，受欺诈方有权请求人民法院或者仲裁机构予以撤销；③第三人实施欺诈行为，使一方在违背真实意思的情况下订立的合同，对方知道或者应当知道该欺诈行为的，受欺诈方有权请求人民法院或者仲裁机构予以撤销；④一方或者第三人以胁迫手段，使对方在违背真实意思的情况下订立的合同，受胁迫方有权请求人民法院或者仲裁机构予以撤销（选项 D 正确）；⑤一方利用对方处于危困状态、缺乏判断能力等情形，致使合同成立时显失公平的，受损害方有权请求人民法院或者仲裁机构予以撤销。选项 A、B、C 为无效合同。
[答案] D

知识点 3　合同的履行

合同的履行是指合同当事人按照合同约定的内容和方式，完成其在合同中所承担的义务的行为。根据《民法典》，合同履行的相关规定如下。

一、合同履行的原则

当事人应当按照约定全面履行自己的义务。当事人应当遵循诚信原则，根据合同的性质、目的和交易习惯履行通知、协助、保密等义务。当事人在履行合同过程中，应当避免浪费资源、污染环境和破坏生态。

二、合同内容约定

合同生效后，当事人就质量、价款或者报酬、履行地点等内容没有约定或者约定不明确的，可以协议补充；不能达成补充协议的，按照合同相关条款或者交易习惯确定。
当事人就有关合同内容约定不明确，依据上述规定仍不能确定的，适用下列规定：

（1）质量要求不明确的，按照强制性国家标准履行；没有强制性国家标准的，按照推荐性国家标准履行；没有推荐性国家标准的，按照行业标准履行；没有国家标准、行业标准的，按照通常标准或者符合合同目的的特定标准履行。

（2）价款或者报酬不明确的，按照订立合同时履行地的市场价格履行；依法应当执行政府定价或者政府指导价的，依照规定履行。

（3）履行地点不明确，给付货币的，在接受货币一方所在地履行；交付不动产的，在不动产所在地履行；其他标的，在履行义务一方所在地履行。

（4）履行期限不明确的，债务人可以随时履行，债权人也可以随时请求履行，但是应当给对方必要的准备时间。

（5）履行方式不明确的，按照有利于实现合同目的的方式履行。

（6）履行费用的负担不明确的，由履行义务一方负担；因债权人原因增加的履行费用，由债权人负担。

● **点拨**

合同履行有约定，从约定；没有约定，看法定；没有法定，看交易习惯（有利于实现合同目的/合理方式等）。

执行政府定价或者政府指导价的，在合同约定的交付期限内政府价格调整时，按照交付时的价格计价。逾期交付标的物的，遇价格上涨时，按照原价格执行；价格下降时，按照新价格执行。逾期提取标的物或者逾期付款的，遇价格上涨时，按照新价格执行；价格下降时，按照原价格执行。

以支付金钱为内容的债，除法律另有规定或者当事人另有约定外，债权人可以请求债务人以实际履行地的法定货币履行。

三、第三人履行

当事人约定由债务人向第三人履行债务，债务人未向第三人履行债务或者履行债务不符合约定的，应当向债权人承担违约责任。法律规定或者当事人约定第三人可以直接请求债务人向其履行债务，第三人未在合理期限内明确拒绝，债务人未向第三人履行债务或者履行债务不符合约定的，第三人可以请求债务人承担违约责任；债务人对债权人的抗辩，可以向第三人主张。

当事人约定由第三人向债权人履行债务，第三人不履行债务或者履行债务不符合约定的，债务人应当向债权人承担违约责任。

债务人不履行债务，第三人对履行该债务具有合法利益的，第三人有权向债权人代为履行；但是，根据债务性质、按照当事人约定或者依照法律规定只能由债务人履行的除外。

债权人接受第三人履行后，其对债务人的债权转让给第三人，但是债务人和第三人另有约定的除外。

四、履行抗辩权

当事人互负债务，没有先后履行顺序的，应当同时履行。一方在对方履行之前有权拒绝其履行请求。一方在对方履行债务不符合约定时，有权拒绝其相应的履行请求。

当事人互负债务，有先后履行顺序，应当先履行债务一方未履行的，后履行一方有权拒绝其履行请求。先履行一方履行债务不符合约定的，后履行一方有权拒绝其相应的履行请求。

● **点拨**

同时履行，双方都可以提出抗辩；有先后履行顺序，先履行一方有问题，后履行一方提出抗辩。

应当先履行债务的当事人，有确切证据证明对方有下列情形之一的，可以中止履行：
(1) 经营状况严重恶化。
(2) 转移财产、抽逃资金，以逃避债务。
(3) 丧失商业信誉。
(4) 有丧失或者可能丧失履行债务能力的其他情形。

当事人没有确切证据中止履行的，应当承担违约责任。

当事人依据上述规定中止履行的，应当及时通知对方。对方提供适当担保的，应当恢复履行。中止履行后，对方在合理期限内未恢复履行能力且未提供适当担保的，视为以自己的行为表明不履行主要债务，中止履行的一方可以解除合同并可以请求对方承担违约责任。

五、其他规定

(1) 债权人分立、合并或者变更住所没有通知债务人，致使履行债务发生困难的，债务人可以中止履行或者将标的物提存。

(2) 债权人可以拒绝债务人提前履行债务，但是提前履行不损害债权人利益的除外。债务人提前履行债务给债权人增加的费用，由债务人负担。

(3) 债权人可以拒绝债务人部分履行债务，但是部分履行不损害债权人利益的除外。债务人部分履行债务给债权人增加的费用，由债务人负担。

(4) 合同生效后，当事人不得因姓名、名称的变更或者法定代表人、负责人、承办人的变动而不履行合同义务。

(5) 合同成立后，合同的基础条件发生了当事人在订立合同时无法预见的、不属于商业风险的重大变化，继续履行合同对于当事人一方明显不公平的，受不利影响的当事人可以与对方重新协商；在合理期限内协商不成的，当事人可以请求人民法院或者仲裁机构变更或者解除合同。人民法院或者仲裁机构应当结合案件的实际情况，根据公平原则变更或者解除合同。

知识点 4 违约责任

一、违约责任的承担方式

违约责任是指当事人一方不履行合同义务或者履行合同义务不符合约定的，当事人应承担的法律责任。根据《民法典》，违约责任的承担方式如图 5-1-2 所示。

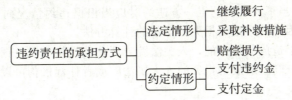

图 5-1-2 违约责任的承担方式

(一) 继续履行

当事人一方明确表示或者以自己的行为表明不履行合同义务的，对方可以在履行期限届满前请求其承担违约责任。

当事人一方未支付价款、报酬、租金、利息，或者不履行其他金钱债务的，对方可以请求其支付。

当事人一方不履行非金钱债务或者履行非金钱债务不符合约定的，对方可以请求履行，但是有下列情形之一的除外：

（1）法律上或者事实上不能履行。
（2）债务的标的不适于强制履行或者履行费用过高。
（3）债权人在合理期限内未请求履行。

有上述规定的除外情形之一，致使不能实现合同目的的，人民法院或者仲裁机构可以根据当事人的请求终止合同权利义务关系，但是不影响违约责任的承担。

（二）采取补救措施

履行不符合约定的，应当按照当事人的约定承担违约责任。对违约责任没有约定或者约定不明确，依据《民法典》第五百一十条的规定仍不能确定的，受损害方根据标的的性质以及损失的大小，可以合理选择请求对方承担修理、重作、更换、退货、减少价款或者报酬等违约责任。

（三）赔偿损失

当事人一方不履行合同义务或者履行合同义务不符合约定的，在履行义务或者采取补救措施后，对方还有其他损失的，应当赔偿损失。

当事人一方不履行合同义务或者履行合同义务不符合约定，造成对方损失的，损失赔偿额应当相当于因违约所造成的损失，包括合同履行后可以获得的利益；但是，不得超过违约一方订立合同时预见到或者应当预见到的因违约可能造成的损失。

> **知识链接**：根据《最高人民法院关于适用〈中华人民共和国民法典〉合同编通则若干问题的解释》，在认定"违约一方订立合同时预见到或者应当预见到的因违约可能造成的损失"时，人民法院应当根据当事人订立合同的目的，综合考虑合同主体、合同内容、交易类型、交易习惯、磋商过程等因素，按照与违约方处于相同或者类似情况的民事主体在订立合同时预见到或者应当预见到的损失予以确定。

除合同履行后可以获得的利益外，非违约方主张还有其向第三人承担违约责任应当支出的额外费用等其他因违约所造成的损失，并请求违约方赔偿，经审理认为该损失系违约一方订立合同时预见到或者应当预见到的，人民法院应予支持。

在确定违约损失赔偿额时，违约方主张扣除非违约方未采取适当措施导致的扩大损失、非违约方也有过错造成的相应损失、非违约方因违约获得的额外利益或者减少的必要支出的，人民法院依法予以支持。

（四）支付违约金或定金

1. 约定违约金

《民法典》规定，当事人可以约定一方违约时应当根据违约情况向对方支付一定数额的违约金，也可以约定因违约产生的损失赔偿额的计算方法。

约定的违约金低于造成的损失的，人民法院或者仲裁机构可以根据当事人的请求予以增加；约定的违约金过分高于造成的损失的，人民法院或者仲裁机构可以根据当事人的请求予以适当减少。

当事人就迟延履行约定违约金的，违约方支付违约金后，还应当履行债务。

2. 约定定金

《民法典》规定，当事人可以约定一方向对方给付定金作为债权的担保。定金合同自实际交付定金时成立。定金的数额由当事人约定；但是，不得超过主合同标的额的20%，超过部分不产生定金的效力。实际交付的定金数额多于或者少于约定数额的，视为变更约定的定金数额。

债务人履行债务的，定金应当抵作价款或者收回。给付定金的一方不履行债务或者履行债务不符合约定，致使不能实现合同目的的，无权请求返还定金；收受定金的一方不履行债务或者履行债务不符合约定，致使不能实现合同目的的，应当双倍返还定金。

关于违约金、定金，《最高人民法院关于适用〈中华人民共和国民法典〉合同编通则若干问题的解释》进一步规定如下：

第六十四条　当事人一方通过反诉或者抗辩的方式，请求调整违约金的，人民法院依法予以支持。

违约方主张约定的违约金过分高于违约造成的损失，请求予以适当减少的，应当承担举证责任。非违约方主张约定的违约金合理的，也应当提供相应的证据。

当事人仅以合同约定不得对违约金进行调整为由主张不予调整违约金的，人民法院不予支持。

第六十五条　当事人主张约定的违约金过分高于违约造成的损失，请求予以适当减少的，人民法院应当以《民法典》第五百八十四条规定的损失为基础，兼顾合同主体、交易类型、合同的履行情况、当事人的过错程度、履约背景等因素，遵循公平原则和诚信原则进行衡量，并作出裁判。

约定的违约金超过造成损失的30%的，人民法院一般可以认定为过分高于造成的损失。

恶意违约的当事人一方请求减少违约金的，人民法院一般不予支持。

第六十七条　当事人交付留置金、担保金、保证金、订约金、押金或者订金等，但是没有约定定金性质，一方主张适用《民法典》第五百八十七条规定的定金罚则的，人民法院不予支持。当事人约定了定金性质，但是未约定定金类型或者约定不明，一方主张为违约定金的，人民法院应予支持。

当事人约定以交付定金作为订立合同的担保，一方拒绝订立合同或者在磋商订立合同时违背诚信原则导致未能订立合同，对方主张适用《民法典》第五百八十七条规定的定金罚则的，人民法院应予支持。

当事人约定以交付定金作为合同成立或者生效条件，应当交付定金的一方未交付定金，但是合同主要义务已经履行完毕并为对方所接受的，人民法院应当认定合同在对方接受履行时已经成立或者生效。

当事人约定定金性质为解约定金，交付定金的一方主张以丧失定金为代价解除合同的，或者收受定金的一方主张以双倍返还定金为代价解除合同的，人民法院应予支持。

3. 约定违约金和定金

当事人既约定违约金，又约定定金的，一方违约时，对方可以选择适用违约金或者定金条款。

（1）收定金方违约，给付定金方可主张【取最大值】：

守约方选择适用违约金条款→违约金＋定金。

守约方选择适用定金条款→2倍定金。

（2）给付定金方违约，收定金方可主张【取最大值】：

守约方选择适用违约金条款→退回定金，要求支付违约金。

守约方选择适用定金条款→没收定金。

定金不足以弥补一方违约造成的损失的，对方可以请求赔偿超过定金数额的损失。

二、免除责任的规定

（1）当事人一方因不可抗力不能履行合同的，根据不可抗力的影响，部分或者全部免除责任，但是法律另有规定的除外。因不可抗力不能履行合同的，应当及时通知对方，以减轻可能给对方造成的损失，并应当在合理期限内提供证明。

当事人迟延履行后发生不可抗力的,不免除其违约责任。

(2) 当事人一方违约后,对方应当采取适当措施防止损失的扩大;没有采取适当措施致使损失扩大的,不得就扩大的损失请求赔偿。

当事人因防止损失扩大而支出的合理费用,由违约方负担。

(3) 当事人都违反合同的,应当各自承担相应的责任。

当事人一方违约造成对方损失,对方对损失的发生有过错的,可以减少相应的损失赔偿额。

(4) 当事人一方因第三人的原因造成违约的,应当依法向对方承担违约责任。当事人一方和第三人之间的纠纷,依照法律规定或者按照约定处理。

➤ **知识链接:** 根据《最高人民法院关于适用〈中华人民共和国民法典〉合同编通则若干问题的解释》,双方当事人均具有致使不能实现合同目的的违约行为,其中一方请求适用定金罚则的,人民法院不予支持。当事人一方仅有轻微违约,对方具有致使不能实现合同目的的违约行为,轻微违约方主张适用定金罚则,对方以轻微违约方也构成违约为由抗辩的,人民法院对该抗辩不予支持。

当事人一方已经部分履行合同,对方接受并主张按照未履行部分所占比例适用定金罚则的,人民法院应予支持。对方主张按照合同整体适用定金罚则的,人民法院不予支持,但是部分未履行致使不能实现合同目的的除外。

因不可抗力致使合同不能履行,非违约方主张适用定金罚则的,人民法院不予支持。

实战演练

[2024 真题·单选] 甲施工企业向乙水泥厂采购水泥,合同约定总价款为 300 万元,甲按约定向乙支付了定金 70 万元,后因乙供应的水泥不符合强制性国家标准导致该合同解除,则甲可以要求乙返还的最高金额为( )万元。

A. 140
B. 130
C. 120
D. 70

[解析] 定金的数额由当事人约定;但是,不得超过主合同标的额的 20%,超过部分不产生定金的效力。给付定金的一方不履行债务或者履行债务不符合约定,致使不能实现合同目的的,无权请求返还定金;收受定金的一方不履行债务或者履行债务不符合约定,致使不能实现合同目的的,应当双倍返还定金。本题中,定金为 300×20%=60(万元),实际交付 70 万元(其中 60 万元产生定金的效力,10 万元看作普通预付款),因此,甲可以要求乙返还的最高金额为:60×2+10=130(万元)。

[答案] B

[2021 真题·单选] 根据《民法典》的规定,关于定金的说法,正确的是( )。

A. 定金合同自订立之日起生效
B. 当事人既约定违约金,又约定定金的,非违约方只能选择适用定金条款
C. 实际交付的定金数额多于或者少于约定数额的,视为未约定定金
D. 约定的定金数额超过主合同标的额 20% 的,超过部分不产生定金的效力

[解析] 选项 A 错误,定金合同自实际交付定金时成立。选项 B 错误,当事人既约定违约金,又约定定金的,一方违约时,对方可以选择适用违约金或者定金条款。选项 C 错误,实际交付的定金数额多于或者少于约定数额的,视为变更约定的定金数额。选项 D 正确,定金的数额由当事人约定;但是,不得超过主合同标的额的 20%,超过部分不产生定金的效力。

[答案] D

第二节　建设工程施工合同的规定

《民法典》规定，建设工程合同是承包人进行工程建设，发包人支付价款的合同。建设工程合同包括工程勘察、设计、施工合同。施工合同的内容一般包括工程范围、建设工期、中间交工工程的开工和竣工时间、工程质量、工程造价、技术资料交付时间、材料和设备供应责任、拨款和结算、竣工验收、质量保修范围和质量保证期、相互协作等条款。

知识点 1　施工合同的效力

一、施工合同无效的情形

（一）一般情形

建设工程施工合同具有下列情形之一的，应当依据《民法典》第一百五十三条第一款的规定，认定无效：

（1）承包人未取得建筑业企业资质或者超越资质等级的。
（2）没有资质的实际施工人借用有资质的建筑施工企业名义的。
（3）建设工程必须进行招标而未招标或者中标无效的。

承包人因转包、违法分包建设工程与他人签订的建设工程施工合同，应当依据《民法典》第一百五十三条第一款及第七百九十一条第二款、第三款的规定，认定无效。

（二）特殊情形

（1）招标人和中标人在中标合同之外就明显高于市场价格购买承建房产、无偿建设住房配套设施、让利、向建设单位捐赠财物等另行签订合同，变相降低工程价款，一方当事人以该合同背离中标合同实质性内容为由请求确认无效的，人民法院应予支持。

（2）当事人以发包人未取得建设工程规划许可证等规划审批手续为由，请求确认建设工程施工合同无效的，人民法院应予支持，但发包人在起诉前取得建设工程规划许可证等规划审批手续的除外。发包人能够办理审批手续而未办理，并以未办理审批手续为由请求确认建设工程施工合同无效的，人民法院不予支持。

（3）承包人超越资质等级许可的业务范围签订建设工程施工合同，在建设工程竣工前取得相应资质等级，当事人请求按照无效合同处理的，人民法院不予支持。

（4）具有劳务作业法定资质的承包人与总承包人、分包人签订的劳务分包合同，当事人请求确认无效的，人民法院依法不予支持。

二、施工合同无效后的工程款结算

建设工程施工合同无效，但是建设工程经验收合格的，可以参照合同关于工程价款的约定折价补偿承包人。

建设工程施工合同无效，且建设工程经验收不合格的，按照以下情形处理：

（1）修复后的建设工程经验收合格的，发包人可以请求承包人承担修复费用。
（2）修复后的建设工程经验收不合格的，承包人无权请求参照合同关于工程价款的约定折价补偿。

发包人对因建设工程不合格造成的损失有过错的，应当承担相应的责任。

● 点拨

建设工程施工合同无效，一方当事人请求对方赔偿损失的，应当就对方过错、损失大小、过错与损失之间的因果关系承担举证责任。损失大小无法确定，一方当事人请求参照合同约定的质量标准、建设工期、工程价款支付时间等内容确定损失大小的，人民法院可以结合双方过错程度、过错与损失之间的因果关系等因素作出裁判。

三、施工合同解除

承包人将建设工程转包、违法分包的，发包人可以解除合同。

发包人提供的主要建筑材料、建筑构配件和设备不符合强制性标准或者不履行协助义务，致使承包人无法施工，经催告后在合理期限内仍未履行相应义务的，承包人可以解除合同。

合同解除后，已经完成的建设工程质量合格的，发包人应当按照约定支付相应的工程价款；已经完成的建设工程质量不合格的，参照上述"二、施工合同无效后的工程款结算"的规定处理。

实战演练

[2021真题·单选] 关于施工合同解除的说法，正确的是（　　）。
A. 合同约定的期限内承包人没有完工，发包人可以解除合同
B. 发包人未按约定支付工程价款，承包人可以解除合同
C. 承包人将承包的工程转包，发包人可以解除合同
D. 承包人已经完工的建设工程质量不合格，发包人可以解除合同

[解析]《民法典》规定，承包人将建设工程转包、违法分包的，发包人可以解除合同。《民法典》同时规定，发包人提供的主要建筑材料、建筑构配件和设备不符合强制性标准或者不履行协助义务，致使承包人无法施工，经催告后在合理期限内仍未履行相应义务的，承包人可以解除合同。

[答案] C

[2022真题·多选] 下列情形中，导致施工合同无效的有（　　）。
A. 未取得相应施工企业资质的承包人订立的
B. 承包人对工程内容有重大误解订立的
C. 承包人胁迫发包人订立的
D. 要求施工企业垫资施工的
E. 施工项目必须进行招标而未招标订立的

[解析] 建设工程施工合同具有下列情形之一的，应当依据《民法典》第一百五十三条第一款的规定，认定无效：①承包人未取得建筑业企业资质或者超越资质等级的；②没有资质的实际施工人借用有资质的建筑施工企业名义的；③建设工程必须进行招标而未招标或者中标无效的。承包人因转包、违法分包建设工程与他人签订的建设工程施工合同，应当依据《民法典》第一百五十三条第一款及第七百九十一条第二款、第三款的规定，认定无效。

[答案] AE

知识点 2　建设工程工期、质量和价款

一、建设工程工期

（一）开工、竣工日期

开工日期包括计划开工日期和实际开工日期。计划开工日期是指合同协议书约定的开工

日期；实际开工日期是指监理人按照规定发出的符合法律规定的开工通知中载明的开工日期。

竣工日期包括计划竣工日期和实际竣工日期。计划竣工日期是指合同协议书约定的竣工日期；实际竣工日期按照合同约定确定。

根据《最高人民法院关于审理建设工程施工合同纠纷案件适用法律问题的解释（一）》，当事人对建设工程开工日期有争议的，人民法院应当分别按照以下情形予以认定：

（1）开工日期为发包人或者监理人发出的开工通知载明的开工日期；开工通知发出后，尚不具备开工条件的，以开工条件具备的时间为开工日期；承包人原因导致开工时间推迟的，以开工通知载明的时间为开工日期。

（2）承包人经发包人同意已经实际进场施工的，以实际进场施工时间为开工日期。

（3）发包人或者监理人未发出开工通知，亦无相关证据证明实际开工日期的，应当综合考虑开工报告、合同、施工许可证、竣工验收报告或者竣工验收备案表等载明的时间，并结合是否具备开工条件的事实，认定开工日期。

当事人对建设工程实际竣工日期有争议的，人民法院应当分别按照以下情形予以认定：

（1）建设工程经竣工验收合格的，以竣工验收合格之日为竣工日期。

（2）承包人已经提交竣工验收报告，发包人拖延验收的，以承包人提交验收报告之日为竣工日期。

（3）建设工程未经竣工验收，发包人擅自使用的，以转移占有建设工程之日为竣工日期。

（二）工期延误

因发包人原因未按计划开工日期开工的，发包人应按实际开工日期顺延竣工日期，确保实际工期不低于合同约定的工期总日历天数。发包人原因导致工期延误需要修订施工进度计划的，按照施工进度计划的修订执行。

承包人原因造成工期延误的，可以在专用合同条款中约定逾期竣工违约金的计算方法和逾期竣工违约金的上限。承包人支付逾期竣工违约金后，不免除承包人继续完成工程及修补缺陷的义务。

《最高人民法院关于审理建设工程施工合同纠纷案件适用法律问题的解释（一）》规定，当事人约定顺延工期应当经发包人或者监理人签证等方式确认，承包人虽未取得工期顺延的确认，但能够证明在合同约定的期限内向发包人或者监理人申请过工期顺延且顺延事由符合合同约定，承包人以此为由主张工期顺延的，人民法院应予支持。

当事人约定承包人未在约定期限内提出工期顺延申请视为工期不顺延的，按照约定处理，但发包人在约定期限后同意工期顺延或者承包人提出合理抗辩的除外。

建设工程竣工前，当事人对工程质量发生争议，工程质量经鉴定合格的，鉴定期间为顺延工期期间。

▶ **知识链接**：《民法典》规定，发包人在不妨碍承包人正常作业的情况下，可以随时对作业进度、质量进行检查。隐蔽工程在隐蔽以前，承包人应当通知发包人检查。发包人没有及时检查的，承包人可以顺延工程日期，并有权请求赔偿停工、窝工等损失。

● **总结**

建设工程开工与竣工日期概括总结如图 5-2-1 所示。

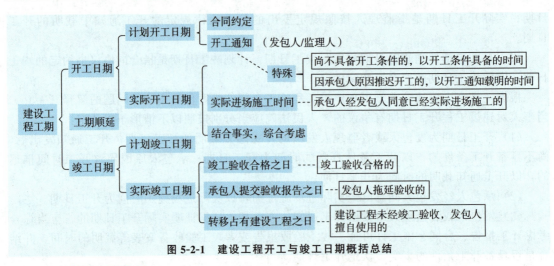

图 5-2-1　建设工程开工与竣工日期概括总结

二、建设工程质量

根据《民法典》，建设工程质量责任的承担见表 5-2-1。

表 5-2-1　建设工程质量责任的承担

责任方及原因	责任承担
施工人的原因致使建设工程质量不符合约定的	（1）发包人有权请求施工人在合理期限内无偿修理或者返工、改建； （2）经过修理或者返工、改建后，造成逾期交付的，施工人应当承担违约责任
承包人的原因致使建设工程在合理使用期限内造成人身损害和财产损失的	承包人应当承担赔偿责任
发包人未按照约定的时间和要求提供原材料、设备、场地、资金、技术资料的	承包人可以顺延工程日期，并有权请求赔偿停工、窝工等损失
发包人的原因致使工程中途停建、缓建的	发包人应当采取措施弥补或者减少损失，赔偿承包人因此造成的停工、窝工、倒运、机械设备调迁、材料和构件积压等损失和实际费用
发包人变更计划，提供的资料不准确，或者未按照期限提供必需的勘察、设计工作条件造成勘察、设计的返工、停工或者修改设计	发包人应当按照勘察人、设计人实际消耗的工作量增付费用

关于建设工程质量争议的处理，《最高人民法院关于审理建设工程施工合同纠纷案件适用法律问题的解释（一）》规定如下：

（1）承包人的原因造成建设工程质量不符合约定，承包人拒绝修理、返工或者改建，发包人请求减少支付工程价款的，人民法院应予支持。

（2）发包人具有下列情形之一，造成建设工程质量缺陷，应当承担过错责任：
①提供的设计有缺陷。
②提供或者指定购买的建筑材料、建筑构配件、设备不符合强制性标准。

③直接指定分包人分包专业工程。

承包人有过错的，也应当承担相应的过错责任。

（3）建设工程未经竣工验收，发包人擅自使用后，又以使用部分质量不符合约定为由主张权利的，人民法院不予支持；但是承包人应当在建设工程的合理使用寿命内对地基基础工程和主体结构质量承担民事责任。

（4）保修人未及时履行保修义务，导致建筑物毁损或者造成人身损害、财产损失的，保修人应当承担赔偿责任。保修人与建筑物所有人或者发包人对建筑物毁损均有过错的，各自承担相应的责任。

三、建设工程价款

（一）一般规定

《民法典》规定，建设工程竣工后，发包人应当根据施工图纸及说明书、国家颁发的施工验收规范和质量检验标准及时进行验收。验收合格的，发包人应当按照约定支付价款，并接收该建设工程。

《最高人民法院关于审理建设工程施工合同纠纷案件适用法律问题的解释（一）》规定，招标人和中标人另行签订的建设工程施工合同约定的工程范围、建设工期、工程质量、工程价款等实质性内容，与中标合同不一致，一方当事人请求按照中标合同确定权利义务的，人民法院应予支持。

（二）工程价款结算争议解决的规定

当事人对建设工程的计价标准或者计价方法有约定的，按照约定结算工程价款。设计变更导致建设工程的工程量或者质量标准发生变化，当事人对该部分工程价款不能协商一致的，可以参照签订建设工程施工合同时当地建设行政主管部门发布的计价方法或者计价标准结算工程价款。

当事人对工程量有争议的，按照施工过程中形成的签证等书面文件确认。承包人能够证明发包人同意其施工，但未能提供签证文件证明工程量发生的，可以按照当事人提供的其他证据确认实际发生的工程量。

当事人约定，发包人收到竣工结算文件后，在约定期限内不予答复，视为认可竣工结算文件的，按照约定处理。承包人请求按照竣工结算文件结算工程价款的，人民法院应予支持。

当事人签订的建设工程施工合同与招标文件、投标文件、中标通知书载明的工程范围、建设工期、工程质量、工程价款不一致，一方当事人请求将招标文件、投标文件、中标通知书作为结算工程价款的依据的，人民法院应予支持。

当事人就同一建设工程订立的数份建设工程施工合同均无效，但建设工程质量合格，一方当事人请求参照实际履行的合同关于工程价款的约定折价补偿承包人的，人民法院应予支持。实际履行的合同难以确定，当事人请求参照最后签订的合同关于工程价款的约定折价补偿承包人的，人民法院应予支持。

（三）工程欠款利息的规定

当事人对欠付工程价款利息计付标准有约定的，按照约定处理。没有约定的，按照同期同类贷款利率或者同期贷款市场报价利率计息。

利息从应付工程价款之日开始计付。

当事人对付款时间没有约定或者约定不明的，下列时间视为应付款时间：

（1）建设工程已实际交付的，为交付之日。

（2）建设工程没有交付的，为提交竣工结算文件之日。

(3) 建设工程未交付，工程价款也未结算的，为当事人起诉之日。

● 点拨

起算时间按照"应付工程价款之日计付→交付之日→提交竣工结算文件之日→当事人起诉之日"的顺序递进。

（四）工程垫资的规定

工程垫资的相关规定如图5-2-2所示。

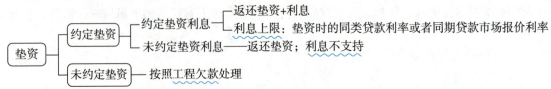

图5-2-2 工程垫资的相关规定

（五）工程价款优先受偿的规定

承包人根据《民法典》第八百零七条规定享有的建设工程价款优先受偿权优于抵押权和其他债权。

装饰装修工程具备折价或者拍卖条件，装饰装修工程的承包人请求工程价款就该装饰装修工程折价或者拍卖的价款优先受偿的，人民法院应予支持。

建设工程质量合格，承包人请求其承建工程的价款就工程折价或者拍卖的价款优先受偿的，人民法院应予支持。

未竣工的建设工程质量合格，承包人请求其承建工程的价款就其承建工程部分折价或者拍卖的价款优先受偿的，人民法院应予支持。

承包人就逾期支付建设工程价款的利息、违约金、损害赔偿金等主张优先受偿的，人民法院不予支持。

承包人应当在合理期限内行使建设工程价款优先受偿权，但最长不得超过18个月，自发包人应当给付建设工程价款之日起算。

发包人与承包人约定放弃或者限制建设工程价款优先受偿权，损害建筑工人利益，发包人根据该约定主张承包人不享有建设工程价款优先受偿权的，人民法院不予支持。

➤ **知识链接**：《民法典》规定，发包人未按照约定支付价款的，承包人可以催告发包人在合理期限内支付价款。发包人逾期不支付的，除根据建设工程的性质不宜折价、拍卖外，承包人可以与发包人协议将该工程折价，也可以请求人民法院将该工程依法拍卖。建设工程的价款就该工程折价或者拍卖的价款优先受偿。

实战演练

[2024真题·单选] 施工企业的原因致使建设工程质量不符合约定的，发包人请求并经施工企业修理后造成逾期交付的，施工企业（　　）。

A. 不承担违约责任，修理费用由施工企业承担
B. 应当承担缔约过失责任
C. 应当承担违约责任
D. 应当承担侵权责任

[解析] 施工人的原因致使建设工程质量不符合约定的，发包人有权请求施工人在合理期限内无偿修理或者返工、改建。经过修理或者返工、改建后，造成逾期交付的，施工人应当承担违约责任。

[答案] C

[2022 真题·单选] 对工程款付款时间没有约定或者约定不明的,视为应付款时间的是( )。

A. 建设工程未交付,工程价款也未结算的,为当事人起诉之日
B. 建设工程未交付,工程价款也未结算的,为提交竣工结算文件之日
C. 建设工程已经实际交付的,为提交竣工结算文件之日
D. 建设工程未交付的,为当事人起诉之日

[解析] 当事人对付款时间没有约定或者约定不明的,下列时间视为应付款时间:①建设工程已实际交付的,为交付之日;②建设工程没有交付的,为提交竣工结算文件之日;③建设工程未交付,工程价款也未结算的,为当事人起诉之日。

[答案] A

[2024 真题·多选] 根据《最高人民法院关于审理建设工程施工合同纠纷案件适用法律问题的解释(一)》,发包人就建设工程质量缺陷承担过错责任的情形有( )。

A. 提供的设计有缺陷
B. 推荐购买的建筑构配件不符合强制性国家标准
C. 提供的建筑材料不符合强制性国家标准
D. 未按照合同约定支付预付款
E. 直接指定分包人分包专业工程

[解析] 发包人具有下列情形之一,造成建设工程质量缺陷,应当承担过错责任:①提供的设计有缺陷;②提供或者指定购买的建筑材料、建筑构配件、设备不符合强制性标准;③直接指定分包人分包专业工程。

[答案] ACE

知识点 3 施工合同的变更和转让

一、变更的规定

《民法典》规定,当事人协商一致,可以变更合同。当事人对合同变更的内容约定不明确的,推定为未变更。

二、转让的规定

债权人可以将债权的全部或者部分转让给第三人,但是有下列情形之一的除外:
(1) 根据债权性质不得转让。
(2) 按照当事人约定不得转让。
(3) 依照法律规定不得转让。

当事人约定非金钱债权不得转让的,不得对抗善意第三人。当事人约定金钱债权不得转让的,不得对抗第三人。

债权人转让债权,未通知债务人的,该转让对债务人不发生效力。债权转让的通知不得撤销,但是经受让人同意的除外。

债权人转让债权的,受让人取得与债权有关的从权利,但是该从权利专属于债权人自身的除外。受让人取得从权利不因该从权利未办理转移登记手续或者未转移占有而受到影响。

债务人将债务的全部或者部分转移给第三人的,应当经债权人同意。债务人或者第三人可以催告债权人在合理期限内予以同意,债权人未作表示的,视为不同意。

第三人与债务人约定加入债务并通知债权人,或者第三人向债权人表示愿意加入债务,债权人未在合理期限内明确拒绝的,债权人可以请求第三人在其愿意承担的债务范围内和债

务人承担连带债务。

债务人转移债务的，新债务人可以主张原债务人对债权人的抗辩；原债务人对债权人享有债权的，新债务人不得向债权人主张抵销。

债务人转移债务的，新债务人应当承担与主债务有关的从债务，但是该从债务专属于原债务人自身的除外。

当事人一方经对方同意，可以将自己在合同中的权利和义务一并转让给第三人。

知识点 4　施工合同的权利义务终止

合同终止是指合同当事人之间基于合同所产生的权利和义务关系因某种法律事实的发生而消灭，合同不再具有约束力。

《民法典》规定，有下列情形之一的，债权债务终止：
(1) 债务已经履行。
(2) 债务相互抵销。
(3) 债务人依法将标的物提存。
(4) 债权人免除债务。
(5) 债权债务同归于一人。
(6) 法律规定或者当事人约定终止的其他情形。

合同解除的，该合同的权利义务关系终止。

一、债务已经履行

当合同中的所有义务都已按约定履行完毕，合同权利义务终止。

二、债务相互抵销

当事人互负债务，该债务的标的物种类、品质相同的，任何一方可以将自己的债务与对方的到期债务抵销；但是，根据债务性质、按照当事人约定或者依照法律规定不得抵销的除外。

当事人主张抵销的，应当通知对方。通知自到达对方时生效。抵销不得附条件或者附期限。

当事人互负债务，标的物种类、品质不相同的，经协商一致，也可以抵销。

三、标的物提存

有下列情形之一，难以履行债务的，债务人可以将标的物提存：
(1) 债权人无正当理由拒绝受领。
(2) 债权人下落不明。
(3) 债权人死亡未确定继承人、遗产管理人，或者丧失民事行为能力未确定监护人。
(4) 法律规定的其他情形。

标的物不适于提存或者提存费用过高的，债务人依法可以拍卖或者变卖标的物，提存所得的价款。

债务人将标的物或者将标的物依法拍卖、变卖所得价款交付提存部门时，提存成立。提存成立的，视为债务人在其提存范围内已经交付标的物。

标的物提存后，债务人应当及时通知债权人或者债权人的继承人、遗产管理人、监护人、财产代管人。

标的物提存后，毁损、灭失的风险由债权人承担。提存期间，标的物的孳息归债权人所有。提存费用由债权人负担。

债权人可以随时领取提存物。但是，债权人对债务人负有到期债务的，在债权人未履行债务或者提供担保之前，提存部门根据债务人的要求应当拒绝其领取提存物。债权人领取提存物的权利，自提存之日起 5 年内不行使而消灭，提存物扣除提存费用后归国家所有。但是，债权人未履行对债务人的到期债务，或者债权人向提存部门书面表示放弃领取提存物权利的，债务人负担提存费用后有权取回提存物。

四、免除债务

债权人免除债务人部分或者全部债务的，债权债务部分或者全部终止，但是债务人在合理期限内拒绝的除外。

五、债权债务同归于一人

债权和债务同归于一人的，债权债务终止，但是损害第三人利益的除外。

六、合同解除

根据《民法典》，合同解除的种类见表 5-2-2。

表 5-2-2 合同解除的种类

种类	内容
约定解除	当事人协商一致或者发生约定解除合同的事由时
法定解除	(1) 因不可抗力致使不能实现合同目的； (2) 在履行期限届满前，当事人一方明确表示或者以自己的行为表明不履行主要债务； (3) 当事人一方迟延履行主要债务，经催告后在合理期限内仍未履行； (4) 当事人一方迟延履行债务或者有其他违约行为致使不能实现合同目的； (5) 法律规定的其他情形； 以持续履行的债务为内容的不定期合同，当事人可以随时解除合同，但是应当在合理期限之前通知对方

法律规定或者当事人约定解除权行使期限，期限届满当事人不行使的，该权利消灭。法律没有规定或者当事人没有约定解除权行使期限，自解除权人知道或者应当知道解除事由之日起 1 年内不行使，或者经对方催告后在合理期限内不行使的，该权利消灭。

当事人一方依法主张解除合同的，应当通知对方。合同自通知到达对方时解除；通知载明债务人在一定期限内不履行债务则合同自动解除，债务人在该期限内未履行债务的，合同自通知载明的期限届满时解除。对方对解除合同有异议的，任何一方当事人均可以请求人民法院或者仲裁机构确认解除行为的效力。当事人一方未通知对方，直接以提起诉讼或者申请仲裁的方式依法主张解除合同，人民法院或者仲裁机构确认该主张的，合同自起诉状副本或者仲裁申请书副本送达对方时解除。

合同解除后，尚未履行的，终止履行；已经履行的，根据履行情况和合同性质，当事人可以请求恢复原状或者采取其他补救措施，并有权请求赔偿损失。合同因违约解除的，解除权人可以请求违约方承担违约责任，但是当事人另有约定的除外。主合同解除后，担保人对债务人应当承担的民事责任仍应当承担担保责任，但是担保合同另有约定的除外。

> **实战演练**

[2024 真题·多选] 下列情形中，导致施工合同权利义务终止的有（　　）。
A. 发包人被处以罚款
B. 施工合同已经履行
C. 施工合同因故解除
D. 承包人通知发包人将部分工程款交付给第三人
E. 施工过程中承包人与发包人合并

[解析]根据《民法典》,引起合同的权利义务终止的情形包括:①债务已经履行(选项B正确)。②债务相互抵销。③债务人依法将标的物提存。④债权人免除债务。⑤债权债务同归于一人。此种情形即混同,是指某种事实的发生,使原本由一方当事人享有的债权和另一方当事人负担的债务,同归于一方当事人,使得该当事人既是债权人又是债务人,此时法律规定债权债务因相同而消灭。但是如果债权债务消灭会损害第三人利益,则不能因混同而消灭(选项E正确)。⑥法律规定或者当事人约定终止的其他情形。如出现了法律规定的终止的情形,在委托合同中,受托人死亡、丧失民事行为能力的,委托合同终止。合同解除也包含于此种情形之中,合同解除包括法定解除与约定解除(选项C正确)。

[答案]BCE

第三节　相关合同制度

知识点 1　买卖合同

《民法典》规定,买卖合同是出卖人转移标的物的所有权于买受人,买受人支付价款的合同。

买卖合同的内容一般包括标的物的名称、数量、质量、价款、履行期限、履行地点和方式、包装方式、检验标准和方法、结算方式、合同使用的文字及其效力等条款。

一、当事人的义务

(一)出卖人的义务

1. 交付标的物或单证

出卖人应当履行向买受人交付标的物或者交付提取标的物的单证,并转移标的物所有权的义务。

出卖人应当按照约定或者交易习惯向买受人交付提取标的物单证以外的有关单证和资料。

2. 按照约定的时间和地点交付标的物

出卖人应当按照约定的时间交付标的物。约定交付期限的,出卖人可以在该交付期限内的任何时间交付。

当事人没有约定标的物的交付期限或者约定不明确的,可以协议补充;不能达成补充协议的,按照合同相关条款或者交易习惯确定。仍不能确定的,履行期限不明确的,债务人可以随时履行,债权人也可以随时请求履行,但是应当给对方必要的准备时间。

出卖人应当按照约定的地点交付标的物。当事人没有约定交付地点或者约定不明确,可以协议补充;不能达成补充协议的,按照合同相关条款或者交易习惯确定。仍不能确定的,适用下列规定:

(1)标的物需要运输的,出卖人应当将标的物交付给第一承运人以运交给买受人。

(2)标的物不需要运输,出卖人和买受人订立合同时知道标的物在某一地点的,出卖人应当在该地点交付标的物;不知道标的物在某一地点的,应当在出卖人订立合同时的营业地交付标的物。

3. 标的物权利保障(权利瑕疵担保)

出卖人就交付的标的物,负有保证第三人对该标的物不享有任何权利的义务,但是法律另有规定的除外。

买受人订立合同时知道或者应当知道第三人对买卖的标的物享有权利的，出卖人不承担上述规定的义务。

买受人有确切证据证明第三人对标的物享有权利的，可以中止支付相应的价款，但是出卖人提供适当担保的除外。

4. 标的物质量保障（质量瑕疵担保）

出卖人应当按照约定的质量要求交付标的物。出卖人提供有关标的物质量说明的，交付的标的物应当符合该说明的质量要求。

当事人对标的物的质量要求没有约定或者约定不明确，可以协议补充；不能达成补充协议的，按照合同相关条款或者交易习惯确定。仍不能确定的，质量要求不明确的，按照强制性国家标准履行；没有强制性国家标准的，按照推荐性国家标准履行；没有推荐性国家标准的，按照行业标准履行；没有国家标准、行业标准的，按照通常标准或者符合合同目的的特定标准履行。

出卖人交付的标的物不符合质量要求的，买受人可以依据《民法典》第五百八十二条至第五百八十四条的规定请求承担违约责任。

● 点拨

当事人约定减轻或者免除出卖人对标的物瑕疵承担的责任，因出卖人故意或者重大过失不告知买受人标的物瑕疵的，出卖人无权主张减轻或者免除责任。

5. 按照约定的包装方式交付标的物

出卖人应当按照约定的包装方式交付标的物。对包装方式没有约定或者约定不明确，可以协议补充；不能达成补充协议的，按照合同相关条款或者交易习惯确定。仍不能确定的，应当按照通用的方式包装；没有通用方式的，应当采取足以保护标的物且有利于节约资源、保护生态环境的包装方式。

（二）买受人的义务

1. 检验与通知

买受人收到标的物时应当在约定的检验期限内检验。没有约定检验期限的，应当及时检验。

当事人约定检验期限的，买受人应当在检验期限内将标的物的数量或者质量不符合约定的情形通知出卖人。买受人怠于通知的，视为标的物的数量或者质量符合约定。

当事人没有约定检验期限的，买受人应当在发现或者应当发现标的物的数量或者质量不符合约定的合理期限内通知出卖人。买受人在合理期限内未通知或者自收到标的物之日起2年内未通知出卖人的，视为标的物的数量或者质量符合约定；但是，对标的物有质量保证期的，适用质量保证期，不适用该2年的规定。

出卖人知道或者应当知道提供的标的物不符合约定的，买受人不受上述规定的通知时间的限制。

当事人约定的检验期限过短，根据标的物的性质和交易习惯，买受人在检验期限内难以完成全面检验的，该期限仅视为买受人对标的物的外观瑕疵提出异议的期限。约定的检验期限或者质量保证期短于法律、行政法规规定期限的，应当以法律、行政法规规定的期限为准。

当事人对检验期限未作约定，买受人签收的送货单、确认单等载明标的物数量、型号、规格的，推定买受人已经对数量和外观瑕疵进行检验，但是有相关证据足以推翻的除外。

出卖人依照买受人的指示向第三人交付标的物，出卖人和买受人约定的检验标准与买受人和第三人约定的检验标准不一致的，以出卖人和买受人约定的检验标准为准。

2. 回收标的物

依照法律、行政法规的规定或者按照当事人的约定，标的物在有效使用年限届满后应予回收的，出卖人负有自行或者委托第三人对标的物予以回收的义务。

3. 支付价款

买受人应当按照约定的数额和支付方式支付价款。对价款的数额和支付方式没有约定或者约定不明确的，可以协议补充；不能达成补充协议的，按照合同相关条款或者交易习惯确定。仍不能确定的，价款或者报酬不明确的，按照订立合同时履行地的市场价格履行；依法应当执行政府定价或者政府指导价的，依照规定履行。履行方式不明确的，按照有利于实现合同目的的方式履行。

● 点拨

支付价款中的递进关系，即有约定，从约定→无约定，协议补充→协议不成，按照合同相关条款或者交易习惯确定→仍不能确定，按照订立合同时履行地的市场价格履行。

买受人应当按照约定的地点支付价款。对支付地点没有约定或者约定不明确，可以协议补充；不能达成补充协议的，按照合同相关条款或者交易习惯确定。仍不能确定的，买受人应当在出卖人的营业地支付；但是，约定支付价款以交付标的物或者交付提取标的物单证为条件的，在交付标的物或者交付提取标的物单证的所在地支付。

买受人应当按照约定的时间支付价款。对支付时间没有约定或者约定不明确，可以协议补充；不能达成补充协议的，按照合同相关条款或者交易习惯确定。仍不能确定的，买受人应当在收到标的物或者提取标的物单证的同时支付。

4. 接收标的物

买受人应按照合同约定的时间和地点接收标的物。出卖人多交标的物的，买受人可以接收或者拒绝接收多交的部分。买受人接收多交部分的，按照约定的价格支付价款；买受人拒绝接收多交部分的，应当及时通知出卖人。

二、风险承担

标的物毁损、灭失的风险承担规定见表 5-3-1。

表 5-3-1　标的物毁损、灭失的风险承担规定

具体情形	风险承担
买受人的原因致使标的物未按照约定的期限交付的	买受人应当自违反约定时起承担标的物毁损、灭失的风险
出卖人出卖交由承运人运输的在途标的物	除当事人另有约定外，毁损、灭失的风险自合同成立时起由买受人承担
出卖人按照约定将标的物运送至买受人指定地点并交付给承运人后	标的物毁损、灭失的风险由买受人承担
当事人没有约定交付地点或者约定不明确，依据《民法典》第六百零三条第二款第一项的规定标的物需要运输的，出卖人将标的物交付给第一承运人后	
出卖人按照约定或者依据《民法典》第六百零三条第二款第二项的规定将标的物置于交付地点，买受人违反约定没有收取的	标的物毁损、灭失的风险自违反约定时起由买受人承担
出卖人按照约定未交付有关标的物的单证和资料的	不影响标的物毁损、灭失风险的转移（自合同成立时起由买受人承担）

续表

具体情形	风险承担
标的物不符合质量要求，致使不能实现合同目的的	买受人可以拒绝接受标的物或者解除合同，标的物毁损、灭失的风险由出卖人承担

（1）标的物毁损、灭失的风险，在标的物交付之前由出卖人承担，交付之后由买受人承担，但是法律另有规定或者当事人另有约定的除外；

（2）标的物毁损、灭失的风险由买受人承担的，不影响因出卖人履行义务不符合约定，买受人请求其承担违约责任的权利

● 总结

标的物毁损、灭失的风险承担总结如图5-3-1所示。

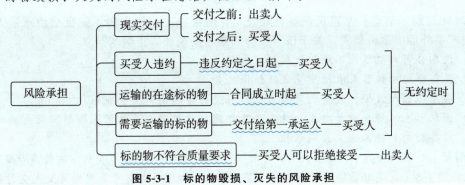

图 5-3-1　标的物毁损、灭失的风险承担

三、孳息

标的物在交付之前产生的孳息，归出卖人所有；交付之后产生的孳息，归买受人所有。但是，当事人另有约定的除外。

四、合同解除

因标的物的主物不符合约定而解除合同的，解除合同的效力及于从物。因标的物的从物不符合约定被解除的，解除的效力不及于主物。

标的物为数物，其中一物不符合约定的，买受人可以就该物解除。但是，该物与他物分离使标的物的价值显受损害的，买受人可以就数物解除合同。

● 点拨

主及于从，从不及于主。一物不合格，解除该物；影响其他物，解除数物。

出卖人分批交付标的物的，出卖人对其中一批标的物不交付或者交付不符合约定，致使该批标的物不能实现合同目的的，买受人可以就该批标的物解除。出卖人不交付其中一批标的物或者交付不符合约定，致使之后其他各批标的物的交付不能实现合同目的的，买受人可以就该批以及之后其他各批标的物解除。买受人如果就其中一批标的物解除，该批标的物与其他各批标的物相互依存的，可以就已经交付和未交付的各批标的物解除。

● 点拨

分批交付，一批不合格，解除该批；影响之后其他各批，解除该批和之后其他各批；影响全部，则解除全部。

分期付款的买受人未支付到期价款的数额达到全部价款的1/5，经催告后在合理期限内仍未支付到期价款的，出卖人可以请求买受人支付全部价款或者解除合同。出卖人解除合同的，可以向买受人请求支付该标的物的使用费。

五、其他规定

凭样品买卖的当事人应当封存样品,并可以对样品质量予以说明。出卖人交付的标的物应当与样品及其说明的质量相同。

凭样品买卖的买受人不知道样品有隐蔽瑕疵的,即使交付的标的物与样品相同,出卖人交付的标的物的质量仍然应当符合同种物的通常标准。

试用买卖的买受人在试用期内可以购买标的物,也可以拒绝购买。试用期限届满,买受人对是否购买标的物未作表示的,视为购买。试用买卖的买受人在试用期内已经支付部分价款或者对标的物实施出卖、出租、设立担保物权等行为的,视为同意购买。

标的物在试用期内毁损、灭失的风险由出卖人承担。

实战演练

[2024 真题·单选] 某建筑设备有限公司,向某施工企业出售了一批交由承运人运输的在途二手外墙喷涂机器人。关于该买卖合同履行的说法,正确的是(   )。

A. 设备公司对机器人不承担权利瑕疵担保义务
B. 设备公司对机器人承担质量瑕疵担保义务
C. 在途机器人毁损、灭失的风险自机器人交付时起由施工企业承担
D. 因机器人不符合质量要求,施工企业拒绝接收机器人,机器人毁损、灭失的风险由设备公司和施工企业共同承担

[解析] 在买卖合同中,出卖人的义务如下:①按照约定向买受人交付标的物或者提取标的物的单证的义务;②转移标的物所有权的义务;③按照约定或者交易习惯向买受人交付提取标的物单证以外的有关单证和资料的义务;④标的物的质量瑕疵担保义务(选项 B 正确);⑤标的物的权利瑕疵担保义务(选项 A 错误)。选项 C 错误,出卖人出卖交由承运人运输的在途标的物,除当事人另有约定外,毁损、灭失的风险自合同成立时起由买受人承担。选项 D 错误,因标的物不符合质量要求,致使不能实现合同目的的,买受人可以拒绝接受标的物或者解除合同。买受人拒绝接受标的物或者解除合同的,标的物毁损、灭失的风险由出卖人承担。

[答案] B

[2020 真题·多选] 下列情形中,应当由出卖人承担标的物毁损、灭失风险的有(   )。

A. 标的物需要运输,当事人对交付地点约定不明确,出卖人将标的物交付给第一承运人后
B. 施工企业购买一批安全帽,出卖人尚未交付
C. 标的物已运抵交付地点,施工企业因标的物质量不合格而拒收货物
D. 合同约定在标的物所在地交货,约定时间已过,施工企业仍未前往提货
E. 出卖人在交付标的物时未附产品说明书,施工企业已接收

[解析] 选项 A 错误,出卖人按照约定将标的物运送至买受人指定地点并交付给承运人后,标的物毁损、灭失的风险由买受人承担。当事人没有约定交付地点或者约定不明确,标的物需要运输的,出卖人将标的物交付给第一承运人后,标的物毁损、灭失的风险由买受人承担。选项 D 错误,出卖人按照约定或者依据《民法典》第六百零三条第二款第二项的规定将标的物置于交付地点,买受人违反约定没有收取的,标的物毁损、灭失的风险自违反约定时起由买受人承担。选项 E 错误,出卖人按照约定未交付有关标的物的单证和资料的,不影响标的物毁损、灭失风险的转移(自合同成立时起由买受人承担)。

[答案] BC

知识点 2 借款合同

《民法典》规定，借款合同是借款人向贷款人借款，到期返还借款并支付利息的合同。借款合同应当采用书面形式，但是自然人之间借款另有约定的除外。借款合同的内容一般包括借款种类、币种、用途、数额、利率、期限和还款方式等条款。

一、当事人的义务

（一）借款人的义务

订立借款合同，借款人应当按照贷款人的要求提供与借款有关的业务活动和财务状况的真实情况。

借款人未按照约定的日期、数额收取借款的，应当按照约定的日期、数额支付利息。

借款人未按照约定的借款用途使用借款的，贷款人可以停止发放借款、提前收回借款或者解除合同。

借款人应当按照约定的期限支付利息。对支付利息的期限没有约定或者约定不明确，可以协议补充；不能达成补充协议的，按照合同相关条款或者交易习惯确定。仍不能确定，借款期间不满1年的，应当在返还借款时一并支付；借款期间1年以上的，应当在每届满1年时支付，剩余期间不满1年的，应当在返还借款时一并支付。

借款人应当按照约定的期限返还借款。对借款期限没有约定或者约定不明确，可以协议补充；不能达成补充协议的，按照合同相关条款或者交易习惯确定。仍不能确定的，借款人可以随时返还；贷款人可以催告借款人在合理期限内返还。

借款人未按照约定的期限返还借款的，应当按照约定或者国家有关规定支付逾期利息。

借款人提前返还借款的，除当事人另有约定外，应当按照实际借款的期间计算利息。

借款人可以在还款期限届满前向贷款人申请展期；贷款人同意的，可以展期。

（二）贷款人的义务

借款的利息不得预先在本金中扣除。利息预先在本金中扣除的，应当按照实际借款数额返还借款并计算利息。

贷款人未按照约定的日期、数额提供借款，造成借款人损失的，应当赔偿损失。

贷款人按照约定可以检查、监督借款的使用情况。借款人应当按照约定向贷款人定期提供有关财务会计报表或者其他资料。

二、其他规定

自然人之间的借款合同，自贷款人提供借款时成立。

禁止高利放贷，借款的利率不得违反国家有关规定。

借款合同对支付利息没有约定的，视为没有利息。

借款合同对支付利息约定不明确，当事人不能达成补充协议的，按照当地或者当事人的交易方式、交易习惯、市场利率等因素确定利息；自然人之间借款的，视为没有利息。

> **实战演练**
>
> [2023真题改编·单选] 关于借款合同当事人权利义务的说法，正确的是（　　）。
> A. 借款人可以根据自己的需要确定借款的用途
> B. 借款人未按照约定的借款用途使用借款的，贷款人应当解除合同
> C. 贷款人应按约定提供借款，且不得在本金中预扣利息
> D. 当事人约定的借款利率不受限制

[解析] 选项A、B错误，借款人未按照约定的借款用途使用借款的，贷款人可以停止发放借款、提前收回借款或者解除合同。选项D错误，借贷双方约定的利率不得超过合同成立时1年期贷款市场报价利率的4倍，超过部分，人民法院不予支持。

[答案] C

知识点 3 保证合同

《民法典》规定，保证合同是为保障债权的实现，保证人和债权人约定，当债务人不履行到期债务或者发生当事人约定的情形时，保证人履行债务或者承担责任的合同。保证合同的内容一般包括被保证的主债权的种类、数额，债务人履行债务的期限，保证的方式、范围和期间等条款。

一、保证人

机关法人不得为保证人，但是经国务院批准为使用外国政府或者国际经济组织贷款进行转贷的除外。

以公益为目的的非营利法人、非法人组织不得为保证人。

二、保证合同的形式

保证合同可以是单独订立的书面合同，也可以是主债权债务合同中的保证条款。

第三人单方以书面形式向债权人作出保证，债权人接收且未提出异议的，保证合同成立。

三、保证合同的效力

保证合同是主债权债务合同的从合同。主债权债务合同无效的，保证合同无效，但是法律另有规定的除外。保证合同被确认无效后，债务人、保证人、债权人有过错的，应当根据其过错各自承担相应的民事责任。

四、保证方式

保证的方式包括一般保证和连带责任保证。当事人在保证合同中对保证方式没有约定或者约定不明确的，按照一般保证承担保证责任。

当事人在保证合同中约定，债务人不能履行债务时，由保证人承担保证责任的，为一般保证。

一般保证的保证人在主合同纠纷未经审判或者仲裁，并就债务人财产依法强制执行仍不能履行债务前，有权拒绝向债权人承担保证责任，但是有下列情形之一的除外：

(1) 债务人下落不明，且无财产可供执行。
(2) 人民法院已经受理债务人破产案件。
(3) 债权人有证据证明债务人的财产不足以履行全部债务或者丧失履行债务能力。
(4) 保证人书面表示放弃本款规定的权利。

当事人在保证合同中约定保证人和债务人对债务承担连带责任的，为连带责任保证。连带责任保证的债务人不履行到期债务或者发生当事人约定的情形时，债权人可以请求债务人履行债务，也可以请求保证人在其保证范围内承担保证责任。

保证人可以要求债务人提供反担保。

保证人与债权人可以协商订立最高额保证的合同，约定在最高债权额限度内就一定期间连续发生的债权提供保证。

五、保证范围

保证的范围包括主债权及其利息、违约金、损害赔偿金和实现债权的费用。当事人另有约定的，按照其约定。

六、保证期间

保证期间是确定保证人承担保证责任的期间，不发生中止、中断和延长。

债权人与保证人可以约定保证期间，但是约定的保证期间早于主债务履行期限或者与主债务履行期限同时届满的，视为没有约定；没有约定或者约定不明确的，保证期间为主债务履行期限届满之日起6个月。

债权人与债务人对主债务履行期限没有约定或者约定不明确的，保证期间自债权人请求债务人履行债务的宽限期届满之日起计算。

一般保证的债权人未在保证期间对债务人提起诉讼或者申请仲裁的，保证人不再承担保证责任。连带责任保证的债权人未在保证期间请求保证人承担保证责任的，保证人不再承担保证责任。

> ● 点拨
>
> 保证期间应长于主债务履行期限。保证期间有约，从约；无约，为主债务履行期限届满之日起6个月。主债务履行期限不明确，为宽限期届满之日起6个月。

七、保证责任

债权人和债务人未经保证人书面同意，协商变更主债权债务合同内容，减轻债务的，保证人仍对变更后的债务承担保证责任；加重债务的，保证人对加重的部分不承担保证责任。债权人和债务人变更主债权债务合同的履行期限，未经保证人书面同意的，保证期间不受影响。

债权人转让全部或者部分债权，未通知保证人的，该转让对保证人不发生效力。保证人与债权人约定禁止债权转让，债权人未经保证人书面同意转让债权的，保证人对受让人不再承担保证责任。

债权人未经保证人书面同意，允许债务人转移全部或者部分债务，保证人对未经其同意转移的债务不再承担保证责任，但是债权人和保证人另有约定的除外。第三人加入债务的，保证人的保证责任不受影响。

一般保证的保证人在主债务履行期限届满后，向债权人提供债务人可供执行财产的真实情况，债权人放弃或者怠于行使权利致使该财产不能被执行的，保证人在其提供可供执行财产的价值范围内不再承担保证责任。

同一债务有2个以上保证人的，保证人应当按照保证合同约定的保证份额，承担保证责任；没有约定保证份额的，债权人可以请求任何一个保证人在其保证范围内承担保证责任。

保证人承担保证责任后，除当事人另有约定外，有权在其承担保证责任的范围内向债务人追偿，享有债权人对债务人的权利，但是不得损害债权人的利益。

保证人可以主张债务人对债权人的抗辩。债务人放弃抗辩的，保证人仍有权向债权人主张抗辩。

债务人对债权人享有抵销权或者撤销权的，保证人可以在相应范围内拒绝承担保证责任。

> ● 总结
>
> 债权债务的变更与保证责任的关系如图5-3-2所示。

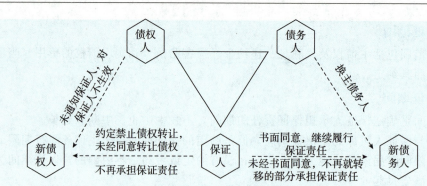

图 5-3-2　债权债务的变更与保证责任的关系

> **实战演练**

[2024 真题·单选] 根据《民法典》，关于保证合同的说法，正确的是（　　）。
A. 保证期间可以约定为主债务履行期限届满之日起 6 个月
B. 非法人组织不得为保证人
C. 保证范围应当明确约定为主债务及其利息、违约金、损害赔偿金
D. 当事人在保证合同中对保证方式没有约定的，按照连带责任保证承担保证责任

[解析] 选项 B 错误，以公益为目的的非营利法人、非法人组织不得为保证人。登记为营利法人的学校、幼儿园、医疗机构、养老机构等可以作为保证人。选项 C 错误，保证的范围是指保证人对哪些债务承担保证责任。当事人应当在保证合同中予以明确约定，当事人没有约定的，保证的范围包括主债权及其利息、违约金、损害赔偿金和实现债权的费用。选项 D 错误，当事人在保证合同中对保证方式没有约定或者约定不明确的，按照一般保证承担保证责任。

[答案] A

[2023 真题·单选] 根据《民法典》，关于保证合同的说法，正确的是（　　）。
A. 保证合同是主债权债务合同的从合同
B. 保证合同只能是有偿合同
C. 保证合同的双方当事人是保证人与债务人
D. 保证合同的责任方式为连带责任保证

[解析] 选项 B 错误，《民法典》规定，保证人承担保证责任后，除当事人另有约定外，有权在其承担保证责任的范围内向债务人追偿，享有债权人对债务人的权利，但是不得损害债权人的利益。法律明确赋予了保证人的法定追偿权，因为保证合同本身是否有偿，可以由债权人和保证人直接约定。但无论是否作出约定，保证人对债务人都有法定的追偿权，对保证人的权利来讲，都是有偿的。"只能是有偿合同"的说法过于绝对（此选项内容超纲）。选项 C 错误，保证合同是为保障债权的实现，保证人和债权人约定，当债务人不履行到期债务或者发生当事人约定的情形时，保证人履行债务或者承担责任的合同。选项 D 错误，保证的方式有两种：①一般保证；②连带责任保证。

[答案] A

[2022 真题补考·多选] 根据《民法典》，保证担保范围包括（　　）。
A. 损害赔偿金　　　　　　　　　B. 违约金
C. 主债权的利息　　　　　　　　D. 履行债务的费用
E. 主债务

[解析] 保证的范围包括主债权及其利息、违约金、损害赔偿金和实现债权的费用。
[答案] ABC

知识点 4 租赁合同

《民法典》规定，租赁合同是出租人将租赁物交付承租人使用、收益，承租人支付租金的合同。租赁合同的内容一般包括租赁物的名称、数量、用途、租赁期限、租金及其支付期限和方式、租赁物维修等条款。

一、租赁期限

租赁期限不得超过20年。超过20年的，超过部分无效。租赁期限届满，当事人可以续订租赁合同；但是，约定的租赁期限自续订之日起不得超过20年。

当事人未依照法律、行政法规规定办理租赁合同登记备案手续的，不影响合同的效力。租赁期限6个月以上的，应当采用书面形式。当事人未采用书面形式，无法确定租赁期限的，视为不定期租赁。

● 点拨

租赁期限6个月以上的，采用书面形式；6个月以下的，可以采用口头或者书面形式。

租赁期限届满，承租人继续使用租赁物，出租人没有提出异议的，原租赁合同继续有效，但是租赁期限为不定期。租赁期限届满，房屋承租人享有以同等条件优先承租的权利。

二、当事人的义务

(一) 出租人的义务

1. 按照约定交付租赁物

出租人应当按照约定将租赁物交付承租人，并在租赁期限内保持租赁物符合约定的用途。

2. 履行租赁物的维修义务

出租人应当履行租赁物的维修义务，但是当事人另有约定的除外。

承租人在租赁物需要维修时可以请求出租人在合理期限内维修。出租人未履行维修义务的，承租人可以自行维修，维修费用由出租人负担。因维修租赁物影响承租人使用的，应当相应减少租金或者延长租期。因承租人的过错致使租赁物需要维修的，出租人不承担上述规定的维修义务。

3. 权利瑕疵担保

因第三人主张权利，致使承租人不能对租赁物使用、收益的，承租人可以请求减少租金或者不支付租金。第三人主张权利的，承租人应当及时通知出租人。

4. 物的瑕疵担保

租赁物危及承租人的安全或者健康的，即使承租人订立合同时明知该租赁物质量不合格，承租人仍然可以随时解除合同。

5. 保证承租人优先购买权

出租人出卖租赁房屋的，应当在出卖之前的合理期限内通知承租人，承租人享有以同等条件优先购买的权利；但是，房屋按份共有人行使优先购买权或者出租人将房屋出卖给近亲属的除外。

出租人履行通知义务后，承租人在15日内未明确表示购买的，视为承租人放弃优先购买权。

出租人委托拍卖人拍卖租赁房屋的，应当在拍卖5日前通知承租人。承租人未参加拍卖的，视为放弃优先购买权。

出租人未通知承租人或者有其他妨害承租人行使优先购买权情形的，承租人可以请求出租人承担赔偿责任。但是，出租人与第三人订立的房屋买卖合同的效力不受影响。

（二）承租人的义务

1. 按照约定使用租赁物

承租人应当按照约定的方法使用租赁物。对租赁物的使用方法没有约定或者约定不明确，可以协议补充；不能达成补充协议的，按照合同相关条款或者交易习惯确定。仍不能确定的，应当根据租赁物的性质使用。

承租人按照约定的方法或者根据租赁物的性质使用租赁物，致使租赁物受到损耗的，不承担赔偿责任。

承租人未按照约定的方法或者未根据租赁物的性质使用租赁物，致使租赁物受到损失的，出租人可以解除合同并请求赔偿损失。

2. 妥善保管租赁物

承租人应当妥善保管租赁物，因保管不善造成租赁物毁损、灭失的，应当承担赔偿责任。

承租人经出租人同意，可以对租赁物进行改善或者增设他物。承租人未经出租人同意，对租赁物进行改善或者增设他物的，出租人可以请求承租人恢复原状或者赔偿损失。

承租人经出租人同意，可以将租赁物转租给第三人。承租人转租的，承租人与出租人之间的租赁合同继续有效；第三人造成租赁物损失的，承租人应当赔偿损失。承租人未经出租人同意转租的，出租人可以解除合同。

承租人经出租人同意将租赁物转租给第三人，转租期限超过承租人剩余租赁期限的，超过部分的约定对出租人不具有法律约束力，但是出租人与承租人另有约定的除外。

出租人知道或者应当知道承租人转租，但是在6个月内未提出异议的，视为出租人同意转租。

3. 按照约定的期限支付租金

对支付租金的期限没有约定或者约定不明确，可以协议补充；不能达成补充协议的，按照合同相关条款或者交易习惯确定。仍不能确定，租赁期限不满1年的，应当在租赁期限届满时支付；租赁期限1年以上的，应当在每届满1年时支付，剩余期限不满1年的，应当在租赁期限届满时支付。

承租人无正当理由未支付或者迟延支付租金的，出租人可以请求承租人在合理期限内支付；承租人逾期不支付的，出租人可以解除合同。

4. 返还租赁物

租赁期限届满，承租人应当返还租赁物。返还的租赁物应当符合按照约定或者根据租赁物的性质使用后的状态。

三、合同解除

有下列情形之一，非承租人原因致使租赁物无法使用的，承租人可以解除合同：

（1）租赁物被司法机关或者行政机关依法查封、扣押。

（2）租赁物权属有争议。

（3）租赁物具有违反法律、行政法规关于使用条件的强制性规定情形。

不可归责于承租人的事由，致使租赁物部分或者全部毁损、灭失的，承租人可以请求减少租金或者不支付租金；租赁物部分或者全部毁损、灭失，致使不能实现合同目的的，承租人可以解除合同。

当事人对租赁期限没有约定或者约定不明确，可以协议补充；不能达成补充协议的，按照合同相关条款或者交易习惯确定。仍不能确定的，视为不定期租赁；当事人可以随时解除合同，但是应当在合理期限之前通知对方。

四、其他规定

在租赁期限内因占有、使用租赁物获得的收益，归承租人所有，但是当事人另有约定的除外。

租赁物在承租人按照租赁合同占有期限内发生所有权变动的，不影响租赁合同的效力。

● 总结

关于"书面"与"口头"的总结见表5-3-2。

表 5-3-2　关于"书面"与"口头"的总结

序号	项目		书面	口头
1	委托代理的形式		√	√
2	建设工程合同		√	×
3	建设用地使用权出让合同		√	×
4	租赁合同	6个月以上	√	×
		6个月以下	√	√
5	起诉的方式		√	√
6	仲裁的形式		√	×

> **实战演练**
>
> [2020 真题·单选] 关于租赁合同的说法，正确的是（　　）。
> A. 租赁期限超过 6 个月的，可以采用书面形式
> B. 租赁合同应当采用书面形式，当事人未采用的，视为租赁合同未生效
> C. 租赁期限超过 20 年的，超过部分无效
> D. 租赁物在租赁期间发生所有权变动的，租赁合同解除
> [解析] 选项 A、B 错误，租赁期限 6 个月以上的，应当采用书面形式，当事人未采用书面形式，无法确定租赁期限的，视为不定期租赁。选项 C 正确，租赁合同可以约定租赁期限，但租赁期限不得超过 20 年。超过 20 年的，超过部分无效。选项 D 错误，租赁物在承租人按照租赁合同占有期限内发生所有权变动的，不影响租赁合同的效力。
> [答案] C

知识点 5　承揽合同

《民法典》规定，承揽合同是承揽人按照定作人的要求完成工作，交付工作成果，定作人支付报酬的合同。承揽包括加工、定作、修理、复制、测试、检验等工作。承揽合同的内容一般包括承揽的标的、数量、质量、报酬，承揽方式，材料的提供，履行期限，验收标准和方法等条款。

一、当事人的义务

（一）承揽人的义务

承揽人可以将其承揽的辅助工作交由第三人完成。承揽人将其承揽的辅助工作交由第三人完成的，应当就该第三人完成的工作成果向定作人负责。

承揽人提供材料的，应当按照约定选用材料，并接受定作人检验。

定作人提供材料的，应当按照约定提供材料。承揽人对定作人提供的材料应当及时检验，发现不符合约定时，应当及时通知定作人更换、补齐或者采取其他补救措施。承揽人不得擅自更换定作人提供的材料，不得更换不需要修理的零部件。

承揽人发现定作人提供的图纸或者技术要求不合理的，应当及时通知定作人。定作人怠于答复等原因造成承揽人损失的，应当赔偿损失。

承揽人在工作期间，应当接受定作人必要的监督检验。定作人不得因监督检验妨碍承揽人的正常工作。

承揽人交付的工作成果不符合质量要求的，定作人可以合理选择请求承揽人承担修理、重作、减少报酬、赔偿损失等违约责任。

承揽人应当妥善保管定作人提供的材料以及完成的工作成果，因保管不善造成毁损、灭失的，应当承担赔偿责任。

承揽人应当按照定作人的要求保守秘密，未经定作人许可，不得留存复制品或者技术资料。

共同承揽人对定作人承担连带责任，但是当事人另有约定的除外。

（二）定作人的义务

定作人中途变更承揽工作的要求，造成承揽人损失的，应当赔偿损失。

承揽工作需要定作人协助的，定作人有协助的义务。

定作人应当按照约定的期限支付报酬。对支付报酬的期限没有约定或者约定不明确，可以协议补充；不能达成补充协议的，按照合同相关条款或者交易习惯确定。仍不能确定的，定作人应当在承揽人交付工作成果时支付；工作成果部分交付的，定作人应当相应支付。

定作人未向承揽人支付报酬或者材料费等价款的，承揽人对完成的工作成果享有留置权或者有权拒绝交付，但是当事人另有约定的除外。

承揽人完成工作的，应当向定作人交付工作成果，并提交必要的技术资料和有关质量证明。定作人应当验收该工作成果。

二、合同解除

定作人不履行协助义务致使承揽工作不能完成的，承揽人可以催告定作人在合理期限内履行义务，并可以顺延履行期限；定作人逾期不履行的，承揽人可以解除合同。

承揽人将其承揽的主要工作交由第三人完成的，应当就该第三人完成的工作成果向定作人负责；未经定作人同意的，定作人也可以解除合同。

定作人在承揽人完成工作前可以随时解除合同，造成承揽人损失的，应当赔偿损失。

● 点拨

承揽人可以将主要工作交给第三人完成，但前提是"经定作人同意"，否则定作人可以解除合同。承揽人可以自主决定将辅助工作交给第三人完成，且无须"经定作人同意"。

实战演练

[2024 真题·单选] 根据《民法典》，关于承揽合同履行的说法，正确的是（　　）。
A. 定作人验收并受领承揽物或者工作成果的，免除承揽人的瑕疵担保责任
B. 定作人在承揽人完成工作前可以随时解除合同，造成承揽人损失的，应当赔偿损失
C. 定作人不履行协助义务的，承揽人可以直接解除合同
D. 承揽人未经定作人同意将辅助承揽工作交由第三人完成的，定作人可以解除合同

[解析]选项A错误,对承揽人交付的工作成果,定作人应当及时验收并受领。定作人受领承揽物或工作成果的,不免除承揽人的瑕疵担保责任。选项C错误,定作人不履行协助义务致使承揽工作不能完成的,承揽人可以催告定作人在合理期限内履行义务,并可以顺延履行期限;定作人逾期不履行的,承揽人可以解除合同。选项D错误,承揽人将其承揽的主要工作交由第三人完成的,应当就该第三人完成的工作成果向定作人负责;未经定作人同意的,定作人也可以解除合同。承揽人可以将其承揽的辅助工作交由第三人完成。承揽人将其承揽的辅助工作交由第三人完成的,应当就该第三人完成的工作成果向定作人负责。

[答案]B

[2023真题·多选]承揽合同中,承揽人的义务包括(　　)。

A. 按照合同约定完成承揽工作
B. 对定作人提供的材料及时进行检验
C. 发现定作人的技术要求不合理的,及时通知定作人
D. 验收工作成果
E. 接受定作人必要的监督检查

[解析]选项D错误,承揽人完成工作的,应向定作人交付工作成果,并提交必要的技术资料和有关质量证明。定作人应当验收该工作成果。

[答案]ABCE

知识点 6 运输合同

《民法典》规定,运输合同是承运人将旅客或者货物从起运地点运输到约定地点,旅客、托运人或者收货人支付票款或者运输费用的合同。

● 点拨

运输合同不同于其他合同,其标的是运输行为。

根据运输对象,运输合同分为客运合同和货运合同。建设工程领域涉及的是货运合同,因此本知识点主要介绍货运合同的相关规定。

一、当事人的权利与义务

(一)托运人的权利与义务

托运人办理货物运输,应当向承运人准确表明收货人的姓名、名称或者凭指示的收货人,货物的名称、性质、重量、数量、收货地点等有关货物运输的必要情况。因托运人申报不实或者遗漏重要情况,造成承运人损失的,托运人应当承担赔偿责任。

货物运输需要办理审批、检验等手续的,托运人应当将办理完有关手续的文件提交承运人。

托运人应当按照约定的方式包装货物。对包装方式没有约定或者约定不明确的,可以协议补充;不能达成补充协议的,按照合同相关条款或者交易习惯确定。仍不能确定的,应当按照通用的方式包装;没有通用方式的,应当采取足以保护标的物且有利于节约资源、保护生态环境的包装方式。托运人违反上述规定的,承运人可以拒绝运输。

托运人托运易燃、易爆、有毒、有腐蚀性、有放射性等危险物品的,应当按照国家有关危险物品运输的规定对危险物品妥善包装,做出危险物品标志和标签,并将有关危险物品的名称、性质和防范措施的书面材料提交承运人。托运人违反上述规定的,

承运人可以拒绝运输，也可以采取相应措施以避免损失的发生，因此产生的费用由托运人负担。

在承运人将货物交付收货人之前，托运人可以要求承运人中止运输、返还货物、变更到达地或者将货物交给其他收货人，但是应当赔偿承运人因此受到的损失。

（二）承运人的权利与义务

承运人对运输过程中货物的毁损、灭失承担赔偿责任。但是，承运人证明货物的毁损、灭失是因不可抗力、货物本身的自然性质或者合理损耗以及托运人、收货人的过错造成的，不承担赔偿责任。

货物的毁损、灭失的赔偿额，当事人有约定的，按照其约定；没有约定或者约定不明确，可以协议补充；不能达成补充协议的，按照合同相关条款或者交易习惯确定。仍不能确定的，按照交付或者应当交付时货物到达地的市场价格计算。法律、行政法规对赔偿额的计算方法和赔偿限额另有规定的，依照其规定。

2个以上承运人以同一运输方式联运的，与托运人订立合同的承运人应当对全程运输承担责任；损失发生在某一运输区段的，与托运人订立合同的承运人和该区段的承运人承担连带责任。

货物在运输过程中因不可抗力灭失，未收取运费的，承运人不得请求支付运费；已经收取运费的，托运人可以请求返还。法律另有规定的，依照其规定。

托运人或者收货人不支付运费、保管费或者其他费用的，承运人对相应的运输货物享有留置权，但是当事人另有约定的除外。

收货人不明或者收货人无正当理由拒绝受领货物的，承运人依法可以提存货物。

（三）收货人的义务

货物运输到达后，承运人知道收货人的，应当及时通知收货人，收货人应当及时提货。收货人逾期提货的，应当向承运人支付保管费等费用。

收货人提货时应当按照约定的期限检验货物。对检验货物的期限没有约定或者约定不明确，可以协议补充；不能达成补充协议的，按照合同相关条款或者交易习惯确定。仍不能确定的，应当在合理期限内检验货物。收货人在约定的期限或者合理期限内对货物的数量、毁损等未提出异议的，视为承运人已经按照运输单证的记载交付的初步证据。

● 点拨

收货人和托运人可以是同一人，但在大多数情况下不是同一人。

二、多式联运合同

多式联运经营人负责履行或者组织履行多式联运合同，对全程运输享有承运人的权利，承担承运人的义务。

多式联运经营人可以与参加多式联运的各区段承运人就多式联运合同的各区段运输约定相互之间的责任；但是，该约定不影响多式联运经营人对全程运输承担的义务。

多式联运经营人收到托运人交付的货物时，应当签发多式联运单据。按照托运人的要求，多式联运单据可以是可转让单据，也可以是不可转让单据。

因托运人托运货物时的过错造成多式联运经营人损失的，即使托运人已经转让多式联运单据，托运人仍然应当承担赔偿责任。

货物的毁损、灭失发生于多式联运的某一运输区段的，多式联运经营人的赔偿责任和责任限额，适用调整该区段运输方式的有关法律规定；货物毁损、灭失发生的运输区段不能确定的，依照规定承担赔偿责任。

实战演练

[2024 真题·多选] 甲建材供应商与乙承运人签订了货运合同,约定由乙运输一批建材到异地,收货方为丙施工企业,运费由丙支付。关于乙相关权利的说法,正确的有（ ）。

A. 如果甲不按约定或法定方式包装建材,乙有权拒绝运输
B. 建材到达目的地后,乙有权要求丙及时受领
C. 如果丙不支付运费,乙有权留置该批建材
D. 乙有权拒绝甲通常、合理的运输要求
E. 如果丙无故拒绝受领货物,乙有权提存该批建材

[解析] 选项 B 错误,货物运输到达后,承运人知道收货人的,应当及时通知收货人（此项是通知义务,并非权利）。选项 D 错误,从事公共运输的承运人不得拒绝托运人通常、合理的运输要求。公共运输是指面向社会公众的、由取得营运资格的营运人所从事的商业运输的行为。由于公共运输的特殊性,法律赋予了承运人不得拒绝托运人通常、合理的运输要求的强制缔约义务。

[答案] ACE

知识点 7 仓储合同

《民法典》规定,仓储合同是保管人储存存货人交付的仓储物,存货人支付仓储费的合同。仓储合同自保管人和存货人意思表示一致时成立。可见,仓储合同属于诺成、双务、有偿合同。

一、当事人的义务

(一) 存货人的义务

储存易燃、易爆、有毒、有腐蚀性、有放射性等危险物品或者易变质物品的,存货人应当说明该物品的性质,提供有关资料。存货人违反上述规定的,保管人可以拒收仓储物,也可以采取相应措施以避免损失的发生,因此产生的费用由存货人负担。

(二) 保管人的义务

保管人储存易燃、易爆、有毒、有腐蚀性、有放射性等危险物品的,应当具备相应的保管条件。

保管人应当按照约定对入库仓储物进行验收。保管人验收时发现入库仓储物与约定不符合的,应当及时通知存货人。保管人验收后,发生仓储物的品种、数量、质量不符合约定的,保管人应当承担赔偿责任。

存货人交付仓储物的,保管人应当出具仓单、入库单等凭证。

保管人应当在仓单上签名或者盖章。仓单包括下列事项:
(1) 存货人的姓名或者名称和住所。
(2) 仓储物的品种、数量、质量、包装及其件数和标记。
(3) 仓储物的损耗标准。
(4) 储存场所。
(5) 储存期限。
(6) 仓储费。
(7) 仓储物已经办理保险的,其保险金额、期间以及保险人的名称。
(8) 填发人、填发地和填发日期。

> **注意**：仓单是提取仓储物的凭证。存货人或者仓单持有人在仓单上背书并经保管人签名或者盖章的，可以转让提取仓储物的权利。

保管人根据存货人或者仓单持有人的要求，应当同意其检查仓储物或者提取样品。

保管人发现入库仓储物有变质或者其他损坏的，应当及时通知存货人或者仓单持有人。

保管人发现入库仓储物有变质或者其他损坏，危及其他仓储物的安全和正常保管的，应当催告存货人或者仓单持有人作出必要的处置。因情况紧急，保管人可以作出必要的处置；但是，事后应当将该情况及时通知存货人或者仓单持有人。

二、储存期限

当事人对储存期限没有约定或者约定不明确的，存货人或者仓单持有人可以随时提取仓储物，保管人也可以随时请求存货人或者仓单持有人提取仓储物，但是应当给予必要的准备时间。

储存期限届满，存货人或者仓单持有人应当凭仓单、入库单等提取仓储物。存货人或者仓单持有人逾期提取的，应当加收仓储费；提前提取的，不减收仓储费。

储存期限届满，存货人或者仓单持有人不提取仓储物的，保管人可以催告其在合理期限内提取；逾期不提取的，保管人可以提存仓储物。

储存期内，因保管不善造成仓储物毁损、灭失的，保管人应当承担赔偿责任。因仓储物本身的自然性质、包装不符合约定或者超过有效储存期造成仓储物变质、损坏的，保管人不承担赔偿责任。

> **实战演练**
>
> [2024真题·单选] 某施工企业与某仓储中心签订了建材仓储合同，并按照合同约定交付了建材，后施工企业提取建材时发现部分建材因保管不善潮湿损坏，双方发生争议。关于该仓储合同的说法，正确的是（   ）。
>
> A. 仓储中心应当对潮湿损坏的建材承担赔偿责任
> B. 施工企业向仓储中心交付建材时合同成立
> C. 施工企业逾期提取建材，仓储中心可以直接提存建材
> D. 施工企业提前提取建材，仓储中心应当减收仓储费
>
> [解析] 选项A正确，储存期内，因保管不善造成仓储物毁损、灭失的，保管人应当承担赔偿责任。因仓储物本身的自然性质、包装不符合约定或者超过有效储存期造成仓储物变质、损坏的，保管人不承担赔偿责任。选项B错误，仓储合同是诺成合同。仓储合同自保管人和存货人意思表示一致时成立，不以仓储物是否交付为要件。选项C错误，储存期限届满，存货人或者仓单持有人不提取仓储物的，保管人可以催告其在合理期限内提取；逾期不提取的，保管人可以提存仓储物（应先催告，在合理期限内仍未提取的，保管人方可提存）。选项D错误，储存期限届满，存货人或者仓单持有人应当凭仓单、入库单等提取仓储物。存货人或者仓单持有人逾期提取的，应当加收仓储费；提前提取的，不减收仓储费。
>
> [答案] A

知识点 8 委托合同

《民法典》规定，委托合同是委托人和受托人约定，由受托人处理委托人事务的合同。委托合同建立在委托人对受托人的信任的基础上。受托人应当忠实履行职责，维护委托人的利益。

一、当事人的权利与义务

(一) 委托人的权利与义务

委托人可以特别委托受托人处理一项或者数项事务,也可以概括委托受托人处理一切事务。

委托人应当预付处理委托事务的费用。受托人为处理委托事务垫付的必要费用,委托人应当偿还该费用并支付利息。

受托人完成委托事务的,委托人应当按照约定向其支付报酬。因不可归责于受托人的事由,委托合同解除或者委托事务不能完成的,委托人应当向受托人支付相应的报酬。当事人另有约定的,按照其约定。

● **点拨**

委托合同可以是有偿的,也可以是无偿的。

(二) 受托人的权利与义务

受托人应当按照委托人的指示处理委托事务。需要变更委托人指示的,应当经委托人同意;因情况紧急,难以和委托人取得联系的,受托人应当妥善处理委托事务,但是事后应当将该情况及时报告委托人。

受托人应当亲自处理委托事务。经委托人同意,受托人可以转委托。转委托经同意或者追认的,委托人可以就委托事务直接指示转委托的第三人,受托人仅就第三人的选任及其对第三人的指示承担责任。

受托人应当按照委托人的要求,报告委托事务的处理情况。委托合同终止时,受托人应当报告委托事务的结果。

受托人以自己的名义,在委托人的授权范围内与第三人订立的合同,第三人在订立合同时知道受托人与委托人之间的代理关系的,该合同直接约束委托人和第三人;但是,有确切证据证明该合同只约束受托人和第三人的除外。

受托人以自己的名义与第三人订立合同时,第三人不知道受托人与委托人之间的代理关系的,受托人因第三人的原因对委托人不履行义务,受托人应当向委托人披露第三人,委托人因此可以行使受托人对第三人的权利。但是,第三人与受托人订立合同时如果知道该委托人就不会订立合同的除外。受托人因委托人的原因对第三人不履行义务,受托人应当向第三人披露委托人,第三人因此可以选择受托人或者委托人作为相对人主张其权利,但是第三人不得变更选定的相对人。委托人行使受托人对第三人的权利的,第三人可以向委托人主张其对受托人的抗辩。第三人选定委托人作为其相对人的,委托人可以向第三人主张其对受托人的抗辩以及受托人对第三人的抗辩。

受托人处理委托事务取得的财产,应当转交给委托人。

二、责任承担

转委托未经同意或者追认的,受托人应当对转委托的第三人的行为承担责任;但是,在紧急情况下受托人为了维护委托人的利益需要转委托第三人的除外。

有偿的委托合同,因受托人的过错造成委托人损失的,委托人可以请求赔偿损失。无偿的委托合同,因受托人的故意或者重大过失造成委托人损失的,委托人可以请求赔偿损失。受托人超越权限造成委托人损失的,应当赔偿损失。

受托人处理委托事务时,因不可归责于自己的事由受到损失的,可以向委托人请求赔偿损失。

委托人经受托人同意,可以在受托人之外委托第三人处理委托事务。因此造成受托人损失的，受托人可以向委托人请求赔偿损失。

2个以上的受托人共同处理委托事务的，对委托人承担连带责任。

三、合同解除与终止

委托人或者受托人可以随时解除委托合同。因解除合同造成对方损失的，除不可归责于该当事人的事由外，无偿委托合同的解除方应当赔偿因解除时间不当造成的直接损失，有偿委托合同的解除方应当赔偿对方的直接损失和合同履行后可以获得的利益。

委托人死亡、终止或者受托人死亡、丧失民事行为能力、终止的，委托合同终止；但是，当事人另有约定或者根据委托事务的性质不宜终止的除外。

四、其他规定

委托人死亡或者被宣告破产、解散，致使委托合同终止将损害委托人利益的，在委托人的继承人、遗产管理人或者清算人承受委托事务之前，受托人应当继续处理委托事务。

受托人死亡、丧失民事行为能力或者被宣告破产、解散，致使委托合同终止的，受托人的继承人、遗产管理人、法定代理人或者清算人应当及时通知委托人。

因委托合同终止将损害委托人利益的，在委托人作出善后处理之前，受托人的继承人、遗产管理人、法定代理人或者清算人应当采取必要措施。

实战演练

[2022真题·单选] 关于委托合同，下列说法正确的是（　　）。

A. 委托人无权单方取消委托，受托人有权单方面辞去委托

B. 委托人有权单方取消委托，受托人无权单方面辞去委托

C. 委托人和受托人均可随时解除委托，但需要征得对方同意

D. 委托人和受托人均可随时解除委托，且不以对方同意为前提

[解析]《民法典》规定，委托人或者受托人可以随时解除委托合同，但并未对是否"需要得到对方同意"作出规定，因此本题优先选择选项D。

[答案] D

[2021真题·单选] 关于委托合同终止的说法，正确的是（　　）。

A. 委托人可以随时解除合同，但受托人解除合同应当经委托人同意

B. 有偿委托合同的一方当事人行使随时解除权造成对方损失的，除不可归责于该当事人的事由外，赔偿对方损失的范围为直接损失

C. 委托人被宣告破产、解散，致使委托合同终止将损害委托人的利益的，在委托人的清算人承受委托事务之前，受托人应当继续处理委托事务

D. 委托人丧失民事行为能力的，委托合同一律终止

[解析] 选项A错误，委托人或者受托人可以随时解除委托合同。选项B错误，因解除合同造成对方损失的，除不可归责于该当事人的事由外，无偿委托合同的解除方应当赔偿因解除时间不当造成的直接损失，有偿委托合同的解除方应当赔偿对方的直接损失和合同履行后可以获得的利益。选项D错误，委托人死亡、终止或者受托人死亡、丧失民事行为能力、终止的，委托合同终止；但是，当事人另有约定或者根据委托事务的性质不宜终止的除外。

[答案] C

知识点 9 保险合同

《中华人民共和国保险法》(以下简称《保险法》)规定,保险合同是投保人与保险人约定保险权利义务关系的协议。订立保险合同,应当协商一致,遵循公平原则确定各方的权利和义务。

一、保险合同的主体

(一)保险合同当事人

保险合同的当事人包括投保人和保险人。

投保人是指与保险人订立保险合同,并按照合同约定负有支付保险费义务的人。

保险人是指与投保人订立保险合同,并按照合同约定承担赔偿或者给付保险金责任的保险公司。

(二)保险合同关系人

保险合同的关系人包括被保险人、受益人。

被保险人是指其财产或者人身受保险合同保障,享有保险金请求权的人。投保人可以为被保险人。

受益人是指人身保险合同中由被保险人或者投保人指定的享有保险金请求权的人。投保人、被保险人可以为受益人。

二、保险合同的成立与生效

投保人提出保险要求,经保险人同意承保,保险合同成立。保险人应当及时向投保人签发保险单或者其他保险凭证。

保险单或者其他保险凭证应当载明当事人双方约定的合同内容。当事人也可以约定采用其他书面形式载明合同内容。

依法成立的保险合同,自成立时生效。投保人和保险人可以对合同的效力约定附条件或者附期限。

保险合同成立后,投保人按照约定交付保险费,保险人按照约定的时间开始承担保险责任。

三、如实告知及相应责任

订立保险合同,保险人就保险标的或者被保险人的有关情况提出询问的,投保人应当如实告知。

投保人故意或者因重大过失未履行上述规定的如实告知义务,足以影响保险人决定是否同意承保或者提高保险费率的,保险人有权解除合同。

上述规定的合同解除权,自保险人知道有解除事由之日起,超过30日不行使而消灭。自合同成立之日起超过2年的,保险人不得解除合同;发生保险事故的,保险人应当承担赔偿或者给付保险金的责任。

投保人故意不履行如实告知义务的,保险人对于合同解除前发生的保险事故,不承担赔偿或者给付保险金的责任,并不退还保险费。

投保人因重大过失未履行如实告知义务,对保险事故的发生有严重影响的,保险人对于合同解除前发生的保险事故,不承担赔偿或者给付保险金的责任,但应当退还保险费。

保险人在合同订立时已经知道投保人未如实告知的情况的,保险人不得解除合同;发生保险事故的,保险人应当承担赔偿或者给付保险金的责任。

投保人、被保险人或者受益人知道保险事故发生后,应当及时通知保险人。故意或者因重大过失未及时通知,致使保险事故的性质、原因、损失程度等难以确定的,保险人对无法确定的部分，不承担赔偿或者给付保险金的责任，但保险人通过其他途径已经及时知道或者应当及时知道保险事故发生的除外。

四、赔偿与给付

保险事故发生后，按照保险合同请求保险人赔偿或者给付保险金时，投保人、被保险人或者受益人应当向保险人提供其所能提供的与确认保险事故的性质、原因、损失程度等有关的证明和资料。

保险人按照合同的约定，认为有关的证明和资料不完整的，应当及时一次性通知投保人、被保险人或者受益人补充提供。

保险人收到被保险人或者受益人的赔偿或者给付保险金的请求后，应当及时作出核定；情形复杂的，应当在30日内作出核定，但合同另有约定的除外。保险人应当将核定结果通知被保险人或者受益人；对属于保险责任的，在与被保险人或者受益人达成赔偿或者给付保险金的协议后10日内，履行赔偿或者给付保险金义务。保险合同对赔偿或者给付保险金的期限有约定的，保险人应当按照约定履行赔偿或者给付保险金义务。

保险人未及时履行上述规定义务的，除支付保险金外，应当赔偿被保险人或者受益人因此受到的损失。

任何单位和个人不得非法干预保险人履行赔偿或者给付保险金的义务，也不得限制被保险人或者受益人取得保险金的权利。

五、其他规定

订立保险合同，采用保险人提供的格式条款的，保险人向投保人提供的投保单应当附格式条款，保险人应当向投保人说明合同的内容。对保险合同中免除保险人责任的条款，保险人在订立合同时应当在投保单、保险单或者其他保险凭证上作出足以引起投保人注意的提示，并对该条款的内容以书面或者口头形式向投保人作出明确说明；未作提示或者明确说明的，该条款不产生效力。

保险事故发生时，被保险人对保险标的不具有保险利益的，不得向保险人请求赔偿保险金。

被保险人应当遵守国家有关消防、安全、生产操作、劳动保护等方面的规定，维护保险标的的安全。保险人可以按照合同约定对保险标的的安全状况进行检查，及时向投保人、被保险人提出消除不安全因素和隐患的书面建议。投保人、被保险人未按照约定履行其对保险标的的安全应尽责任的，保险人有权要求增加保险费或者解除合同。保险人为维护保险标的的安全，经被保险人同意，可以采取安全预防措施。

在合同有效期内，保险标的的危险程度显著增加的，被保险人应当按照合同约定及时通知保险人，保险人可以按照合同约定增加保险费或者解除合同。保险人解除合同的，应当将已收取的保险费，按照合同约定扣除自保险责任开始之日起至合同解除之日止应收的部分后，退还投保人。被保险人未履行上述规定的通知义务的，因保险标的的危险程度显著增加而发生的保险事故，保险人不承担赔偿保险金的责任。

有下列情形之一的，除合同另有约定外，保险人应当降低保险费，并按日计算退还相应的保险费：

（1）据以确定保险费率的有关情况发生变化，保险标的的危险程度明显减少的。

（2）保险标的的保险价值明显减少的。

保险责任开始前，投保人要求解除合同的，应当按照合同约定向保险人支付手续费，保险人应当退还保险费。保险责任开始后，投保人要求解除合同的，保险人应当将已收取的保险费，按照合同约定扣除自保险责任开始之日起至合同解除之日止应收的部分后，退还投保人。

保险事故发生时，被保险人应当尽力采取必要的措施，防止或者减少损失。保险事故发生后，被保险人为防止或者减少保险标的的损失所支付的必要的、合理的费用，由保险人承担；保险人所承担的费用数额在保险标的损失赔偿金额以外另行计算，最高不超过保险金额的数额。

保险人、被保险人为查明和确定保险事故的性质、原因和保险标的的损失程度所支付的必要的、合理的费用，由保险人承担。

保险人对责任保险的被保险人给第三者造成的损害，可以依照法律的规定或者合同的约定，直接向该第三者赔偿保险金。

● 总结

本书涉及的主要合同所属类型总结见表5-3-3。

表5-3-3 合同类型总结

序号	分类	建设工程合同	担保合同	承揽合同	买卖合同	借款合同	租赁合同	融资租赁合同	运输合同	仓储合同	委托合同
1	有名合同（典型合同）	✓	✓	✓	✓	✓	✓	✓	✓	✓	✓
	无名合同（非典型合同）										
2	双务合同	✓		✓	✓		✓	✓	✓	✓	✓
	单务合同		✓								
3	诺成合同（不要物合同）	✓		✓	✓		✓	✓	✓	✓	✓
	实践合同（要物合同）		定金								
4	要式合同	✓	✓			✓		✓（一般）			
	不要式合同			✓	✓		✓		✓	✓	✓
5	有偿合同	✓		✓	✓	✓	✓	✓	✓	✓	✓
	无偿合同										
6	主合同	✓		✓	✓	✓	✓	✓	✓	✓	✓
	从合同		✓								

> 实战演练
>
> [2024真题·单选] 根据《保险法》，下列行为中，属于保险人义务的是（　　）。
> A. 对保险人责任免除条款的明确说明义务
> B. 保险事故发生后的及时通知义务
> C. 保险事故发生时，采取必要措施防止或者减少保险标的损失的义务
> D. 保险标的危险程度增加时的及时通知义务

[解析] 选项B错误，保险事故发生后，投保人、被保险人或者受益人应当及时通知保险人，以便保险人迅速调查事实，收集证据，及时处理。选项C错误，在保险事故发生时，被保险人有义务尽力采取必要措施，防止或者减少保险标的损失。选项D错误，在合同有效期内，一旦发生当事人在缔约时预料的保险标的危险程度增加，被保险人应当按照约定及时通知保险人；被保险人未履行此项义务的，因危险程度增加而发生的保险事故，保险人不承担赔偿责任。

[答案] A

第六章

建设工程安全生产法律制度

■ **本章导学**

本章主要介绍建设单位和相关单位的安全责任制度、施工安全生产许可证制度、施工单位安全生产责任制度、施工现场安全防护制度、施工生产安全事故的应急救援和调查处理以及政府主管部门安全生产监督管理。本章内容在最新考试大纲的基础上,根据《中华人民共和国安全生产法》(以下简称《安全生产法》)、《建筑法》《建设工程安全生产管理条例》《危险性较大的分部分项工程安全管理规定》《生产安全事故报告和调查处理条例》等进行编写。

本章的记忆性内容较多,但从历年考试来看,考查难度不大,考点恒定且相对集中。此外,本章内容与施工现场人员的工作联系紧密,较易掌握。考生学习时,应注意细节,重点记忆关键词。

第一节　建设单位和相关单位的安全责任制度

知识点 1　建设单位的安全责任

一、安全责任的相关规定

（一）提供真实、准确、完整的施工资料

《建设工程安全生产管理条例》第六条规定，建设单位应当向施工单位提供施工现场及毗邻区域内供水、排水、供电、供气、供热、通信、广播电视等地下管线资料，气象和水文观测资料，相邻建筑物和构筑物、地下工程的有关资料，并保证资料的真实、准确、完整。

建设单位因建设工程需要，向有关部门或者单位查询上述规定的资料时，有关部门或者单位应当及时提供。

（二）不得提出违法要求，不得压缩合同约定的工期

《建设工程安全生产管理条例》第七条规定，建设单位不得对勘察、设计、施工、工程监理等单位提出不符合建设工程安全生产法律、法规和强制性标准规定的要求，不得压缩合同约定的工期。

（三）保证必要的安全投入

《建设工程安全生产管理条例》第八条规定，建设单位在编制工程概算时，应当确定建设工程安全作业环境及安全施工措施所需费用。

（四）不得要求施工单位购买、租赁、使用不符合安全施工要求的器具设备

《建设工程安全生产管理条例》第九条规定，建设单位不得明示或者暗示施工单位购买、租赁、使用不符合安全施工要求的安全防护用具、机械设备、施工机具及配件、消防设施和器材。

（五）申请领取施工许可证时提供相应的资料

《建设工程安全生产管理条例》第十条规定，建设单位在申请领取施工许可证时，应当提供建设工程有关安全施工措施的资料。

依法批准开工报告的建设工程，建设单位应当自开工报告批准之日起 15 日内，将保证安全施工的措施报送建设工程所在地的县级以上地方人民政府建设行政主管部门或者其他有关部门备案。

（六）将拆除工程发包给具有相应资质等级的施工单位

《建设工程安全生产管理条例》第十一条规定，建设单位应当将拆除工程发包给具有相应资质等级的施工单位。

建设单位应当在拆除工程施工 15 日前，将下列资料报送建设工程所在地的县级以上地方人民政府建设行政主管部门或者其他有关部门备案：

（1）施工单位资质等级证明。
（2）拟拆除建筑物、构筑物及可能危及毗邻建筑的说明。
（3）拆除施工组织方案。
（4）堆放、清除废弃物的措施。

实施爆破作业的，应当遵守国家有关民用爆炸物品管理的规定。

（七）依法装修

《建筑法》第四十九条规定，涉及建筑主体和承重结构变动的装修工程，建设单位应当

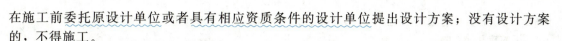

在施工前委托原设计单位或者具有相应资质条件的设计单位提出设计方案;没有设计方案的,不得施工。

(八) 按照规定办理申请批准手续

《建筑法》第四十二条规定,有下列情形之一的,建设单位应当按照国家有关规定办理申请批准手续:

(1) 需要临时占用规划批准范围以外场地的。
(2) 可能损坏道路、管线、电力、邮电通讯等公共设施的。
(3) 需要临时停水、停电、中断道路交通的。
(4) 需要进行爆破作业的。
(5) 法律、法规规定需要办理报批手续的其他情形。

▶ 知识链接:《安全生产法》第三十一条规定,生产经营单位新建、改建、扩建工程项目(统称建设项目)的安全设施,必须与主体工程同时设计、同时施工、同时投入生产和使用。安全设施投资应当纳入建设项目概算。

二、违法责任的承担

《建筑法》规定,建设单位违反本法规定,要求建筑设计单位或者建筑施工企业违反建筑工程质量、安全标准,降低工程质量的,责令改正,可以处以罚款;构成犯罪的,依法追究刑事责任。

《建设工程安全生产管理条例》规定,违反本条例的规定,建设单位未提供建设工程安全生产作业环境及安全施工措施所需费用的,责令限期改正;逾期未改正的,责令该建设工程停止施工。建设单位未将保证安全施工的措施或者拆除工程的有关资料报送有关部门备案的,责令限期改正,给予警告。

违反《建设工程安全生产管理条例》的规定,建设单位有下列行为之一的,责令限期改正,处 20 万元以上 50 万元以下的罚款;造成重大安全事故,构成犯罪的,对直接责任人员,依照《刑法》有关规定追究刑事责任;造成损失的,依法承担赔偿责任:

(1) 对勘察、设计、施工、工程监理等单位提出不符合安全生产法律、法规和强制性标准规定的要求的。
(2) 要求施工单位压缩合同约定的工期的。
(3) 将拆除工程发包给不具有相应资质等级的施工单位的。

实战演练

[2020 真题·多选] 根据《建设工程安全生产管理条例》,建设单位的安全生产责任有( )。

A. 需要进行爆破作业的,办理申请批准手续
B. 提出防范生产安全事故的指导意见和措施建议
C. 不得要求施工企业购买不符合安全施工的用具设备
D. 对安全技术措施或者专项施工方案进行审查
E. 申领施工许可证应当提供有关安全施工措施的资料

[解析] 建设单位不得明示或者暗示施工单位购买、租赁、使用不符合安全施工要求的安全防护用具、机械设备、施工机具及配件、消防设施和器材。建设单位在申请领取施工许可证时,应当提供建设工程有关安全施工措施的资料。有下列情形之一的,建设单位应当按照国家有关规定办理申请批准手续:①需要临时占用规划批准范围以外场地的;②可能损坏道路、管线、电力、邮电通讯等公共设施的;③需要临时停水、停电、中断道路交

通的；④需要进行爆破作业的；⑤法律、法规规定需要办理报批手续的其他情形。

[答案] ACE

知识点 2 勘察、设计单位的安全责任

一、勘察单位的安全责任

《建设工程安全生产管理条例》第十二条规定，勘察单位应当按照法律、法规和工程建设强制性标准进行勘察，提供的勘察文件应当真实、准确，满足建设工程安全生产的需要。

勘察单位在勘察作业时，应当严格执行操作规程，采取措施保证各类管线、设施和周边建筑物、构筑物的安全。

二、设计单位的安全责任

《建设工程安全生产管理条例》第十三条规定，设计单位应当按照法律、法规和工程建设强制性标准进行设计，防止因设计不合理导致生产安全事故的发生。

设计单位应当考虑施工安全操作和防护的需要，对涉及施工安全的重点部位和环节在设计文件中注明，并对防范生产安全事故提出指导意见。

采用新结构、新材料、新工艺的建设工程和特殊结构的建设工程，设计单位应当在设计中提出保障施工作业人员安全和预防生产安全事故的措施建议。

设计单位和注册建筑师等注册执业人员应当对其设计负责。

三、违法责任的承担

《建筑法》规定，建筑设计单位不按照建筑工程质量、安全标准进行设计的，责令改正，处以罚款；造成工程质量事故的，责令停业整顿，降低资质等级或者吊销资质证书，没收违法所得，并处罚款；造成损失的，承担赔偿责任；构成犯罪的，依法追究刑事责任。

《建设工程安全生产管理条例》规定，违反本条例的规定，勘察单位、设计单位有下列行为之一的，责令限期改正，处10万元以上30万元以下的罚款；情节严重的，责令停业整顿，降低资质等级，直至吊销资质证书；造成重大安全事故，构成犯罪的，对直接责任人员，依照《刑法》有关规定追究刑事责任；造成损失的，依法承担赔偿责任：

（1）未按照法律、法规和工程建设强制性标准进行勘察、设计的。

（2）采用新结构、新材料、新工艺的建设工程和特殊结构的建设工程，设计单位未在设计中提出保障施工作业人员安全和预防生产安全事故的措施建议的。

实战演练

[2024真题·单选] 下列安全责任中，属于设计单位建设工程安全责任的是（　　）。

A. 处理施工安全事故隐患
B. 向施工企业提供真实、准确和完整的有关资料
C. 审查安全技术措施
D. 对采用新结构的建设工程在设计中提出预防生产安全事故的措施建议

[解析] 采用新结构、新材料、新工艺的建设工程和特殊结构的建设工程，设计单位应当在设计中提出保障施工作业人员安全和预防生产安全事故的措施建议。

[答案] D

知识点 3 工程监理单位的安全责任

一、安全责任的相关规定

《建设工程安全生产管理条例》第十四条规定，工程监理单位应当审查施工组织设计中的安全技术措施或者专项施工方案是否符合工程建设强制性标准。

工程监理单位在实施监理过程中，发现存在安全事故隐患的，应当要求施工单位整改；情况严重的，应当要求施工单位暂时停止施工，并及时报告建设单位。施工单位拒不整改或者不停止施工的，工程监理单位应当及时向有关主管部门报告。

工程监理单位和监理工程师应当按照法律、法规和工程建设强制性标准实施监理，并对建设工程安全生产承担监理责任。

二、违法责任的承担

《建设工程安全生产管理条例》规定，违反本条例的规定，工程监理单位有下列行为之一的，责令限期改正；逾期未改正的，责令停业整顿，并处 10 万元以上 30 万元以下的罚款；情节严重的，降低资质等级，直至吊销资质证书；造成重大安全事故，构成犯罪的，对直接责任人员，依照《刑法》有关规定追究刑事责任；造成损失的，依法承担赔偿责任：

（1）未对施工组织设计中的安全技术措施或者专项施工方案进行审查的。
（2）发现安全事故隐患未及时要求施工单位整改或者暂时停止施工的。
（3）施工单位拒不整改或者不停止施工，未及时向有关主管部门报告的。
（4）未依照法律、法规和工程建设强制性标准实施监理的。

知识点 4 机械设备、检验检测等单位的安全责任

一、机械设备单位的安全责任

（一）提供、出租机械设备单位

《建设工程安全生产管理条例》规定，为建设工程提供机械设备和配件的单位，应当按照安全施工的要求配备齐全有效的保险、限位等安全设施和装置。

出租的机械设备和施工机具及配件，应当具有生产（制造）许可证、产品合格证。出租单位应当对出租的机械设备和施工机具及配件的安全性能进行检测，在签订租赁协议时，应当出具检测合格证明。禁止出租检测不合格的机械设备和施工机具及配件。

《建筑起重机械安全监督管理规定》进一步规定，出租单位出租的建筑起重机械和使用单位购置、租赁、使用的建筑起重机械应当具有特种设备制造许可证、产品合格证、制造监督检验证明。

出租单位在建筑起重机械首次出租前，自购建筑起重机械的使用单位在建筑起重机械首次安装前，应当持建筑起重机械特种设备制造许可证、产品合格证和制造监督检验证明到本单位工商注册所在地县级以上地方人民政府建设主管部门办理备案。

出租单位应当在签订的建筑起重机械租赁合同中，明确租赁双方的安全责任，并出具建筑起重机械特种设备制造许可证、产品合格证、制造监督检验证明、备案证明和自检合格证明，提交安装使用说明书。

有下列情形之一的建筑起重机械，不得出租、使用：

（1）属国家明令淘汰或者禁止使用的。
（2）超过安全技术标准或者制造厂家规定的使用年限的。
（3）经检验达不到安全技术标准规定的。

(4) 没有完整安全技术档案的。
(5) 没有齐全有效的安全保护装置的。

建筑起重机械有上述第（1）（2）（3）项情形之一的，出租单位或者自购建筑起重机械的使用单位应当予以报废，并向原备案机关办理注销手续。

出租单位、自购建筑起重机械的使用单位，应当建立建筑起重机械安全技术档案。

（二）安装、拆卸施工起重机械等单位

《建设工程安全生产管理条例》规定，在施工现场安装、拆卸施工起重机械和整体提升脚手架、模板等自升式架设设施，必须由具有相应资质的单位承担。安装、拆卸施工起重机械和整体提升脚手架、模板等自升式架设设施，应当编制拆装方案、制定安全施工措施，并由专业技术人员现场监督。施工起重机械和整体提升脚手架、模板等自升式架设设施安装完毕后，安装单位应当自检，出具自检合格证明，并向施工单位进行安全使用说明，办理验收手续并签字。

施工起重机械和整体提升脚手架、模板等自升式架设设施的使用达到国家规定的检验检测期限的，必须经具有专业资质的检验检测机构检测。经检测不合格的，不得继续使用。

《建筑起重机械安全监督管理规定》进一步规定，从事建筑起重机械安装、拆卸活动的单位（以下简称安装单位）应当依法取得建设主管部门颁发的相应资质和建筑施工企业安全生产许可证，并在其资质许可范围内承揽建筑起重机械安装、拆卸工程。

建筑起重机械使用单位和安装单位应当在签订的建筑起重机械安装、拆卸合同中明确双方的安全生产责任。实行施工总承包的，施工总承包单位应当与安装单位签订建筑起重机械安装、拆卸工程安全协议书。

安装单位应当按照建筑起重机械安装、拆卸工程专项施工方案及安全操作规程组织安装、拆卸作业。安装单位的专业技术人员、专职安全生产管理人员应当进行现场监督，技术负责人应当定期巡查。

建筑起重机械安装完毕后，安装单位应当按照安全技术标准及安装使用说明书的有关要求对建筑起重机械进行自检、调试和试运转。自检合格的，应当出具自检合格证明，并向使用单位进行安全使用说明。

建筑起重机械安装完毕后，使用单位应当组织出租、安装、监理等有关单位进行验收，或者委托具有相应资质的检验检测机构进行验收。建筑起重机械经验收合格后方可投入使用，未经验收或者验收不合格的不得使用。实行施工总承包的，由施工总承包单位组织验收。

二、检验检测单位的安全责任

《建设工程安全生产管理条例》规定，检验检测机构对检测合格的施工起重机械和整体提升脚手架、模板等自升式架设设施，应当出具安全合格证明文件，并对检测结果负责。

《中华人民共和国特种设备安全法》（以下简称《特种设备安全法》）规定，特种设备检验、检测机构的检验、检测人员应当经考核，取得检验、检测人员资格，方可从事检验、检测工作。特种设备检验、检测机构的检验、检测人员不得同时在 2 个以上检验、检测机构中执业；变更执业机构的，应当依法办理变更手续。

特种设备检验、检测机构及其检验、检测人员对检验、检测过程中知悉的商业秘密，负有保密义务。特种设备检验、检测机构及其检验、检测人员不得从事有关特种设备的生产、经营活动，不得推荐或者监制、监销特种设备。

《检验检测机构监督管理办法》规定，检验检测机构及其人员应当对其出具的检验检测

报告负责,依法承担民事、行政和刑事法律责任。

从事检验检测活动的人员,不得同时在 2 个以上检验检测机构从业。检验检测授权签字人应当符合相关技术能力要求。法律、行政法规对检验检测人员或者授权签字人的执业资格或者禁止从业另有规定的,依照其规定。

检验检测机构应当在其检验检测报告上加盖检验检测机构公章或者检验检测专用章,由授权签字人在其技术能力范围内签发。检验检测机构不得出具不实检验检测报告。检验检测机构应当对检验检测原始记录和报告进行归档留存。保存期限不少于 6 年。

检验检测机构及其人员应当对其在检验检测工作中所知悉的国家秘密、商业秘密予以保密。

检验检测机构应当在其官方网站或者以其他公开方式对其遵守法定要求、独立公正从业、履行社会责任、严守诚实信用等情况进行自我声明,并对声明内容的真实性、全面性、准确性负责。检验检测机构应当向所在地省级市场监督管理部门报告持续符合相应条件和要求、遵守从业规范、开展检验检测活动以及统计数据等信息。检验检测机构在检验检测活动中发现普遍存在的产品质量问题的,应当及时向市场监督管理部门报告。

三、违法责任的承担

《建设工程安全生产管理条例》规定,违反本条例的规定,为建设工程提供机械设备和配件的单位,未按照安全施工的要求配备齐全有效的保险、限位等安全设施和装置的,责令限期改正,处合同价款 1 倍以上 3 倍以下的罚款;造成损失的,依法承担赔偿责任。

违反本条例的规定,出租单位出租未经安全性能检测或者经检测不合格的机械设备和施工机具及配件的,责令停业整顿,并处 5 万元以上 10 万元以下的罚款;造成损失的,依法承担赔偿责任。

违反本条例的规定,施工起重机械和整体提升脚手架、模板等自升式架设设施安装、拆卸单位有下列行为之一的,责令限期改正,处 5 万元以上 10 万元以下的罚款;情节严重的,责令停业整顿,降低资质等级,直至吊销资质证书;造成损失的,依法承担赔偿责任:

(1) 未编制拆装方案、制定安全施工措施的。
(2) 未由专业技术人员现场监督的。
(3) 未出具自检合格证明或者出具虚假证明的。
(4) 未向施工单位进行安全使用说明,办理移交手续的。

施工起重机械和整体提升脚手架、模板等自升式架设设施安装、拆卸单位有上述规定的第(1)项、第(3)项行为,经有关部门或者单位职工提出后,对事故隐患仍不采取措施,因而发生重大伤亡事故或者造成其他严重后果,构成犯罪的,对直接责任人员,依照《刑法》有关规定追究刑事责任。

> **实战演练**
>
> [2024 真题·单选] 关于建筑起重机械安装单位安全责任的说法,正确的是( )。
> A. 编制建筑起重机械安装、拆卸工程专项施工方案,并由本单位法定代表人签字
> B. 将建筑起重机械安装、拆卸时间报工程所在地县级以上地方人民政府建设主管部门审核
> C. 安装单位的技术负责人应当进行现场监督和定期巡查
> D. 组织安全施工技术交底并签字确认

[解析] 建筑起重机械安装单位应当履行下列安全职责：①按照安全技术标准及建筑起重机械性能要求，编制建筑起重机械安装、拆卸工程专项施工方案，并由本单位技术负责人签字（选项A错误）；②按照安全技术标准及安装使用说明书等检查建筑起重机械及现场施工条件；③组织安全施工技术交底并签字确认（选项D正确）；④制定建筑起重机械安装、拆卸工程生产安全事故应急救援预案；⑤将建筑起重机械安装、拆卸工程专项施工方案，安装、拆卸人员名单，安装、拆卸时间等材料报施工总承包单位和监理单位审核后，告知工程所在地县级以上地方人民政府建设主管部门（选项B错误）。选项C错误，安装单位的专业技术人员、专职安全生产管理人员应当进行现场监督，技术负责人应当定期巡查。

[答案] D

[2022真题·单选] 施工起重机械和整体提升脚手架、模板等自升式架设设施安装完毕后，应当自检并出具自检合格证明的单位是（　　）。

A. 建设单位　　　　　　　　B. 施工企业
C. 租赁单位　　　　　　　　D. 安装单位

[解析]《建设工程安全生产管理条例》规定，施工起重机械和整体提升脚手架、模板等自升式架设设施安装完毕后，安装单位应当自检，出具自检合格证明，并向施工单位进行安全使用说明，办理验收手续并签字。

[答案] D

[2022真题·多选] 根据《建设工程安全生产管理条例》，出租单位出租机械设备和施工机具及配件，应提供的证明有（　　）。

A. 租赁合同　　　　　　　　B. 备案证明
C. 生产（制造）许可证　　　　D. 产品合格证
E. 安全性能检测合格证明

[解析] 根据《建设工程安全生产管理条例》，出租的机械设备和施工机具及配件，应当具有生产（制造）许可证、产品合格证。出租单位应当对出租的机械设备和施工机具及配件的安全性能进行检测，在签订租赁协议时，应当出具检测合格证明。禁止出租检测不合格的机械设备和施工机具及配件。

[答案] CDE

第二节　施工安全生产许可证制度

知识点 1　申请领取安全生产许可证的程序和条件

一、安全生产许可证的适用范围

《安全生产许可证条例》规定，国家对矿山企业、建筑施工企业和危险化学品、烟花爆竹、民用爆炸物品生产企业（统称企业）实行安全生产许可制度。企业未取得安全生产许可证的，不得从事生产活动。

省、自治区、直辖市人民政府建设主管部门负责建筑施工企业安全生产许可证的颁发和管理，并接受国务院建设主管部门的指导和监督。

《建筑施工企业安全生产许可证管理规定》规定，国家对建筑施工企业实行安全生产许可制度。建筑施工企业未取得安全生产许可证的，不得从事建筑施工活动。

国务院住房城乡建设主管部门负责对全国建筑施工企业安全生产许可证的颁发和管理工

作进行监督指导。省、自治区、直辖市人民政府住房城乡建设主管部门负责本行政区域内建筑施工企业安全生产许可证的颁发和管理工作。市、县人民政府住房城乡建设主管部门负责本行政区域内建筑施工企业安全生产许可证的监督管理，并将监督检查中发现的企业违法行为及时报告安全生产许可证颁发管理机关。

二、申请领取安全生产许可证的程序

根据《建筑施工企业安全生产许可证管理规定》，申请领取安全生产许可证的程序如图 6-2-1 所示。

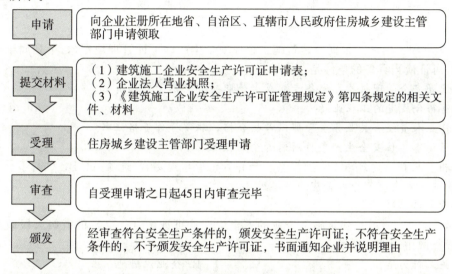

图 6-2-1　申请领取安全生产许可证的程序

➤ **注意**：建筑施工企业申请安全生产许可证，应当对申请材料实质内容的真实性负责，不得隐瞒有关情况或者提供虚假材料。

三、申请领取安全生产许可证的条件

《建筑施工企业安全生产许可证管理规定》规定，建筑施工企业取得安全生产许可证，应当具备下列安全生产条件：

（1）建立、健全安全生产责任制，制定完备的安全生产规章制度和操作规程。

（2）保证本单位安全生产条件所需资金的投入。

（3）设置安全生产管理机构，按照国家有关规定配备专职安全生产管理人员。

（4）主要负责人、项目负责人、专职安全生产管理人员经住房城乡建设主管部门或者其他有关部门考核合格。【三管人员】

（5）特种作业人员经有关业务主管部门考核合格，取得特种作业操作资格证书。【特种作业人员】

（6）管理人员和作业人员每年至少进行 1 次安全生产教育培训并考核合格。【管理人员、作业人员】

（7）依法参加工伤保险，依法为施工现场从事危险作业的人员办理意外伤害保险，为从业人员交纳保险费。

（8）施工现场的办公、生活区及作业场所和安全防护用具、机械设备、施工机具及配件符合有关安全生产法律、法规、标准和规程的要求。

（9）有职业危害防治措施，并为作业人员配备符合国家标准或者行业标准的安全防护用

具和安全防护服装。

（10）有对危险性较大的分部分项工程及施工现场易发生重大事故的部位、环节的预防、监控措施和应急预案。

（11）有生产安全事故应急救援预案、应急救援组织或者应急救援人员，配备必要的应急救援器材、设备。

（12）法律、法规规定的其他条件。

● **点拨**
安全生产条件的关键词包括制、钱、人、险、防护、应急。

实战演练

[2023真题·单选] 根据《建筑施工企业安全生产许可证管理规定》，下列属于取得安全生产许可证应当具备的条件是（　　）。
A. 设置安全管理机构，配备专职或者兼职安全生产管理人员
B. 有符合规定的工程业绩
C. 作业人员经有关业务主管部门考核合格，取得操作资格证书
D. 保证本单位安全生产条件所需资金的投入
[解析] 根据《建筑施工企业安全生产许可证管理规定》，选项A、B、C均不属于建筑施工企业取得安全生产许可证应当具备的条件。
[答案] D

[2021真题·单选] 建筑施工企业的安全生产许可证由（　　）的省级人民政府住房城乡建设行政主管部门颁发。
A. 施工行为地　　　　　　　　B. 企业注册地
C. 建设工程合同履行地　　　　D. 建设工程合同签订地
[解析]《建筑施工企业安全生产许可证管理规定》规定，建筑施工企业从事建筑施工活动前，应当依照本规定向企业注册所在地省、自治区、直辖市人民政府住房城乡建设主管部门申请领取安全生产许可证。
[答案] B

[2020真题·单选] 根据《建筑施工企业安全生产许可证管理规定》，建筑施工企业申请安全生产许可证时，应向住房城乡建设主管部门提供的材料是（　　）。
A. 营业执照　　　　　　　　　B. 企业资质证书
C. 审计报告　　　　　　　　　D. 安全生产承诺书
[解析] 建筑施工企业申请安全生产许可证时，应当向住房城乡建设主管部门提供下列材料：①建筑施工企业安全生产许可证申请表；②企业法人营业执照；③与申请安全生产许可证应当具备的安全生产条件相关的文件、材料。
[答案] A

知识点 2 安全生产许可证的有效期和撤销

一、安全生产许可证的有效期

《建筑施工企业安全生产许可证管理规定》规定，安全生产许可证的有效期为3年。安全生产许可证有效期满需要延期的，企业应当于期满前3个月向原安全生产许可证颁发管理机关申请办理延期手续。

企业在安全生产许可证有效期内，严格遵守有关安全生产的法律法规，未发生死亡事故

的，安全生产许可证有效期届满时，经原安全生产许可证颁发管理机关同意，不再审查，安全生产许可证有效期延期3年。

二、安全生产许可证的变更与补办

建筑施工企业变更名称、地址、法定代表人等，应当在变更后10日内，到原安全生产许可证颁发管理机关办理安全生产许可证变更手续。

建筑施工企业遗失安全生产许可证，应当立即向原安全生产许可证颁发管理机关报告，并在公众媒体上声明作废后，方可申请补办。

三、安全生产许可证的注销与撤销

建筑施工企业破产、倒闭、撤销的，应当将安全生产许可证交回原安全生产许可证颁发管理机关予以注销。

安全生产许可证颁发管理机关或者其上级行政机关发现有下列情形之一的，可以撤销已经颁发的安全生产许可证：

（1）安全生产许可证颁发管理机关工作人员滥用职权、玩忽职守颁发安全生产许可证的。

（2）超越法定职权颁发安全生产许可证的。

（3）违反法定程序颁发安全生产许可证的。

（4）对不具备安全生产条件的建筑施工企业颁发安全生产许可证的。

（5）依法可以撤销已经颁发的安全生产许可证的其他情形。

依照上述规定撤销安全生产许可证，建筑施工企业的合法权益受到损害的，住房城乡建设主管部门应当依法给予赔偿。

四、其他规定

（1）县级以上人民政府住房城乡建设主管部门应当加强对建筑施工企业安全生产许可证的监督管理。住房城乡建设主管部门在审核发放施工许可证时，应当对已经确定的建筑施工企业是否有安全生产许可证进行审查，对没有取得安全生产许可证的，不得颁发施工许可证。

（2）建筑施工企业取得安全生产许可证后，不得降低安全生产条件，并应当加强日常安全生产管理，接受住房城乡建设主管部门的监督检查。安全生产许可证颁发管理机关发现企业不再具备安全生产条件的，应当暂扣或者吊销安全生产许可证。

（3）安全生产许可证颁发管理机关应当建立、健全安全生产许可证档案管理制度，定期向社会公布企业取得安全生产许可证的情况，每年向同级安全生产监督管理部门通报建筑施工企业安全生产许可证颁发和管理情况。

（4）建筑施工企业不得转让、冒用安全生产许可证或者使用伪造的安全生产许可证。

（5）住房城乡建设主管部门工作人员在安全生产许可证颁发、管理和监督检查工作中，不得索取或者接受建筑施工企业的财物，不得谋取其他利益。

● 总结

本书涉及的六大证书申请主体、有效期及申请延期的时间总结见表6-2-1。

表6-2-1 本书涉及的六大证书申请主体、有效期及申请延期的时间总结

名称	申请主体	有效期	申请延期的时间
企业资质证书	建筑施工企业	5年	有效期届满3个月前
建造师执业资格注册证书	建造师	3年	有效期届满30日前

续表

名称	申请主体	有效期	申请延期的时间
建设工程规划许可证（乡村建设规划许可证）	建设单位或个人	法律未做统一要求，根据各地政策，有效期6个月到1年不等，一般可以申请延期	
施工许可证	建设单位	3个月（最长9个月）	有效期内皆可
开工报告	建设单位	6个月	一次性，不得延长
安全生产许可证	建筑施工企业	3年	期满前3个月

实战演练

[2024真题·单选] 关于安全生产许可证有效期的说法，正确的是（　　）。
A. 延期手续由原安全生产许可证颁发管理机关办理
B. 安全生产许可证的有效期为5年
C. 安全生产许可证需要延期的，企业应当于期满后3个月内申请延期
D. 未发生重大安全事故的，安全生产许可证有效期届满时自动延期

[解析] 选项A正确、选项C错误，安全生产许可证有效期满需要延期的，企业应当于期满前3个月向原安全生产许可证颁发管理机关申请办理延期手续。选项B错误，《建筑施工企业安全生产许可证管理规定》规定，安全生产许可证的有效期为3年。选项D错误，企业在安全生产许可证有效期内，严格遵守有关安全生产的法律法规，未发生死亡事故的，安全生产许可证有效期届满时，经原安全生产许可证颁发管理机关同意，不再审查，安全生产许可证有效期延期3年。

[答案] A

[2022真题·单选] 建筑施工企业破产、倒闭、撤销的，其安全生产许可证应当予以（　　）。
A. 撤销　　　　　　B. 延期　　　　　　C. 补办　　　　　　D. 注销

[解析] 建筑施工企业破产、倒闭、撤销的，应当将安全生产许可证交回原安全生产许可证颁发管理机关予以注销。

[答案] D

[2024真题·多选] 下列情形中，安全生产许可证颁发管理机关或者其上级行政机关可以撤销已经颁发的安全生产许可证的有（　　）。
A. 安全生产许可证颁发管理机关工作人员玩忽职守颁发安全生产许可证的
B. 超越法定职权颁发安全生产许可证的
C. 安全生产许可证颁发管理机关发现企业不再具备安全生产条件的
D. 企业转让、冒用安全生产许可证的
E. 违反法定程序颁发安全生产许可证的

[解析] 安全生产许可证颁发管理机关或者其上级行政机关发现有下列情形之一的，可以撤销已经颁发的安全生产许可证：①安全生产许可证颁发管理机关工作人员滥用职权、玩忽职守颁发安全生产许可证的；②超越法定职权颁发安全生产许可证的；③违反法定程序颁发安全生产许可证的；④对不具备安全生产条件的建筑施工企业颁发安全生产许可证的；⑤依法可以撤销已经颁发的安全生产许可证的其他情形。选项C错误，安全生产许可证颁发管理机关发现企业不再具备安全生产条件的，应当暂扣或者吊销安全生产许可证。选项D错误，建筑施工企业不得转让、冒用安全生产许可证或者使用伪造的安全生产许可证，冒用安全生产许可证依照《建筑施工企业安全生产许可证管理规定》第二十四条规定处罚。

[答案] ABE

知识点 3 违法行为的法律责任

根据《建筑施工企业安全生产许可证管理规定》，安全生产许可证相关的法律责任见表6-2-2。

表6-2-2 安全生产许可证相关的法律责任

违法行为	法律责任
未取得安全生产许可证擅自从事建筑施工活动的	责令其在建项目停止施工，没收违法所得，并处10万元以上50万元以下的罚款；造成重大安全事故或者其他严重后果，构成犯罪的，依法追究刑事责任
冒用安全生产许可证或者使用伪造的安全生产许可证的	
接受转让安全生产许可证的	
安全生产许可证有效期满未办理延期手续，继续从事建筑施工活动的	责令其在建项目停止施工，限期补办延期手续，没收违法所得，并处5万元以上10万元以下的罚款；逾期仍不办理延期手续，继续从事建筑施工活动的，依照上述"未取得安全生产许可证擅自从事建筑施工活动的"规定处罚
转让安全生产许可证的	没收违法所得，处10万元以上50万元以下的罚款，并吊销安全生产许可证；构成犯罪的，依法追究刑事责任
取得安全生产许可证的建筑施工企业，发生重大安全事故的	暂扣安全生产许可证并限期整改
建筑施工企业不再具备安全生产条件的	暂扣安全生产许可证并限期整改；情节严重的，吊销安全生产许可证
隐瞒有关情况或者提供虚假材料申请安全生产许可证的	不予受理或者不予颁发安全生产许可证，并给予警告，1年内不得申请安全生产许可证
以欺骗、贿赂等不正当手段取得安全生产许可证的	撤销安全生产许可证，3年内不得再次申请安全生产许可证；构成犯罪的，依法追究刑事责任

> **实战演练**
>
> [2021真题·单选] 安全生产许可证颁发管理机关发现建筑施工企业不再具备安全生产条件且情节严重的，应当对已经颁发的安全生产许可证予以（　　）。
> A. 暂扣　　　　　　　　　　B. 撤销
> C. 吊销　　　　　　　　　　D. 变更
> [解析] 建筑施工企业不再具备安全生产条件的，暂扣安全生产许可证并限期整改；情节严重的，吊销安全生产许可证。
> [答案] C

第三节　施工单位安全生产责任制度

《安全生产法》规定，安全生产工作坚持中国共产党的领导。安全生产工作应当以人为本,坚持人民至上、生命至上,把保护人民生命安全摆在首位,树牢安全发展理念,坚持安全第一、预防为主、综合治理的方针,从源头上防范化解重大安全风险。安全生产工作实行管行业必须管安全、管业务必须管安全、管生产经营必须管安全,强化和落实生产经营单位主体责任与政府监管责任,建立生产经营单位负责、职工参与、政府监管、行业自律和社会监督的机制。

施工单位应当遵守《安全生产法》和其他有关安全生产的法律、法规,加强安全生产管理,建立健全全员安全生产责任制和安全生产规章制度,提高安全生产水平,确保安全生产。

知识点 1 施工单位的安全生产责任

根据《建筑施工企业主要负责人、项目负责人和专职安全生产管理人员安全生产管理规定》,施工单位安全生产主体包括企业主要负责人、项目负责人和专职安全生产管理人员(合称"安管人员")。

企业主要负责人,是指对本企业生产经营活动和安全生产工作具有决策权的领导人员。

项目负责人,是指取得相应注册执业资格,由企业法定代表人授权,负责具体工程项目管理的人员。

专职安全生产管理人员,是指在企业专职从事安全生产管理工作的人员,包括企业安全生产管理机构的人员和工程项目专职从事安全生产管理工作的人员。

一、施工单位主要负责人的安全生产责任

根据《建筑施工企业主要负责人、项目负责人和专职安全生产管理人员安全生产管理规定实施意见》,企业主要负责人包括法定代表人、总经理(总裁)、分管安全生产的副总经理(副总裁)、分管生产经营的副总经理(副总裁)、技术负责人、安全总监等。

《建筑法》规定,建筑施工企业必须依法加强对建筑安全生产的管理,执行安全生产责任制度,采取有效措施,防止伤亡和其他安全生产事故的发生。建筑施工企业的法定代表人对本企业的安全生产负责。

《安全生产法》规定,生产经营单位的主要负责人是本单位安全生产第一责任人,对本单位的安全生产工作全面负责。其他负责人对职责范围内的安全生产工作负责。

生产经营单位的主要负责人对本单位安全生产工作负有下列职责:
(1)建立健全并落实本单位全员安全生产责任制,加强安全生产标准化建设。
(2)组织制定并实施本单位安全生产规章制度和操作规程。
(3)组织制定并实施本单位安全生产教育和培训计划。
(4)保证本单位安全生产投入的有效实施。
(5)组织建立并落实安全风险分级管控和隐患排查治理双重预防工作机制,督促、检查本单位的安全生产工作,及时消除生产安全事故隐患。
(6)组织制定并实施本单位的生产安全事故应急救援预案。
(7)及时、如实报告生产安全事故。

《建设工程安全生产管理条例》规定,施工单位主要负责人依法对本单位的安全生产工作全面负责。施工单位应当建立健全安全生产责任制度和安全生产教育培训制度,制定安全生产规章制度和操作规程,保证本单位安全生产条件所需资金的投入,对所承担的建设工程进行定期和专项安全检查,并做好安全检查记录。

《建筑施工企业主要负责人、项目负责人和专职安全生产管理人员安全生产管理规定》规定,主要负责人对本企业安全生产工作全面负责,应当建立健全企业安全生产管理体系,

设置安全生产管理机构，配备专职安全生产管理人员，保证安全生产投入，督促检查本企业安全生产工作，及时消除安全事故隐患，落实安全生产责任。

主要负责人应当与项目负责人签订安全生产责任书，确定项目安全生产考核目标、奖惩措施，以及企业为项目提供的安全管理和技术保障措施。工程项目实行总承包的，总承包企业应当与分包企业签订安全生产协议，明确双方安全生产责任。

主要负责人应当按规定检查企业所承担的工程项目，考核项目负责人安全生产管理能力。发现项目负责人履职不到位的，应当责令其改正；必要时，调整项目负责人。检查情况应当记入企业和项目安全管理档案。

> **知识链接：**《房屋市政工程生产安全重大事故隐患判定标准（2024版）》规定，施工安全管理有下列情形之一的，应判定为重大事故隐患：①建筑施工企业未取得安全生产许可证擅自从事建筑施工活动或超（无）资质承揽工程；②建筑施工企业未按照规定要求足额配备安全生产管理人员，或其主要负责人、项目负责人、专职安全生产管理人员未取得有效安全生产考核合格证书从事相关工作；③建筑施工特种作业人员未取得有效特种作业人员操作资格证书上岗作业；④危险性较大的分部分项工程（以下简称危大工程）未编制、未审核专项施工方案，或专项施工方案存在严重缺陷的，或未按规定组织专家对"超过一定规模的危大工程范围"的专项施工方案进行论证；⑤对于按照规定需要验收的危大工程，未经验收合格即进入下一道工序或投入使用。

二、施工项目负责人的安全生产责任

《建设工程安全生产管理条例》规定，施工单位的项目负责人应当由取得相应执业资格的人员担任，对建设工程项目的安全施工负责，落实安全生产责任制度、安全生产规章制度和操作规程，确保安全生产费用的有效使用，并根据工程的特点组织制定安全施工措施，消除安全事故隐患，及时、如实报告生产安全事故。

《建筑施工企业主要负责人、项目负责人和专职安全生产管理人员安全生产管理规定》规定，项目负责人对本项目安全生产管理全面负责，应当建立项目安全生产管理体系，明确项目管理人员安全职责，落实安全生产管理制度，确保项目安全生产费用有效使用。

项目负责人应当按规定实施项目安全生产管理，监控危大工程，及时排查处理施工现场安全事故隐患，隐患排查处理情况应当记入项目安全管理档案；发生事故时，应当按规定及时报告并开展现场救援。工程项目实行总承包的，总承包企业项目负责人应当定期考核分包企业安全生产管理情况。

● **点拨**

注意区分施工单位主要负责人与施工项目负责人的安全生产责任。

三、安全生产管理机构和专职安全生产管理人员的安全生产责任

《安全生产法》规定，矿山、金属冶炼、建筑施工、运输单位和危险物品的生产、经营、储存、装卸单位，应当设置安全生产管理机构或者配备专职安全生产管理人员。上述规定以外的其他生产经营单位，从业人员超过100人的，应当设置安全生产管理机构或者配备专职安全生产管理人员；从业人员在100人以下的，应当配备专职或者兼职的安全生产管理人员。

专职安全生产管理人员分为机械、土建、综合3类。机械类专职安全生产管理人员可以从事起重机械、土石方机械、桩工机械等安全生产管理工作。土建类专职安全生产管理人员可以从事除起重机械、土石方机械、桩工机械等安全生产管理工作以外的安全生产管理工作。综合类专职安全生产管理人员可以从事全部安全生产管理工作。

(一) 安全生产管理机构的安全生产责任

《建筑施工企业安全生产管理机构设置及专职安全生产管理人员配备办法》规定，建筑施工企业应当依法设置安全生产管理机构，在企业主要负责人的领导下开展本企业的安全生产管理工作。

建筑施工企业安全生产管理机构具有以下职责：

(1) 宣传和贯彻国家有关安全生产法律法规和标准。
(2) 编制并适时更新安全生产管理制度并监督实施。
(3) 组织或参与企业生产安全事故应急救援预案的编制及演练。
(4) 组织开展安全教育培训与交流。
(5) 协调配备项目专职安全生产管理人员。
(6) 制订企业安全生产检查计划并组织实施。
(7) 监督在建项目安全生产费用的使用。
(8) 参与危险性较大工程安全专项施工方案专家论证会。
(9) 通报在建项目违规违章查处情况。
(10) 组织开展安全生产评优评先表彰工作。
(11) 建立企业在建项目安全生产管理档案。
(12) 考核评价分包企业安全生产业绩及项目安全生产管理情况。
(13) 参加生产安全事故的调查和处理工作。
(14) 企业明确的其他安全生产管理职责。

➤ **知识链接**：《建筑施工企业安全生产管理机构设置及专职安全生产管理人员配备办法》规定，安全生产领导小组的主要职责：①贯彻落实国家有关安全生产法律法规和标准；②组织制定项目安全生产管理制度并监督实施；③编制项目生产安全事故应急救援预案并组织演练；④保证项目安全生产费用的有效使用；⑤组织编制危险性较大工程安全专项施工方案；⑥开展项目安全教育培训；⑦组织实施项目安全检查和隐患排查；⑧建立项目安全生产管理档案；⑨及时、如实报告安全生产事故。

(二) 专职安全生产管理人员的安全生产责任

《建设工程安全生产管理条例》规定，专职安全生产管理人员负责对安全生产进行现场监督检查。发现安全事故隐患，应当及时向项目负责人和安全生产管理机构报告；对于违章指挥、违章操作的，应当立即制止。

1. 安全生产管理机构专职安全生产管理人员

《建筑施工企业主要负责人、项目负责人和专职安全生产管理人员安全生产管理规定》规定，企业安全生产管理机构专职安全生产管理人员应当检查在建项目安全生产管理情况，重点检查项目负责人、项目专职安全生产管理人员履责情况，处理在建项目违规违章行为，并记入企业安全管理档案。

《建筑施工企业安全生产管理机构设置及专职安全生产管理人员配备办法》规定，建筑施工企业安全生产管理机构专职安全生产管理人员在施工现场检查过程中具有以下职责：

(1) 查阅在建项目安全生产有关资料、核实有关情况。
(2) 检查危险性较大工程安全专项施工方案落实情况。
(3) 监督项目专职安全生产管理人员履责情况。
(4) 监督作业人员安全防护用品的配备及使用情况。
(5) 对发现的安全生产违章违规行为或安全隐患，有权当场予以纠正或作出处理决定。
(6) 对不符合安全生产条件的设施、设备、器材，有权当场作出查封的处理决定。

(7) 对施工现场存在的重大安全隐患有权越级报告或直接向建设主管部门报告。
(8) 企业明确的其他安全生产管理职责。

2. 工程项目专职安全生产管理人员

《建筑施工企业主要负责人、项目负责人和专职安全生产管理人员安全生产管理规定》规定,项目专职安全生产管理人员应当每天在施工现场开展安全检查,现场监督危大工程安全专项施工方案实施。对检查中发现的安全事故隐患,应当立即处理;不能处理的,应当及时报告项目负责人和企业安全生产管理机构。项目负责人应当及时处理。检查及处理情况应当记入项目安全管理档案。

《建筑施工企业安全生产管理机构设置及专职安全生产管理人员配备办法》规定,建筑施工企业应当实行建设工程项目专职安全生产管理人员委派制度。建设工程项目的专职安全生产管理人员应当定期将项目安全生产管理情况报告企业安全生产管理机构。

项目专职安全生产管理人员具有以下主要职责:
(1) 负责施工现场安全生产日常检查并做好检查记录。
(2) 现场监督危险性较大工程安全专项施工方案实施情况。
(3) 对作业人员违规违章行为有权予以纠正或查处。
(4) 对施工现场存在的安全隐患有权责令立即整改。
(5) 对于发现的重大安全隐患,有权向企业安全生产管理机构报告。
(6) 依法报告生产安全事故情况。

(三) 专职安全生产管理人员的配备

建筑施工企业安全生产管理机构和工程项目应当按规定配备相应数量和相关专业的专职安全生产管理人员。危大工程施工时,应当安排专职安全生产管理人员现场监督。

根据《建筑施工企业安全生产管理机构设置及专职安全生产管理人员配备办法》,专职安全生产管理人员的配备要求见表6-3-1。

表6-3-1 专职安全生产管理人员的配备要求

类别	配备要求
安全生产管理机构专职安全生产管理人员	(1) 建筑施工总承包资质序列企业:特级资质不少于6人;一级资质不少于4人;二级和二级以下资质企业不少于3人; (2) 建筑施工专业承包资质序列企业:一级资质不少于3人;二级和二级以下资质企业不少于2人; (3) 建筑施工劳务分包资质序列企业:不少于2人; (4) 建筑施工企业的分公司、区域公司等较大的分支机构应依据实际生产情况配备不少于2人的专职安全生产管理人员; 应根据企业经营规模、设备管理和生产需要予以增加
总承包单位项目专职安全生产管理人员	建筑工程、装修工程按照建筑面积配备: (1) 1万平方米以下的工程不少于1人; (2) 1万~5万平方米的工程不少于2人; (3) 5万平方米及以上的工程不少于3人,且按专业配备专职安全生产管理人员
	土木工程、线路管道、设备安装工程按照工程合同价配备: (1) 5 000万元以下的工程不少于1人; (2) 5 000万~1亿元的工程不少于2人; (3) 1亿元及以上的工程不少于3人,且按专业配备专职安全生产管理人员

续表

类别	配备要求
分包单位项目专职安全生产管理人员	专业承包单位应当配置至少1人，并根据所承担的分部分项工程的工程量和施工危险程度增加
	（1）劳务分包单位施工人员在50人以下的，应当配备1名专职安全生产管理人员； （2）50～200人的，应当配备2名专职安全生产管理人员； （3）200人及以上的，应当配备3名及以上专职安全生产管理人员，并根据所承担的分部分项工程施工危险实际情况增加，不得少于工程施工人员总人数的5‰

采用新技术、新工艺、新材料或致害因素多、施工作业难度大的工程项目，项目专职安全生产管理人员的数量应当根据施工实际情况，在总承包单位和分包单位配备的项目专职安全生产管理人员的标准上增加。

（四）专职安全生产管理人员的审查

安全生产许可证颁发管理机关颁发安全生产许可证时，应当审查建筑施工企业安全生产管理机构设置及其专职安全生产管理人员的配备情况。

建设主管部门核发施工许可证或者核准开工报告时，应当审查该工程项目专职安全生产管理人员的配备情况。

建设主管部门应当监督检查建筑施工企业安全生产管理机构及其专职安全生产管理人员履责情况。

实战演练

[2024真题·单选] 下列情形中，应当判定为施工安全管理重大事故隐患的是（　　）。
A. 建筑施工特种作业人员未取得特种作业人员操作资格证书上岗作业
B. 施工企业未取得安全生产许可证
C. 施工从业人员未取得安全生产考核合格证书从事相关工作
D. 分部分项工程未编制、未审核专项施工方案

[解析] 施工安全管理有下列情形之一的，应判定为重大事故隐患：①建筑施工企业未取得安全生产许可证擅自从事建筑施工活动或超（无）资质承揽工程；②建筑施工企业未按照规定要求足额配备安全生产管理人员，或其主要负责人、项目负责人、专职安全生产管理人员未取得有效安全生产考核合格证书从事相关工作；③建筑施工特种作业人员未取得有效特种作业人员操作资格证书上岗作业；④危大工程未编制、未审核专项施工方案，或专项施工方案存在严重缺陷的，或未按规定组织专家对"超过一定规模的危大工程范围"的专项施工方案进行论证；⑤对于按照规定需要验收的危大工程，未经验收合格即进入下一道工序或投入使用。

[答案] A

[2023真题·单选] 关于施工企业安全生产责任的说法，正确的是（　　）。
A. 企业主要负责人是本单位安全生产第一责任人
B. 应当设置专职安全生产分管负责人
C. 安全生产责任书应当由施工企业法定代表人与项目负责人签字
D. 工程项目实行总承包的，安全生产责任全部由总承包单位承担

[解析]《安全生产法》规定，生产经营单位的主要负责人是本单位安全生产第一责任人，对本单位的安全生产工作全面负责。其他负责人对职责范围内的安全生产工作负责。生产经营单位可以设置专职安全生产分管负责人，协助本单位主要负责人履行安全生产管理职责。主要负责人应当与项目负责人签订安全生产责任书，确定项目安全生产考核目标、奖惩措施，以及企业为项目提供的安全管理和技术保障措施，工程项目实行总承包的，总承包企业应当与分包企业签订安全生产协议，明确双方安全生产责任。

[答案] A

[2023真题·单选] 关于总承包单位项目专职安全生产管理人员配备人数的要求，正确的是（　　）。

A. 1万平方米以下的建筑工程不少于2人
B. 5 000万元以下的土木工程不少于1人
C. 1万~5万平方米的装修工程不少于3人
D. 5 000万~1亿元的线路管道工程不少于3人

[解析] 总承包单位配备项目专职安全生产管理人员应当满足下列要求：①建筑工程、装修工程按照建筑面积配备，1万平方米以下的工程不少于1人（选项A错误）；1万~5万平方米的工程不少于2人（选项C错误）；5万平方米及以上的工程不少于3人，且按专业配备专职安全生产管理人员。②土木工程、线路管道、设备安装工程按照工程合同价配备，5 000万元以下的工程不少于1人（选项B正确）；5 000万~1亿元的工程不少于2人（选项D错误）；1亿元及以上的工程不少于3人，且按专业配备专职安全生产管理人员。

[答案] B

[2024真题·多选] 根据《建筑施工企业主要负责人、项目负责人和专职安全生产管理人员安全生产管理规定实施意见》，施工企业专职安全生产管理人员的类型有（　　）。

A. 安装
B. 机械
C. 土建
D. 特种作业
E. 综合

[解析] 专职安全生产管理人员分为机械、土建、综合3类。机械类专职安全生产管理人员可以从事起重机械、土石方机械、桩工机械等安全生产管理工作。土建类专职安全生产管理人员可以从事除起重机械、土石方机械、桩工机械等安全生产管理工作以外的安全生产管理工作。综合类专职安全生产管理人员可以从事全部安全生产管理工作。

[答案] BCE

[2022真题·多选] 根据《安全生产法》，下列单位中，应当设置安全生产管理机构或者配备专职安全生产管理人员的有（　　）。

A. 矿山企业
B. 金属冶炼企业
C. 建筑施工企业
D. 道路运输企业
E. 仓储企业

[解析] 根据《安全生产法》，矿山、金属冶炼、建筑施工、运输单位和危险物品的生产、经营、储存、装卸单位，应当设置安全生产管理机构或者配备专职安全生产管理人员。

[答案] ABCD

知识点 2　施工总承包和分包单位的安全生产责任

《建筑法》规定，施工现场安全由建筑施工企业负责。实行施工总承包的，由总承包单位负责。分包单位向总承包单位负责，服从总承包单位对施工现场的安全生产管理。

《建设工程安全生产管理条例》规定，建设工程实行施工总承包的，由总承包单位对施工现场的安全生产负总责。

总承包单位应当自行完成建设工程主体结构的施工。

总承包单位依法将建设工程分包给其他单位的，分包合同中应当明确各自的安全生产方面的权利、义务。总承包单位和分包单位对分包工程的安全生产承担连带责任。

分包单位应当服从总承包单位的安全生产管理，分包单位不服从管理导致生产安全事故的，由分包单位承担主要责任。

知识点 3 施工单位负责人和项目负责人施工现场带班制度

《建筑施工企业负责人及项目负责人施工现场带班暂行办法》规定，本办法所称的建筑施工企业负责人，是指企业的法定代表人、总经理、主管质量安全和生产工作的副总经理、总工程师和副总工程师。

建筑施工企业应当建立企业负责人及项目负责人施工现场带班制度，并严格考核。施工现场带班制度应明确其工作内容、职责权限和考核奖惩等要求。

施工现场带班包括企业负责人带班检查和项目负责人带班生产。

一、企业负责人带班检查

企业负责人带班检查是指由建筑施工企业负责人带队实施对工程项目质量安全生产状况及项目负责人带班生产情况的检查。

建筑施工企业法定代表人是落实企业负责人及项目负责人施工现场带班制度的第一责任人，对落实带班制度全面负责。

建筑施工企业负责人要定期带班检查，每月检查时间不少于其工作日的25%。建筑施工企业负责人带班检查时，应认真做好检查记录，并分别在企业和工程项目存档备查。

工程项目进行超过一定规模的危大工程施工时，建筑施工企业负责人应到施工现场进行带班检查。对于有分公司（非独立法人）的企业集团，集团负责人因故不能到现场的，可书面委托工程所在地的分公司负责人对施工现场进行带班检查。

工程项目出现险情或发现重大隐患时，建筑施工企业负责人应到施工现场带班检查，督促工程项目进行整改，及时消除险情和隐患。

二、项目负责人带班生产

项目负责人带班生产是指项目负责人在施工现场组织协调工程项目的质量安全生产活动。

项目负责人是工程项目质量安全管理的第一责任人，应对工程项目落实带班制度负责。项目负责人在同一时期只能承担一个工程项目的管理工作。

项目负责人带班生产时，要全面掌握工程项目质量安全生产状况，加强对重点部位、关键环节的控制，及时消除隐患。要认真做好带班生产记录并签字存档备查。

项目负责人每月带班生产时间不得少于本月施工时间的80%。因其他事务需离开施工现场时，应向工程项目的建设单位请假，经批准后方可离开。离开期间应委托项目相关负责人负责其外出时的日常工作。

第六章 建设工程安全生产法律制度

> **实战演练**

[2024 真题·单选] 下列情形中，施工企业负责人应当到施工现场进行带班检查的是（　　）。

A. 工程项目进行超过一定规模的分部分项工程施工时

B. 项目负责人因故暂时离岗时

C. 工程项目出现险情时

D. 工程项目发现一般隐患时

[解析] 工程项目进行超过一定规模的危大工程施工时，建筑施工企业负责人应到施工现场进行带班检查。工程项目出现险情或发现重大隐患时，建筑施工企业负责人应到施工现场带班检查，督促工程项目进行整改，及时消除险情和隐患。

[答案] C

[2023 真题·单选] 关于施工项目负责人安全生产责任的说法，正确的是（　　）。

A. 对本企业安全生产管理全面负责

B. 向监理单位请假并经同意后，项目负责人方可离开施工现场

C. 每月带班生产时间不得少于本月施工时间的 80%

D. 在"危大工程"施工期间离开施工现场时，应当委托相关项目相关负责人在现场带班

[解析] 选项 A 错误，《安全生产法》规定，生产经营单位的主要负责人是本单位安全生产第一责任人，对本单位的安全生产工作全面负责。选项 B 错误，因其他事务需离开施工现场时，应向工程项目的建设单位请假，经批准后方可离开。离开期间应委托项目相关负责人负责其外出时的日常工作。选项 C 正确，项目负责人每月带班生产时间不得少于本月施工时间的 80%。选项 D 错误，施工单位项目经理是危大工程安全管控第一责任人，必须在危大工程施工期间现场带班，超过一定规模的危大工程施工时，施工单位负责人应当带班检查。

[答案] C

[2018 真题·单选] 根据《建筑施工企业负责人及项目负责人施工现场带班暂行办法》，关于施工企业负责人施工现场带班制度的说法，正确的是（　　）。

A. 建筑施工企业负责人，是指企业的法定代表人、总经理，不包括主管质量安全和生产工作的副总工程师

B. 建筑施工企业负责人要定期带班检查，每月检查时间不少于其工作日的 20%

C. 有分公司的企业集团负责人因故不能到现场的，可口头委托工程所在地的分公司负责人对施工现场进行带班检查

D. 建筑施工企业负责人带班检查时，应认真做好检查记录，并分别在企业和工程项目存档备查

[解析] 选项 A 错误，建筑施工企业负责人，是指企业的法定代表人、总经理、主管质量安全和生产工作的副总经理、总工程师和副总工程师。选项 B 错误，建筑施工企业负责人要定期带班检查，每月检查时间不少于其工作日的 25%。选项 C 错误，对于有分公司（非独立法人）的企业集团，集团负责人因故不能到现场的，可书面委托工程所在地的分公司负责人对施工现场进行带班检查。

[答案] D

知识点 4 施工作业人员安全生产的权利和义务

一、施工作业人员的安全生产权利

（一）获得安全保障、工伤保险和民事赔偿的权利

《安全生产法》第五十二条规定，生产经营单位与从业人员订立的劳动合同，应当载明有关保障从业人员劳动安全、防止职业危害的事项，以及依法为从业人员办理工伤保险的事项。生产经营单位不得以任何形式与从业人员订立协议，免除或者减轻其对从业人员因生产安全事故伤亡依法应承担的责任。

《安全生产法》第五十六条规定，生产经营单位发生生产安全事故后，应当及时采取措施救治有关人员。因生产安全事故受到损害的从业人员，除依法享有工伤保险外，依照有关民事法律尚有获得赔偿的权利的，有权提出赔偿要求。

（二）知情建议的权利

《安全生产法》第五十三条规定，生产经营单位的从业人员有权了解其作业场所和工作岗位存在的危险因素、防范措施及事故应急措施，有权对本单位的安全生产工作提出建议。

（三）拒绝违章指挥和强令冒险作业的权利

《安全生产法》第五十四条规定，从业人员有权对本单位安全生产工作中存在的问题提出批评、检举、控告；有权拒绝违章指挥和强令冒险作业。

生产经营单位不得因从业人员对本单位安全生产工作提出批评、检举、控告或者拒绝违章指挥、强令冒险作业而降低其工资、福利等待遇或者解除与其订立的劳动合同。

（四）紧急避险的权利

《安全生产法》第五十五条规定，从业人员发现直接危及人身安全的紧急情况时，有权停止作业或者在采取可能的应急措施后撤离作业场所。生产经营单位不得因从业人员在上述紧急情况下停止作业或者采取紧急撤离措施而降低其工资、福利等待遇或者解除与其订立的劳动合同。

（五）获得安全防护用具和安全防护服装的权利

根据《建设工程安全生产管理条例》，施工单位应当向作业人员提供安全防护用具和安全防护服装，并书面告知危险岗位的操作规程和违章操作的危害。

> **知识拓展**：根据《安全生产法》，施工作业人员还可以通过工会来维护自己的安全生产权利。《安全生产法》第六十条规定，工会有权对建设项目的安全设施与主体工程同时设计、同时施工、同时投入生产和使用进行监督，提出意见。工会对生产经营单位违反安全生产法律、法规，侵犯从业人员合法权益的行为，有权要求纠正；发现生产经营单位违章指挥、强令冒险作业或者发现事故隐患时，有权提出解决的建议，生产经营单位应当及时研究答复；发现危及从业人员生命安全的情况时，有权向生产经营单位建议组织从业人员撤离危险场所，生产经营单位必须立即作出处理。工会有权依法参加事故调查，向有关部门提出处理意见，并要求追究有关人员的责任。

二、施工作业人员的安全生产义务

（一）遵规守法，佩戴和使用劳动防护用品

《安全生产法》第五十七条规定，从业人员在作业过程中，应当严格落实岗位安全责任，遵守本单位的安全生产规章制度和操作规程，服从管理，正确佩戴和使用劳动防护用品。

（二）接受安全生产教育和培训

《安全生产法》第五十八条规定，从业人员应当接受安全生产教育和培训，掌握本职工

作所需的安全生产知识，提高安全生产技能，增强事故预防和应急处理能力。

（三）对事故隐患或者其他不安全因素进行报告

《安全生产法》第五十九条规定，从业人员发现事故隐患或者其他不安全因素，应当立即向现场安全生产管理人员或者本单位负责人报告；接到报告的人员应当及时予以处理。

> **实战演练**
>
> [2024真题·单选] 施工作业人员发现直接危及人身安全的紧急情况，有权停止作业或者在采取可能的应急措施后撤离作业场所，体现作业人员的主要权利是（ ）。
> A. 施工作业危险的知情权
> B. 紧急避险权
> C. 对危险行为的检举权
> D. 请求民事赔偿权
> [解析] 紧急避险的权利：从业人员发现直接危及人身安全的紧急情况时，有权停止作业或者在采取可能的应急措施后撤离作业场所。生产经营单位不得因从业人员在上述紧急情况下停止作业或者采取紧急撤离措施而降低其工资、福利等待遇或者解除与其订立的劳动合同。
> [答案] B

知识点 5　施工单位安全生产教育培训

一、单位主要负责人、安全生产管理人员的教育培训

《安全生产法》规定，生产经营单位的主要负责人和安全生产管理人员必须具备与本单位所从事的生产经营活动相应的安全生产知识和管理能力。

《建设工程安全生产管理条例》进一步规定，施工单位的主要负责人、项目负责人、专职安全生产管理人员应当经建设行政主管部门或者其他有关部门考核合格后方可任职。根据《建筑施工企业主要负责人、项目负责人和专职安全生产管理人员安全生产管理规定》，"安管人员"应当通过其受聘企业，向企业工商注册地的省、自治区、直辖市人民政府住房城乡建设主管部门（以下简称考核机关）申请安全生产考核，并取得安全生产考核合格证书。安全生产考核不得收费。

安全生产考核包括安全生产知识考核和管理能力考核。对安全生产考核合格的，考核机关应当在20个工作日内核发安全生产考核合格证书，并予以公告；对不合格的，应当通过"安管人员"所在企业通知本人并说明理由。

安全生产考核合格证书有效期为3年，证书在全国范围内有效。证书式样由国务院住房城乡建设主管部门统一规定。

二、一般从业人员的教育培训

《建筑法》规定，建筑施工企业应当建立健全劳动安全生产教育培训制度，加强对职工安全生产的教育培训；未经安全生产教育培训的人员，不得上岗作业。

根据《安全生产法》，生产经营单位应当对从业人员进行安全生产教育和培训，保证从业人员具备必要的安全生产知识，熟悉有关的安全生产规章制度和安全操作规程，掌握本岗位的安全操作技能，了解事故应急处理措施，知悉自身在安全生产方面的权利和义务。未经安全生产教育和培训合格的从业人员，不得上岗作业。

根据《建设工程安全生产管理条例》，施工单位应当对管理人员和作业人员每年至少进行1次安全生产教育培训，其教育培训情况记入个人工作档案。安全生产教育培训考核不合格的人员，不得上岗。

三、特种作业人员的教育培训

《安全生产法》规定，生产经营单位的特种作业人员必须按照国家有关规定经专门的安全作业培训，取得相应资格，方可上岗作业。

《建筑施工特种作业人员管理规定》规定，建筑施工特种作业人员必须经建设主管部门考核合格，取得建筑施工特种作业人员操作资格证书，方可上岗从事相应作业。建筑施工特种作业包括：

（1）建筑电工。
（2）建筑架子工。
（3）建筑起重信号司索工。
（4）建筑起重机械司机。
（5）建筑起重机械安装拆卸工。
（6）高处作业吊篮安装拆卸工。
（7）经省级以上人民政府建设主管部门认定的其他特种作业。

建筑施工特种作业人员的考核发证工作，由省、自治区、直辖市人民政府建设主管部门或其委托的考核发证机构负责组织实施。

建筑施工特种作业人员应当严格按照安全技术标准、规范和规程进行作业，正确佩戴和使用安全防护用品，并按规定对作业工具和设备进行维护保养。建筑施工特种作业人员应当参加年度安全教育培训或者继续教育，每年不得少于24小时。

根据《建设工程安全生产管理条例》，垂直运输机械作业人员、安装拆卸工、爆破作业人员、起重信号工、登高架设作业人员等特种作业人员，必须按照国家有关规定经过专门的安全作业培训，并取得特种作业操作资格证书后，方可上岗作业。

四、被派遣人员的教育培训

根据《安全生产法》，生产经营单位使用被派遣劳动者的，应当将被派遣劳动者纳入本单位从业人员统一管理，对被派遣劳动者进行岗位安全操作规程和安全操作技能的教育和培训。劳务派遣单位应当对被派遣劳动者进行必要的安全生产教育和培训。

五、其他规定

根据《安全生产法》，生产经营单位接收中等职业学校、高等学校学生实习的，应当对实习学生进行相应的安全生产教育和培训，提供必要的劳动防护用品。学校应当协助生产经营单位对实习学生进行安全生产教育和培训。

生产经营单位采用新工艺、新技术、新材料或者使用新设备，必须了解、掌握其安全技术特性，采取有效的安全防护措施，并对从业人员进行专门的安全生产教育和培训。

根据《建设工程安全生产管理条例》，作业人员进入新的岗位或者新的施工现场前，应当接受安全生产教育培训。未经教育培训或者教育培训考核不合格的人员，不得上岗作业。施工单位在采用新技术、新工艺、新设备、新材料时，应当对作业人员进行相应的安全生产教育培训。

> **实战演练**
>
> **[2023真题·多选]** 根据《建筑施工特种作业人员管理规定》，下列人员中，属于建筑施工特种作业人员的有（   ）。
>   A. 建筑钢筋工　　　　　　　　　B. 建筑电工
>   C. 建筑架子工　　　　　　　　　D. 建筑起重机械司机
>   E. 建筑木工
>   [解析] 建筑施工特种作业包括：①建筑电工；②建筑架子工；③建筑起重信号司索工；④建筑起重机械司机；⑤建筑起重机械安装拆卸工；⑥高处作业吊篮安装拆卸工；⑦经省级以上人民政府建设主管部门认定的其他特种作业。
>   [答案] BCD
>
> **[2021真题·多选]** 根据《建筑施工企业主要负责人、项目负责人和专职安全生产管理人员安全生产管理规定》，关于"安管人员"安全生产考核的说法，正确的有（   ）。
>   A. "安管人员"应当自行申请安全生产考核
>   B. "安管人员"的安全生产考核由国务院住房城乡建设行政主管部门统一颁发合格证书
>   C. 安全生产考核证书的有效期无限制
>   D. 安全生产考核应当向省级人民政府住房城乡建设主管部门申请
>   E. 安全生产考核证书在全国范围内有效
>   [解析] 选项A、B错误，"安管人员"应当通过其受聘企业，向企业工商注册地的省、自治区、直辖市人民政府住房城乡建设主管部门申请安全生产考核，并取得安全生产考核合格证书。选项C错误，安全生产考核合格证书有效期为3年，证书在全国范围内有效。
>   [答案] DE

知识点 6　违法行为的法律责任

一、施工单位违法行为的法律责任

根据《建设工程安全生产管理条例》，违反本条例的规定，施工单位有下列行为之一的，责令限期改正；逾期未改正的，责令停业整顿，依照《安全生产法》的有关规定处以罚款；造成重大安全事故，构成犯罪的，对直接责任人员，依照《刑法》有关规定追究刑事责任：

（1）未设立安全生产管理机构、配备专职安全生产管理人员或者分部分项工程施工时无专职安全生产管理人员现场监督的。

（2）施工单位的主要负责人、项目负责人、专职安全生产管理人员、作业人员或者特种作业人员，未经安全教育培训或者经考核不合格即从事相关工作的。

（3）未在施工现场的危险部位设置明显的安全警示标志，或者未按照国家有关规定在施工现场设置消防通道、消防水源、配备消防设施和灭火器材的。

（4）未向作业人员提供安全防护用具和安全防护服装的。

（5）未按照规定在施工起重机械和整体提升脚手架、模板等自升式架设设施验收合格后登记的。

（6）使用国家明令淘汰、禁止使用的危及施工安全的工艺、设备、材料的。

违反《建设工程安全生产管理条例》的规定，施工单位挪用列入建设工程概算的安全生产作业环境及安全施工措施所需费用的，责令限期改正，处挪用费用20%以上50%以下的罚款；造成损失的，依法承担赔偿责任。

违反《建设工程安全生产管理条例》的规定，施工单位有下列行为之一的，责令限期改正；逾期未改正的，责令停业整顿，并处5万元以上10万元以下的罚款；造成重大安全事故，构成犯罪的，对直接责任人员，依照《刑法》有关规定追究刑事责任：

（1）施工前未对有关安全施工的技术要求作出详细说明的。

（2）未根据不同施工阶段和周围环境及季节、气候的变化，在施工现场采取相应的安全施工措施，或者在城市市区内的建设工程的施工现场未实行封闭围挡的。

（3）在尚未竣工的建筑物内设置员工集体宿舍的。

（4）施工现场临时搭建的建筑物不符合安全使用要求的。

（5）未对因建设工程施工可能造成损害的毗邻建筑物、构筑物和地下管线等采取专项防护措施的。

施工单位有上述规定第（4）项、第（5）项行为，造成损失的，依法承担赔偿责任。

违反《建设工程安全生产管理条例》的规定，施工单位有下列行为之一的，责令限期改正；逾期未改正的，责令停业整顿，并处10万元以上30万元以下的罚款；情节严重的，降低资质等级，直至吊销资质证书；造成重大安全事故，构成犯罪的，对直接责任人员，依照《刑法》有关规定追究刑事责任；造成损失的，依法承担赔偿责任：

（1）安全防护用具、机械设备、施工机具及配件在进入施工现场前未经查验或者查验不合格即投入使用的。

（2）使用未经验收或者验收不合格的施工起重机械和整体提升脚手架、模板等自升式架设设施的。

（3）委托不具有相应资质的单位承担施工现场安装、拆卸施工起重机械和整体提升脚手架、模板等自升式架设设施的。

（4）在施工组织设计中未编制安全技术措施、施工现场临时用电方案或者专项施工方案的。

施工单位取得资质证书后，降低安全生产条件的，责令限期改正；经整改仍未达到与其资质等级相适应的安全生产条件的，责令停业整顿，降低其资质等级直至吊销资质证书。

二、"安管人员"违法行为的法律责任

根据《建设工程安全生产管理条例》，违反本条例的规定，施工单位的主要负责人、项目负责人未履行安全生产管理职责的，责令限期改正；逾期未改正的，责令施工单位停业整顿；造成重大安全事故、重大伤亡事故或者其他严重后果，构成犯罪的，依照《刑法》有关规定追究刑事责任。

施工单位的主要负责人、项目负责人有上述违法行为，尚不够刑事处罚的，处2万元以上20万元以下的罚款或者按照管理权限给予撤职处分；自刑罚执行完毕或者受处分之日起，5年内不得担任任何施工单位的主要负责人、项目负责人。

三、作业人员违法行为的法律责任

根据《安全生产法》，生产经营单位的从业人员不落实岗位安全责任，不服从管理，违反安全生产规章制度或者操作规程的，由生产经营单位给予批评教育，依照有关规章制度给予处分；构成犯罪的，依照《刑法》有关规定追究刑事责任。

根据《建设工程安全生产管理条例》，作业人员不服管理、违反规章制度和操作规程冒险作业造成重大伤亡事故或者其他严重后果，构成犯罪的，依照《刑法》有关规定追究刑事责任。

第四节 施工现场安全防护制度

知识点 1 编制和实施安全技术措施、专项施工方案

一、《建筑法》的相关规定

建筑施工企业在编制施工组织设计时,应当根据建筑工程的特点制定相应的安全技术措施;对专业性较强的工程项目,应当编制专项安全施工组织设计,并采取安全技术措施。

二、《建设工程安全生产管理条例》的相关规定

施工单位应当在施工组织设计中编制安全技术措施和施工现场临时用电方案,对下列达到一定规模的危大工程编制专项施工方案,并附具安全验算结果,经施工单位技术负责人、总监理工程师签字后实施,由专职安全生产管理人员进行现场监督:

(1) 基坑支护与降水工程。
(2) 土方开挖工程。
(3) 模板工程。
(4) 起重吊装工程。
(5) 脚手架工程。
(6) 拆除、爆破工程。
(7) 国务院建设行政主管部门或者其他有关部门规定的其他危险性较大的工程。

对上述所列工程中涉及深基坑、地下暗挖工程、高大模板工程的专项施工方案,施工单位还应当组织专家进行论证、审查。

上述规定的达到一定规模的危险性较大工程的标准,由国务院建设行政主管部门会同国务院其他有关部门制定。

建设工程施工前,施工单位负责项目管理的技术人员应当对有关安全施工的技术要求向施工作业班组、作业人员作出详细说明,并由双方签字确认。

三、《危险性较大的分部分项工程安全管理规定》的相关规定

危大工程,是指房屋建筑和市政基础设施工程在施工过程中,容易导致人员群死群伤或者造成重大经济损失的分部分项工程。危大工程及超过一定规模的危大工程范围由国务院住房城乡建设主管部门制定。省级住房城乡建设主管部门可以结合本地区实际情况,补充本地区危大工程范围。

> ● 点拨
>
> 危大工程专项施工方案编制实施流程如图 6-4-1 所示。

前期保障	编制	审核	论证	交底	实施、检查	验收	整改、归档
(1) 建设单位; (2) 勘察单位; (3) 设计单位	(1) 编制范围; (2) 编制主体	(1) 签字实施; (2) 现场监督	(1) 组织; (2) 论证; (3) 论证报告	(1) 交底主体; (2) 签字主体; (3) 交底资料	(1) 施工单位; (2) 监理单位; (3) 监测单位	(1) 验收主体; (2) 签字主体; (3) 验收公示	(1) 险情事故; (2) 恢复方案; (3) 评估归档

图 6-4-1 危大工程专项施工方案编制实施流程

(一)前期保障

第五条 建设单位应当依法提供真实、准确、完整的工程地质、水文地质和工程周边环境等资料。

第六条 勘察单位应当根据工程实际及工程周边环境资料,在勘察文件中说明地质条件可能造成的工程风险。

设计单位应当在设计文件中注明涉及危大工程的重点部位和环节,提出保障工程周边环境安全和工程施工安全的意见,必要时进行专项设计。

第七条 建设单位应当组织勘察、设计等单位在施工招标文件中列出危大工程清单,要求施工单位在投标时补充完善危大工程清单并明确相应的安全管理措施。

第八条 建设单位应当按照施工合同约定及时支付危大工程施工技术措施费以及相应的安全防护文明施工措施费,保障危大工程施工安全。

第九条 建设单位在申请办理施工许可手续时,应当提交危大工程清单及其安全管理措施等资料。

(二)专项施工方案

1. 编制与审查

第十条 施工单位应当在危大工程施工前组织工程技术人员编制专项施工方案。

实行施工总承包的,专项施工方案应当由施工总承包单位组织编制。危大工程实行分包的,专项施工方案可以由相关专业分包单位组织编制。

第十一条 专项施工方案应当由施工单位技术负责人审核签字、加盖单位公章,并由总监理工程师审查签字、加盖执业印章后方可实施。

危大工程实行分包并由分包单位编制专项施工方案的,专项施工方案应当由总承包单位技术负责人及分包单位技术负责人共同审核签字并加盖单位公章。

2. 专家论证

第十二条 对于超过一定规模的危大工程,施工单位应当组织召开专家论证会对专项施工方案进行论证。实行施工总承包的,由施工总承包单位组织召开专家论证会。专家论证前专项施工方案应当通过施工单位审核和总监理工程师审查。

专家应当从地方人民政府住房城乡建设主管部门建立的专家库中选取,符合专业要求且人数不得少于5名。与本工程有利害关系的人员不得以专家身份参加专家论证会。

第十三条 专家论证会后,应当形成论证报告,对专项施工方案提出通过、修改后通过或者不通过的一致意见。专家对论证报告负责并签字确认。

专项施工方案经论证需修改后通过的,施工单位应当根据论证报告修改完善后,重新履行本规定第十一条的程序。

专项施工方案经论证不通过的,施工单位修改后应当按照本规定的要求重新组织专家论证。

(三)现场安全管理

1. 方案交底

第十四条 施工单位应当在施工现场显著位置公告危大工程名称、施工时间和具体责任人员,并在危险区域设置安全警示标志。

第十五条 专项施工方案实施前,编制人员或者项目技术负责人应当向施工现场管理人员进行方案交底。

施工现场管理人员应当向作业人员进行安全技术交底,并由双方和项目专职安全生产管理人员共同签字确认。

第十六条 施工单位应当严格按照专项施工方案组织施工，不得擅自修改专项施工方案。

因规划调整、设计变更等原因确需调整的，修改后的专项施工方案应当按照本规定重新审核和论证。涉及资金或者工期调整的，建设单位应当按照约定予以调整。

2. 实施与检查

第十七条 施工单位应当对危大工程施工作业人员进行登记，项目负责人应当在施工现场履职。

项目专职安全生产管理人员应当对专项施工方案实施情况进行现场监督，对未按照专项施工方案施工的，应当要求立即整改，并及时报告项目负责人，项目负责人应当及时组织限期整改。

施工单位应当按照规定对危大工程进行施工监测和安全巡视，发现危及人身安全的紧急情况，应当立即组织作业人员撤离危险区域。

第十八条 监理单位应当结合危大工程专项施工方案编制监理实施细则，并对危大工程施工实施专项巡视检查。

第十九条 监理单位发现施工单位未按照专项施工方案施工的，应当要求其进行整改；情节严重的，应当要求其暂停施工，并及时报告建设单位。施工单位拒不整改或者不停止施工的，监理单位应当及时报告建设单位和工程所在地住房城乡建设主管部门。

第二十条 对于按照规定需要进行第三方监测的危大工程，建设单位应当委托具有相应勘察资质的单位进行监测。

监测单位应当编制监测方案。监测方案由监测单位技术负责人审核签字并加盖单位公章，报送监理单位后方可实施。

监测单位应当按照监测方案开展监测，及时向建设单位报送监测成果，并对监测成果负责；发现异常时，及时向建设、设计、施工、监理单位报告，建设单位应当立即组织相关单位采取处置措施。

3. 验收

第二十一条 对于按照规定需要验收的危大工程，施工单位、监理单位应当组织相关人员进行验收。验收合格的，经施工单位项目技术负责人及总监理工程师签字确认后，方可进入下一道工序。

危大工程验收合格后，施工单位应当在施工现场明显位置设置验收标识牌，公示验收时间及责任人员。

4. 整改与归档

第二十二条 危大工程发生险情或者事故时，施工单位应当立即采取应急处置措施，并报告工程所在地住房城乡建设主管部门。建设、勘察、设计、监理等单位应当配合施工单位开展应急抢险工作。

第二十三条 危大工程应急抢险结束后，建设单位应当组织勘察、设计、施工、监理等单位制定工程恢复方案，并对应急抢险工作进行后评估。

第二十四条 施工、监理单位应当建立危大工程安全管理档案。

施工单位应当将专项施工方案及审核、专家论证、交底、现场检查、验收及整改等相关资料纳入档案管理。

监理单位应当将监理实施细则、专项施工方案审查、专项巡视检查、验收及整改等相关资料纳入档案管理。

实战演练

[2023 真题·单选] 关于危大工程专项施工方案的说法，正确的是（　　）。
A. 危大工程实行专业分包的，专项施工方案应当由相应分包单位组织编制
B. 专项施工方案应当由施工企业项目负责人负责审核
C. 项目专职安全生产管理人员应当对专项施工方案实施情况进行现场监督
D. 超过一定范围的危大工程，在专家论证前专项施工方案应当通过施工企业审核和专业监理工程师审查

[解析] 选项 A 错误，危大工程实行分包的，专项施工方案可以由相关专业分包单位组织编制。选项 B 错误，专项施工方案应当由施工单位技术负责人审核签字、加盖单位公章，并由总监理工程师审查签字、加盖执业印章后方可实施。选项 C 正确，项目专职安全生产管理人员应当对专项施工方案实施情况进行现场监督，对未按照专项施工方案施工的，应当要求立即整改，并及时报告项目负责人，项目负责人应当及时组织限期整改。选项 D 错误，对于超过一定规模的危大工程，专家论证前专项施工方案应当通过施工单位审核和总监理工程师审查。

[答案] C

[2020 真题·单选] 根据《危险性较大的分部分项工程安全管理规定》，对于按照规定需要进行第三方监测的危大工程，建设单位应当委托具有相应（　　）资质的单位进行监测。
A. 设计　　　　　　　　B. 监理
C. 勘察　　　　　　　　D. 地基检测

[解析] 对于按照规定需要进行第三方监测的危大工程，建设单位应当委托具有相应勘察资质的单位进行监测。监测单位应当编制监测方案。监测方案由监测单位技术负责人审核签字并加盖单位公章，报送监理单位后方可实施。监测单位应当按照监测方案开展监测，及时向建设单位报送监测成果，并对监测成果负责；发现异常时，及时向建设、设计、施工、监理单位报告，建设单位应当立即组织相关单位采取处置措施。

[答案] C

[2023 真题·多选] 根据《建设工程安全生产管理条例》，下列"危大工程"中，施工企业应当组织专家对专项施工方案进行论证、审查的有（　　）。
A. 砌筑工程
B. 地下暗挖工程
C. 起重吊装工程
D. 爆破工程
E. 高大模板工程

[解析] 对下列达到一定规模的危大工程编制专项施工方案，并附具安全验算结果，经施工单位技术负责人、总监理工程师签字后实施，由专职安全生产管理人员进行现场监督：①基坑支护与降水工程；②土方开挖工程；③模板工程；④起重吊装工程；⑤脚手架工程；⑥拆除、爆破工程；⑦国务院建设行政主管部门或者其他有关部门规定的其他危险性较大的工程。对上述所列工程中涉及深基坑、地下暗挖工程、高大模板工程的专项施工方案，施工单位还应当组织专家进行论证、审查。

[答案] BE

知识点 2　施工现场安全防范措施和安全生产费用

一、施工现场安全防范措施

（一）施工现场实行封闭管理

《建筑法》规定，建筑施工企业应当在施工现场采取维护安全、防范危险、预防火灾等措施；有条件的，应当对施工现场实行封闭管理。

施工现场对毗邻的建筑物、构筑物和特殊作业环境可能造成损害的，建筑施工企业应当采取安全防护措施。

《建设工程安全生产管理条例》规定，施工单位对因建设工程施工可能造成损害的毗邻建筑物、构筑物和地下管线等，应当采取专项防护措施。施工单位应当遵守有关环境保护法律、法规的规定，在施工现场采取措施，防止或者减少粉尘、废气、废水、固体废物、噪声、振动和施工照明对人和环境的危害和污染。在城市市区内的建设工程，施工单位应当对施工现场实行封闭围挡。

（二）安全警示标志及危险部位的安全防护措施

《建设工程安全生产管理条例》规定，施工单位应当在施工现场入口处、施工起重机械、临时用电设施、脚手架、出入通道口、楼梯口、电梯井口、孔洞口、桥梁口、隧道口、基坑边沿、爆破物及有害危险气体和液体存放处等危险部位，设置明显的安全警示标志。安全警示标志必须符合国家标准。施工单位应当根据不同施工阶段和周围环境及季节、气候的变化，在施工现场采取相应的安全施工措施。施工现场暂时停止施工的，施工单位应当做好现场防护，所需费用由责任方承担，或者按照合同约定执行。

（三）施工现场临时工程管理

根据《建设工程安全生产管理条例》，施工单位应当将施工现场的办公、生活区与作业区分开设置，并保持安全距离；办公、生活区的选址应当符合安全性要求。职工的膳食、饮水、休息场所等应当符合卫生标准。施工单位不得在尚未竣工的建筑物内设置员工集体宿舍。施工现场临时搭建的建筑物应当符合安全使用要求。施工现场使用的装配式活动房屋应当具有产品合格证。

（四）施工现场建立消防安全责任制度

根据《建设工程安全生产管理条例》，施工单位应当在施工现场建立消防安全责任制度，确定消防安全责任人，制定用火、用电、使用易燃易爆材料等各项消防安全管理制度和操作规程，设置消防通道、消防水源，配备消防设施和灭火器材，并在施工现场入口处设置明显标志。

（五）安全防护用具、机械设备、施工机具及配件的安全管理

根据《建设工程安全生产管理条例》，施工单位采购、租赁的安全防护用具、机械设备、施工机具及配件，应当具有生产（制造）许可证、产品合格证，并在进入施工现场前进行查验。施工现场的安全防护用具、机械设备、施工机具及配件必须由专人管理，定期进行检查、维修和保养，建立相应的资料档案，并按照国家有关规定及时报废。

施工单位在使用施工起重机械和整体提升脚手架、模板等自升式架设设施前，应当组织有关单位进行验收，也可以委托具有相应资质的检验检测机构进行验收；使用承租的机械设备和施工机具及配件的，由施工总承包单位、分包单位、出租单位和安装单位共同进行验收。验收合格的方可使用。《特种设备安全监察条例》规定的施工起重机械，在验收前应当经有相应资质的检验检测机构监督检验合格。

施工单位应当自施工起重机械和整体提升脚手架、模板等自升式架设设施验收合格之日起30日内，向建设行政主管部门或者其他有关部门登记。登记标志应当置于或者附着于该

设备的显著位置。

(六) 危险作业的安全管理规定

根据《危险化学品安全管理条例》，生产、储存危险化学品的单位，应当对其铺设的危险化学品管道设置明显标志，并对危险化学品管道定期检查、检测。

进行可能危及危险化学品管道安全的施工作业，施工单位应当在开工的 7 日前书面通知管道所属单位，并与管道所属单位共同制定应急预案，采取相应的安全防护措施。管道所属单位应当指派专门人员到现场进行管道安全保护指导。

二、安全生产费用

《建设工程安全生产管理条例》规定，施工单位对列入建设工程概算的安全作业环境及安全施工措施所需费用，应当用于施工安全防护用具及设施的采购和更新、安全施工措施的落实、安全生产条件的改善，不得挪作他用。

《企业安全生产费用提取和使用管理办法》规定，建设工程施工企业以建筑安装工程造价为依据，于月末按工程进度计算提取企业安全生产费用。提取标准如下：

（1）矿山工程 3.5％。
（2）铁路工程、房屋建筑工程、城市轨道交通工程 3％。
（3）水利水电工程、电力工程 2.5％。
（4）冶炼工程、机电安装工程、化工石油工程、通信工程 2％。
（5）市政公用工程、港口与航道工程、公路工程 1.5％。

建设工程施工企业编制投标报价应当包含并单列企业安全生产费用，竞标时不得删减。国家对基本建设投资概算另有规定的，从其规定。

《企业安全生产费用提取和使用管理办法》实施前建设工程项目已经完成招投标并签订合同的，企业安全生产费用按照原规定提取标准执行。

建设单位应当在合同中单独约定并于工程开工日 1 个月内向承包单位支付至少 50％企业安全生产费用。总包单位应当在合同中单独约定并于分包工程开工 1 个月内将至少 50％企业安全生产费用直接支付分包单位并监督使用，分包单位不再重复提取。工程竣工决算后结余的企业安全生产费用，应当退回建设单位。

建设工程施工企业安全生产费用应当用于以下支出：

（1）完善、改造和维护安全防护设施设备支出（不含"三同时"要求初期投入的安全设施），包括施工现场临时用电系统、洞口或临边防护、高处作业或交叉作业防护、临时安全防护、支护及防治边坡滑坡、工程有害气体监测和通风、保障安全的机械设备、防火、防爆、防触电、防尘、防毒、防雷、防台风、防地质灾害等设施设备支出。

（2）应急救援技术装备、设施配置及维护保养支出，事故逃生和紧急避难设施设备的配置和应急救援队伍建设、应急预案制修订与应急演练支出。

（3）开展施工现场重大危险源检测、评估、监控支出，安全风险分级管控和事故隐患排查整改支出，工程项目安全生产信息化建设、运维和网络安全支出。

（4）安全生产检查、评估评价（不含新建、改建、扩建项目安全评价）、咨询和标准化建设支出。

（5）配备和更新现场作业人员安全防护用品支出。

（6）安全生产宣传、教育、培训和从业人员发现并报告事故隐患的奖励支出。

（7）安全生产适用的新技术、新标准、新工艺、新装备的推广应用支出。

（8）安全设施及特种设备检测检验、检定校准支出。

(9）安全生产责任保险支出。

（10）与安全生产直接相关的其他支出。

> **知识链接**：根据《建筑工程安全防护、文明施工措施费用及使用管理规定》，安全防护、文明施工措施费用，是指按照国家现行的建筑施工安全、施工现场环境与卫生标准和有关规定，购置和更新施工安全防护用具及设施、改善安全生产条件和作业环境所需要的费用。建设单位对建筑工程安全防护、文明施工措施有其他要求的，所发生费用一并计入安全防护、文明施工措施费。

建筑工程安全防护、文明施工措施费用是由《建筑安装工程费用项目组成》中措施费所含的文明施工费，环境保护费，临时设施费，安全施工费组成。其中安全施工费由临边、洞口、交叉、高处作业安全防护费，危险性较大工程安全措施费及其他费用组成。危险性较大工程安全措施费及其他费用项目组成由各地建设行政主管部门结合本地区实际自行确定。

实战演练

[2023真题·单选] 关于施工企业安全生产费用提取使用的说法，正确的是（　　）。

A. 施工企业提取的安全费用应当专户核算
B. 施工企业应当严格执行安全费用提取标准，不得提高或者降低
C. 投标文件中的工程安全防护、文明施工措施的费用应当与环境保护、临时设施的费用合并报价
D. 安全费用应当在当年内使用完毕，不得结转下年使用

[解析] 选项B错误，企业根据安全生产实际需要，可适当提高安全费用提取标准。选项C错误，投标方应当根据现行标准规范，结合工程特点、工期进度和作业环境要求，在施工组织设计文件中制定相应的安全防护、文明施工措施，并按照招标文件要求结合自身的施工技术水平、管理水平对工程安全防护、文明施工措施项目单独报价。选项D错误，年度结余资金结转下年度使用，当年计提安全费用不足的，超出部分按正常成本费用渠道列支。

[答案] A

[2024真题·多选] 下列费用中，可列入建筑工程安全防护、安全施工费用的有（　　）。

A. 环境保护费　　　　　　　　B. 临时设施费
C. 建设管理费　　　　　　　　D. 安全施工费
E. 文明施工费

[解析] 根据《建筑工程安全防护、文明施工措施费用及使用管理规定》，建筑工程安全防护、文明施工措施费用是由《建筑安装工程费用项目组成》中措施费所含的文明施工费，环境保护费，临时设施费，安全施工费组成。

[答案] ABDE

知识点 3　特种设备安全管理

根据《特种设备安全法》，特种设备是指对人身和财产安全有较大危险性的锅炉、压力容器（含气瓶）、压力管道、电梯、起重机械、客运索道、大型游乐设施、场（厂）内专用机动车辆，以及法律、行政法规规定适用本法的其他特种设备。

在建设工程领域，涉及的特种设备主要是起重机械。建筑起重机械是指纳入特种设备目录，在房屋建筑工地和市政工程工地安装、拆卸、使用的起重机械。根据《建筑起重机械安

全监督管理规定》，起重机械安全管理的相关规定如下。

一、监督职责

国务院建设主管部门对全国建筑起重机械的租赁、安装、拆卸、使用实施监督管理。

县级以上地方人民政府建设主管部门对本行政区域内的建筑起重机械的租赁、安装、拆卸、使用实施监督管理。

二、验收登记

建筑起重机械安装完毕后，使用单位应当组织出租、安装、监理等有关单位进行验收，或者委托具有相应资质的检验检测机构进行验收。建筑起重机械经验收合格后方可投入使用，未经验收或者验收不合格的不得使用。实行施工总承包的，由施工总承包单位组织验收。建筑起重机械在验收前应当经有相应资质的检验检测机构监督检验合格。检验检测机构和检验检测人员对检验检测结果、鉴定结论依法承担法律责任。

使用单位应当自建筑起重机械安装验收合格之日起30日内，将建筑起重机械安装验收资料、建筑起重机械安全管理制度、特种作业人员名单等，向工程所在地县级以上地方人民政府建设主管部门办理建筑起重机械使用登记。登记标志置于或者附着于该设备的显著位置。

三、安全职责

（一）使用单位的安全职责

使用单位应当履行下列安全职责：

（1）根据不同施工阶段、周围环境以及季节、气候的变化，对建筑起重机械采取相应的安全防护措施。

（2）制定建筑起重机械生产安全事故应急救援预案。

（3）在建筑起重机械活动范围内设置明显的安全警示标志，对集中作业区做好安全防护。

（4）设置相应的设备管理机构或者配备专职的设备管理人员。

（5）指定专职设备管理人员、专职安全生产管理人员进行现场监督检查。

（6）建筑起重机械出现故障或者发生异常情况的，立即停止使用，消除故障和事故隐患后，方可重新投入使用。

使用单位应当对在用的建筑起重机械及其安全保护装置、吊具、索具等进行经常性和定期的检查、维护和保养，并做好记录。使用单位在建筑起重机械租期结束后，应当将定期检查、维护和保养记录移交出租单位。建筑起重机械租赁合同对建筑起重机械的检查、维护、保养另有约定的，从其约定。

建筑起重机械在使用过程中需要附着的，使用单位应当委托原安装单位或者具有相应资质的安装单位按照专项施工方案实施，并按照《建筑起重机械安全监督管理规定》第十六条规定组织验收。验收合格后方可投入使用。

建筑起重机械在使用过程中需要顶升的，使用单位委托原安装单位或者具有相应资质的安装单位按照专项施工方案实施后，即可投入使用。

禁止擅自在建筑起重机械上安装非原制造厂制造的标准节和附着装置。

（二）施工总承包单位的安全职责

施工总承包单位应当履行下列安全职责：

（1）向安装单位提供拟安装设备位置的基础施工资料，确保建筑起重机械进场安装、拆卸所需的施工条件。

(2) 审核建筑起重机械的特种设备制造许可证、产品合格证、制造监督检验证明、备案证明等文件。

(3) 审核安装单位、使用单位的资质证书、安全生产许可证和特种作业人员的特种作业操作资格证书。

(4) 审核安装单位制定的建筑起重机械安装、拆卸工程专项施工方案和生产安全事故应急救援预案。

(5) 审核使用单位制定的建筑起重机械生产安全事故应急救援预案。

(6) 指定专职安全生产管理人员监督检查建筑起重机械安装、拆卸、使用情况。

(7) 施工现场有多台塔式起重机作业时,应当组织制定并实施防止塔式起重机相互碰撞的安全措施。

(三) 监理单位的安全职责

监理单位应当履行下列安全职责:

(1) 审核建筑起重机械特种设备制造许可证、产品合格证、制造监督检验证明、备案证明等文件。

(2) 审核建筑起重机械安装单位、使用单位的资质证书、安全生产许可证和特种作业人员的特种作业操作资格证书。

(3) 审核建筑起重机械安装、拆卸工程专项施工方案。

(4) 监督安装单位执行建筑起重机械安装、拆卸工程专项施工方案情况。

(5) 监督检查建筑起重机械的使用情况。

(6) 发现存在生产安全事故隐患的,应当要求安装单位、使用单位限期整改,对安装单位、使用单位拒不整改的,及时向建设单位报告。

(四) 建设单位的安全职责

依法发包给2个及2个以上施工单位的工程,不同施工单位在同一施工现场使用多台塔式起重机作业时,建设单位应当协调组织制定防止塔式起重机相互碰撞的安全措施。

安装单位、使用单位拒不整改生产安全事故隐患的,建设单位接到监理单位报告后,应当责令安装单位、使用单位立即停工整改。

(五) 作业人员的安全职责

建筑起重机械特种作业人员应当遵守建筑起重机械安全操作规程和安全管理制度,在作业中有权拒绝违章指挥和强令冒险作业,有权在发生危及人身安全的紧急情况时立即停止作业或者采取必要的应急措施后撤离危险区域。

建筑起重机械安装拆卸工、起重信号工、起重司机、司索工等特种作业人员应当经建设主管部门考核合格,并取得特种作业操作资格证书后,方可上岗作业。省、自治区、直辖市人民政府建设主管部门负责组织实施建筑施工企业特种作业人员的考核。特种作业人员的特种作业操作资格证书由国务院建设主管部门规定统一的样式。

(六) 建设主管部门的安全职责

建设主管部门履行安全监督检查职责时,有权采取下列措施:

(1) 要求被检查的单位提供有关建筑起重机械的文件和资料。

(2) 进入被检查单位和被检查单位的施工现场进行检查。

(3) 对检查中发现的建筑起重机械生产安全事故隐患,责令立即排除;重大生产安全事故隐患排除前或者排除过程中无法保证安全的,责令从危险区域撤出作业人员或者暂时停止施工。

负责办理备案或者登记的建设主管部门应当建立本行政区域内的建筑起重机械档案,按照有关规定对建筑起重机械进行统一编号，并定期向社会公布建筑起重机械的安全状况。

四、法律责任

使用单位有下列行为之一的，由县级以上地方人民政府建设主管部门责令限期改正，予以警告，并处以 5 000 元以上 3 万元以下罚款：

（1）未履行上述"（一）使用单位的安全职责"中的第（1）（2）（4）（6）项安全职责的。

（2）未指定专职设备管理人员进行现场监督检查的。

（3）擅自在建筑起重机械上安装非原制造厂制造的标准节和附着装置的。

施工总承包单位未履行上述"（二）施工总承包单位的安全职责"中的第（1）（3）（4）（5）（7）项安全职责的，由县级以上地方人民政府建设主管部门责令限期改正，予以警告，并处以 5 000 元以上 3 万元以下罚款。

监理单位未履行上述"（三）监理单位的安全职责"中的第（1）（2）（4）（5）项安全职责的，由县级以上地方人民政府建设主管部门责令限期改正，予以警告，并处以 5 000 元以上 3 万元以下罚款。

建设单位有下列行为之一的，由县级以上地方人民政府建设主管部门责令限期改正，予以警告，并处以 5 000 元以上 3 万元以下罚款；逾期未改的，责令停止施工：

（1）未按照规定协调组织制定防止多台塔式起重机相互碰撞的安全措施的。

（2）接到监理单位报告后，未责令安装单位、使用单位立即停工整改的。

建设主管部门的工作人员有下列行为之一的，依法给予处分；构成犯罪的，依法追究刑事责任：

（1）发现违反《建筑起重机械安全监督管理规定》的违法行为不依法查处的。

（2）发现在用的建筑起重机械存在严重生产安全事故隐患不依法处理的。

（3）不依法履行监督管理职责的其他行为。

知识点 4 施工现场消防安全责任

一、《中华人民共和国消防法》（以下简称《消防法》）的相关规定

第九条　建设工程的消防设计、施工必须符合国家工程建设消防技术标准。建设、设计、施工、工程监理等单位依法对建设工程的消防设计、施工质量负责。

第十条　对按照国家工程建设消防技术标准需要进行消防设计的建设工程，实行建设工程消防设计审查验收制度。

第十一条　国务院住房和城乡建设主管部门规定的特殊建设工程，建设单位应当将消防设计文件报送住房和城乡建设主管部门审查，住房和城乡建设主管部门依法对审查的结果负责。

上述规定以外的其他建设工程，建设单位申请领取施工许可证或者申请批准开工报告时应当提供满足施工需要的消防设计图纸及技术资料。

第十二条　特殊建设工程未经消防设计审查或者审查不合格的，建设单位、施工单位不得施工；其他建设工程，建设单位未提供满足施工需要的消防设计图纸及技术资料的，有关部门不得发放施工许可证或者批准开工报告。

第十三条　国务院住房和城乡建设主管部门规定应当申请消防验收的建设工程竣工，建设单位应当向住房和城乡建设主管部门申请消防验收。

上述规定以外的其他建设工程，建设单位在验收后应当报住房和城乡建设主管部门备案，住房和城乡建设主管部门应当进行抽查。

依法应当进行消防验收的建设工程，未经消防验收或者消防验收不合格的，禁止投入使用；其他建设工程经依法抽查不合格的，应当停止使用。

第十四条　建设工程消防设计审查、消防验收、备案和抽查的具体办法，由国务院住房和城乡建设主管部门规定。

第十六条　机关、团体、企业、事业等单位应当履行下列消防安全职责：

（1）落实消防安全责任制，制定本单位的消防安全制度、消防安全操作规程，制定灭火和应急疏散预案。

（2）按照国家标准、行业标准配置消防设施、器材，设置消防安全标志，并定期组织检验、维修，确保完好有效。

（3）对建筑消防设施每年至少进行1次全面检测，确保完好有效，检测记录应当完整准确，存档备查。

（4）保障疏散通道、安全出口、消防车通道畅通，保证防火防烟分区、防火间距符合消防技术标准。

（5）组织防火检查，及时消除火灾隐患。

（6）组织进行有针对性的消防演练。

（7）法律、法规规定的其他消防安全职责。

单位的主要负责人是本单位的消防安全责任人。

第十七条　县级以上地方人民政府消防救援机构应当将发生火灾可能性较大以及发生火灾可能造成重大的人身伤亡或者财产损失的单位，确定为本行政区域内的消防安全重点单位，并由应急管理部门报本级人民政府备案。

消防安全重点单位除应当履行本法第十六条规定的职责外，还应当履行下列消防安全职责：

（1）确定消防安全管理人，组织实施本单位的消防安全管理工作。

（2）建立消防档案，确定消防安全重点部位，设置防火标志，实行严格管理。

（3）实行每日防火巡查，并建立巡查记录。

（4）对职工进行岗前消防安全培训，定期组织消防安全培训和消防演练。

二、《消防安全责任制实施办法》的相关规定

第四条　坚持安全自查、隐患自除、责任自负。机关、团体、企业、事业等单位是消防安全的责任主体，法定代表人、主要负责人或实际控制人是本单位、本场所消防安全责任人，对本单位、本场所消防安全全面负责。

消防安全重点单位应当确定消防安全管理人，组织实施本单位的消防安全管理工作。

第十五条　机关、团体、企业、事业等单位应当落实消防安全主体责任，履行下列职责：

（1）明确各级、各岗位消防安全责任人及其职责，制定本单位的消防安全制度、消防安全操作规程、灭火和应急疏散预案。定期组织开展灭火和应急疏散演练，进行消防工作检查考核，保证各项规章制度落实。

（2）保证防火检查巡查、消防设施器材维护保养、建筑消防设施检测、火灾隐患整改、专职或志愿消防队和微型消防站建设等消防工作所需资金的投入。生产经营单位安全费用应当保证适当比例用于消防工作。

（3）按照相关标准配备消防设施、器材，设置消防安全标志，定期检验维修，对建筑消防设施每年至少进行1次全面检测，确保完好有效。设有消防控制室的，实行24小时值班制度，每班不少于2人，并持证上岗。

（4）保障疏散通道、安全出口、消防车通道畅通，保证防火防烟分区、防火间距符合消

防技术标准。人员密集场所的门窗不得设置影响逃生和灭火救援的障碍物。保证建筑构件、建筑材料和室内装修装饰材料等符合消防技术标准。

（5）定期开展防火检查、巡查，及时消除火灾隐患。

（6）根据需要建立专职或志愿消防队、微型消防站，加强队伍建设，定期组织训练演练，加强消防装备配备和灭火药剂储备，建立与公安消防队联勤联动机制，提高扑救初起火灾能力。

（7）消防法律、法规、规章以及政策文件规定的其他职责。

第十六条 消防安全重点单位除履行第十五条规定的职责外，还应当履行下列职责：

（1）明确承担消防安全管理工作的机构和消防安全管理人并报知当地公安消防部门，组织实施本单位消防安全管理。消防安全管理人应当经过消防培训。

（2）建立消防档案，确定消防安全重点部位，设置防火标志，实行严格管理。

（3）安装、使用电器产品、燃气用具和敷设电气线路、管线必须符合相关标准和用电、用气安全管理规定，并定期维护保养、检测。

（4）组织员工进行岗前消防安全培训，定期组织消防安全培训和疏散演练。

（5）根据需要建立微型消防站，积极参与消防安全区域联防联控，提高自防自救能力。

（6）积极应用消防远程监控、电气火灾监测、物联网技术等技防物防措施。

> **实战演练**
>
> [2024真题·单选] 根据《消防法》，单位的消防安全责任人是（ ）。
> A. 单位实际控制人　　　　　　　B. 单位安全部门负责人
> C. 单位行政部门负责人　　　　　D. 单位的主要责任人
> [解析]《消防法》规定，单位的主要负责人是本单位的消防安全责任人，对本单位的消防安全工作全面负责。
> [答案] D
>
> [2024真题·多选] 根据《消防安全责任制实施办法》，企业应当落实的消防安全主体责任有（ ）。
> A. 明确各级、各岗位消防安全责任人及其职责
> B. 对建筑消防设施每年至少进行1次全面检测
> C. 保证安全费用高比例用于消防工作
> D. 所有单位均实行24小时消防值班制度
> E. 定期开展防火检查、巡查
> [解析] 企业应当落实消防安全主体责任，履行下列职责：①明确各级、各岗位消防安全责任人及其职责，制定本单位的消防安全制度、消防安全操作规程、灭火和应急疏散预案。定期组织开展灭火和应急疏散演练，进行消防工作检查考核，保证各项规章制度落实（选项A正确）。②保证防火检查巡查、消防设施器材维护保养、建筑消防设施检测、火灾隐患整改、专职或志愿消防队和微型消防站建设等消防工作所需资金的投入。生产经营单位安全费用应当保证适当比例用于消防工作（选项C错误）。③按照相关标准配备消防设施、器材，设置消防安全标志，定期检验维修，对建筑消防设施每年至少进行1次全面检测，确保完好有效。设有消防控制室的，实行24小时值班制度，每班不少于2人，并持证上岗（选项B正确，选项D错误）。……⑤定期开展防火检查、巡查，及时消除火灾隐患（选项E正确）。……
> [答案] ABE

第五节 施工生产安全事故的应急救援和调查处理

知识点 1 生产安全事故的等级划分标准

《生产安全事故报告和调查处理条例》规定,生产经营活动中发生的造成人身伤亡或者直接经济损失的生产安全事故的报告和调查处理,适用本条例;环境污染事故、核设施事故、国防科研生产事故的报告和调查处理不适用本条例。

根据生产安全事故(以下简称事故)造成的人员伤亡或者直接经济损失,事故一般分为以下等级,如图 6-5-1 所示。

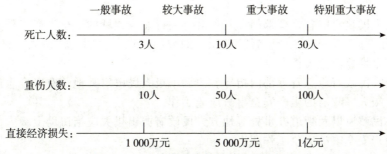

图 6-5-1 生产安全事故的等级划分标准

国务院安全生产监督管理部门可以会同国务院有关部门,制定事故等级划分的补充性规定。

没有造成人员伤亡,但是社会影响恶劣的事故,国务院或者有关地方人民政府认为需要调查处理的,依照《生产安全事故报告和调查处理条例》的有关规定执行。

● 点拨

生产安全事故的等级划分标准要注意临界值,临界值算入高级别事故。记忆口诀:死亡"313",重伤、经济损失"151"。

实战演练

[2022 真题·单选] 某施工企业在施工过程中,因未对建设工程施工可能造成损害的毗邻建筑物和地下管线采取专项防护措施,造成了 3 人死亡,直接经济损失 600 余万元。根据《生产安全事故报告和调查处理条例》,该事故等级为( )。

A. 特别重大事故 B. 重大事故
C. 较大事故 D. 一般事故

[解析] 较大事故,是指造成 3 人以上 10 人以下死亡,或者 10 人以上 50 人以下重伤,或者 1 000 万元以上 5 000 万元以下直接经济损失的事故;一般事故,是指造成 3 人以下死亡,或者 10 人以下重伤,或者 1 000 万元以下直接经济损失的事故。临界值算入高级别事故。

[答案] C

[2023 真题·多选] 下列事故中,属于较大生产安全事故的有( )。

A. 造成 800 万元直接经济损失和 1 050 万元间接损失的事故
B. 造成 9 人重伤的事故
C. 造成 6 人死亡的事故
D. 造成 15 人重伤的事故
E. 造成 1 230 万元直接经济损失的事故

[解析] 较大事故,是指造成3人以上10人以下死亡,或者10人以上50人以下重伤,或者1 000万元以上5 000万元以下直接经济损失的事故。

[答案] CDE

知识点 2 生产安全事故应急救援预案

一、应急工作范围

国务院统一领导全国的生产安全事故应急工作,县级以上地方人民政府统一领导本行政区域内的生产安全事故应急工作。生产安全事故应急工作涉及2个以上行政区域的,由有关行政区域共同的上一级人民政府负责,或者由各有关行政区域的上一级人民政府共同负责。

县级以上人民政府应急管理部门和其他对有关行业、领域的安全生产工作实施监督管理的部门(以下统称负有安全生产监督管理职责的部门)在各自职责范围内,做好有关行业、领域的生产安全事故应急工作。

县级以上人民政府应急管理部门指导、协调本级人民政府其他负有安全生产监督管理职责的部门和下级人民政府的生产安全事故应急工作。

乡、镇人民政府以及街道办事处等地方人民政府派出机关应当协助上级人民政府有关部门依法履行生产安全事故应急工作职责。

生产经营单位应当加强生产安全事故应急工作,建立、健全生产安全事故应急工作责任制,其主要负责人对本单位的生产安全事故应急工作全面负责。

二、应急预案的编制

《生产安全事故应急预案管理办法》规定,应急预案的编制应当遵循以人为本、依法依规、符合实际、注重实效的原则,以应急处置为核心,明确应急职责、规范应急程序、细化保障措施。

应急预案的编制应当符合下列基本要求:
(1) 有关法律、法规、规章和标准的规定。
(2) 本地区、本部门、本单位的安全生产实际情况。
(3) 本地区、本部门、本单位的危险性分析情况。
(4) 应急组织和人员的职责分工明确,并有具体的落实措施。
(5) 有明确、具体的应急程序和处置措施,并与其应急能力相适应。
(6) 有明确的应急保障措施,满足本地区、本部门、本单位的应急工作需要。
(7) 应急预案基本要素齐全、完整,应急预案附件提供的信息准确。
(8) 应急预案内容与相关应急预案相互衔接。

编制应急预案应当成立编制工作小组,由本单位有关负责人任组长,吸收与应急预案有关的职能部门和单位的人员,以及有现场处置经验的人员参加。

编制应急预案前,编制单位应当进行事故风险辨识、评估和应急资源调查。事故风险辨识、评估,是指针对不同事故种类及特点,识别存在的危险危害因素,分析事故可能产生的直接后果以及次生、衍生后果,评估各种后果的危害程度和影响范围,提出防范和控制事故风险措施的过程。

生产经营单位应急预案应当包括向上级应急管理机构报告的内容、应急组织机构和人员的联系方式、应急物资储备清单等附件信息。附件信息发生变化时,应当及时更新,确保准确有效。

生产经营单位组织应急预案编制过程中，应当根据法律、法规、规章的规定或者实际需要，征求相关应急救援队伍、公民、法人或者其他组织的意见。

生产经营单位编制的各类应急预案之间应当相互衔接，并与相关人民政府及其部门、应急救援队伍和涉及的其他单位的应急预案相衔接。

生产经营单位应当在编制应急预案的基础上，针对工作场所、岗位的特点，编制简明、实用、有效的应急处置卡。应急处置卡应当规定重点岗位、人员的应急处置程序和措施，以及相关联络人员和联系方式，便于从业人员携带。

《建设工程安全生产管理条例》规定，县级以上地方人民政府建设行政主管部门应当根据本级人民政府的要求，制定本行政区域内建设工程特大生产安全事故应急救援预案。

施工单位应当制定本单位生产安全事故应急救援预案，建立应急救援组织或者配备应急救援人员，配备必要的应急救援器材、设备，并定期组织演练。

施工单位应当根据建设工程施工的特点、范围，对施工现场易发生重大事故的部位、环节进行监控，制定施工现场生产安全事故应急救援预案。实行施工总承包的，由总承包单位统一组织编制建设工程生产安全事故应急救援预案，工程总承包单位和分包单位按照应急救援预案，各自建立应急救援组织或者配备应急救援人员，配备救援器材、设备，并定期组织演练。

《生产安全事故应急条例》规定，县级以上人民政府及其负有安全生产监督管理职责的部门和乡、镇人民政府以及街道办事处等地方人民政府派出机关，应当针对可能发生的生产安全事故的特点和危害，进行风险辨识和评估，制定相应的生产安全事故应急救援预案，并依法向社会公布。生产经营单位应当针对本单位可能发生的生产安全事故的特点和危害，进行风险辨识和评估，制定相应的生产安全事故应急救援预案，并向本单位从业人员公布。

生产安全事故应急救援预案应当符合有关法律、法规、规章和标准的规定，具有科学性、针对性和可操作性，明确规定应急组织体系、职责分工以及应急救援程序和措施。

有下列情形之一的，生产安全事故应急救援预案制定单位应当及时修订相关预案：

(1) 制定预案所依据的法律、法规、规章、标准发生重大变化。
(2) 应急指挥机构及其职责发生调整。
(3) 安全生产面临的风险发生重大变化。
(4) 重要应急资源发生重大变化。
(5) 在预案演练或者应急救援中发现需要修订预案的重大问题。
(6) 其他应当修订的情形。

三、应急预案的分类

生产经营单位应急预案分为综合应急预案、专项应急预案和现场处置方案。

(一) 综合应急预案

综合应急预案，是指生产经营单位为应对各种生产安全事故而制定的综合性工作方案，是本单位应对生产安全事故的总体工作程序、措施和应急预案体系的总纲。

生产经营单位风险种类多、可能发生多种类型事故的，应当组织编制综合应急预案。综合应急预案应当规定应急组织机构及其职责、应急预案体系、事故风险描述、预警及信息报告、应急响应、保障措施、应急预案管理等内容。

(二) 专项应急预案

专项应急预案，是指生产经营单位为应对某一种或者多种类型生产安全事故，或者针对重要生产设施、重大危险源、重大活动防止生产安全事故而制定的专项性工作方案。

对于某一种或者多种类型的事故风险，生产经营单位可以编制相应的专项应急预案，或将专项应急预案并入综合应急预案。专项应急预案应当规定应急指挥机构与职责、处置程序和措施等内容。

(三) 现场处置方案

现场处置方案，是指生产经营单位根据不同生产安全事故类型，针对具体场所、装置或者设施所制定的应急处置措施。

对于危险性较大的场所、装置或者设施，生产经营单位应当编制现场处置方案。现场处置方案应当规定应急工作职责、应急处置措施和注意事项等内容。事故风险单一、危险性小的生产经营单位，可以只编制现场处置方案。

四、应急预案的评审、公布和备案

(一) 评审

地方各级人民政府应急管理部门应当组织有关专家对本部门编制的部门应急预案进行审定；必要时，可以召开听证会，听取社会有关方面的意见。

矿山、金属冶炼企业和易燃易爆物品、危险化学品的生产、经营（带储存设施的）、储存、运输企业，以及使用危险化学品达到国家规定数量的化工企业、烟花爆竹生产、批发经营企业和中型规模以上的其他生产经营单位，应当对本单位编制的应急预案进行评审，并形成书面评审纪要。上述规定以外的其他生产经营单位可以根据自身需要，对本单位编制的应急预案进行论证。

参加应急预案评审的人员应当包括有关安全生产及应急管理方面的专家。评审人员与所评审应急预案的生产经营单位有利害关系的，应当回避。

应急预案的评审或者论证应当注重基本要素的完整性、组织体系的合理性、应急处置程序和措施的针对性、应急保障措施的可行性、应急预案的衔接性等内容。

(二) 公布

生产经营单位的应急预案经评审或者论证后，由本单位主要负责人签署，向本单位从业人员公布，并及时发放到本单位有关部门、岗位和相关应急救援队伍。事故风险可能影响周边其他单位、人员的，生产经营单位应当将有关事故风险的性质、影响范围和应急防范措施告知周边的其他单位和人员。

地方各级人民政府应急管理部门的应急预案，应当报同级人民政府备案，同时抄送上一级人民政府应急管理部门，并依法向社会公布。地方各级人民政府其他负有安全生产监督管理职责的部门的应急预案，应当抄送同级人民政府应急管理部门。

(三) 备案

生产经营单位申报应急预案备案，应当提交下列材料：

(1) 应急预案备案申报表。

(2)《生产安全事故应急预案管理办法》第二十一条所列单位，应当提供应急预案评审意见。

(3) 应急预案电子文档。

(4) 风险评估结果和应急资源调查清单。

受理备案登记的负有安全生产监督管理职责的部门应当在 5 个工作日内对应急预案材料进行核对，材料齐全的，应当予以备案并出具应急预案备案登记表；材料不齐全的，不予备案并一次性告知需要补齐的材料。逾期不予备案又不说明理由的，视为已经备案。对于实行

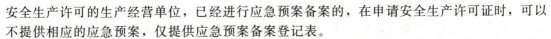

安全生产许可的生产经营单位，已经进行应急预案备案的，在申请安全生产许可证时，可以不提供相应的应急预案，仅提供应急预案备案登记表。

各级人民政府负有安全生产监督管理职责的部门应当建立应急预案备案登记建档制度，指导、督促生产经营单位做好应急预案的备案登记工作。

五、应急预案的实施与管理

《生产安全事故应急预案管理办法》规定，各级人民政府应急管理部门、各类生产经营单位应当采取多种形式开展应急预案的宣传教育，普及生产安全事故避险、自救和互救知识，提高从业人员和社会公众的安全意识与应急处置技能。

《生产安全事故应急条例》规定，县级以上地方人民政府以及县级以上人民政府负有安全生产监督管理职责的部门，乡、镇人民政府以及街道办事处等地方人民政府派出机关，应当至少每2年组织1次生产安全事故应急救援预案演练。

易燃易爆物品、危险化学品等危险物品的生产、经营、储存、运输单位，矿山、金属冶炼、城市轨道交通运营、建筑施工单位，以及宾馆、商场、娱乐场所、旅游景区等人员密集场所经营单位，应当至少每半年组织1次生产安全事故应急救援预案演练。

《安全生产法》规定，危险物品的生产、经营、储存单位以及矿山、金属冶炼、城市轨道交通运营、建筑施工单位应当建立应急救援组织；生产经营规模较小的，可以不建立应急救援组织，但应当指定兼职的应急救援人员。

应急预案的管理实行属地为主、分级负责、分类指导、综合协调、动态管理的原则。

应急管理部负责全国应急预案的综合协调管理工作。国务院其他负有安全生产监督管理职责的部门在各自职责范围内，负责相关行业、领域应急预案的管理工作。县级以上地方各级人民政府应急管理部门负责本行政区域内应急预案的综合协调管理工作。县级以上地方各级人民政府其他负有安全生产监督管理职责的部门按照各自的职责负责有关行业、领域应急预案的管理工作。

生产经营单位主要负责人负责组织编制和实施本单位的应急预案，并对应急预案的真实性和实用性负责；各分管负责人应当按照职责分工落实应急预案规定的职责。

六、应急救援队伍的建立

《生产安全事故应急条例》规定，县级以上人民政府应当加强对生产安全事故应急救援队伍建设的统一规划、组织和指导。县级以上人民政府负有安全生产监督管理职责的部门根据生产安全事故应急工作的实际需要，在重点行业、领域单独建立或者依托有条件的生产经营单位、社会组织共同建立应急救援队伍。国家鼓励和支持生产经营单位和其他社会力量建立提供社会化应急救援服务的应急救援队伍。

易燃易爆物品、危险化学品等危险物品的生产、经营、储存、运输单位，矿山、金属冶炼、城市轨道交通运营、建筑施工单位，以及宾馆、商场、娱乐场所、旅游景区等人员密集场所经营单位，应当建立应急救援队伍；其中，小型企业或者微型企业等规模较小的生产经营单位，可以不建立应急救援队伍，但应当指定兼职的应急救援人员，并且可以与邻近的应急救援队伍签订应急救援协议。工业园区、开发区等产业聚集区域内的生产经营单位，可以联合建立应急救援队伍。

应急救援队伍的应急救援人员应当具备必要的专业知识、技能、身体素质和心理素质。应急救援队伍建立单位或者兼职应急救援人员所在单位应当按照国家有关规定对应急救援人员进行培训；应急救援人员经培训合格后，方可参加应急救援工作。应急救援队伍应当配备必要的应急救援装备和物资，并定期组织训练。

生产经营单位应当及时将本单位应急救援队伍建立情况按照国家有关规定报送县级以上人民政府负有安全生产监督管理职责的部门，并依法向社会公布。县级以上人民政府负有安全生产监督管理职责的部门应当定期将本行业、本领域的应急救援队伍建立情况报送本级人民政府，并依法向社会公布。

县级以上地方人民政府应当根据本行政区域内可能发生的生产安全事故的特点和危害，储备必要的应急救援装备和物资，并及时更新和补充。

易燃易爆物品、危险化学品等危险物品的生产、经营、储存、运输单位，矿山、金属冶炼、城市轨道交通运营、建筑施工单位，以及宾馆、商场、娱乐场所、旅游景区等人员密集场所经营单位，应当根据本单位可能发生的生产安全事故的特点和危害，配备必要的灭火、排水、通风以及危险物品稀释、掩埋、收集等应急救援器材、设备和物资，并进行经常性维护、保养，保证正常运转。

下列单位应当建立应急值班制度，配备应急值班人员：
（1）县级以上人民政府及其负有安全生产监督管理职责的部门。
（2）危险物品的生产、经营、储存、运输单位以及矿山、金属冶炼、城市轨道交通运营、建筑施工单位。
（3）应急救援队伍。

规模较大、危险性较高的易燃易爆物品、危险化学品等危险物品的生产、经营、储存、运输单位应当成立应急处置技术组，实行 24 小时应急值班。

生产经营单位应当对从业人员进行应急教育和培训，保证从业人员具备必要的应急知识，掌握风险防范技能和事故应急措施。

国务院负有安全生产监督管理职责的部门应当按照国家有关规定建立生产安全事故应急救援信息系统，并采取有效措施，实现数据互联互通、信息共享。

生产经营单位可以通过生产安全事故应急救援信息系统办理生产安全事故应急救援预案备案手续，报送应急救援预案演练情况和应急救援队伍建设情况；但依法需要保密的除外。

七、应急救援的实施

发生生产安全事故后，生产经营单位应当立即启动生产安全事故应急救援预案，采取下列一项或者多项应急救援措施，并按照国家有关规定报告事故情况：
（1）迅速控制危险源，组织抢救遇险人员。
（2）根据事故危害程度，组织现场人员撤离或者采取可能的应急措施后撤离。
（3）及时通知可能受到事故影响的单位和人员。
（4）采取必要措施，防止事故危害扩大和次生、衍生灾害发生。
（5）根据需要请求邻近的应急救援队伍参加救援，并向参加救援的应急救援队伍提供相关技术资料、信息和处置方法。
（6）维护事故现场秩序，保护事故现场和相关证据。
（7）法律、法规规定的其他应急救援措施。

有关地方人民政府及其部门接到生产安全事故报告后，应当按照国家有关规定上报事故情况，启动相应的生产安全事故应急救援预案，并按照应急救援预案的规定采取下列一项或者多项应急救援措施：
（1）组织抢救遇险人员，救治受伤人员，研判事故发展趋势以及可能造成的危害。
（2）通知可能受到事故影响的单位和人员，隔离事故现场，划定警戒区域，疏散受到威胁的人员，实施交通管制。

(3) 采取必要措施，防止事故危害扩大和次生、衍生灾害发生，避免或者减少事故对环境造成的危害。

(4) 依法发布调用和征用应急资源的决定。

(5) 依法向应急救援队伍下达救援命令。

(6) 维护事故现场秩序，组织安抚遇险人员和遇险遇难人员亲属。

(7) 依法发布有关事故情况和应急救援工作的信息。

(8) 法律、法规规定的其他应急救援措施。

有关地方人民政府不能有效控制生产安全事故的，应当及时向上级人民政府报告。上级人民政府应当及时采取措施，统一指挥应急救援。

应急救援队伍接到有关人民政府及其部门的救援命令或者签有应急救援协议的生产经营单位的救援请求后，应当立即参加生产安全事故应急救援。应急救援队伍根据救援命令参加生产安全事故应急救援所耗费用，由事故责任单位承担；事故责任单位无力承担的，由有关人民政府协调解决。

发生生产安全事故后，有关人民政府认为有必要的，可以设立由本级人民政府及其有关部门负责人、应急救援专家、应急救援队伍负责人、事故发生单位负责人等人员组成的应急救援现场指挥部，并指定现场指挥部总指挥。

现场指挥部实行总指挥负责制，按照本级人民政府的授权组织制定并实施生产安全事故现场应急救援方案，协调、指挥有关单位和个人参加现场应急救援。参加生产安全事故现场应急救援的单位和个人应当服从现场指挥部的统一指挥。

在生产安全事故应急救援过程中，发现可能直接危及应急救援人员生命安全的紧急情况时，现场指挥部或者统一指挥应急救援的人民政府应当立即采取相应措施消除隐患，降低或者化解风险，必要时可以暂时撤离应急救援人员。

实战演练

[2023 真题·单选] 根据《生产安全事故应急预案管理办法》，关于生产经营单位应急预案的说法，正确的是（   ）。

A. 综合应急预案应规定应急处理处置措施和注意事项

B. 专项应急预案应当规定事故风险描述、预警和信息报告

C. 现场处置方案应规定应急指挥机构与职责

D. 在编制应急预案时，生产单位应同时编制应急处置卡

[解析] 综合应急预案应当规定应急组织机构及其职责、应急预案体系、事故风险描述、预警及信息报告、应急响应、保障措施、应急预案管理等内容。专项应急预案应当规定应急指挥机构与职责、处置程序和措施等内容。现场处置方案应当规定应急工作职责、应急处置措施和注意事项等内容。生产经营单位应当在编制应急预案的基础上，针对工作场所、岗位的特点，编制简明、实用、有效的应急处置卡。应急处置卡应当规定重点岗位、人员的应急处置程序和措施，以及相关联络人员和联系方式，便于从业人员携带。

[答案] D

> **[2020真题·多选]** 根据《生产安全事故应急预案管理办法》，生产经营单位应急预案分为（　　）。
> A. 综合应急预案
> B. 专项应急预案
> C. 总体应急预案
> D. 详细应急预案
> E. 现场处置方案
> **[解析]**《生产安全事故应急预案管理办法》规定，生产经营单位应急预案分为综合应急预案、专项应急预案和现场处置方案。
> **[答案]** ABE

知识点 3　生产安全事故报告、调查和处理

一、生产安全事故报告

《建设工程安全生产管理条例》规定，施工单位发生生产安全事故，应当按照国家有关伤亡事故报告和调查处理的规定，及时、如实地向负责安全生产监督管理的部门、建设行政主管部门或者其他有关部门报告；特种设备发生事故的，还应当同时向特种设备安全监督管理部门报告。接到报告的部门应当按照国家有关规定，如实上报。实行施工总承包的建设工程，由总承包单位负责上报事故。

《生产安全事故报告和调查处理条例》规定，事故报告应当及时、准确、完整，任何单位和个人对事故不得迟报、漏报、谎报或者瞒报。

（一）事故报告流程

事故发生后，事故现场有关人员应当立即向本单位负责人报告；单位负责人接到报告后，应当于1小时内向事故发生地县级以上人民政府安全生产监督管理部门和负有安全生产监督管理职责的有关部门报告。

情况紧急时，事故现场有关人员可以直接向事故发生地县级以上人民政府安全生产监督管理部门和负有安全生产监督管理职责的有关部门报告。

安全生产监督管理部门和负有安全生产监督管理职责的有关部门接到事故报告后，应当依照下列规定上报事故情况，并通知公安机关、劳动保障行政部门、工会和人民检察院：

（1）特别重大事故、重大事故逐级上报至国务院安全生产监督管理部门和负有安全生产监督管理职责的有关部门。

（2）较大事故逐级上报至省、自治区、直辖市人民政府安全生产监督管理部门和负有安全生产监督管理职责的有关部门。

（3）一般事故上报至设区的市级人民政府安全生产监督管理部门和负有安全生产监督管理职责的有关部门。

安全生产监督管理部门和负有安全生产监督管理职责的有关部门依照上述规定上报事故情况，应当同时报告本级人民政府。国务院安全生产监督管理部门和负有安全生产监督管理职责的有关部门以及省级人民政府接到发生特别重大事故、重大事故的报告后，应当立即报告国务院。必要时，安全生产监督管理部门和负有安全生产监督管理职责的有关部门可以越级上报事故情况。

安全生产监督管理部门和负有安全生产监督管理职责的有关部门逐级上报事故情况，每

级上报的时间不得超过 2 小时。

➤ **知识链接**：《安全生产法》第八十三条规定，生产经营单位发生生产安全事故后，事故现场有关人员应当立即报告本单位负责人。单位负责人接到事故报告后，应当迅速采取有效措施，组织抢救，防止事故扩大，减少人员伤亡和财产损失，并按照国家有关规定立即如实报告当地负有安全生产监督管理职责的部门，不得隐瞒不报、谎报或者迟报，不得故意破坏事故现场、毁灭有关证据。《安全生产法》第八十四条规定，负有安全生产监督管理职责的部门接到事故报告后，应当立即按照国家有关规定上报事故情况。负有安全生产监督管理职责的部门和有关地方人民政府对事故情况不得隐瞒不报、谎报或者迟报。

（二）事故报告内容

关于生产安全事故报告的内容，不同的法律规范，其规定有所不同。生产安全事故报告的具体内容见表 6-5-1。

表 6-5-1　生产安全事故报告的内容

《房屋市政工程生产安全事故报告和查处工作规程》的规定	《生产安全事故报告和调查处理条例》的规定
（1）事故的发生时间、地点和工程项目名称； （2）事故已经造成或者可能造成的伤亡人数（包括下落不明人数）； （3）事故工程项目的建设单位及项目负责人、施工单位及其法定代表人和项目经理、监理单位及其法定代表人和项目总监； （4）事故的简要经过和初步原因； （5）其他应当报告的情况	（1）事故发生单位概况； （2）事故发生的时间、地点以及事故现场情况； （3）事故的简要经过； （4）事故已经造成或者可能造成的伤亡人数（包括下落不明的人数）和初步估计的直接经济损失； （5）已经采取的措施； （6）其他应当报告的情况

事故报告后出现新情况的，应当及时补报。自事故发生之日起 30 日内，事故造成的伤亡人数发生变化的，应当及时补报。道路交通事故、火灾事故自发生之日起 7 日内，事故造成的伤亡人数发生变化的，应当及时补报。

（三）应急预案与现场保护

事故发生单位负责人接到事故报告后，应当立即启动事故相应应急预案，或者采取有效措施，组织抢救，防止事故扩大，减少人员伤亡和财产损失。

事故发生地有关地方人民政府、安全生产监督管理部门和负有安全生产监督管理职责的有关部门接到事故报告后，其负责人应当立即赶赴事故现场，组织事故救援。

事故发生后，有关单位和人员应当妥善保护事故现场以及相关证据，任何单位和个人不得破坏事故现场、毁灭相关证据。因抢救人员、防止事故扩大以及疏通交通等原因，需要移动事故现场物件的，应当做出标志，绘制现场简图并做出书面记录，妥善保存现场重要痕迹、物证。

二、生产安全事故的调查

事故调查处理应当坚持实事求是、尊重科学的原则，及时、准确地查清事故经过、事故原因和事故损失，查明事故性质，认定事故责任，总结事故教训，提出整改措施，并对事故责任者依法追究责任。

不同级别生产安全事故调查主体见表 6-5-2。

表 6-5-2　不同级别生产安全事故调查主体

事故等级	调查主体		备注
特别重大事故	国务院或者国务院授权有关部门组织事故调查组进行调查		—
重大事故	事故发生地省级人民政府	可以直接组织事故调查组进行调查，也可以授权或者委托有关部门组织事故调查组进行调查	事故发生地与事故发生单位不在同一个县级以上行政区域的，由事故发生地人民政府负责调查，事故发生单位所在地人民政府应当派人参加
较大事故	设区的市级人民政府		
一般事故	县级人民政府	未造成人员伤亡的，可以委托事故发生单位组织事故调查组进行调查	

上级人民政府认为必要时，可以调查由下级人民政府负责调查的事故。自事故发生之日起 30 日内（道路交通事故、火灾事故自发生之日起 7 日内），事故伤亡人数变化导致事故等级发生变化，依照《生产安全事故报告和调查处理条例》规定应当由上级人民政府负责调查的，上级人民政府可以另行组织事故调查组进行调查。

（一）调查组的组成及职责

事故调查组的组成应当遵循精简、效能的原则。根据事故的具体情况，事故调查组由有关人民政府、安全生产监督管理部门、负有安全生产监督管理职责的有关部门、监察机关、公安机关以及工会派人组成，并应当邀请人民检察院派人参加。事故调查组可以聘请有关专家参与调查。

事故调查组履行下列职责：
(1) 查明事故发生的经过、原因、人员伤亡情况及直接经济损失。
(2) 认定事故的性质和事故责任。
(3) 提出对事故责任者的处理建议。
(4) 总结事故教训，提出防范和整改措施。
(5) 提交事故调查报告。

事故调查组有权向有关单位和个人了解与事故有关的情况，并要求其提供相关文件、资料，有关单位和个人不得拒绝。

事故调查中需要进行技术鉴定的，事故调查组应当委托具有国家规定资质的单位进行技术鉴定。必要时，事故调查组可以直接组织专家进行技术鉴定。技术鉴定所需时间不计入事故调查期限。

（二）事故调查报告

事故调查组应当自事故发生之日起 60 日内提交事故调查报告；特殊情况下，经负责事故调查的人民政府批准，提交事故调查报告的期限可以适当延长，但延长的期限最长不超过 60 日。

关于生产安全事故调查报告的内容，不同的法律规范，其规定有所不同，生产安全事故调查报告的具体内容见表 6-5-3。

第六章　建设工程安全生产法律制度

表 6-5-3　生产安全事故调查报告的具体内容

《关于做好房屋建筑和市政基础设施工程质量事故报告和调查处理工作的通知》的规定	《生产安全事故报告和调查处理条例》的规定
（1）事故项目及各参建单位概况； （2）事故发生经过和事故救援情况； （3）事故造成的人员伤亡和直接经济损失； （4）事故项目有关质量检测报告和技术分析报告； （5）事故发生的原因和事故性质； （6）事故责任的认定和事故责任者的处理建议； （7）事故防范和整改措施	（1）事故发生单位概况； （2）事故发生经过和事故救援情况； （3）事故造成的人员伤亡和直接经济损失； （4）事故发生的原因和事故性质； （5）事故责任的认定以及对事故责任者的处理建议； （6）事故防范和整改措施

事故调查报告应当附具有关证据材料。事故调查组成员应当在事故调查报告上签名

负责事故调查处理的国务院有关部门和地方人民政府应当在批复事故调查报告后 1 年内，组织有关部门对事故整改和防范措施落实情况进行评估，并及时向社会公开评估结果；对不履行职责导致事故整改和防范措施没有落实的有关单位和人员，应当按照有关规定追究责任。

三、生产安全事故的处理

《生产安全事故报告和调查处理条例》规定，重大事故、较大事故、一般事故，负责事故调查的人民政府应当自收到事故调查报告之日起 15 日内做出批复；特别重大事故，30 日内做出批复，特殊情况下，批复时间可以适当延长，但延长的时间最长不超过 30 日。

有关机关应当按照人民政府的批复，依照法律、行政法规规定的权限和程序，对事故发生单位和有关人员进行行政处罚，对负有事故责任的国家工作人员进行处分。事故发生单位应当按照负责事故调查的人民政府的批复，对本单位负有事故责任的人员进行处理。负有事故责任的人员涉嫌犯罪的，依法追究刑事责任。

事故发生单位应当认真吸取事故教训，落实防范和整改措施，防止事故再次发生。防范和整改措施的落实情况应当接受工会和职工的监督。安全生产监督管理部门和负有安全生产监督管理职责的有关部门应当对事故发生单位落实防范和整改措施的情况进行监督检查。

事故处理的情况由负责事故调查的人民政府或者其授权的有关部门、机构向社会公布，依法应当保密的除外。

● **总结**

生产安全事故的报告与调查的相关规定如图 6-5-2 所示。

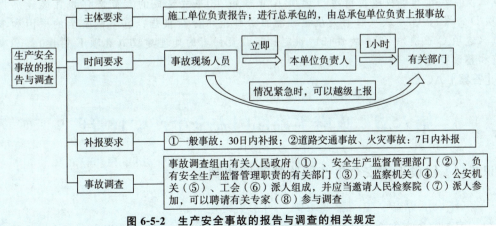

图 6-5-2　生产安全事故的报告与调查的相关规定

> **实战演练**
>
> **[2024 真题・单选]** 关于分包工程生产安全事故报告的说法，正确的是（ ）。
> A. 事故现场有关人员应当在合理时间内报告本单位负责人
> B. 单位负责人应当立即如实报告当地负有安全生产监督管理职责的部门
> C. 由分包单位负责逐级上报事故
> D. 事故报告后应当每 4 小时补报 1 次
> [解析] 选项 A 错误、选项 B 正确，生产经营单位发生生产安全事故后，事故现场有关人员应当立即报告本单位负责人。单位负责人接到事故报告后，应当迅速采取有效措施，组织抢救，防止事故扩大，减少人员伤亡和财产损失，并按照国家有关规定立即如实报告当地负有安全生产监督管理职责的部门，不得隐瞒不报、谎报或者迟报，不得故意破坏事故现场、毁灭有关证据。选项 C 错误，事故发生地住房城乡建设主管部门接到施工单位负责人或者事故现场有关人员的事故报告后，应当逐级上报事故情况。特别重大、重大、较大事故逐级上报至国务院住房城乡建设主管部门，一般事故逐级上报至省级住房城乡建设主管部门。必要时，住房城乡建设主管部门可以越级上报事故情况。选项 D 错误，事故报告后出现新情况的，以及事故发生之日起 30 日内事故造成的伤亡人数发生变化的，应当及时补报。
> [答案] B
>
> **[2022 真题・单选]** 生产安全事故发生后，负责组织事故调查组的主体是（ ）。
> A. 事故发生单位　　　　　　　　B. 事故发生地人民检察院
> C. 人民政府或者其授权、委托的有关部门　　D. 事故发生地相关行业协会
> [解析] 住房和城乡建设主管部门应当按照有关人民政府的授权或委托，组织或参与事故调查组对事故进行调查。
> [答案] C
>
> **[2024 真题・多选]** 根据《关于做好房屋建筑和市政基础设施工程质量事故报告和调查处理工作的通知》，事故调查报告应当包括的内容有（ ）。
> A. 事故发生经过和事故救援情况　　B. 事故项目及各主管部门概况
> C. 事故发生的原因和事故性质　　　D. 事故造成的直接和间接经济损失
> E. 事故责任者的处理决定
> [解析] 根据《关于做好房屋建筑和市政基础设施工程质量事故报告和调查处理工作的通知》，事故调查报告应当包括下列内容：①事故项目及各参建单位概况（选项 B 错误）；②事故发生经过和事故救援情况（选项 A 正确）；③事故造成的人员伤亡和直接经济损失（选项 D 错误）；④事故项目有关质量检测报告和技术分析报告；⑤事故发生的原因和事故性质（选项 C 正确）；⑥事故责任的认定和事故责任者的处理建议（选项 E 错误）；⑦事故防范和整改措施。
> [答案] AC

第六节　政府主管部门安全生产监督管理

知识点 1　建设工程安全生产的监督管理体制

一、《建设工程安全生产管理条例》的相关规定

（1）国务院负责安全生产监督管理的部门依照《安全生产法》的规定，对全国建设工程

安全生产工作实施综合监督管理。

县级以上地方人民政府负责安全生产监督管理的部门依照《安全生产法》的规定，对本行政区域内建设工程安全生产工作实施综合监督管理。

(2) 国务院建设行政主管部门对全国的建设工程安全生产实施监督管理。国务院铁路、交通、水利等有关部门按照国务院规定的职责分工，负责有关专业建设工程安全生产的监督管理。

县级以上地方人民政府建设行政主管部门对本行政区域内的建设工程安全生产实施监督管理。县级以上地方人民政府交通、水利等有关部门在各自的职责范围内，负责本行政区域内的专业建设工程安全生产的监督管理。

(3) 建设行政主管部门在审核发放施工许可证时，应当对建设工程是否有安全施工措施进行审查，对没有安全施工措施的，不得颁发施工许可证。

建设行政主管部门或者其他有关部门对建设工程是否有安全施工措施进行审查时，不得收取费用。

(4) 建设行政主管部门或者其他有关部门可以将施工现场的监督检查委托给建设工程安全监督机构具体实施。

二、《房屋建筑和市政基础设施工程施工安全监督规定》的相关规定

国务院住房城乡建设主管部门负责指导全国房屋建筑和市政基础设施工程施工安全监督工作。县级以上地方人民政府住房城乡建设主管部门负责本行政区域内房屋建筑和市政基础设施工程施工安全监督工作。县级以上地方人民政府住房城乡建设主管部门可以将施工安全监督工作委托所属的施工安全监督机构具体实施。

住房城乡建设主管部门应当加强施工安全监督机构建设，建立施工安全监督工作考核制度。

(一) 施工安全监督机构和人员

施工安全监督机构和人员应具备的条件见表 6-6-1。

表 6-6-1 施工安全监督机构和人员应具备的条件

施工安全监督机构应具备的条件	施工安全监督人员应具备的条件
(1) 具有完整的组织体系，岗位职责明确； (2) 具有符合《房屋建筑和市政基础设施工程施工安全监督规定》第六条规定的施工安全监督人员，人员数量满足监督工作需要且专业结构合理，其中监督人员应当占监督机构总人数的75%以上； (3) 具有固定的工作场所，配备满足监督工作需要的仪器、设备、工具及安全防护用品； (4) 有健全的施工安全监督工作制度，具备与监督工作相适应的信息化管理条件	(1) 具有工程类相关专业大专及以上学历或初级及以上专业技术职称； (2) 具有2年及以上施工安全管理经验； (3) 熟悉掌握相关法律法规和工程建设标准规范； (4) 经业务培训考核合格，取得相关执法证书； (5) 具有良好的职业道德

(二) 施工安全监督的内容

县级以上地方人民政府住房城乡建设主管部门或其所属的施工安全监督机构（以下合称监督机构）应当对本行政区域内已取得施工许可证的工程项目实施施工安全监督。

施工安全监督主要包括以下内容：

(1) 抽查工程建设责任主体履行安全生产职责情况。

(2) 抽查工程建设责任主体执行法律、法规、规章、制度及工程建设强制性标准情况。
(3) 抽查建筑施工安全生产标准化开展情况。
(4) 组织或参与工程项目施工安全事故的调查处理。
(5) 依法对工程建设责任主体违法违规行为实施行政处罚。
(6) 依法处理与工程项目施工安全相关的投诉、举报。

(三) 施工安全监督的程序
监督机构实施工程项目的施工安全监督，应当依照下列程序进行：
(1) 建设单位申请办理工程项目施工许可证。
(2) 制定工程项目施工安全监督工作计划并组织实施。
(3) 实施工程项目施工安全监督抽查并形成监督记录。
(4) 评定工程项目安全生产标准化工作并办理终止施工安全监督手续。
(5) 整理工程项目施工安全监督资料并立卷归档。

(四) 施工安全监督的措施
监督机构实施工程项目的施工安全监督，有权采取下列措施：
(1) 要求工程建设责任主体提供有关工程项目安全管理的文件和资料。
(2) 进入工程项目施工现场进行安全监督抽查。
(3) 发现安全隐患，责令整改或暂时停止施工。
(4) 发现违法违规行为，按权限实施行政处罚或移交有关部门处理。
(5) 向社会公布工程建设责任主体安全生产不良信息。

三、《房屋建筑和市政基础设施工程施工安全监督工作规程》的相关规定

(1) 监督机构应当根据工程项目实际情况，编制《施工安全监督工作计划》，明确主要监督内容、抽查频次、监督措施等。对含有超过一定规模的危大工程的工程项目、近1年发生过生产安全事故的施工企业承接的工程项目应当增加抽查次数。施工安全监督过程中，对发生过生产安全事故以及检查中发现安全隐患较多的工程项目，应当调整监督工作计划，增加抽查次数。

(2) 监督人员应当如实记录监督抽查情况，监督抽查结束后形成监督记录并整理归档。监督记录包括抽查时间、范围、部位、内容、结果及必要的影像资料等。

(3) 工程项目因故中止施工的，建设单位应当向监督机构申请办理中止施工安全监督手续，并提交中止施工的时间、原因、在施部位及安全保障措施等资料。监督机构收到建设单位提交的资料后，经查验符合要求的，应当在5个工作日内向建设单位发放《中止施工安全监督告知书》。监督机构对工程项目中止施工期间不实施施工安全监督。

(4) 中止施工的工程项目恢复施工，建设单位应当向监督机构申请办理恢复施工安全监督手续，并提交经建设、监理、施工单位项目负责人签字并加盖单位公章的复工条件验收报告。监督机构收到建设单位提交的复工条件验收报告后，经查验符合复工条件的，应当在5个工作日内向建设单位发放《恢复施工安全监督告知书》，对工程项目恢复实施施工安全监督。

(5) 工程项目完工办理竣工验收前，建设单位应当向监督机构申请办理终止施工安全监督手续，并提交经建设、监理、施工单位确认的工程施工结束证明，施工单位应当提交经建设、监理单位审核的项目安全生产标准化自评材料。监督机构收到建设单位提交的资料后，经查验符合要求的，在5个工作日内向建设单位发放《终止施工安全监督告知书》，同时终止对工程项目的施工安全监督。监督机构应当按照有关规定，对项目安全生产标准化作出评

定，并向施工单位发放《项目安全生产标准化考评结果告知书》。

（6）工程项目终止施工安全监督后，监督机构应当整理工程项目的施工安全监督资料，包括监督文书、抽查记录、项目安全生产标准化自评材料等，形成工程项目的施工安全监督档案。工程项目施工安全监督档案保存期限3年，自归档之日起计算。

（7）监督机构应当将工程建设责任主体安全生产不良行为及处罚结果、工程项目安全生产标准化考评结果记入施工安全信用档案，并向社会公开。

知识点 2　政府主管部门对涉及安全生产事项的审查及执法职权

一、安全生产监管部门的职责

《安全生产法》规定，负有安全生产监督管理职责的部门依照有关法律、法规的规定，对涉及安全生产的事项需要审查批准（包括批准、核准、许可、注册、认证、颁发证照等，下同）或者验收的，必须严格依照有关法律、法规和国家标准或者行业标准规定的安全生产条件和程序进行审查；不符合有关法律、法规和国家标准或者行业标准规定的安全生产条件的，不得批准或者验收通过。对未依法取得批准或者验收合格的单位擅自从事有关活动的，负责行政审批的部门发现或者接到举报后应当立即予以取缔，并依法予以处理。对已经依法取得批准的单位，负责行政审批的部门发现其不再具备安全生产条件的，应当撤销原批准。

负有安全生产监督管理职责的部门对涉及安全生产的事项进行审查、验收，不得收取费用；不得要求接受审查、验收的单位购买其指定品牌或者指定生产、销售单位的安全设备、器材或者其他产品。

二、安全生产监管部门的职权

根据《安全生产法》，安全生产监管部门进行监督检查，行使以下职权：

（1）进入生产经营单位进行检查，调阅有关资料，向有关单位和人员了解情况。

（2）对检查中发现的安全生产违法行为，当场予以纠正或者要求限期改正；对依法应当给予行政处罚的行为，依照本法和其他有关法律、行政法规的规定作出行政处罚决定。

（3）对检查中发现的事故隐患，应当责令立即排除；重大事故隐患排除前或者排除过程中无法保证安全的，应当责令从危险区域内撤出作业人员，责令暂时停产停业或者停止使用相关设施、设备；重大事故隐患排除后，经审查同意，方可恢复生产经营和使用。

（4）对有根据认为不符合保障安全生产的国家标准或者行业标准的设施、设备、器材以及违法生产、储存、使用、经营、运输的危险物品予以查封或者扣押，对违法生产、储存、使用、经营危险物品的作业场所予以查封，并依法作出处理决定。

监督检查不得影响被检查单位的正常生产经营活动。

负有安全生产监督管理职责的部门依法对存在重大事故隐患的生产经营单位作出停产停业、停止施工、停止使用相关设施或者设备的决定，生产经营单位应当依法执行，及时消除事故隐患。生产经营单位拒不执行，有发生生产安全事故的现实危险的，在保证安全的前提下，经本部门主要负责人批准，负有安全生产监督管理职责的部门可以采取通知有关单位停止供电、停止供应民用爆炸物品等措施，强制生产经营单位履行决定。通知应当采用书面形式，有关单位应当予以配合。

负有安全生产监督管理职责的部门依照上述规定采取停止供电措施，除有危及生产安全的紧急情形外，应当提前24小时通知生产经营单位。

> **实战演练**
>
> **[2024真题·多选]** 施工企业拒不执行负有安全生产监督管理职责的部门作出的停止施工的决定，有发生生产安全事故的现实危险的，在保证安全的前提下，负有安全生产监督管理职责的部门可以通知有关单位采取的措施有（　　）。
> A. 停止供电
> B. 禁止通行
> C. 停止拨付资金
> D. 限制供应食品、药品
> E. 停止供应民用爆炸物品
> [解析] 负有安全生产监督管理职责的部门依法对存在重大事故隐患的生产经营单位作出停产停业、停止施工、停止使用相关设施或者设备的决定，生产经营单位应当依法执行，及时消除事故隐患。生产经营单位拒不执行，有发生生产安全事故的现实危险的，在保证安全的前提下，经本部门主要负责人批准，负有安全生产监督管理职责的部门可以采取通知有关单位停止供电（选项A正确）、停止供应民用爆炸物品（选项E正确）等措施，强制生产经营单位履行决定。
> [答案] AE

知识点 3　安全生产举报处理、相关信息系统和工艺、设备、材料淘汰制度

《安全生产法》规定，负有安全生产监督管理职责的部门应当建立举报制度，公开举报电话、信箱或者电子邮件地址等网络举报平台，受理有关安全生产的举报；受理的举报事项经调查核实后，应当形成书面材料；需要落实整改措施的，报经有关负责人签字并督促落实。对不属于本部门职责，需要由其他有关部门进行调查处理的，转交其他有关部门处理。涉及人员死亡的举报事项，应当由县级以上人民政府组织核查处理。

任何单位或者个人对事故隐患或者安全生产违法行为，均有权向负有安全生产监督管理职责的部门报告或者举报。因安全生产违法行为造成重大事故隐患或者导致重大事故，致使国家利益或者社会公共利益受到侵害的，人民检察院可以根据民事诉讼法、行政诉讼法的相关规定提起公益诉讼。

负有安全生产监督管理职责的部门应当建立安全生产违法行为信息库，如实记录生产经营单位及其有关从业人员的安全生产违法行为信息；对违法行为情节严重的生产经营单位及其有关从业人员，应当及时向社会公告，并通报行业主管部门、投资主管部门、自然资源主管部门、生态环境主管部门、证券监督管理机构以及有关金融机构。有关部门和机构应当对存在失信行为的生产经营单位及其有关从业人员采取加大执法检查频次、暂停项目审批、上调有关保险费率、行业或者职业禁入等联合惩戒措施，并向社会公示。

国家对严重危及生产安全的工艺、设备实行淘汰制度，具体目录由国务院应急管理部门会同国务院有关部门制定并公布。法律、行政法规对目录的制定另有规定的，适用其规定。省、自治区、直辖市人民政府可以根据本地区实际情况制定并公布具体目录，对上述规定以外的危及生产安全的工艺、设备予以淘汰。生产经营单位不得使用应当淘汰的危及生产安全的工艺、设备。

> **实战演练**
>
> **[2024真题·单选]** 关于安全生产举报的说法，正确的是（　　）。
> A. 由应急管理部门集中受理举报
> B. 受理的举报事项经调查核实后，根据性质和程度决定是否形成书面材料
> C. 负有安全生产监督管理职责的部门应当公开举报电话、信箱或者电子邮件地址等网络举报平台
> D. 涉及人员重伤的举报事项，应当由县级以上人民政府组织核查处理
>
> [解析] 选项A错误，选项C正确，负有安全生产监督管理职责的部门应当建立举报制度，公开举报电话、信箱或者电子邮件地址等网络举报平台，受理有关安全生产的举报。选项B错误，受理的举报事项经调查核实后，应当形成书面材料；需要落实整改措施的，报经有关负责人签字并督促落实。选项D错误，涉及人员死亡的举报事项，应当由县级以上人民政府组织核查处理。
>
> [答案] C

第七章

建设工程质量法律制度

■ 本章导学

本章主要介绍工程建设标准、无障碍环境建设制度、建设单位及相关单位的质量责任和义务、施工单位的质量责任和义务、建设工程竣工验收制度、建设工程质量保修制度。本章内容在最新考试大纲的基础上,根据《中华人民共和国标准化法》(以下简称《标准化法》)、《建设工程抗震管理条例》《中华人民共和国无障碍环境建设法》(以下简称《无障碍环境建设法》)、《建设工程质量管理条例》等编写。

本章的记忆性内容较多,但是考查难度不大,考点恒定且相对集中。考生学习时,可以理解记忆为主,重点掌握工程建设标准的制定,建设单位、勘察单位、设计单位、监理单位、施工单位的质量责任和义务,以及建设工程质量保修期和工程质量保证金等相关内容。

第一节 工程建设标准

知识点 1 工程建设标准的制定

工程建设标准是指在工程建设活动中,为了保证工程质量、安全、环保和经济效益,对工程的设计、施工、验收等各个环节所制定的技术规范和要求。

《标准化法》规定,标准包括国家标准、行业标准、地方标准和团体标准、企业标准。国家标准分为强制性标准、推荐性标准,行业标准、地方标准是推荐性标准。

强制性标准必须执行。国家鼓励采用推荐性标准。

一、国家标准

(一)国家标准的范围

根据《工程建设国家标准管理办法》,对需要在全国范围内统一的下列技术要求,应当制定国家标准:

(1) 工程建设勘察、规划、设计、施工(包括安装)及验收等通用的质量要求。
(2) 工程建设通用的有关安全、卫生和环境保护的技术要求。
(3) 工程建设通用的术语、符号、代号、量与单位、建筑模数和制图方法。
(4) 工程建设通用的试验、检验和评定等方法。
(5) 工程建设通用的信息技术要求。
(6) 国家需要控制的其他工程建设通用的技术要求。

国家标准分为强制性标准和推荐性标准。

下列标准属于强制性标准:

(1) 工程建设勘察、规划、设计、施工(包括安装)及验收等通用的综合标准和重要的通用的质量标准。
(2) 工程建设通用的有关安全、卫生和环境保护的标准。
(3) 工程建设重要的通用的术语、符号、代号、量与单位、建筑模数和制图方法标准。
(4) 工程建设重要的通用的试验、检验和评定方法等标准。
(5) 工程建设重要的通用的信息技术标准。
(6) 国家需要控制的其他工程建设通用的标准。

强制性标准以外的标准是推荐性标准。

《标准化法》规定,对保障人身健康和生命财产安全、国家安全、生态环境安全以及满足经济社会管理基本需要的技术要求,应当制定强制性国家标准。

对满足基础通用、与强制性国家标准配套、对各有关行业起引领作用等需要的技术要求,可以制定推荐性国家标准。

● **点拨**

判断强制性国家标准时,首先选"重要的通用的";其次选"安全、卫生、环境保护";最后再选"综合性标准"。

(二)国家标准的制定

1. 基本要求

《工程建设国家标准管理办法》规定,制订国家标准必须贯彻执行国家的有关法律、法规和方针、政策，密切结合自然条件，合理利用资源，充分考虑使用和维修的要求，做到安全适用、技术先进、经济合理。

制订国家标准应当积极采用新技术、新工艺、新设备、新材料。纳入标准的新技术、新工艺、新设备、新材料，应当经有关主管部门或受委托单位鉴定，有完整的技术文件，且经实践检验行之有效。

2. 制定程序

根据《工程建设国家标准管理办法》，制订国家标准的工作程序按准备、征求意见、送审和报批4个阶段进行。

3. 国家标准的审批、发布

根据《标准化法》，国务院有关行政主管部门依据职责负责强制性国家标准的项目提出、组织起草、征求意见和技术审查。国务院标准化行政主管部门负责强制性国家标准的立项、编号和对外通报。国务院标准化行政主管部门应当对拟制定的强制性国家标准是否符合规定进行立项审查，对符合规定的予以立项。

省、自治区、直辖市人民政府标准化行政主管部门可以向国务院标准化行政主管部门提出强制性国家标准的立项建议，由国务院标准化行政主管部门会同国务院有关行政主管部门决定。社会团体、企业事业组织以及公民可以向国务院标准化行政主管部门提出强制性国家标准的立项建议，国务院标准化行政主管部门认为需要立项的，会同国务院有关行政主管部门决定。

强制性国家标准由国务院批准发布或者授权批准发布。推荐性国家标准由国务院标准化行政主管部门制定。

强制性标准文本应当免费向社会公开。国家推动免费向社会公开推荐性标准文本。

根据《工程建设国家标准管理办法》，国家标准由国务院工程建设行政主管部门审查批准，由国务院标准化行政主管部门统一编号，由国务院标准化行政主管部门和国务院工程建设行政主管部门联合发布。

根据《强制性国家标准管理办法》，强制性国家标准发布后实施前，企业可以选择执行原强制性国家标准或者新强制性国家标准。新强制性国家标准实施后，原强制性国家标准同时废止。

4. 国家标准的编号

根据《工程建设国家标准管理办法》，国家标准的编号由国家标准代号、发布标准的顺序号和发布标准的年号组成，并应当符合统一格式。

强制性国家标准和推荐性国家标准的编号分别如图7-1-1、图7-1-2所示。

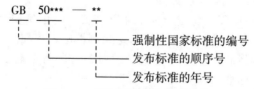

图 7-1-1 强制性国家标准的编号

图 7-1-2 推荐性国家标准的编号

5. 国家标准的复审与修订

根据《工程建设国家标准管理办法》，国家标准实施后，应当根据科学技术的发展和工程建设的需要，由该国家标准的管理部门适时组织有关单位进行复审。复审一般在国家标准实施后 5 年进行 1 次。

根据《强制性国家标准管理办法》，组织起草部门应当根据反馈和评估情况，对强制性国家标准进行复审，提出继续有效、修订或者废止的结论，并送国务院标准化行政主管部门。复审周期一般不得超过 5 年。

二、行业标准

根据《标准化法》，对没有推荐性国家标准、需要在全国某个行业范围内统一的技术要求，可以制定行业标准。行业标准由国务院有关行政主管部门制定，报国务院标准化行政主管部门备案。

根据《中华人民共和国标准化法实施条例》，行业标准由国务院有关行政主管部门编制计划，组织草拟，统一审批、编号、发布，并报国务院标准化行政主管部门备案。行业标准在相应的国家标准实施后，自行废止。

根据《工程建设行业标准管理办法》，行业标准不得与国家标准相抵触。有关行业标准之间应当协调、统一、避免重复。

制订、修订行业标准的工作程序，可以按准备、征求意见、送审和报批 4 个阶段进行。行业标准的编写应当符合工程建设标准编写的统一规定。

行业标准由国务院有关行政主管部门审批、编号和发布。其中，2 个以上部门共同制订的行业标准，由有关的行政主管部门联合审批、发布，并由其主编部门负责编号。

行业标准的某些规定与国家标准不一致时，必须有充分的科学依据和理由，并经国家标准的审批部门批准。行业标准在相应的国家标准实施后，应当及时修订或废止。

行业标准实施后，该标准的批准部门应当根据科学技术的发展和工程建设的实际需要适时进行复审，确认其继续有效或予以修订、废止。一般 5 年复审 1 次，复审结果报国务院工程建设行政主管部门备案。

三、地方标准

根据《标准化法》，为满足地方自然条件、风俗习惯等特殊技术要求，可以制定地方标准。

地方标准由省、自治区、直辖市人民政府标准化行政主管部门制定；设区的市级人民政府标准化行政主管部门根据本行政区域的特殊需要，经所在地省、自治区、直辖市人民政府标准化行政主管部门批准，可以制定本行政区域的地方标准。地方标准由省、自治区、直辖市人民政府标准化行政主管部门报国务院标准化行政主管部门备案，由国务院标准化行政主管部门通报国务院有关行政主管部门。

四、团体标准和企业标准

根据《标准化法》，国家鼓励学会、协会、商会、联合会、产业技术联盟等社会团体协调相关市场主体共同制定满足市场和创新需要的团体标准，由本团体成员约定采用或者按照本团体的规定供社会自愿采用。

企业可以根据需要自行制定企业标准，或者与其他企业联合制定企业标准。

国家支持在重要行业、战略性新兴产业、关键共性技术等领域利用自主创新技术制定团体标准、企业标准。

推荐性国家标准、行业标准、地方标准、团体标准、企业标准的技术要求不得低于强制性国家标准的相关技术要求。

国家鼓励社会团体、企业制定高于推荐性标准相关技术要求的团体标准、企业标准。

国家实行团体标准、企业标准自我声明公开和监督制度。企业应当公开其执行的强制性标准、推荐性标准、团体标准或者企业标准的编号和名称；企业执行自行制定的企业标准的，还应当公开产品、服务的功能指标和产品的性能指标。国家鼓励团体标准、企业标准通过标准信息公共服务平台向社会公开。企业应当按照标准组织生产经营活动，其生产的产品、提供的服务应当符合企业公开标准的技术要求。

根据《团体标准管理规定》，团体标准应当符合相关法律法规的要求，不得与国家有关产业政策相抵触。对于术语、分类、量值、符号等基础通用方面的内容应当遵守国家标准、行业标准、地方标准，团体标准一般不予另行规定。

团体标准的技术要求不得低于强制性标准的相关技术要求。

制定团体标准应当以满足市场和创新需要为目标，聚焦新技术、新产业、新业态和新模式，填补标准空白。国家鼓励社会团体制定高于推荐性标准相关技术要求的团体标准；鼓励制定具有国际领先水平的团体标准。

制定团体标准的一般程序包括提案、立项、起草、征求意见、技术审查、批准、编号、发布、复审。征求意见应当明确期限，一般不少于 30 日。涉及消费者权益的，应当向社会公开征求意见，并对反馈意见进行处理协调。技术审查原则上应当协商一致。如需表决，不少于出席会议代表人数的 3/4 同意方为通过。起草人及其所在单位的专家不能参加表决。

团体标准应当按照社会团体规定的程序批准，以社会团体文件形式予以发布。

实战演练

[2022 真题·单选] 根据《标准化法》，行业标准的制定主体是（　　）。

A. 行业协会

B. 社会团体

C. 国务院有关行政主管部门

D. 企事业单位

[解析] 行业标准由国务院有关行政主管部门制定，报国务院标准化行政主管部门备案。

[答案] C

[2022 真题·单选] 关于工程建设强制性国家标准的说法，正确的是（　　）。

A. 强制性标准文本可以收费

B. 国务院标准化行政主管部门根据国务院授权作出的强制性国家标准的解释与标准具有同等效力

C. 应当由国务院标准化行政主管部门批准发布

D. 对各有关行业起引领作用的技术要求应当制定强制性国家标准

[解析] 选项 A 错误，强制性标准文本应当免费向社会公开。选项 C 错误，强制性国家标准由国务院批准发布或者授权批准发布。选项 D 错误，对保障人身健康和生命财产安全、国家安全、生态环境安全以及满足经济社会管理基本需要的技术要求，应当制定强制性国家标准。对满足基础通用、与强制性国家标准配套、对各有关行业起引领作用等需要的技术要求，可以制定推荐性国家标准。

[答案] B

第七章 建设工程质量法律制度

[2021真题·单选] 根据《标准化法》，负责工程建设强制性国家标准的立项、编号和对外通报的单位是（ ）。
A. 省级人民政府标准化行政主管部门
B. 国务院住房城乡建设行政主管部门
C. 国家标准化管理委员会
D. 国务院标准化行政主管部门

[解析] 国务院有关行政主管部门依据职责负责强制性国家标准的项目提出、组织起草、征求意见和技术审查。国务院标准化行政主管部门负责强制性国家标准的立项、编号和对外通报。

[答案] D

[2023真题·多选] 根据《标准化法》，标准包括（ ）。
A. 国家标准   B. 行业标准
C. 国际标准   D. 地方标准
E. 企业标准

[解析]《标准化法》规定，标准包括国家标准、行业标准、地方标准和团体标准、企业标准。

[答案] ABDE

[2022真题·多选] 根据《工程建设国家标准管理办法》，下列标准中，属于强制性标准的有（ ）。
A. 工程建设通用的信息技术要求
B. 工程建设通用的有关安全、卫生和环保的标准
C. 工程建设通用的术语、符号、代号、制图方法标准
D. 工程建设通用的试验、检验和评定方法
E. 工程建设勘察、规划、设计及验收等通用的综合标准和重要的通用的质量标准

[解析] 下列标准属于强制性标准：①工程建设勘察、规划、设计、施工（包括安装）及验收等通用的综合标准和重要的通用的质量标准；②工程建设通用的有关安全、卫生和环境保护的标准；③工程建设重要的通用的术语、符号、代号、量与单位、建筑模数和制图方法标准；④工程建设重要的通用的试验、检验和评定方法等标准；⑤工程建设重要的通用的信息技术标准；⑥国家需要控制的其他工程建设通用的标准。

[答案] BE

[2021真题·多选] 提供产品和服务的企业执行自行制定的企业标准，应当公开的内容有（ ）。
A. 产品的功能指标
B. 服务的功能指标
C. 服务的性能指标
D. 产品的性能指标
E. 产品的经济指标

[解析] 企业执行自行制定的企业标准的，还应当公开产品、服务的功能指标和产品的性能指标。

[答案] ABD

[2020真题·多选] 关于工程建设国家标准的制定，国务院标准化行政主管部门负责工程建设强制性国家标准的（　　）。

A. 项目提出
B. 组织起草
C. 立项
D. 编号和对外通报
E. 征求意见

[解析] 国务院有关行政主管部门依据职责负责强制性国家标准的项目提出、组织起草、征求意见和技术审查。国务院标准化行政主管部门负责强制性国家标准的立项、编号和对外通报。

[答案] CD

知识点 2 工程建设强制性标准实施

一、采用的新技术、新工艺、新材料等的具体规定

根据《实施工程建设强制性标准监督规定》，建设工程勘察、设计文件中规定采用的新技术、新材料，可能影响建设工程质量和安全，又没有国家技术标准的，应当由国家认可的检测机构进行试验、论证，出具检测报告，并经国务院有关主管部门或者省、自治区、直辖市人民政府有关主管部门组织的建设工程技术专家委员会审定后，方可使用。

二、实施工程建设强制性标准的监督机构

根据《实施工程建设强制性标准监督规定》，监督机构及监督阶段见表7-1-1。

表7-1-1　监督机构及监督阶段

监督机构	监督阶段
建设项目规划审查机关	工程建设规划阶段
施工图设计文件审查单位	工程建设勘察、设计阶段
建筑安全监督管理机构	工程建设施工阶段
工程质量监督机构	工程建设施工、监理、验收等阶段

建设项目规划审查机关、施工图设计文件审查单位、建筑安全监督管理机构、工程质量监督机构的技术人员必须熟悉、掌握工程建设强制性标准。

工程建设标准批准部门应当定期对建设项目规划审查机关、施工图设计文件审查单位、建筑安全监督管理机构、工程质量监督机构实施强制性标准的监督进行检查，对监督不力的单位和个人，给予通报批评，建议有关部门处理。

三、强制性标准监督检查的方式和内容

根据《实施工程建设强制性标准监督规定》，工程建设标准批准部门应当对工程项目执行强制性标准情况进行监督检查。监督检查可以采取重点检查、抽查和专项检查的方式。强制性标准监督检查的内容包括：

(1) 有关工程技术人员是否熟悉、掌握强制性标准。
(2) 工程项目的规划、勘察、设计、施工、验收等是否符合强制性标准的规定。
(3) 工程项目采用的材料、设备是否符合强制性标准的规定。
(4) 工程项目的安全、质量是否符合强制性标准的规定。
(5) 工程中采用的导则、指南、手册、计算机软件的内容是否符合强制性标准的规定。

> **实战演练**
>
> **[2019 真题·多选]** 根据《实施工程建设强制性标准监督规定》,属于强制性标准监督检查内容的有( )。
>
> A. 有关工程技术人员是否熟悉、掌握强制性标准
> B. 工程项目的规划、勘察、设计、施工、验收等是否符合强制性标准的规定
> C. 工程项目采用的材料、设备是否符合强制性标准的规定
> D. 有关行政部门处理重大事故是否符合强制性标准的规定
> E. 工程项目中采用的导则、指南、手册、计算机软件的内容是否符合强制性标准的规定
>
> [解析] 强制性标准监督检查的内容包括:①有关工程技术人员是否熟悉、掌握强制性标准;②工程项目的规划、勘察、设计、施工、验收等是否符合强制性标准的规定;③工程项目采用的材料、设备是否符合强制性标准的规定;④工程项目的安全、质量是否符合强制性标准的规定;⑤工程中采用的导则、指南、手册、计算机软件的内容是否符合强制性标准的规定。
>
> [答案] ABCE

知识点 3 建设工程抗震管理制度

一、勘察、设计和施工

(一) 抗震设防强制性标准的规定

新建、扩建、改建建设工程,应当符合抗震设防强制性标准。国务院有关部门和国务院标准化行政主管部门依据职责依法制定和发布抗震设防强制性标准。

建设单位应当对建设工程勘察、设计和施工全过程负责,在勘察、设计和施工合同中明确拟采用的抗震设防强制性标准,按照合同要求对勘察设计成果文件进行核验,组织工程验收,确保建设工程符合抗震设防强制性标准。建设单位不得明示或者暗示勘察、设计、施工等单位和从业人员违反抗震设防强制性标准,降低工程抗震性能。

(二) 勘察、设计文件的规定

建设工程勘察文件中应当说明抗震场地类别,对场地地震效应进行分析,并提出工程选址、不良地质处置等建议。建设工程设计文件中应当说明抗震设防烈度、抗震设防类别以及拟采用的抗震设防措施。采用隔震减震技术的建设工程,设计文件中应当对隔震减震装置技术性能、检验检测、施工安装和使用维护等提出明确要求。

对位于高烈度设防地区、地震重点监视防御区的下列建设工程,设计单位应当在初步设计阶段按照国家有关规定编制建设工程抗震设防专篇,并作为设计文件组成部分:

(1) 重大建设工程。
(2) 地震时可能发生严重次生灾害的建设工程。
(3) 地震时使用功能不能中断或者需要尽快恢复的建设工程。

对超限高层建筑工程,设计单位应当在设计文件中予以说明,建设单位应当在初步设计阶段将设计文件等材料报送省、自治区、直辖市人民政府住房和城乡建设主管部门进行抗震设防审批。住房和城乡建设主管部门应当组织专家审查,对采取的抗震设防措施合理可行的,予以批准。超限高层建筑工程抗震设防审批意见应当作为施工图设计和审查的依据。上述所称超限高层建筑工程,是指超出国家现行标准所规定的适用高度和适用结构类型的高层建筑工程以及体型特别不规则的高层建筑工程。

(三) 施工质量管理的规定

工程总承包单位、施工单位及工程监理单位应当建立建设工程质量责任制度，加强对建设工程抗震设防措施施工质量的管理。国家鼓励工程总承包单位、施工单位采用信息化手段采集、留存隐蔽工程施工质量信息。施工单位应当按照抗震设防强制性标准进行施工。

建设单位应当将建筑的设计使用年限、结构体系、抗震设防烈度、抗震设防类别等具体情况和使用维护要求记入使用说明书，并将使用说明书交付使用人或者买受人。

(四) 隔震减震装置的规定

建筑工程根据使用功能以及在抗震救灾中的作用等因素，分为特殊设防类、重点设防类、标准设防类和适度设防类。学校、幼儿园、医院、养老机构、儿童福利机构、应急指挥中心、应急避难场所、广播电视等建筑，应当按照不低于重点设防类的要求采取抗震设防措施。位于高烈度设防地区、地震重点监视防御区的新建学校、幼儿园、医院、养老机构、儿童福利机构、应急指挥中心、应急避难场所、广播电视等建筑应当按照国家有关规定采用隔震减震等技术，保证发生本区域设防地震时能够满足正常使用要求。国家鼓励在除上述规定以外的建设工程中采用隔震减震等技术，提高抗震性能。

国务院有关部门和国务院标准化行政主管部门应当依据各自职责推动隔震减震装置相关技术标准的制定，明确通用技术要求。鼓励隔震减震装置生产企业制定严于国家标准、行业标准的企业标准。

隔震减震装置生产经营企业应当建立唯一编码制度和产品检验合格印鉴制度，采集、存储隔震减震装置生产、经营、检测等信息，确保隔震减震装置质量信息可追溯。隔震减震装置质量应当符合有关产品质量法律、法规和国家相关技术标准的规定。

建设单位应当组织勘察、设计、施工、工程监理单位建立隔震减震工程质量可追溯制度，利用信息化手段对隔震减震装置采购、勘察、设计、进场检测、安装施工、竣工验收等全过程的信息资料进行采集和存储，并纳入建设项目档案。

隔震减震装置用于建设工程前，施工单位应当在建设单位或者工程监理单位监督下进行取样，送建设单位委托的具有相应建设工程质量检测资质的机构进行检测。禁止使用不合格的隔震减震装置。实行施工总承包的，隔震减震装置属于建设工程主体结构的施工，应当由总承包单位自行完成。

工程质量检测机构应当建立建设工程过程数据和结果数据、检测影像资料及检测报告记录与留存制度，对检测数据和检测报告的真实性、准确性负责，不得出具虚假的检测数据和检测报告。

二、鉴定、加固和维护

(一) 鉴定

国家实行建设工程抗震性能鉴定制度。按照《中华人民共和国防震减灾法》（以下简称《防震减灾法》）第三十九条规定应当进行抗震性能鉴定的建设工程，由所有权人委托具有相应技术条件和技术能力的机构进行鉴定。国家鼓励对除上述规定以外的未采取抗震设防措施或者未达到抗震设防强制性标准的已经建成的建设工程进行抗震性能鉴定。

> **知识链接**：《防震减灾法》第三十九条规定，已经建成的下列建设工程，未采取抗震设防措施或者抗震设防措施未达到抗震设防要求的，应当按照国家有关规定进行抗震性能鉴定，并采取必要的抗震加固措施：

(1) 重大建设工程。

（2）可能发生严重次生灾害的建设工程。
（3）具有重大历史、科学、艺术价值或者重要纪念意义的建设工程。
（4）学校、医院等人员密集场所的建设工程。
（5）地震重点监视防御区内的建设工程。

抗震性能鉴定结果应当对建设工程是否存在严重抗震安全隐患以及是否需要进行抗震加固作出判定。

抗震性能鉴定结果应当真实、客观、准确。

（二）加固

建设工程所有权人应当对存在严重抗震安全隐患的建设工程进行安全监测，并在加固前采取停止或者限制使用等措施。对抗震性能鉴定结果判定需要进行抗震加固且具备加固价值的已经建成的建设工程，所有权人应当进行抗震加固。位于高烈度设防地区、地震重点监视防御区的学校、幼儿园、医院、养老机构、儿童福利机构、应急指挥中心、应急避难场所、广播电视等已经建成的建筑进行抗震加固时，应当经充分论证后采用隔震减震等技术，保证其抗震性能符合抗震设防强制性标准。

抗震加固应当依照《建设工程质量管理条例》等规定执行，并符合抗震设防强制性标准。竣工验收合格后，应当通过信息化手段或者在建设工程显著部位设置永久性标牌等方式，公示抗震加固时间、后续使用年限等信息。

（三）维护

建设工程所有权人应当按照规定对建设工程抗震构件、隔震沟、隔震缝、隔震减震装置及隔震标识进行检查、修缮和维护，及时排除安全隐患。任何单位和个人不得擅自变动、损坏或者拆除建设工程抗震构件、隔震沟、隔震缝、隔震减震装置及隔震标识。任何单位和个人发现擅自变动、损坏或者拆除建设工程抗震构件、隔震沟、隔震缝、隔震减震装置及隔震标识的行为，有权予以制止，并向住房和城乡建设主管部门或者其他有关监督管理部门报告。

三、保障措施

县级以上人民政府应当加强对建设工程抗震管理工作的组织领导，建立建设工程抗震管理工作机制，将相关工作纳入本级国民经济和社会发展规划。县级以上人民政府应当将建设工程抗震工作所需经费列入本级预算。县级以上地方人民政府应当组织有关部门，结合本地区实际开展地震风险分析，并按照风险程度实行分类管理。

县级以上地方人民政府对未采取抗震设防措施或者未达到抗震设防强制性标准的老旧房屋抗震加固给予必要的政策支持。国家鼓励建设工程所有权人结合电梯加装、节能改造等开展抗震加固，提升老旧房屋抗震性能。

县级以上人民政府住房和城乡建设主管部门或者其他有关监督管理部门应当制定建设工程抗震新技术推广目录，加强对建设工程抗震管理和技术人员的培训。

四、监督管理

县级以上人民政府住房和城乡建设主管部门和其他有关监督管理部门应当按照职责分工，加强对建设工程抗震设防强制性标准执行情况的监督检查。县级以上人民政府住房和城乡建设主管部门应当会同有关部门建立完善建设工程抗震设防数据信息库，并与应急管理、地震等部门实时共享数据。

县级以上人民政府住房和城乡建设主管部门或者其他有关监督管理部门履行建设工程抗

震监督管理职责时，有权采取以下措施：

(1) 对建设工程或者施工现场进行监督检查。

(2) 向有关单位和人员调查了解相关情况。

(3) 查阅、复制被检查单位有关建设工程抗震的文件和资料。

(4) 对抗震结构材料、构件和隔震减震装置实施抽样检测。

(5) 查封涉嫌违反抗震设防强制性标准的施工现场。

(6) 发现可能影响抗震质量的问题时，责令相关单位进行必要的检测、鉴定。

县级以上人民政府住房和城乡建设主管部门或者其他有关监督管理部门开展监督检查时，可以委托专业机构进行抽样检测、抗震性能鉴定等技术支持工作。

县级以上人民政府住房和城乡建设主管部门或者其他有关监督管理部门应当建立建设工程抗震责任企业及从业人员信用记录制度，将相关信用记录纳入全国信用信息共享平台。

任何单位和个人对违反《建设工程抗震管理条例》规定的违法行为，有权进行举报。接到举报的住房和城乡建设主管部门或者其他有关监督管理部门应当进行调查，依法处理，并为举报人保密。

实战演练

[2024 真题·单选] 根据《建设工程抗震管理条例》，施工企业将隔震减震装置用于建设工程前进行取样时的监督单位为（　　）。

A. 住房城乡建设主管部门

B. 设计单位或者检测机构

C. 负有安全生产监督管理职责的部门

D. 建设单位或工程监理单位

[解析] 隔震减震装置用于建设工程前，施工单位应当在建设单位或者工程监理单位监督下进行取样，送建设单位委托的具有相应建设工程质量检测资质的机构进行检测。

[答案] D

[2024 真题·单选] 关于政府主管部门实施建设工程抗震监督管理措施的说法，正确的是（　　）。

A. 对建设单位或者施工现场随时进行监督检查

B. 不得复制被检查单位有关建设工程的文件和资料

C. 查封涉嫌违反抗震设防强制性标准的施工企业

D. 对隔震减震装置实施抽样检测

[解析] 县级以上人民政府住房和城乡建设主管部门或者其他有关监督管理部门履行建设工程抗震监督管理职责时，有权采取以下措施：①对建设工程或者施工现场进行监督检查（选项 A 错误）；②向有关单位和人员调查了解相关情况；③查阅、复制被检查单位有关建设工程抗震的文件和资料（选项 B 错误）；④对抗震结构材料、构件和隔震减震装置实施抽样检测（选项 D 正确）；⑤查封涉嫌违反抗震设防强制性标准的施工现场（选项 C 错误，查封的是"施工现场"，而非"施工企业"）；⑥发现可能影响抗震质量的问题时，责令相关单位进行必要的检测、鉴定。

[答案] D

[2024真题·多选] 关于建设工程抗震相关主体责任和义务的说法，正确的有（　　）。

A. 对抗震性能鉴定结果判定需要进行抗震加固且具备加固价值的已经建成的建设工程，所有权人应当进行抗震加固

B. 任何单位不得擅自变动建设工程抗震构件

C. 建设工程所有权人应当对存在严重抗震安全隐患的建设工程进行安全监测，并在加固前采取停止或者限制使用等措施

D. 设计单位可以根据建设单位的要求，在安全范围内适度降低抗震设防强制性标准

E. 实行施工总承包的，隔震减震装置可以由总承包单位和分包单位协同完成

[解析] 选项D错误，建设单位不得明示或者暗示勘察、设计、施工等单位和从业人员违反抗震设防强制性标准，降低工程抗震性能。选项E错误，实行施工总承包的，隔震减震装置属于建设工程主体结构的施工，应当由总承包单位自行完成。

[答案] ABC

第二节　无障碍环境建设制度

知识点 1　无障碍设施建设

《无障碍环境建设法》规定，国家采取措施推进无障碍环境建设，为残疾人、老年人自主安全地通行道路、出入建筑物以及使用其附属设施、搭乘公共交通运输工具，获取、使用和交流信息，获得社会服务等提供便利。残疾人、老年人之外的其他人有无障碍需求的，可以享受无障碍环境便利。

无障碍环境建设应当与适老化改造相结合，遵循安全便利、实用易行、广泛受益的原则。

县级以上人民政府应当将无障碍环境建设纳入国民经济和社会发展规划，将所需经费纳入本级预算，建立稳定的经费保障机制。

县级以上人民政府应当统筹协调和督促指导有关部门在各自职责范围内做好无障碍环境建设工作。县级以上人民政府住房和城乡建设、民政、工业和信息化、交通运输、自然资源、文化和旅游、教育、卫生健康等部门应当在各自职责范围内，开展无障碍环境建设工作。乡镇人民政府、街道办事处应当协助有关部门做好无障碍环境建设工作。

新建、改建、扩建的居住建筑、居住区、公共建筑、公共场所、交通运输设施、城乡道路等，应当符合无障碍设施工程建设标准。

无障碍设施应当与主体工程同步规划、同步设计、同步施工、同步验收、同步交付使用，并与周边的无障碍设施有效衔接、实现贯通。无障碍设施应当设置符合标准的无障碍标识，并纳入周边环境或者建筑物内部的引导标识系统。

根据《无障碍环境建设法》，无障碍环境建设过程中，相关单位和机构应遵循的规定见表7-2-1。

表 7-2-1　相关单位和机构应遵循的规定

相关单位和机构	应遵循的规定
工程建设单位	应当将无障碍设施建设经费纳入工程建设项目概预算
	不得明示或者暗示设计、施工单位违反无障碍设施工程建设标准
	不得擅自将未经验收或者验收不合格的无障碍设施交付使用
工程设计单位	应当按照无障碍设施工程建设标准进行设计
工程施工、监理单位	应当按照施工图设计文件以及相关标准进行无障碍设施施工和监理
施工图审查机构	应当按照法律、法规和无障碍设施工程建设标准，对无障碍设施设计内容进行审查；不符合有关规定的，不予审查通过

住房和城乡建设等主管部门对未按照法律、法规和无障碍设施工程建设标准开展无障碍设施验收或者验收不合格的，不予办理竣工验收备案手续。

无障碍设施所有权人或者管理人应当对无障碍设施履行以下维护和管理责任，保障无障碍设施功能正常和使用安全：

（1）对损坏的无障碍设施和标识进行维修或者替换。
（2）对需改造的无障碍设施进行改造。
（3）纠正占用无障碍设施的行为。
（4）进行其他必要的维护和保养。

所有权人、管理人和使用人之间有约定的，由约定的责任人负责维护和管理。

知识点 2　无障碍环境建设保障措施

一、开展宣传教育

国家开展无障碍环境理念的宣传教育，普及无障碍环境知识，传播无障碍环境文化，提升全社会的无障碍环境意识。新闻媒体应当积极开展无障碍环境建设方面的公益宣传。

国家推广通用设计理念，建立健全国家标准、行业标准、地方标准，鼓励发展具有引领性的团体标准、企业标准，加强标准之间的衔接配合，构建无障碍环境建设标准体系。地方结合本地实际制定的地方标准不得低于国家标准的相关技术要求。

二、制定相关标准和制度

制定或者修改涉及无障碍环境建设的标准，应当征求残疾人、老年人代表以及残疾人联合会、老龄协会等组织的意见。残疾人联合会、老龄协会等组织可以依法提出制定或者修改无障碍环境建设标准的建议。

国家建立健全无障碍设计、设施、产品、服务的认证和无障碍信息的评测制度，并推动结果采信应用。

国家通过经费支持、政府采购、税收优惠等方式，促进新科技成果在无障碍环境建设中的运用，鼓励无障碍技术、产品和服务的研发、生产、应用和推广，支持无障碍设施、信息和服务的融合发展。

三、建立人才培养机制

国家建立无障碍环境建设相关领域人才培养机制。国家鼓励高等学校、中等职业学校等开设无障碍环境建设相关专业和课程，开展无障碍环境建设理论研究、国际交流和实践活动。

建筑、交通运输、计算机科学与技术等相关学科专业应当增加无障碍环境建设的教学和实践内容，相关领域职业资格、继续教育以及其他培训的考试内容应当包括无障碍环境建设知识。

国家鼓励机关、企业事业单位、社会团体以及其他社会组织，对工作人员进行无障碍服务知识与技能培训。

文明城市、文明村镇、文明单位、文明社区、文明校园等创建活动，应当将无障碍环境建设情况作为重要内容。

> **实战演练**
>
> [2024真题·单选] 根据《无障碍环境建设法》，关于无障碍环境建设保障措施的说法，正确的是（ ）。
> A. 残疾人联合会有权修改涉及无障碍环境建设的标准
> B. 地方结合本地实际制定的地方无障碍环境建设标准应当高于国家标准的相关技术要求
> C. 文明城市创建活动应当将无障碍环境建设情况作为重要内容
> D. 中等职业学校应当开设无障碍环境建设相关专业和课程
> [解析] 选项A错误，制定或者修改涉及无障碍环境建设的标准，应当征求残疾人、老年人代表以及残疾人联合会、老龄协会等组织的意见。选项B错误，地方结合本地实际制定的地方标准不得低于国家标准的相关技术要求。选项D错误，国家鼓励高等学校、中等职业学校等开设无障碍环境建设相关专业和课程，开展无障碍环境建设理论研究、国际交流和实践活动。
> [答案] C

知识点 3 无障碍环境建设监督管理

县级以上人民政府及其有关主管部门依法对无障碍环境建设进行监督检查，根据工作需要开展联合监督检查。

国家实施无障碍环境建设目标责任制和考核评价制度。县级以上地方人民政府根据本地区实际，制定具体考核办法。

县级以上地方人民政府有关主管部门定期委托第三方机构开展无障碍环境建设评估，并将评估结果向社会公布，接受社会监督。

县级以上人民政府建立无障碍环境建设信息公示制度，定期发布无障碍环境建设情况。

任何组织和个人有权向政府有关主管部门提出加强和改进无障碍环境建设的意见和建议，对违反《无障碍环境建设法》规定的行为进行投诉、举报。县级以上人民政府有关主管部门接到涉及无障碍环境建设的投诉和举报，应当及时处理并予以答复。残疾人联合会、老龄协会等组织根据需要，可以聘请残疾人、老年人代表以及具有相关专业知识的人员，对无障碍环境建设情况进行监督。新闻媒体可以对无障碍环境建设情况开展舆论监督。

对违反《无障碍环境建设法》规定损害社会公共利益的行为，人民检察院可以提出检察建议或者提起公益诉讼。

> **实战演练**
>
> [2024真题·多选] 根据《无障碍环境建设法》，关于无障碍环境建设监督管理的说法，正确的有（ ）。
> A. 对违反《无障碍环境建设法》规定，损害社会公共利益的行为，人民检察院可以提起公益诉讼
> B. 乡镇人民政府、街道办事处应当协助有关部门做好无障碍环境建设工作
> C. 无障碍环境建设应当发挥企业主导作用，调动市场主体积极性，引导社会组织和公众广泛参与
> D. 县级以上人民政府建立无障碍环境建设信息公示制度，不定期发布无障碍环境建设情况
> E. 新闻媒体可以对无障碍环境建设情况开展舆论监督
> [解析] 选项C错误，无障碍环境建设应当坚持中国共产党的领导，发挥政府主导作用，调动市场主体积极性，引导社会组织和公众广泛参与，推动全社会共建共治共享。选项D错误，县级以上人民政府建立无障碍环境建设信息公示制度，定期发布无障碍环境建设情况。
> [答案] ABE

第三节　建设单位及相关单位的质量责任和义务

知识点 1　建设单位的质量责任和义务

一、依法发包工程，不得肢解发包

根据《建设工程质量管理条例》，建设单位应当将工程发包给具有相应资质等级的单位。建设单位不得将建设工程肢解发包。

建设单位应当依法对工程建设项目的勘察、设计、施工、监理以及与工程建设有关的重要设备、材料等的采购进行招标。

二、提供与建设工程有关的原始资料

根据《建设工程质量管理条例》，建设单位必须向有关的勘察、设计、施工、工程监理等单位提供与建设工程有关的原始资料。原始资料必须真实、准确、齐全。

三、不得提出违反规定的要求

《建设工程质量管理条例》规定，建设工程发包单位，不得迫使承包方以低于成本的价格竞标，不得任意压缩合理工期。建设单位不得明示或者暗示设计单位或者施工单位违反工程建设强制性标准，降低建设工程质量。

《建筑法》规定，建设单位不得以任何理由，要求建筑设计单位或者建筑施工企业在工程设计或者施工作业中，违反法律、行政法规和建筑工程质量、安全标准，降低工程质量。建筑设计单位和建筑施工企业对建设单位违反上述规定提出的降低工程质量的要求，应当予以拒绝。

四、将施工图设计文件依法送审

根据《建设工程质量管理条例》，施工图设计文件审查的具体办法，由国务院建设行政主管部门、国务院其他有关部门制定。施工图设计文件未经审查批准的，不得使用。

> **知识链接**：根据《房屋建筑和市政基础设施工程施工图设计文件审查管理办法》，审查机构应当对施工图审查下列内容：①是否符合工程建设强制性标准；②地基基础和主体结构的安全性；③消防安全性；④人防工程（不含人防指挥工程）防护安全性；⑤是否符合民用建筑节能强制性标准，对执行绿色建筑标准的项目，还应当审查是否符合绿色建筑标准；⑥勘察设计企业和注册执业人员以及相关人员是否按规定在施工图上加盖相应的图章和签字；⑦法律、法规、规章规定必须审查的其他内容。

五、实行监理的建设工程依法委托监理

根据《建设工程质量管理条例》，实行监理的建设工程，建设单位应当委托具有相应资质等级的工程监理单位进行监理，也可以委托具有工程监理相应资质等级并与被监理工程的施工承包单位没有隶属关系或者其他利害关系的该工程的设计单位进行监理。

下列建设工程必须实行监理：
(1) 国家重点建设工程。
(2) 大中型公用事业工程。
(3) 成片开发建设的住宅小区工程。
(4) 利用外国政府或者国际组织贷款、援助资金的工程。
(5) 国家规定必须实行监理的其他工程。

● 点拨

成片开发建设的住宅小区工程是指建筑面积在 5 万平方米以上的住宅建设工程。

六、按照规定办理工程质量监督手续

根据《建设工程质量管理条例》，建设单位在开工前，应当按照国家有关规定办理工程质量监督手续，工程质量监督手续可以与施工许可证或者开工报告合并办理。

《建筑工程五方责任主体项目负责人质量终身责任追究暂行办法》规定，项目负责人应当在办理工程质量监督手续前签署工程质量终身责任承诺书，连同法定代表人授权书，报工程质量监督机构备案。项目负责人如有更换的，应当按规定办理变更程序，重新签署工程质量终身责任承诺书，连同法定代表人授权书，报工程质量监督机构备案。

一般来讲，办理建设工程质量安全监督手续需提交下列材料：
(1) 经规划部门审核的建设规划总平面图。
(2) 施工图审查合格书。
(3) 保证建设工程质量和施工安全措施的资料。
(4) 与勘察、设计、施工、监理等单位签订的合同。
(5) 勘察、设计、施工、监理等单位的资质证书。
(6) 施工单位的中标通知书和安全生产许可证等。

七、保证建筑材料、建筑构配件和设备符合设计文件和合同要求

根据《建设工程质量管理条例》，按照合同约定，由建设单位采购建筑材料、建筑构配件和设备的，建设单位应当保证建筑材料、建筑构配件和设备符合设计文件和合同要求。建设单位不得明示或者暗示施工单位使用不合格的建筑材料、建筑构配件和设备。

八、依法进行装修工程

《建设工程质量管理条例》规定，涉及建筑主体和承重结构变动的装修工程，建设单位应当在施工前委托原设计单位或者具有相应资质等级的设计单位提出设计方案；没有设计方案的，不得施工。房屋建筑使用者在装修过程中，不得擅自变动房屋建筑主体和承重结构。

> **知识拓展**：关于建设单位的质量责任和义务，《关于落实建设单位工程质量首要责任的通知》也规定，建设单位是工程质量第一责任人，依法对工程质量承担全面责任。建设单位要严格履行基本建设程序，禁止未取得施工许可等建设手续开工建设（已经确定实施、容缺审批的除外）。严格执行工程发包承包法规制度，依法将工程发包给具备相应资质的勘察、设计、施工、监理等单位，不得肢解发包工程、违规指定分包单位，禁止直接发包预拌混凝土等专业分包工程，禁止指定按照合同约定应由施工单位购入用于工程的装配式建筑构配件、建筑材料和设备或者指定生产厂、供应商。按规定提供与工程建设有关的原始资料，并保证资料真实、准确、齐全。

实战演练

[2022 真题·多选] 根据《建设工程质量管理条例》，下列属于建设单位质量责任和义务的有（　　）。

A. 设计文件应当符合国家规定的设计深度要求，注明工程合理使用年限
B. 不得任意压缩合理工期
C. 不得明示施工企业使用不合格的建筑材料
D. 不得暗示施工企业使用不合格的建筑构配件
E. 应当就审查合格的施工图设计文件向施工企业作出详细说明

[解析]《建设工程质量管理条例》规定，设计单位应当根据勘察成果文件进行建设工程设计。设计文件应当符合国家规定的设计深度要求，注明工程合理使用年限。设计单位应当就审查合格的施工图设计文件向施工单位作出详细说明。选项 A、E 为设计单位的质量责任和义务。

[答案] BCD

知识点 2　勘察、设计单位的质量责任和义务

《建筑法》规定，建筑工程的勘察、设计单位必须对其勘察、设计的质量负责。勘察、设计文件应当符合有关法律、行政法规的规定和建筑工程质量、安全标准、建筑工程勘察、设计技术规范以及合同的约定。

根据《建设工程质量管理条例》，勘察、设计单位相关的质量责任和义务如下。

（1）依法承揽工程。从事建设工程勘察、设计的单位应当依法取得相应等级的资质证书，并在其资质等级许可的范围内承揽工程。禁止勘察、设计单位超越其资质等级许可的范围或者以其他勘察、设计单位的名义承揽工程。禁止勘察、设计单位允许其他单位或者个人以本单位的名义承揽工程。勘察、设计单位不得转包或者违法分包所承揽的工程。

（2）必须按照工程建设强制性标准进行勘察、设计。勘察、设计单位必须按照工程建设强制性标准进行勘察、设计，并对其勘察、设计的质量负责。注册建筑师、注册结构工程师等注册执业人员应当在设计文件上签字，对设计文件负责。

（3）勘察单位提供的地质、测量、水文等勘察成果必须真实、准确。

（4）设计单位应当根据勘察成果文件进行建设工程设计。设计文件应当符合国家规定的设计深度要求，注明工程合理使用年限。

● **点拨**

结合《建设工程质量管理条例》的相关规定可以得知，合理使用年限自竣工验收合格之日起计算。

（5）选用的建筑材料、建筑构配件和设备质量必须符合国家规定的标准。设计单位在设

计文件中选用的建筑材料、建筑构配件和设备，应当注明规格、型号、性能等技术指标，其质量要求必须符合国家规定的标准。除有特殊要求的建筑材料、专用设备、工艺生产线等外，设计单位不得指定生产厂、供应商。

根据《建筑法》，设计文件选用的建筑材料、建筑构配件和设备，应当注明其规格、型号、性能等技术指标，其质量要求必须符合国家规定的标准。

（6）设计单位应当就审查合格的施工图设计文件向施工单位作出详细说明。

（7）设计单位应当参与建设工程质量事故分析，并对因设计造成的质量事故，提出相应的技术处理方案。

根据《建设工程勘察设计管理条例》，勘察、设计单位相关的质量责任和义务如下：

国家对从事建设工程勘察、设计活动的单位，实行资质管理制度。具体办法由国务院建设行政主管部门商国务院有关部门制定。

国家对从事建设工程勘察、设计活动的专业技术人员，实行执业资格注册管理制度。未经注册的建设工程勘察、设计人员，不得以注册执业人员的名义从事建设工程勘察、设计活动。

建设工程勘察、设计发包依法实行招标发包或者直接发包。下列建设工程的勘察、设计，经有关主管部门批准，可以直接发包：

（1）采用特定的专利或者专有技术的。
（2）建筑艺术造型有特殊要求的。
（3）国务院规定的其他建设工程的勘察、设计。

编制建设工程勘察、设计文件，应当以下列规定为依据：

（1）项目批准文件。
（2）城乡规划。
（3）工程建设强制性标准。
（4）国家规定的建设工程勘察、设计深度要求。

铁路、交通、水利等专业建设工程，还应当以专业规划的要求为依据。

编制建设工程勘察文件，应当真实、准确，满足建设工程规划、选址、设计、岩土治理和施工的需要。编制方案设计文件，应当满足编制初步设计文件和控制概算的需要。编制初步设计文件，应当满足编制施工招标文件、主要设备材料订货和编制施工图设计文件的需要。编制施工图设计文件，应当满足设备材料采购、非标准设备制作和施工的需要，并注明建设工程合理使用年限。

设计文件中选用的材料、构配件、设备，应当注明其规格、型号、性能等技术指标，其质量要求必须符合国家规定的标准。除有特殊要求的建筑材料、专用设备和工艺生产线等外，设计单位不得指定生产厂、供应商。

建设工程勘察、设计单位应当在建设工程施工前，向施工单位和监理单位说明建设工程勘察、设计意图，解释建设工程勘察、设计文件。建设工程勘察、设计单位应当及时解决施工中出现的勘察、设计问题。

建设工程勘察、设计单位在建设工程勘察、设计资质证书规定的业务范围内跨部门、跨地区承揽勘察、设计业务的，有关地方人民政府及其所属部门不得设置障碍，不得违反国家规定收取任何费用。

施工图设计文件审查机构应当对房屋建筑工程、市政基础设施工程施工图设计文件中涉及公共利益、公众安全、工程建设强制性标准的内容进行审查。县级以上人民政府交通运输等有关部门应当按照职责对施工图设计文件中涉及公共利益、公众安全、工程建设强制性标准的内容进行审查。施工图设计文件未经审查批准的，不得使用。

> **实战演练**

[2024 真题・多选] 关于勘察、设计单位质量责任和义务的说法，正确的有（ ）。

A. 未经注册的建设工程勘察人员，可以借用已注册执业人员的名义从事建设工程勘察活动
B. 注册建筑师、注册结构工程师等注册执业人员应当在设计文件上签字，对设计文件负责
C. 对有特殊要求的建筑材料，设计单位可以指定生产厂、供应商
D. 勘察、设计单位可以转包所承揽的工程
E. 设计单位应当就审查合格的施工图设计文件向施工企业作出详细说明

[解析] 选项 A 错误，未经注册的建设工程勘察、设计人员，不得以注册执业人员的名义从事建设工程勘察、设计活动。选项 D 错误，勘察、设计单位不得转包或者违法分包所承揽的工程。

[答案] BCE

知识点 3　工程监理单位的质量责任和义务

根据《建设工程质量管理条例》，工程监理单位的质量责任和义务有：

（1）依法承担工程监理业务。工程监理单位应当依法取得相应等级的资质证书，并在其资质等级许可的范围内承担工程监理业务。禁止工程监理单位超越本单位资质等级许可的范围或者以其他工程监理单位的名义承担工程监理业务。禁止工程监理单位允许其他单位或者个人以本单位的名义承担工程监理业务。工程监理单位不得转让工程监理业务。

● **点拨**

监理没有转包或分包的说法，只能自己承担监理业务。

（2）工程监理单位与被监理工程的施工承包单位以及建筑材料、建筑构配件和设备供应单位有隶属关系或者其他利害关系的，不得承担该项建设工程的监理业务。

（3）工程监理单位应当依照法律、法规以及有关技术标准、设计文件和建设工程承包合同，代表建设单位对施工质量实施监理，并对施工质量承担监理责任。

（4）工程监理单位应当选派具备相应资格的总监理工程师和监理工程师进驻施工现场。未经监理工程师签字，建筑材料、建筑构配件和设备不得在工程上使用或者安装，施工单位不得进行下一道工序的施工。未经总监理工程师签字，建设单位不拨付工程款，不进行竣工验收。

（5）监理工程师应当按照工程监理规范的要求，采取旁站、巡视和平行检验等形式，对建设工程实施监理。

> **实战演练**

[2024 真题・单选] 关于工程监理单位质量责任和义务的说法，正确的是（ ）。

A. 工程监理单位可以转让工程监理业务
B. 工程监理单位不得与被监理工程的承包单位有隶属关系
C. 未经总监理工程师签字，建筑材料不得在工程上使用
D. 未经工程监理单位盖章，建设单位不拨付工程款

[解析] 工程监理单位应当在其资质等级许可的监理范围内，承担工程监理业务，工程监理单位不得转让工程监理业务（选项 A 错误）。工程监理单位应当选派具备相应资格的总监理工程师和监理工程师进驻施工现场。未经监理工程师签字，建筑材料、建筑构配件和设备不得在工程上使用或者安装（选项 C 错误），施工单位不得进行下一道工序的施工。未经总监理工程师签字，建设单位不拨付工程款，不进行竣工验收（选项 D 错误）。

[答案] B

知识点 4 违法行为应承担的责任

一、《建设工程质量管理条例》的规定

第五十六条 违反本条例规定，建设单位有下列行为之一的，责令改正，处 20 万元以上 50 万元以下的罚款：
(1) 迫使承包方以低于成本的价格竞标的。
(2) 任意压缩合理工期的。
(3) 明示或者暗示设计单位或者施工单位违反工程建设强制性标准，降低工程质量的。
(4) 施工图设计文件未经审查或者审查不合格，擅自施工的。
(5) 建设项目必须实行工程监理而未实行工程监理的。
(6) 未按照国家规定办理工程质量监督手续的。
(7) 明示或者暗示施工单位使用不合格的建筑材料、建筑构配件和设备的。
(8) 未按照国家规定将竣工验收报告、有关认可文件或者准许使用文件报送备案的。

第六十三条 违反本条例规定，有下列行为之一的，责令改正，处 10 万元以上 30 万元以下的罚款：
(1) 勘察单位未按照工程建设强制性标准进行勘察的。
(2) 设计单位未根据勘察成果文件进行工程设计的。
(3) 设计单位指定建筑材料、建筑构配件的生产厂、供应商的。
(4) 设计单位未按照工程建设强制性标准进行设计的。

有上述所列行为，造成工程质量事故的，责令停业整顿，降低资质等级；情节严重的，吊销资质证书；造成损失的，依法承担赔偿责任。

第六十七条 工程监理单位有下列行为之一的，责令改正，处 50 万元以上 100 万元以下的罚款，降低资质等级或者吊销资质证书；有违法所得的，予以没收；造成损失的，承担连带赔偿责任：
(1) 与建设单位或者施工单位串通，弄虚作假、降低工程质量的。
(2) 将不合格的建设工程、建筑材料、建筑构配件和设备按照合格签字的。

第六十八条 违反本条例规定，工程监理单位与被监理工程的施工承包单位以及建筑材料、建筑构配件和设备供应单位有隶属关系或者其他利害关系承担该项建设工程的监理业务的，责令改正，处 5 万元以上 10 万元以下的罚款，降低资质等级或者吊销资质证书；有违法所得的，予以没收。

二、《建筑工程五方责任主体项目负责人质量终身责任追究暂行办法》的规定

第二条 建筑工程五方责任主体项目负责人是指承担建筑工程项目建设的建设单位项目负责人、勘察单位项目负责人、设计单位项目负责人、施工单位项目经理、监理单位总监理工程师。

建筑工程开工建设前，建设、勘察、设计、施工、监理单位法定代表人应当签署授权书，明确本单位项目负责人。

第五条 建设单位项目负责人对工程质量承担全面责任，不得违法发包、肢解发包，不得以任何理由要求勘察、设计、施工、监理单位违反法律法规和工程建设标准，降低工程质量，其违法违规或不当行为造成工程质量事故或质量问题应当承担责任。

勘察、设计单位项目负责人应当保证勘察设计文件符合法律法规和工程建设强制性标准的要求，对因勘察、设计导致的工程质量事故或质量问题承担责任。

施工单位项目经理应当按照经审查合格的施工图设计文件和施工技术标准进行施工,对施工导致的工程质量事故或质量问题承担责任。

监理单位总监理工程师应当按照法律法规、有关技术标准、设计文件和工程承包合同进行监理,对施工质量承担监理责任。

第六条 符合下列情形之一的,县级以上地方人民政府住房城乡建设主管部门应当依法追究项目负责人的质量终身责任:

(1) 发生工程质量事故。

(2) 发生投诉、举报、群体性事件、媒体报道并造成恶劣社会影响的严重工程质量问题。

(3) 勘察、设计或施工原因造成尚在设计使用年限内的建筑工程不能正常使用。

(4) 存在其他需追究责任的违法违规行为。

第十一条 发生本办法第六条所列情形之一的,对建设单位项目负责人按以下方式进行责任追究:

(1) 项目负责人为国家公职人员的,将其违法违规行为告知其上级主管部门及纪检监察部门,并建议对项目负责人给予相应的行政、纪律处分。

(2) 构成犯罪的,移送司法机关依法追究刑事责任。

(3) 处单位罚款数额5%以上10%以下的罚款。

(4) 向社会公布曝光。

第十二条 发生本办法第六条所列情形之一的,对勘察单位项目负责人、设计单位项目负责人按以下方式进行责任追究:

(1) 项目负责人为注册建筑师、勘察设计注册工程师的,责令停止执业1年;造成重大质量事故的,吊销执业资格证书,5年以内不予注册;情节特别恶劣的,终身不予注册。

(2) 构成犯罪的,移送司法机关依法追究刑事责任。

(3) 处单位罚款数额5%以上10%以下的罚款。

(4) 向社会公布曝光。

第十三条 发生本办法第六条所列情形之一的,对施工单位项目经理按以下方式进行责任追究:

(1) 项目经理为相关注册执业人员的,责令停止执业1年;造成重大质量事故的,吊销执业资格证书,5年以内不予注册;情节特别恶劣的,终身不予注册。

(2) 构成犯罪的,移送司法机关依法追究刑事责任。

(3) 处单位罚款数额5%以上10%以下的罚款。

(4) 向社会公布曝光。

第十四条 发生本办法第六条所列情形之一的,对监理单位总监理工程师按以下方式进行责任追究:

(1) 责令停止注册监理工程师执业1年;造成重大质量事故的,吊销执业资格证书,5年以内不予注册;情节特别恶劣的,终身不予注册。

(2) 构成犯罪的,移送司法机关依法追究刑事责任。

(3) 处单位罚款数额5%以上10%以下的罚款。

(4) 向社会公布曝光。

> **实战演练**
>
> **[2022 真题·单选]** 根据《建筑工程五方责任主体项目负责人质量终身责任追究暂行办法》，施工原因造成尚在设计使用年限内的建筑工程不能正常使用，造成重大质量事故，关于追究施工企业项目经理质量责任的说法，正确的是（　　）。
> A. 项目经理为相关注册执业人员的，吊销执业资格证书，终身不予注册
> B. 项目经理为相关注册执业人员的，吊销执业资格证书，5 年内不予注册
> C. 施工企业宣告破产的，不再追究项目经理的责任
> D. 项目经理已经退休的，不再追究其质量责任
> [解析] 发生《建筑工程五方责任主体项目负责人质量终身责任追究暂行办法》第六条所列情形之一的，对施工单位项目经理按以下方式进行责任追究：①项目经理为相关注册执业人员的，责令停止执业 1 年；造成重大质量事故的，吊销执业资格证书，5 年以内不予注册；情节特别恶劣的，终身不予注册。②构成犯罪的，移送司法机关依法追究刑事责任。③处单位罚款数额 5% 以上 10% 以下的罚款。④向社会公布曝光。
> [答案] B

第四节　施工单位的质量责任和义务

知识点 1　对施工质量负责和总分包单位的质量责任

一、建筑施工企业对施工质量负责

《建筑法》规定，建筑施工企业对工程的施工质量负责。

《建设工程质量管理条例》规定，施工单位对建设工程的施工质量负责。施工单位应当建立质量责任制，确定工程项目的项目经理、技术负责人和施工管理负责人。

二、总分包单位的质量责任

根据《建筑法》，建筑工程实行总承包的，工程质量由工程总承包单位负责，总承包单位将建筑工程分包给其他单位的，应当对分包工程的质量与分包单位承担连带责任。分包单位应当接受总承包单位的质量管理。

根据《建设工程质量管理条例》，建设工程实行总承包的，总承包单位应当对全部建设工程质量负责；建设工程勘察、设计、施工、设备采购的一项或者多项实行总承包的，总承包单位应当对其承包的建设工程或者采购的设备的质量负责。

总承包单位依法将建设工程分包给其他单位的，分包单位应当按照分包合同的约定对其分包工程的质量向总承包单位负责，总承包单位与分包单位对分包工程的质量承担连带责任。

> **实战演练**
>
> **[2021 真题·单选]** 建设工程总承包单位依法将建设工程分包给其他单位的，关于分包工程的质量责任承担的说法，正确的是（　　）。
> A. 分包工程质量责任仅由分包单位承担
> B. 分包工程质量责任由总承包单位和分包单位承担连带责任
> C. 分包工程质量责任仅由总承包单位承担
> D. 分包工程质量责任由总承包单位和分包单位按比例承担

[解析]《建筑法》规定，建筑工程实行总承包的，工程质量由工程总承包单位负责，总承包单位将建筑工程分包给其他单位的，应当对分包工程的质量与分包单位承担连带责任。分包单位应当接受总承包单位的质量管理。

[答案] B

知识点 2 按照工程设计图纸和施工技术标准施工

根据《建筑法》，建筑施工企业必须按照工程设计图纸和施工技术标准施工，不得偷工减料。工程设计的修改由原设计单位负责，建筑施工企业不得擅自修改工程设计。

根据《建设工程质量管理条例》，施工单位必须按照工程设计图纸和施工技术标准施工，不得擅自修改工程设计，不得偷工减料。施工单位在施工过程中发现设计文件和图纸有差错的，应当及时提出意见和建议。

知识点 3 建筑材料、设备等的检验检测

《建设工程质量管理条例》规定，施工单位必须按照工程设计要求、施工技术标准和合同约定，对建筑材料、建筑构配件和设备……进行检验，……不合格的，不得使用。

一、检测机构资质管理

《建设工程质量检测管理办法》规定，检测机构应当按照本办法取得建设工程质量检测机构资质（以下简称检测机构资质），并在资质许可的范围内从事建设工程质量检测活动。未取得相应资质证书的，不得承担本办法规定的建设工程质量检测业务。检测机构资质分为综合类资质、专项类资质。

申请检测机构资质的单位应当是具有独立法人资格的企业、事业单位，或者依法设立的合伙企业，并具备相应的人员、仪器设备、检测场所、质量保证体系等条件。

资质证书有效期为5年。检测机构需要延续资质证书有效期的，应当在资质证书有效期届满30个工作日前向资质许可机关提出资质延续申请。

检测机构在资质证书有效期内名称、地址、法定代表人等发生变更的，应当在办理营业执照或者法人证书变更手续后30个工作日内办理资质证书变更手续。

二、检测活动管理

《建设工程质量检测管理办法》规定，检测机构与所检测建设工程相关的建设、施工、监理单位，以及建筑材料、建筑构配件和设备供应单位不得有隶属关系或者其他利害关系。

检测机构及其工作人员不得推荐或者监制建筑材料、建筑构配件和设备。委托方应当委托具有相应资质的检测机构开展建设工程质量检测业务。

建设单位应当在编制工程概预算时合理核算建设工程质量检测费用，单独列支并按照合同约定及时支付。

建设单位委托检测机构开展建设工程质量检测活动的，建设单位或者监理单位应当对建设工程质量检测活动实施见证。见证人员应当制作见证记录，记录取样、制样、标识、封志、送检以及现场检测等情况，并签字确认。

建设单位委托检测机构开展建设工程质量检测活动的，施工人员应当在建设单位或者监理单位的见证人员监督下现场取样。

委托单应当由送检人员、见证人员等签字确认。检测机构接收检测试样时，应当对试样状况、标识、封志等符合性进行检查，确认无误后方可进行检测。

检测报告经检测人员、审核人员、检测机构法定代表人或者其授权的签字人等签署，并

加盖检测专用章后方可生效。【三字一章】

检测机构在检测过程中发现建设、施工、监理单位存在违反有关法律法规规定和工程建设强制性标准等行为，以及检测项目涉及结构安全、主要使用功能检测结果不合格的，应当及时报告建设工程所在地县级以上地方人民政府住房和城乡建设主管部门。

检测结果利害关系人对检测结果存在争议的，可以委托共同认可的检测机构复检。检测机构应当单独建立检测结果不合格项目台账。

检测机构跨省、自治区、直辖市承担检测业务的，应当向建设工程所在地的省、自治区、直辖市人民政府住房和城乡建设主管部门备案。

检测机构不得有下列行为：
(1) 超出资质许可范围从事建设工程质量检测活动。
(2) 转包或者违法分包建设工程质量检测业务。
(3) 涂改、倒卖、出租、出借或者以其他形式非法转让资质证书。
(4) 违反工程建设强制性标准进行检测。
(5) 使用不能满足所开展建设工程质量检测活动要求的检测人员或者仪器设备。
(6) 出具虚假的检测数据或者检测报告。

检测人员不得有下列行为：
(1) 同时受聘于 2 家或者 2 家以上检测机构。
(2) 违反工程建设强制性标准进行检测。
(3) 出具虚假的检测数据。
(4) 违反工程建设强制性标准进行结论判定或者出具虚假判定结论。

三、见证取样和送检

根据《房屋建筑工程和市政基础设施工程实行见证取样和送检的规定》，见证取样和送检是指在建设单位或工程监理单位人员的见证下，由施工单位的现场试验人员对工程中涉及结构安全的试块、试件和材料在现场取样，并送至经过省级以上建设行政主管部门对其资质认可和质量技术监督部门对其计量认证的质量检测单位进行检测。

涉及结构安全的试块、试件和材料见证取样和送检的比例不得低于有关技术标准中规定应取样数量的 30%。

下列试块、试件和材料必须实施见证取样和送检：
(1) 用于承重结构的混凝土试块。
(2) 用于承重墙体的砌筑砂浆试块。
(3) 用于承重结构的钢筋及连接接头试件。
(4) 用于承重墙的砖和混凝土小型砌块。
(5) 用于拌制混凝土和砌筑砂浆的水泥。
(6) 用于承重结构的混凝土中使用的掺加剂。
(7) 地下、屋面、厕浴间使用的防水材料。
(8) 国家规定必须实行见证取样和送检的其他试块、试件和材料。

取样人员应在试样或其包装上作出标识、封志。标识和封志应标明工程名称、取样部位、取样日期、样品名称和样品数量，并由见证人员和取样人员签字。见证人员和取样人员应对试样的代表性和真实性负责。

● 总结

建筑材料检验检测程序如图7-4-1所示。

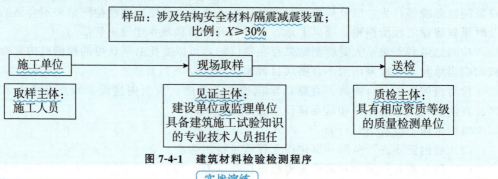

图7-4-1 建筑材料检验检测程序

实战演练

[2023真题·单选] 根据《房屋建筑工程和市政基础设施工程实行见证取样和送检的规定》，关于施工检测的见证取样和送检的说法，正确的是（　　）。

A. 混凝土中使用的掺加剂必须实施见证取样和送检
B. 见证人员应当由建设单位代表和监理单位的监理工程师共同担任
C. 厕所间使用的防水材料不必实施见证取样和送检
D. 取样人员应当在试样或者其包装上作出标识、封志，并由见证人员和取样人员签字

[解析] 选项A、C错误，下列试块、试件和材料必须实施见证取样和送检：①用于承重结构的混凝土试块；②用于承重墙体的砌筑砂浆试块；③用于承重结构的钢筋及连接接头试件；④用于承重墙的砖和混凝土小型砌块；⑤用于拌制混凝土和砌筑砂浆的水泥；⑥用于承重结构的混凝土中使用的掺加剂；⑦地下、屋面、厕浴间使用的防水材料；⑧国家规定必须实行见证取样和送检的其他试块、试件和材料。选项B错误，见证人员应由建设单位或该工程的监理单位具备建筑施工试验知识的专业技术人员担任，并由建设单位或该工程的监理单位书面通知施工单位、检测单位和负责该项工程的质量监督机构。

[答案] D

[2021真题·多选] 关于工程质量检测单位检测的说法，正确的有（　　）。

A. 检测报告加盖检测机构公章即可生效
B. 检测机构应当单独建立检测结果不合格项目台账
C. 检测人员不得同时受聘于2个或者2个以上的检测机构
D. 检测报告经建设单位或者工程监理单位确认后，由工程监理单位归档
E. 检测机构可以推荐质量合格的建筑材料

[解析] 选项A错误，检测报告经检测人员、审核人员、检测机构法定代表人或者其授权的签字人等签署，并加盖检测专用章后方可生效。选项D错误，检测报告经建设单位或者工程监理单位确认后，由施工单位归档。选项E错误，检测机构及其工作人员不得推荐或者监制建筑材料、建筑构配件和设备。

[答案] BC

知识点 4　施工质量检验和返修

一、施工质量检验的规定

《建设工程质量管理条例》规定，施工单位必须建立、健全施工质量的检验制度，严格

第七章 建设工程质量法律制度

工序管理，作好隐蔽工程的质量检查和记录。隐蔽工程在隐蔽前，施工单位应当通知建设单位和建设工程质量监督机构。

《建设工程施工合同（示范文本）》（GF—2017—0201）进一步规定，隐蔽工程检查应符合下列要求。

（一）承包人自检

承包人应当对工程隐蔽部位进行自检，并经自检确认是否具备覆盖条件。

（二）检查程序

除专用合同条款另有约定外，工程隐蔽部位经承包人自检确认具备覆盖条件的，承包人应在共同检查前48小时书面通知监理人检查，通知中应载明隐蔽检查的内容、时间和地点，并应附有自检记录和必要的检查资料。

监理人应按时到场并对隐蔽工程及其施工工艺、材料和工程设备进行检查。经监理人检查确认质量符合隐蔽要求，并在验收记录上签字后，承包人才能进行覆盖。经监理人检查质量不合格的，承包人应在监理人指示的时间内完成修复，并由监理人重新检查，由此增加的费用和（或）延误的工期由承包人承担。

除专用合同条款另有约定外，监理人不能按时进行检查的，应在检查前24小时向承包人提交书面延期要求，但延期不能超过48小时，由此导致工期延误的，工期应予以顺延。监理人未按时进行检查，也未提出延期要求的，视为隐蔽工程检查合格，承包人可自行完成覆盖工作，并作相应记录报送监理人，监理人应签字确认。监理人事后对检查记录有疑问的，可按约定重新检查。

（三）重新检查

承包人覆盖工程隐蔽部位后，发包人或监理人对质量有疑问的，可要求承包人对已覆盖的部位进行钻孔探测或揭开重新检查，承包人应遵照执行，并在检查后重新覆盖恢复原状。经检查证明工程质量符合合同要求的，由发包人承担由此增加的费用和（或）延误的工期，并支付承包人合理的利润；经检查证明工程质量不符合合同要求的，由此增加的费用和（或）延误的工期由承包人承担。

（四）承包人私自覆盖

承包人未通知监理人到场检查，私自将工程隐蔽部位覆盖的，监理人有权指示承包人钻孔探测或揭开检查，无论工程隐蔽部位质量是否合格，由此增加的费用和（或）延误的工期均由承包人承担。

二、施工返修的规定

根据《建设工程质量管理条例》，施工单位对施工中出现质量问题的建设工程或者竣工验收不合格的建设工程，应当负责返修。

根据《民法典》，施工人的原因致使建设工程质量不符合约定的，发包人有权请求施工人在合理期限内无偿修理或者返工、改建。经过修理或者返工、改建后，造成逾期交付的，施工人应当承担违约责任。

根据《建筑法》，建筑工程竣工时，屋顶、墙面不得留有渗漏、开裂等质量缺陷；对已发现的质量缺陷，建筑施工企业应当修复。

《建设工程施工合同（示范文本）》（GF—2017—0201）进一步规定，承包人原因造成工程不合格的，发包人有权随时要求承包人采取补救措施，直至达到合同要求的质量标准，由此增加的费用和（或）延误的工期由承包人承担。发包人原因造成工程不合格的，由此增加的费用和（或）延误的工期由发包人承担，并支付承包人合理的利润。

● **点拨**

质量问题，无论谁的原因造成，都由施工单位负责返修，费用由相关责任方负责。

实战演练

[2024 真题·单选] 施工企业的原因致使建设工程质量不符合约定的，发包人请求并经施工企业修理后造成逾期交付的，施工企业（　　）。

A. 不承担违约责任，修理费用由施工企业承担
B. 应当承担缔约过失责任
C. 应当承担违约责任
D. 应当承担侵权责任

[解析]《民法典》规定，施工人的原因致使建设工程质量不符合约定的，发包人有权请求施工人在合理期限内无偿修理或者返工、改建。经过修理或者返工、改建后，造成逾期交付的，施工人应当承担违约责任。

[答案] C

[2022 真题·多选] 根据《建设工程质量管理条例》，隐蔽工程在隐蔽前，施工企业应当及时通知的单位有（　　）。

A. 勘察单位
B. 设计单位
C. 建设单位
D. 建设工程安全生产监督机构
E. 建设工程质量监督机构

[解析] 根据《建设工程质量管理条例》，施工单位必须建立、健全施工质量的检验制度，严格工序管理，作好隐蔽工程的质量检查和记录。隐蔽工程在隐蔽前，施工单位应当通知建设单位和建设工程质量监督机构。

[答案] CE

知识点 5　建立健全职工教育培训制度

《建设工程质量管理条例》规定，施工单位应当建立、健全教育培训制度，加强对职工的教育培训；未经教育培训或者考核不合格的人员，不得上岗作业。

《住房和城乡建设部等部门关于加快培育新时代建筑产业工人队伍的指导意见》（建市〔2020〕105 号）指出，加快培育新时代建筑产业工人的任务之一是完善职业技能培训体系。具体包括以下内容：

（1）完善建筑工人技能培训组织实施体系，制定建筑工人职业技能标准和评价规范，完善职业（工种）类别。

（2）强化企业技能培训主体作用，发挥设计、生产、施工等资源优势，大力推行现代学徒制和企业新型学徒制。

（3）鼓励企业采取建立培训基地、校企合作、购买社会培训服务等多种形式，解决建筑工人理论与实操脱节的问题，实现技能培训、实操训练、考核评价与现场施工有机结合。

（4）推行终身职业技能培训制度，加强建筑工人岗前培训和技能提升培训。

（5）鼓励各地加大实训基地建设资金支持力度，在技能劳动者供需缺口较大、产业集中度较高的地区建设公共实训基地，支持企业和院校共建产教融合实训基地。

（6）探索开展智能建造相关培训，加大对装配式建筑、建筑信息模型（BIM）等新兴职业（工种）建筑工人培养，增加高技能人才供给。

此外，加快培育新时代建筑产业工人的任务还包括鼓励建设建筑工人培育基地、加快自

有建筑工人队伍建设、建立技能导向的激励机制、加快推动信息化管理等。

> **实战演练**
>
> **[2024真题·多选]** 关于施工企业工程质量职工教育培训制度的说法，正确的有（　　）。
> A. 施工企业应当建立、健全教育培训制度，加强对职工的教育培训
> B. 未经教育培训或者考核不合格的人员，不得上岗作业
> C. 施工企业应当建立培训基地
> D. 推行终身职业技能培训制度，加强建筑工人岗前培训和技能提升培训
> E. 大力推行现代学徒制和企业新型学徒制
>
> [解析] 选项C错误，鼓励企业采取建立培训基地、校企合作、购买社会培训服务等多种形式，解决建筑工人理论与实操脱节的问题，实现技能培训、实操训练、考核评价与现场施工有机结合。
>
> [答案] ABDE

知识点 6　违法行为的法律责任

违反《建设工程质量管理条例》规定，勘察、设计、施工、工程监理单位超越本单位资质等级承揽工程的，责令停止违法行为，对勘察、设计单位或者工程监理单位处合同约定的勘察费、设计费或者监理酬金1倍以上2倍以下的罚款；对施工单位处工程合同价款2%以上4%以下的罚款，可以责令停业整顿，降低资质等级；情节严重的，吊销资质证书；有违法所得的，予以没收。

未取得资质证书承揽工程的，予以取缔，依照上述规定处以罚款；有违法所得的，予以没收。

以欺骗手段取得资质证书承揽工程的，吊销资质证书，依照规定处以罚款；有违法所得的，予以没收。

违反《建设工程质量管理条例》规定，勘察、设计、施工、工程监理单位允许其他单位或者个人以本单位名义承揽工程的，责令改正，没收违法所得，对勘察、设计单位和工程监理单位处合同约定的勘察费、设计费和监理酬金1倍以上2倍以下的罚款；对施工单位处工程合同价款2%以上4%以下的罚款；可以责令停业整顿，降低资质等级；情节严重的，吊销资质证书。

违反《建设工程质量管理条例》规定，施工单位在施工中偷工减料的，使用不合格的建筑材料、建筑构配件和设备的，或者有不按照工程设计图纸或者施工技术标准施工的其他行为的，责令改正，处工程合同价款2%以上4%以下的罚款；造成建设工程质量不符合规定的质量标准的，负责返工、修理，并赔偿因此造成的损失；情节严重的，责令停业整顿，降低资质等级或者吊销资质证书。

违反《建设工程质量管理条例》规定，施工单位未对建筑材料、建筑构配件、设备和商品混凝土进行检验，或者未对涉及结构安全的试块、试件以及有关材料取样检测的，责令改正，处10万元以上20万元以下的罚款；情节严重的，责令停业整顿，降低资质等级或者吊销资质证书；造成损失的，依法承担赔偿责任。

违反《建设工程质量管理条例》规定，施工单位不履行保修义务或者拖延履行保修义务的，责令改正，处10万元以上20万元以下的罚款，并对在保修期内因质量缺陷造成的损失承担赔偿责任。

第五节　建设工程竣工验收制度

知识点 1　竣工验收的主体和法定条件

根据《建设工程质量管理条例》，建设单位收到建设工程竣工报告后，应当组织设计、施工、工程监理等有关单位进行竣工验收。建设工程经验收合格的，方可交付使用。

竣工验收的主体和法定条件见表7-5-1。

表 7-5-1　竣工验收的主体和法定条件

验收主体	建设单位组织
	设计、施工、工程监理等有关单位参加
法定条件	（1）完成建设工程设计和合同约定的各项内容； （2）有完整的技术档案和施工管理资料； （3）有工程使用的主要建筑材料、建筑构配件和设备的进场试验报告； （4）有勘察、设计、施工、工程监理等单位分别签署的质量合格文件； （5）有施工单位签署的工程保修书

实战演练

[2024真题·单选] 建设工程竣工后，应当及时组织验收的主体是（　　）。
A. 总承包单位　　　　　　　　B. 建设单位
C. 监理单位　　　　　　　　　D. 质量监督机构
[解析] 建设单位收到建设工程竣工报告后，应当组织设计、施工、工程监理等有关单位进行竣工验收。
[答案] B

[2021真题·多选] 根据《建设工程质量管理条例》，属于建设工程竣工验收应当具备的条件有（　　）。
A. 完成建设工程设计和合同约定的各项内容
B. 有健全的财务管理档案
C. 有完整的技术档案和施工管理资料
D. 有监理单位出具的竣工验收报告
E. 有施工企业签署的工程保修书
[解析] 建设工程竣工验收应当具备下列条件：①完成建设工程设计和合同约定的各项内容；②有完整的技术档案和施工管理资料；③有工程使用的主要建筑材料、建筑构配件和设备的进场试验报告；④有勘察、设计、施工、工程监理等单位分别签署的质量合格文件；⑤有施工单位签署的工程保修书。
[答案] ACE

知识点 2　规划、消防、节能和环保验收

一、规划验收的规定

根据《城乡规划法》，县级以上地方人民政府城乡规划主管部门按照国务院规定对建设工程是否符合规划条件予以核实。未经核实或者经核实不符合规划条件的，建设单位不得组

织竣工验收。建设单位应当在竣工验收后 6 个月内向城乡规划主管部门报送有关竣工验收资料。

二、消防验收的规定

根据《消防法》，国务院住房和城乡建设主管部门规定应当申请消防验收的建设工程竣工，建设单位应当向住房和城乡建设主管部门申请消防验收。

上述规定以外的其他建设工程，建设单位在验收后应当报住房和城乡建设主管部门备案，住房和城乡建设主管部门应当进行抽查。

依法应当进行消防验收的建设工程，未经消防验收或者消防验收不合格的，禁止投入使用；其他建设工程经依法抽查不合格的，应当停止使用。

三、节能验收的规定

《民用建筑节能条例》规定，建设单位组织竣工验收，应当对民用建筑是否符合民用建筑节能强制性标准进行查验；对不符合民用建筑节能强制性标准的，不得出具竣工验收合格报告。

《建筑节能工程施工质量验收标准》进一步规定，建筑节能工程为单位工程的一个分部工程，可按照分项工程进行验收。当建筑节能分项工程的工程量较大时，可将分项工程分为若干个检验批进行验收。

建筑节能分部工程的质量验收，应在施工单位自检合格，且检验批、分项工程全部验收合格的基础上，进行外墙节能构造、外窗气密性能现场实体检验和设备系统节能性能检测，确认建筑节能工程质量达到验收条件后方可进行。

参加建筑节能工程验收的各方人员应具备相应的资格，其程序和组织应符合下列规定：

(1) 节能工程检验批验收和隐蔽工程验收应由专业监理工程师组织并主持，施工单位相关专业的质量检查员与施工员参加验收。

(2) 节能分项工程验收应由专业监理工程师组织并主持，施工单位项目技术负责人和相关专业的质量检查员、施工员参加验收；必要时可邀请主要设备、材料供应商及分包单位、设计单位相关专业的人员参加验收。

(3) 节能分部工程验收应由总监理工程师组织并主持，施工单位项目负责人、项目技术负责人和相关专业的负责人、质量检查员、施工员参加验收；施工单位的质量、技术负责人应参加验收；设计单位项目负责人及相关专业负责人应参加验收；主要设备、材料供应商及分包单位负责人应参加验收。

《中华人民共和国节约能源法》规定，国家实行固定资产投资项目节能评估和审查制度。不符合强制性节能标准的项目，建设单位不得开工建设；已经建成的，不得投入生产、使用。政府投资项目不符合强制性节能标准的，依法负责项目审批的机关不得批准建设。具体办法由国务院管理节能工作的部门会同国务院有关部门制定。

建筑工程的建设、设计、施工和监理单位应当遵守建筑节能标准。不符合建筑节能标准的建筑工程，建设主管部门不得批准开工建设；已经开工建设的，应当责令停止施工、限期改正；已经建成的，不得销售或者使用。

四、环保验收的规定

根据《中华人民共和国环境保护法》，建设项目中防治污染的设施，应当与主体工程同时设计、同时施工、同时投产使用。防治污染的设施应当符合经批准的环境影响评价文件的要求，不得擅自拆除或者闲置。

根据《建设项目环境保护管理条例》，编制环境影响报告书、环境影响报告表的建设项目竣工后，建设单位应当按照国务院环境保护行政主管部门规定的标准和程序，对配套建设的环境保护设施进行验收，编制验收报告。

建设单位在环境保护设施验收过程中，应当如实查验、监测、记载建设项目环境保护设施的建设和调试情况，不得弄虚作假。除按照国家规定需要保密的情形外，建设单位应当依法向社会公开验收报告。

分期建设、分期投入生产或者使用的建设项目，其相应的环境保护设施应当分期验收。编制环境影响报告书、环境影响报告表的建设项目，其配套建设的环境保护设施经验收合格，方可投入生产或者使用；未经验收或者验收不合格的，不得投入生产或者使用。上述规定的建设项目投入生产或者使用后，应当按照国务院环境保护行政主管部门的规定开展环境影响后评价。

● 总结

规划、消防、节能和环保验收主要内容概括总结见表7-5-2。

表7-5-2 规划、消防、节能和环保验收主要内容

验收种类	申请主体	验收主体	相关规定
规划验收	建设单位	城乡规划主管部门	建设单位申请，规划部门验收
消防验收	建设单位	住房和城乡建设主管部门（公安消防机构）	(1) 应当申请消防验收的工程：验收； (2) 其他建设工程：备案、抽查（验收后）
节能验收	施工单位	监理单位、建设单位、建筑节能质量监督管理部门	(1) 施工单位：自检评定； (2) 监理单位：质量评估； (3) 建设单位：组织相关部门验收、验收结论、资料归档； (4) 建筑节能质量监督管理部门：现场监督； (5) 施工单位：整改
环保验收	施工单位	建设单位、生态环境主管部门	(1) 验收范围：编制环境影响报告书、环境影响报告表的建设项目，其配套建设的环境保护设施； (2) 分期建设、分期投入生产或者使用的建设项目，其相应的环境保护设施应当分期验收

● 实战演练

[2023真题·单选] 根据《消防法》，关于建设工程竣工消防验收的说法，正确的是（　　）。

A. 建设单位应当向应急管理部门申请消防验收
B. 建设单位在验收后应当报主管部门审批
C. 经主管部门抽查不合格的，应当停止使用
D. 建设工程未经主管部门消防验收的，一律禁止投入使用

[解析] 选项A错误，国务院住房和城乡建设主管部门规定应当申请消防验收的建设工程竣工，建设单位应当向住房和城乡建设主管部门申请消防验收。选项B错误，建设单位在验收后应当报住房和城乡建设主管部门备案，住房和城乡建设主管部门应当进行抽查。选项C正确，选项D错误，依法应当进行消防验收的建设工程，未经消防验收或者消防验收不合格的，禁止投入使用；其他建设工程经依法抽查不合格的，应当停止使用。

[答案] C

[2024真题·多选] 关于建筑工程节能的说法，正确的有（ ）。
A. 建设单位组织竣工验收，应当对民用建筑是否符合民用建筑节能强制性标准进行查验
B. 单位工程竣工验收应在建筑节能分部工程验收合格后进行
C. 政府投资项目不符合强制性节能标准的，不得批准建设
D. 不符合强制性节能标准的项目可以先行开工建设
E. 建筑节能分部工程的质量验收，施工企业应当先行自检合格

[解析] 选项A正确，建设单位组织竣工验收，应当对民用建筑是否符合民用建筑节能强制性标准进行查验；对不符合民用建筑节能强制性标准的，不得出具竣工验收合格报告。选项B正确，单位工程竣工验收应在建筑节能分部工程验收合格后进行。选项C正确，政府投资项目不符合强制性节能标准的，依法负责项目审批的机关不得批准建设。选项D错误，不符合强制性节能标准的项目，建设单位不得开工建设；已经建成的，不得投入生产、使用。选项E正确，建筑节能分部工程的质量验收，应在施工单位自检合格，且检验批、分项工程全部验收合格的基础上，进行外墙节能构造、外窗气密性现场实体检测和设备系统节能性能检测，确认建筑节能工程质量达到验收的条件后方可进行。

[答案] ABCE

知识点 3 竣工验收备案

根据《建设工程质量管理条例》，建设单位应当自建设工程竣工验收合格之日起15日内，将建设工程竣工验收报告和规划、公安消防、环保等部门出具的认可文件或者准许使用文件报建设行政主管部门或者其他有关部门备案。

《房屋建筑和市政基础设施工程竣工验收备案管理办法》进一步规定，建设单位应当自工程竣工验收合格之日起15日内，依照本办法规定，向工程所在地的县级以上地方人民政府建设主管部门（以下简称备案机关）备案。

建设单位办理工程竣工验收备案应当提交下列文件：

（1）工程竣工验收备案表。
（2）工程竣工验收报告。竣工验收报告应当包括工程报建日期，施工许可证号，施工图设计文件审查意见，勘察、设计、施工、工程监理等单位分别签署的质量合格文件及验收人员签署的竣工验收原始文件，市政基础设施的有关质量检测和功能性试验资料以及备案机关认为需要提供的有关资料。
（3）法律、行政法规规定应当由规划、环保等部门出具的认可文件或者准许使用文件。
（4）法律规定应当由公安消防部门出具的对大型的人员密集场所和其他特殊建设工程验收合格的证明文件。
（5）施工单位签署的工程质量保修书。
（6）法规、规章规定必须提供的其他文件。

住宅工程还应当提交《住宅质量保证书》和《住宅使用说明书》。

备案机关收到建设单位报送的竣工验收备案文件，验证文件齐全后，应当在工程竣工验收备案表上签署文件收讫。工程竣工验收备案表一式两份，一份由建设单位保存，一份留备案机关存档。

工程质量监督机构应当在工程竣工验收之日起5日内，向备案机关提交工程质量监督报告。

备案机关发现建设单位在竣工验收过程中有违反国家有关建设工程质量管理规定行为

的，应当在收讫竣工验收备案文件 15 日内，责令停止使用，重新组织竣工验收。

知识点 4　应提交的档案资料

根据《建设工程质量管理条例》，建设单位应当严格按照国家有关档案管理的规定，及时收集、整理建设项目各环节的文件资料，建立、健全建设项目档案，并在建设工程竣工验收后，及时向建设行政主管部门或者其他有关部门移交建设项目档案。

《城市建设档案管理规定》规定，城建档案是指在城市规划、建设及其管理活动中直接形成的对国家和社会具有保存价值的文字、图纸、图表、声像等各种载体的文件材料。

国务院建设行政主管部门负责全国城建档案管理工作，业务上受国家档案部门的监督、指导。县级以上地方人民政府建设行政主管部门负责本行政区域内的城建档案管理工作，业务上受同级档案部门的监督、指导。城市的建设行政主管部门应当设置城建档案工作管理机构或者配备城建档案管理人员，负责全市城建档案工作。城市的建设行政主管部门也可以委托城建档案馆负责城建档案工作的日常管理工作。

建设单位应当在工程竣工验收后"3"个月内，向城建档案馆报送 1 套符合规定的建设工程档案。凡工程建筑档案不齐全的，应当限期补充。停建、缓建工程的档案，暂由建设单位保管。撤销单位的建设工程档案，应当向上级主管机关或者城建档案馆移交。

对改建、扩建和重要部位维修的工程，建设单位应当组织设计、施工单位据实修改、补充和完善原建设工程档案。凡结构和平面布置等改变的，应当重新编制建设工程档案，并在工程竣工后 3 个月内向城建档案馆报送。

● **总结**

档案资料的提交程序如图 7-5-1 所示。

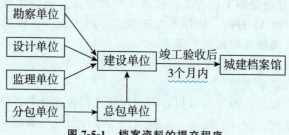

图 7-5-1　档案资料的提交程序

《建设工程文件归档规范》进一步规定，工程文件应随工程建设进度同步形成，不得事后补编。每项建设工程应编制 1 套电子档案，随纸质档案一并移交城建档案管理机构。电子档案签署了具有法律效力的电子印章或电子签名的，可不移交相应纸质档案。

建设工程项目实行总承包管理的，总包单位应负责收集、汇总各分包单位形成的工程档案，并应及时向建设单位移交；各分包单位应将本单位形成的工程文件整理、立卷后及时移交总包单位。建设工程项目由几个单位承包的，各承包单位应负责收集、整理立卷其承包项目的工程文件，并应及时向建设单位移交。

▶ **知识拓展**：城建档案管理部门要规范建设工程档案移交内容，对于加盖电子签章、具备法律效力、符合归档要求的电子文件，可不移交相应纸质档案（竣工图除外）。对于数字化扫描形成的电子文件，实行纸质、电子双套制移交。对于工程建设项目原生电子档案、建筑信息模型（BIM）等，应一并移交。建设工程档案移交可实行"验收＋承诺"或在工程竣工验收备案前一次性移交等方式，对于建设周期长或在线上归档的建设工程，可以分阶段验收，分阶段移交。

> **实战演练**
>
> [2024 真题·单选] 根据《城市建设档案管理规定》，关于建设工程档案资料的说法，正确的是（   ）。
> A. 组织竣工验收时，应当组织对工程档案进行验收
> B. 工程竣工验收后6个月内，应当向城建档案馆报送1套符合规定的建设工程档案
> C. 电子档案签署了具有法律效力的电子印章或者电子签名的，也应当移交相应纸质档案
> D. 改建工程应当重新编制建设工程档案，并按时报送
> [解析] 选项A正确，建设单位在组织工程竣工验收前，应按要求将全部文件材料收集齐全并完成工程档案的立卷；在组织竣工验收时，应组织对工程档案进行验收，验收结论应在工程竣工验收报告、专家组竣工验收意见中明确。选项B错误，建设单位应当在工程竣工验收后"3"个月内，向城建档案馆报送1套符合规定的建设工程档案。选项C错误，电子档案签署了具有法律效力的电子印章或电子签名的，可不移交相应纸质档案。选项D错误，对改建、扩建和重要部位维修的工程，建设单位应当组织设计、施工单位据实修改、补充和完善原建设工程档案。凡结构和平面布置等改变的，应当重新编制建设工程档案，并在工程竣工后3个月内向城建档案馆报送。
> [答案] A

第六节　建设工程质量保修制度

知识点 1　质量保修书和最低保修期限

一、质量保修书

根据《建设工程质量管理条例》，建设工程实行质量保修制度。建设工程承包单位在向建设单位提交工程竣工验收报告时，应当向建设单位出具质量保修书。质量保修书中应当明确建设工程的保修范围、保修期限和保修责任等。

根据《建筑法》，建筑工程的保修范围应当包括地基基础工程、主体结构工程、屋面防水工程和其他土建工程，以及电气管线、上下水管线的安装工程，供热、供冷系统工程等项目。

二、最低保修期限

根据《建设工程质量管理条例》，在正常使用条件下，建设工程的最低保修期限为：
（1）基础设施工程、房屋建筑的地基基础工程和主体结构工程，为设计文件规定的该工程的合理使用年限。
（2）屋面防水工程、有防水要求的卫生间、房间和外墙面的防渗漏，为5年。
（3）供热与供冷系统，为2个采暖期、供冷期。
（4）电气管线、给排水管道、设备安装和装修工程，为2年。
其他项目的保修期限由发包方与承包方约定。
建设工程的保修期，自竣工验收合格之日起计算。
建设工程在保修范围和保修期限内发生质量问题的，施工单位应当履行保修义务，并对造成的损失承担赔偿责任。
建设工程在超过合理使用年限后需要继续使用的，产权所有人应当委托具有相应资

质等级的勘察、设计单位鉴定,并根据鉴定结果采取加固、维修等措施,重新界定使用期。

> **实战演练**

[2023真题·单选] 根据《建设工程质量管理条例》,关于建设工程质量保修期的说法,正确的是( )。

A. 所有项目的保修期均由法律规定
B. 任何使用条件下,建设工程保修期均应符合法定最低保修期限
C. 地基基础工程保修期限为设计文件规定的该工程的合理使用年限
D. 供热系统最低保修期限为5年

[解析] 在正常使用条件下,建设工程的最低保修期限为:①基础设施工程、房屋建筑的地基基础工程和主体结构工程,为设计文件规定的该工程的合理使用年限;②屋面防水工程、有防水要求的卫生间、房间和外墙面的防渗漏,为5年;③供热与供冷系统,为2个采暖期、供冷期;④电气管线、给排水管道、设备安装和装修工程,为2年。其他项目的保修期限由发包方与承包方约定。

[答案] C

[2021真题·单选] 根据《建设工程质量管理条例》,下列建设工程质量保修期限的约定中,符合规定的是( )。

A. 供冷系统质量保修期为1年
B. 屋面防水工程质量保修期为3年
C. 给排水管道工程质量保修期为2年
D. 装修工程质量保修期为1年

[解析] 在正常使用条件下,建设工程的最低保修期限为:①基础设施工程、房屋建筑的地基基础工程和主体结构工程,为设计文件规定的该工程的合理使用年限;②屋面防水工程、有防水要求的卫生间、房间和外墙面的防渗漏,为5年;③供热与供冷系统,为2个采暖期、供冷期;④电气管线、给排水管道、设备安装和装修工程,为2年。

[答案] C

知识点 2 工程质量保证金

《建设工程质量保证金管理办法》规定,建设工程质量保证金(以下简称保证金)是指发包人与承包人在建设工程承包合同中约定,从应付的工程款中预留,用以保证承包人在缺陷责任期内对建设工程出现的缺陷进行维修的资金。

缺陷是指建设工程质量不符合工程建设强制性标准、设计文件,以及承包合同的约定。缺陷责任期一般为1年,最长不超过2年,由发、承包双方在合同中约定。

发包人应当在招标文件中明确保证金预留、返还等内容,并与承包人在合同条款中对涉及保证金的下列事项进行约定:

(1) 保证金预留、返还方式。
(2) 保证金预留比例、期限。
(3) 保证金是否计付利息,如计付利息,利息的计算方式。
(4) 缺陷责任期的期限及计算方式。
(5) 保证金预留、返还及工程维修质量、费用等争议的处理程序。
(6) 缺陷责任期内出现缺陷的索赔方式。

(7) 逾期返还保证金的违约金支付办法及违约责任。

缺陷责任期内，实行国库集中支付的政府投资项目，保证金的管理应按国库集中支付的有关规定执行。其他政府投资项目，保证金可以预留在财政部门或发包方。缺陷责任期内，如发包方被撤销，保证金随交付使用资产一并移交使用单位管理，由使用单位代行发包人职责。

社会投资项目采用预留保证金方式的，发、承包双方可以约定将保证金交由第三方金融机构托管。

推行银行保函制度，承包人可以银行保函替代预留保证金。在工程项目竣工前，已经缴纳履约保证金的，发包人不得同时预留工程质量保证金。采用工程质量保证担保、工程质量保险等其他保证方式的，发包人不得再预留保证金。发包人应按照合同约定方式预留保证金，保证金总预留比例不得高于工程价款结算总额的3%。

合同约定由承包人以银行保函替代预留保证金的，保函金额不得高于工程价款结算总额的3%。缺陷责任期从工程通过竣工验收之日起计。承包人原因导致工程无法按规定期限进行竣工验收的，缺陷责任期从实际通过竣工验收之日起计。由于发包人原因，工程无法按规定期限进行竣工验收的，在承包人提交竣工验收报告90天后，工程自动进入缺陷责任期。缺陷责任期内，由承包人原因造成的缺陷，承包人应负责维修，并承担鉴定及维修费用。如承包人不维修也不承担费用，发包人可按合同约定从保证金或银行保函中扣除，费用超出保证金额的，发包人可按合同约定向承包人进行索赔。承包人维修并承担相应费用后，不免除对工程的损失赔偿责任。

由他人原因造成的缺陷，发包人负责组织维修，承包人不承担费用，且发包人不得从保证金中扣除费用。

缺陷责任期内，承包人认真履行合同约定的责任，到期后，承包人向发包人申请返还保证金。发包人在接到承包人返还保证金申请后，应于14天内会同承包人按照合同约定的内容进行核实。如无异议，发包人应当按照约定将保证金返还给承包人。对返还期限没有约定或者约定不明确的，发包人应当在核实后14天内将保证金返还承包人，逾期未返还的，依法承担违约责任。发包人在接到承包人返还保证金申请后14天内不予答复，经催告后14天内仍不予答复，视同认可承包人的返还保证金申请。

[2024 真题·单选] 根据《建设工程质量保证金管理办法》，关于建设工程质量保证金预留的说法，正确的是（   ）。

A. 发包人应当按照合同约定方式预留建设工程质量保证金，建设工程质量保证金总预留比例不得高于工程价款结算总额的 2%

B. 合同约定由承包人以银行保函替代预留建设工程质量保证金的，保函金额不得高于工程价款结算总额的 1.5%

C. 采用工程质量保证担保的，发包人可以同时预留建设工程质量保证金

D. 在工程项目竣工前，已经缴纳履约保证金的，发包人不得同时预留建设工程质量保证金

[解析] 选项 A 错误，发包人应按照合同约定方式预留保证金，保证金总预留比例不得高于工程价款结算总额的 3%。选项 B 错误，合同约定由承包人以银行保函替代预留保证金的，保函金额不得高于工程价款结算总额的 3%。选项 C 错误，采用工程质量保证担保、工程质量保险等其他保证方式的，发包人不得再预留保证金。

[答案] D

[2022 真题·单选] 根据《建设工程质量保证金管理办法》,由于发包人原因,工程无法按规定期限进行竣工验收的,在承包人提交竣工验收报告 90 天后,工程自动进入( )。

A. 保修期
B. 缺陷责任期
C. 索赔期
D. 质量责任期

[解析] 由于发包人原因,工程无法按规定期限进行竣工验收的,在承包人提交竣工验收报告 90 天后,工程自动进入缺陷责任期。

[答案] B

第八章

建设工程环境保护和历史文化遗产保护法律制度

■ **本章导学**

本章主要介绍建设工程环境保护制度和施工中历史文化遗产保护制度。本章内容以最新考试大纲为基础，根据《中华人民共和国大气污染防治法》（以下简称《大气污染防治法》）、《中华人民共和国水污染防治法》（以下简称《水污染防治法》）、《中华人民共和国固体废物污染环境防治法》（以下简称《固体废物污染环境防治法》）、《中华人民共和国噪声污染防治法》（以下简称《噪声污染防治法》）、《中华人民共和国文物保护法》（以下简称《文物保护法》）、《历史文化名城名镇名村保护条例》等相关法律法规进行编写。

从历年考试来看，本章内容所占分值较少，多集中于对建设工程噪声污染防治、施工中历史文化遗产保护范围和施工发现文物报告的考查，考查内容相对灵活。在学习时，建议考生理解记忆相关内容。

第一节　建设工程环境保护制度

知识点 1　建设工程大气污染防治

《大气污染防治法》规定，防治大气污染，应当以改善大气环境质量为目标，坚持源头治理，规划先行，转变经济发展方式，优化产业结构和布局，调整能源结构。

一、企业事业单位和其他生产经营者大气污染防治

企业事业单位和其他生产经营者建设对大气环境有影响的项目，应当依法进行环境影响评价、公开环境影响评价文件；向大气排放污染物的，应当符合大气污染物排放标准，遵守重点大气污染物排放总量控制要求。

企业事业单位和其他生产经营者向大气排放污染物的，应当依照法律法规和国务院生态环境主管部门的规定设置大气污染物排放口。禁止通过偷排、篡改或者伪造监测数据、以逃避现场检查为目的的临时停产、非紧急情况下开启应急排放通道、不正常运行大气污染防治设施等逃避监管的方式排放大气污染物。

企业事业单位和其他生产经营者应当按照国家有关规定和监测规范，对其排放的工业废气和《大气污染防治法》第七十八条规定名录中所列有毒有害大气污染物进行监测，并保存原始监测记录。

二、建设单位大气污染防治

建设单位应当将防治扬尘污染的费用列入工程造价，并在施工承包合同中明确施工单位扬尘污染防治责任。

暂时不能开工的建设用地，建设单位应当对裸露地面进行覆盖；超过3个月的，应当进行绿化、铺装或者遮盖。

三、施工单位大气污染防治

施工单位应当制定具体的施工扬尘污染防治实施方案。从事房屋建筑、市政基础设施建设、河道整治以及建筑物拆除等施工单位，应当向负责监督管理扬尘污染防治的主管部门备案。

施工单位应当在施工工地设置硬质围挡，并采取覆盖、分段作业、择时施工、洒水抑尘、冲洗地面和车辆等有效防尘降尘措施。建筑土方、工程渣土、建筑垃圾应当及时清运；在场地内堆存的，应当采用密闭式防尘网遮盖。工程渣土、建筑垃圾应当进行资源化处理。

施工单位应当在施工工地公示扬尘污染防治措施、负责人、扬尘监督管理主管部门等信息。

四、重点区域大气污染防治

编制可能对国家大气污染防治重点区域的大气环境造成严重污染的有关工业园区、开发区、区域产业和发展等规划，应当依法进行环境影响评价。

重点区域内有关省、自治区、直辖市建设可能对相邻省、自治区、直辖市大气环境质量产生重大影响的项目，应当及时通报有关信息，进行会商。会商意见及其采纳情况作为环境影响评价文件审查或者审批的重要依据。

国家大气污染防治重点区域内新建、改建、扩建用煤项目的，应当实行煤炭的等量或者

减量替代。

五、其他规定

钢铁、建材、有色金属、石油、化工等企业生产过程中排放粉尘、硫化物和氮氧化物的，应当采用清洁生产工艺，配套建设除尘、脱硫、脱硝等装置，或者采取技术改造等其他控制大气污染物排放的措施。

钢铁、建材、有色金属、石油、化工、制药、矿产开采等企业，应当加强精细化管理，采取集中收集处理等措施，严格控制粉尘和气态污染物的排放。工业生产企业应当采取密闭、围挡、遮盖、清扫、洒水等措施，减少内部物料的堆存、传输、装卸等环节产生的粉尘和气态污染物的排放。

在用机动车排放大气污染物超过标准的，应当进行维修；经维修或者采用污染控制技术后，大气污染物排放仍不符合国家在用机动车排放标准的，应当强制报废。其所有人应当将机动车交售给报废机动车回收拆解企业，由报废机动车回收拆解企业按照国家有关规定进行登记、拆解、销毁等处理。国家鼓励和支持高排放机动车船、非道路移动机械提前报废。

国家对严重污染大气环境的工艺、设备和产品实行淘汰制度。被淘汰的设备和产品，不得转让给他人使用。

运输煤炭、垃圾、渣土、砂石、土方、灰浆等散装、流体物料的车辆应当采取密闭或者其他措施防止物料遗撒造成扬尘污染，并按照规定路线行驶。装卸物料应当采取密闭或者喷淋等方式防治扬尘污染。

贮存煤炭、煤矸石、煤渣、煤灰、水泥、石灰、石膏、砂土等易产生扬尘的物料应当密闭；不能密闭的，应当设置不低于堆放物高度的严密围挡，并采取有效覆盖措施防治扬尘污染。码头、矿山、填埋场和消纳场应当实施分区作业，并采取有效措施防治扬尘污染。

> **知识链接：**《住房和城乡建设部办公厅关于进一步加强施工工地和道路扬尘管控工作的通知》进一步明确了以下施工工地防尘降尘措施。

（1）对施工现场实行封闭管理。城市范围内主要路段的施工工地应设置高度不小于 2.5 m 的封闭围挡，一般路段的施工工地应设置高度不小于 1.8 m 的封闭围挡。施工工地的封闭围挡应坚固、稳定、整洁、美观。

（2）加强物料管理。施工现场的建筑材料、构件、料具应按总平面布局进行码放。在规定区域内的施工现场应使用预拌混凝土及预拌砂浆；采用现场搅拌混凝土或砂浆的场所应采取封闭、降尘、降噪措施；水泥和其他易飞扬的细颗粒建筑材料应密闭存放或采取覆盖等措施。

（3）注重降尘作业。施工现场土方作业应采取防止扬尘措施，主要道路应定期清扫、洒水。拆除建筑物或构筑物时，应采用隔离、洒水等降噪、降尘措施，并应及时清理废弃物。施工进行铣刨、切割等作业时，应采取有效防扬尘措施；灰土和无机料应采用预拌进场，碾压过程中应洒水降尘。

（4）硬化路面和清洗车辆。施工现场的主要道路及材料加工区地面应进行硬化处理，道路应畅通，路面应平整坚实。裸露的场地和堆放的土方应采取覆盖、固化或绿化等措施。施工现场出入口应设置车辆冲洗设施，并对驶出车辆进行清洗。

（5）清运建筑垃圾。土方和建筑垃圾的运输应采用封闭式运输车辆或采取覆盖措施。建筑物内施工垃圾的清运，应采用器具或管道运输，严禁随意抛掷。施工现场严禁焚烧各类废弃物。

（6）加强监测监控。鼓励施工工地安装在线监测和视频监控设备，并与当地有关主管部门联网。当环境空气质量指数达到中度及以上污染时，施工现场应增加洒水频次，加强覆盖措施，减少易造成大气污染的施工作业。

实战演练

[2023真题·单选] 根据《住房和城乡建设部办公厅关于进一步加强施工工地和道路扬尘管控工作的通知》，关于扬尘监控的说法，正确的是（ ）。
A. 施工现场的道路及材料堆放区地面应当进行硬化处理
B. 堆放的土方土质良好的可以裸露堆放
C. 施工现场不得设置车辆冲洗设施
D. 建筑物内施工垃圾的清运，应当采用器具或者管道运输

[解析] 选项A错误，施工现场的主要道路及材料加工区地面应进行硬化处理，道路应畅通，路面应平整坚实。选项B错误，裸露的场地和堆放的土方应采取覆盖、固化或绿化等措施。选项C错误，施工现场出入口应设置车辆冲洗设施，并对驶出车辆进行清洗。选项D正确，建筑物内施工垃圾的清运，应采用器具或管道运输，严禁随意抛掷。

[答案] D

知识点 2 建设工程水污染防治

《水污染防治法》规定，水污染防治应当坚持预防为主、防治结合、综合治理的原则，优先保护饮用水水源，严格控制工业污染、城镇生活污染，防治农业面源污染，积极推进生态治理工程建设，预防、控制和减少水环境污染和生态破坏。

一、水污染防治的监督管理

新建、改建、扩建直接或者间接向水体排放污染物的建设项目和其他水上设施，应当依法进行环境影响评价。建设单位在江河、湖泊新建、改建、扩建排污口的，应当取得水行政主管部门或者流域管理机构同意；涉及通航、渔业水域的，环境保护主管部门在审批环境影响评价文件时，应当征求交通、渔业主管部门的意见。建设项目的水污染防治设施，应当与主体工程同时设计、同时施工、同时投入使用。水污染防治设施应当符合经批准或者备案的环境影响评价文件的要求。

国家对重点水污染物排放实施总量控制制度。重点水污染物排放总量控制指标，由国务院环境保护主管部门在征求国务院有关部门和各省、自治区、直辖市人民政府意见后，会同国务院经济综合宏观调控部门报国务院批准并下达实施。

直接或者间接向水体排放工业废水和医疗污水以及其他按照规定应当取得排污许可证方可排放的废水、污水的企业事业单位和其他生产经营者，应当取得排污许可证；城镇污水集中处理设施的运营单位，也应当取得排污许可证。排污许可证应当明确排放水污染物的种类、浓度、总量和排放去向等要求。排污许可的具体办法由国务院规定。禁止企业事业单位和其他生产经营者无排污许可证或者违反排污许可证的规定向水体排放上述规定的废水、污水。

向水体排放污染物的企业事业单位和其他生产经营者，应当按照法律、行政法规和国务院环境保护主管部门的规定设置排污口；在江河、湖泊设置排污口的，还应当遵守国务院水行政主管部门的规定。

实行排污许可管理的企业事业单位和其他生产经营者应当按照国家有关规定和监测规

范，对所排放的水污染物自行监测，并保存原始监测记录。重点排污单位还应当安装水污染物排放自动监测设备，与环境保护主管部门的监控设备联网，并保证监测设备正常运行。具体办法由国务院环境保护主管部门规定。

实行排污许可管理的企业事业单位和其他生产经营者应当对监测数据的真实性和准确性负责。环境保护主管部门发现重点排污单位的水污染物排放自动监测设备传输数据异常，应当及时进行调查。

> 知识链接：《城镇排水与污水处理条例》规定，新建、改建、扩建建设工程，不得影响城镇排水与污水处理设施安全。建设工程开工前，建设单位应当查明工程建设范围内地下城镇排水与污水处理设施的相关情况。城镇排水主管部门及其他相关部门和单位应当及时提供相关资料。建设工程施工范围内有排水管网等城镇排水与污水处理设施的，建设单位应当与施工单位、设施维护运营单位共同制定设施保护方案，并采取相应的安全保护措施。因工程建设需要拆除、改动城镇排水与污水处理设施的，建设单位应当制定拆除、改动方案，报城镇排水主管部门审核，并承担重建、改建和采取临时措施的费用。

二、水污染防治措施

（一）一般规定

禁止向水体排放油类、酸液、碱液或者剧毒废液。禁止在水体清洗装贮过油类或者有毒污染物的车辆和容器。

禁止向水体排放、倾倒放射性固体废物或者含有高放射性和中放射性物质的废水。向水体排放含低放射性物质的废水，应当符合国家有关放射性污染防治的规定和标准。向水体排放含热废水，应当采取措施，保证水体的水温符合水环境质量标准。

禁止向水体排放、倾倒工业废渣、城镇垃圾和其他废弃物。禁止将含有汞、镉、砷、铬、铅、氰化物、黄磷等的可溶性剧毒废渣向水体排放、倾倒或者直接埋入地下。存放可溶性剧毒废渣的场所，应当采取防水、防渗漏、防流失的措施。

禁止在江河、湖泊、运河、渠道、水库最高水位线以下的滩地和岸坡堆放、存贮固体废弃物和其他污染物。

禁止利用渗井、渗坑、裂隙、溶洞，私设暗管，篡改、伪造监测数据，或者不正常运行水污染防治设施等逃避监管的方式排放水污染物。

（二）工业水污染防治

国家对严重污染水环境的落后工艺和设备实行淘汰制度。

国务院经济综合宏观调控部门会同国务院有关部门，公布限期禁止采用的严重污染水环境的工艺名录和限期禁止生产、销售、进口、使用的严重污染水环境的设备名录。生产者、销售者、进口者或者使用者应当在规定的期限内停止生产、销售、进口或者使用列入上述规定的设备名录中的设备。工艺的采用者应当在规定的期限内停止采用列入上述规定的工艺名录中的工艺。

依照上述规定被淘汰的设备，不得转让给他人使用。

（三）城镇水污染防治

城镇污水应当集中处理。城镇污水集中处理设施的运营单位按照国家规定向排污者提供污水处理的有偿服务，收取污水处理费用，保证污水集中处理设施的正常运行。收取的污水处理费用应当用于城镇污水集中处理设施的建设运行和污泥处理处置，不得挪作他用。

> 知识链接：《城镇排水与污水处理条例》规定，排水单位和个人应当按照国家有关规定缴纳污水处理费。向城镇污水处理设施排放污水、缴纳污水处理费的，不再缴纳排污费。

三、饮用水水源和其他特殊水体保护

国家建立饮用水水源保护区制度。饮用水水源保护区分为一级保护区和二级保护区；必要时，可以在饮用水水源保护区外围划定一定的区域作为准保护区。

在饮用水水源保护区内，禁止设置排污口。

禁止在饮用水水源一级保护区内新建、改建、扩建与供水设施和保护水源无关的建设项目；已建成的与供水设施和保护水源无关的建设项目，由县级以上人民政府责令拆除或者关闭。禁止在饮用水水源一级保护区内从事网箱养殖、旅游、游泳、垂钓或者其他可能污染饮用水水体的活动。

禁止在饮用水水源二级保护区内新建、改建、扩建排放污染物的建设项目；已建成的排放污染物的建设项目，由县级以上人民政府责令拆除或者关闭。在饮用水水源二级保护区内从事网箱养殖、旅游等活动的，应当按照规定采取措施，防止污染饮用水水体。

禁止在饮用水水源准保护区内新建、扩建对水体污染严重的建设项目；改建建设项目，不得增加排污量。

四、其他规定

《排污许可管理办法》自 2024 年 7 月 1 日起施行，其关于建设工程水污染防治的规定如下：

第三条　依照法律规定实行排污许可管理的企业事业单位和其他生产经营者（以下简称排污单位），应当依法申请取得排污许可证，并按照排污许可证的规定排放污染物；未取得排污许可证的，不得排放污染物。依法需要填报排污登记表的企业事业单位和其他生产经营者（以下简称排污登记单位），应当在全国排污许可证管理信息平台进行排污登记。

第四条　根据污染物产生量、排放量、对环境的影响程度等因素，对企业事业单位和其他生产经营者实行排污许可重点管理、简化管理和排污登记管理。

实行排污许可重点管理、简化管理的排污单位具体范围，依照固定污染源排污许可分类管理名录规定执行。实行排污登记管理的排污登记单位具体范围由国务院生态环境主管部门制定并公布。

第十四条　排污单位应当在实际排污行为发生之前，向其生产经营场所所在地设区的市级以上地方人民政府生态环境主管部门（以下简称审批部门）申请取得排污许可证。

海洋工程排污单位申请取得排污许可证的，依照有关法律、行政法规的规定执行。

第十五条　排污单位有两个以上生产经营场所排放污染物的，应当分别向生产经营场所所在地的审批部门申请取得排污许可证。

第十六条　实行排污许可重点管理的排污单位在提交排污许可证首次申请或者重新申请材料前，应当通过全国排污许可证管理信息平台向社会公开基本信息和拟申请许可事项，并提交说明材料。公开时间不得少于 5 个工作日。

《节约用水条例》自 2024 年 5 月 1 日起施行，其关于建设工程水污染防治的规定如下：

第四条　国家厉行节水，坚持和落实节水优先方针，深入实施国家节水行动，全面建设节水型社会。

任何单位和个人都应当依法履行节水义务。

第十六条　水资源严重短缺地区、地下水超采地区应当严格控制高耗水产业项目建设，禁止新建并限期淘汰不符合国家产业政策的高耗水产业项目。

第十九条　新建、改建、扩建建设项目，建设单位应当根据工程建设内容制定节水措施方案，配套建设节水设施。节水设施应当与主体工程同时设计、同时施工、同时投入使用。

节水设施建设投资纳入建设项目总投资。

第二十八条 新建、改建、扩建工业企业集聚的各类开发区、园区等（以下统称工业集聚区）应当统筹建设供水、排水、废水处理及循环利用设施，推动企业间串联用水、分质用水，实现一水多用和循环利用。

国家鼓励已经建成的工业集聚区开展以节水为重点内容的绿色高质量转型升级和循环化改造，加快节水及水循环利用设施建设。

第三十一条 国家把节水作为推广绿色建筑的重要内容，推动降低建筑运行水耗。

新建、改建、扩建公共建筑应当使用节水器具。

第三十五条 县级以上地方人民政府应当统筹规划、建设污水资源化利用基础设施，促进污水资源化利用。

城市绿化、道路清扫、车辆冲洗、建筑施工以及生态景观等用水，应当优先使用符合标准要求的再生水。

第三十六条 县级以上地方人民政府应当推进海绵城市建设，提高雨水资源化利用水平。

开展城市新区建设、旧城区改造和市政基础设施建设等，应当按照海绵城市建设要求，因地制宜规划、建设雨水滞渗、净化、利用和调蓄设施。

第三十七条 沿海地区应当积极开发利用海水资源。

沿海或者海岛淡水资源短缺地区新建、改建、扩建工业企业项目应当优先使用海水淡化水。具备条件的，可以将海水淡化水作为市政新增供水以及应急备用水源。

> **实战演练**
>
> [2024 真题·单选] 根据《水污染防治法》，禁止设置排污口的是（   ）。
> A. 风景名胜区水体
> B. 货运码头
> C. 饮用水水源保护区内
> D. 具有特殊经济文化价值的水体
>
> [解析] 在饮用水水源保护区内，禁止设置排污口，选项 C 正确。在风景名胜区水体、重要渔业水体和其他具有特殊经济文化价值的水体的保护区内，不得新建排污口。在保护区附近新建排污口，应当保证保护区水体不受污染。选项 A、B、D 均"不得新建排污口"，而非"禁止设置排污口"。
>
> [答案] C
>
> [2023 真题·单选] 关于饮用水水源准保护区的保护要求，下列说法正确的是（   ）。
> A. 禁止新建、改建、扩建任何工程
> B. 禁止新建、扩建、改建和水源保护无关的工程
> C. 禁止新建、改建、扩建排放污染物的工程
> D. 禁止新建、扩建对水体污染严重的工程
>
> [解析] 禁止在饮用水水源一级保护区内新建、改建、扩建与供水设施和保护水源无关的建设项目。禁止在饮用水水源二级保护区内新建、改建、扩建排放污染物的建设项目。禁止在饮用水水源准保护区内新建、扩建对水体污染严重的建设项目；改建建设项目，不得增加排污量。
>
> [答案] D

知识点 3　建设工程固体废物污染环境防治

《固体废物污染环境防治法》规定，固体废物污染环境防治坚持减量化、资源化和无害化的原则。任何单位和个人都应当采取措施，减少固体废物的产生量，促进固体废物的综合利用，降低固体废物的危害性。

一、监督管理

建设产生、贮存、利用、处置固体废物的项目，应当依法进行环境影响评价，并遵守国家有关建设项目环境保护管理的规定。

建设项目的环境影响评价文件确定需要配套建设的固体废物污染环境防治设施，应当与主体工程同时设计、同时施工、同时投入使用。建设项目的初步设计，应当按照环境保护设计规范的要求，将固体废物污染环境防治内容纳入环境影响评价文件，落实防治固体废物污染环境和破坏生态的措施以及固体废物污染环境防治设施投资概算。建设单位应当依照有关法律法规的规定，对配套建设的固体废物污染环境防治设施进行验收，编制验收报告，并向社会公开。

收集、贮存、运输、利用、处置固体废物的单位和其他生产经营者，应当加强对相关设施、设备和场所的管理和维护，保证其正常运行和使用。

二、工业固体废物

产生工业固体废物的单位应当取得排污许可证。排污许可的具体办法和实施步骤由国务院规定。产生工业固体废物的单位应当向所在地生态环境主管部门提供工业固体废物的种类、数量、流向、贮存、利用、处置等有关资料，以及减少工业固体废物产生、促进综合利用的具体措施，并执行排污许可管理制度的相关规定。

产生工业固体废物的单位应当根据经济、技术条件对工业固体废物加以利用；对暂时不利用或者不能利用的，应当按照国务院生态环境等主管部门的规定建设贮存设施、场所，安全分类存放，或者采取无害化处置措施。贮存工业固体废物应当采取符合国家环境保护标准的防护措施。建设工业固体废物贮存、处置的设施、场所，应当符合国家环境保护标准。

产生工业固体废物的单位终止的，应当在终止前对工业固体废物的贮存、处置的设施、场所采取污染防治措施，并对未处置的工业固体废物作出妥善处置，防止污染环境。

矿山企业应当采取科学的开采方法和选矿工艺，减少尾矿、煤矸石、废石等矿业固体废物的产生量和贮存量。国家鼓励采取先进工艺对尾矿、煤矸石、废石等矿业固体废物进行综合利用。尾矿、煤矸石、废石等矿业固体废物贮存设施停止使用后，矿山企业应当按照国家有关环境保护等规定进行封场，防止造成环境污染和生态破坏。

三、建筑垃圾

县级以上地方人民政府应当加强建筑垃圾污染环境的防治，建立建筑垃圾分类处理制度。县级以上地方人民政府应当制定包括源头减量、分类处理、消纳设施和场所布局及建设等在内的建筑垃圾污染环境防治工作规划。

国家鼓励采用先进技术、工艺、设备和管理措施，推进建筑垃圾源头减量，建立建筑垃圾回收利用体系。县级以上地方人民政府应当推动建筑垃圾综合利用产品应用。

县级以上地方人民政府环境卫生主管部门负责建筑垃圾污染环境防治工作，建立建筑垃圾全过程管理制度，规范建筑垃圾产生、收集、贮存、运输、利用、处置行为，推进综合利用，加强建筑垃圾处置设施、场所建设，保障处置安全，防止污染环境。

工程施工单位应当编制建筑垃圾处理方案，采取污染防治措施，并报县级以上地方人民政府环境卫生主管部门备案。工程施工单位应当及时清运工程施工过程中产生的建筑垃圾等固体废物，并按照环境卫生主管部门的规定进行利用或者处置。工程施工单位不得擅自倾倒、抛撒或者堆放工程施工过程中产生的建筑垃圾。

四、危险废物

省、自治区、直辖市人民政府应当组织有关部门编制危险废物集中处置设施、场所的建设规划，科学评估危险废物处置需求，合理布局危险废物集中处置设施、场所，确保本行政区域的危险废物得到妥善处置。编制危险废物集中处置设施、场所的建设规划，应当征求有关行业协会、企业事业单位、专家和公众等方面的意见。相邻省、自治区、直辖市之间可以开展区域合作，统筹建设区域性危险废物集中处置设施、场所。

对危险废物的容器和包装物以及收集、贮存、运输、利用、处置危险废物的设施、场所，应当按照规定设置危险废物识别标志。

产生危险废物的单位，应当按照国家有关规定制定危险废物管理计划；建立危险废物管理台账，如实记录有关信息，并通过国家危险废物信息管理系统向所在地生态环境主管部门申报危险废物的种类、产生量、流向、贮存、处置等有关资料。上述所称危险废物管理计划应当包括减少危险废物产生量和降低危险废物危害性的措施以及危险废物贮存、利用、处置措施。危险废物管理计划应当报产生危险废物的单位所在地生态环境主管部门备案。

产生危险废物的单位已经取得排污许可证的，执行排污许可管理制度的规定。

产生危险废物的单位，应当按照国家有关规定和环境保护标准要求贮存、利用、处置危险废物，不得擅自倾倒、堆放。

五、违法行为的法律责任

有下列行为之一，由生态环境主管部门责令改正，处以罚款，没收违法所得；情节严重的，报经有批准权的人民政府批准，可以责令停业或者关闭：

（1）产生、收集、贮存、运输、利用、处置固体废物的单位未依法及时公开固体废物污染环境防治信息的。

（2）生活垃圾处理单位未按照国家有关规定安装使用监测设备、实时监测污染物的排放情况并公开污染排放数据的。

（3）将列入限期淘汰名录被淘汰的设备转让给他人使用的。

（4）在生态保护红线区域、永久基本农田集中区域和其他需要特别保护的区域内，建设工业固体废物、危险废物集中贮存、利用、处置的设施、场所和生活垃圾填埋场的。

（5）转移固体废物出省、自治区、直辖市行政区域贮存、处置未经批准的。

（6）转移固体废物出省、自治区、直辖市行政区域利用未报备案的。

（7）擅自倾倒、堆放、丢弃、遗撒工业固体废物，或者未采取相应防范措施，造成工业固体废物扬散、流失、渗漏或者其他环境污染的。

（8）产生工业固体废物的单位未建立固体废物管理台账并如实记录的。

（9）产生工业固体废物的单位违反《固体废物污染环境防治法》规定委托他人运输、利用、处置工业固体废物的。

（10）贮存工业固体废物未采取符合国家环境保护标准的防护措施的。

（11）单位和其他生产经营者违反固体废物管理其他要求，污染环境、破坏生态的。

有上述第（1）项、第（8）项行为之一，处5万元以上20万元以下的罚款；有上述第（2）～（6）项、第（9）～（11）项行为之一，处10万元以上100万元以下的罚款；有上述第（7）项行为，处所需处置费用1倍以上3倍以下的罚款，所需处置费用不足10万元的，按 10 万元计算。

知识点 4　建设工程噪声污染防治

根据《噪声污染防治法》，噪声污染，是指超过噪声排放标准或者未依法采取防控措施产生噪声，并干扰他人正常生活、工作和学习的现象。噪声污染防治应当坚持统筹规划、源头防控、分类管理、社会共治、损害担责的原则。

一、工业噪声污染防治

工业企业选址应当符合国土空间规划以及相关规划要求，县级以上地方人民政府应当按照规划要求优化工业企业布局，防止工业噪声污染。在噪声敏感建筑物集中区域，禁止新建排放噪声的工业企业，改建、扩建工业企业的，应当采取有效措施防止工业噪声污染。

排放工业噪声的企业事业单位和其他生产经营者，应当采取有效措施，减少振动、降低噪声，依法取得排污许可证或者填报排污登记表。实行排污许可管理的单位，不得无排污许可证排放工业噪声，并应当按照排污许可证的要求进行噪声污染防治。

设区的市级以上地方人民政府生态环境主管部门应当按照国务院生态环境主管部门的规定，根据噪声排放、声环境质量改善要求等情况，制定本行政区域噪声重点排污单位名录，向社会公开并适时更新。

实行排污许可管理的单位应当按照规定，对工业噪声开展自行监测，保存原始监测记录，向社会公开监测结果，对监测数据的真实性和准确性负责。噪声重点排污单位应当按照国家规定，安装、使用、维护噪声自动监测设备，与生态环境主管部门的监控设备联网。

二、建筑施工噪声污染防治

建筑施工噪声，是指在建筑施工过程中产生的干扰周围生活环境的声音。

建设单位应当按照规定将噪声污染防治费用列入工程造价，在施工合同中明确施工单位的噪声污染防治责任。施工单位应当按照规定制定噪声污染防治实施方案，采取有效措施，减少振动、降低噪声。建设单位应当监督施工单位落实噪声污染防治实施方案。

在噪声敏感建筑物集中区域施工作业，应当优先使用低噪声施工工艺和设备。国务院工业和信息化主管部门会同国务院生态环境、住房和城乡建设、市场监督管理等部门，公布低噪声施工设备指导名录并适时更新。

在噪声敏感建筑物集中区域施工作业，建设单位应当按照国家规定，设置噪声自动监测系统，与监督管理部门联网，保存原始监测记录，对监测数据的真实性和准确性负责。

在噪声敏感建筑物集中区域，禁止夜间进行产生噪声的建筑施工作业，但抢修、抢险施工作业，因生产工艺要求或者其他特殊需要必须连续施工作业的除外。因特殊需要必须连续施工作业的，应当取得地方人民政府住房和城乡建设、生态环境主管部门或者地方人民政府指定的部门的证明，并在施工现场显著位置公示或者以其他方式公告附近居民。

三、噪声污染防治的监督管理

新建、改建、扩建可能产生噪声污染的建设项目，应当依法进行环境影响评价。

建设项目的噪声污染防治设施应当与主体工程同时设计、同时施工、同时投产使用。建设项目在投入生产或者使用之前，建设单位应当依照有关法律法规的规定，对配套建设的噪声污染防治设施进行验收，编制验收报告，并向社会公开。未经验收或者验收不合格的，该建设项目不得投入生产或者使用。

建设噪声敏感建筑物，应当符合民用建筑隔声设计相关标准要求，不符合标准要求的，不得通过验收、交付使用；在交通干线两侧、工业企业周边等地方建设噪声敏感建筑物，还应当按照规定间隔一定距离，并采取减少振动、降低噪声的措施。

国家鼓励、支持低噪声工艺和设备的研究开发和推广应用，实行噪声污染严重的落后工艺和设备淘汰制度。国务院发展改革部门会同国务院有关部门确定噪声污染严重的工艺和设备淘汰期限，并纳入国家综合性产业政策目录。生产者、进口者、销售者或者使用者应当在规定期限内停止生产、进口、销售或者使用列入上述规定目录的设备。工艺的采用者应当在规定期限内停止采用列入上述规定目录的工艺。

实战演练

[2024真题·单选] 在噪声敏感建筑物集中区域因特殊需要必须连续施工作业的，应当取得地方人民政府住房和城乡建设、生态环境主管部门或者地方人民政府指定的部门的证明，并（　　）。

A. 向附近居民支付赔偿费用
B. 在施工现场显著位置公示或者以其他方式公告附近居民
C. 报经应急管理部门审批
D. 经居民小区业主委员会同意

[解析] 在噪声敏感建筑物集中区域，因特殊需要必须连续施工作业的，应当取得地方人民政府住房和城乡建设、生态环境主管部门或者地方人民政府指定的部门的证明，并在施工现场显著位置公示或者以其他方式公告附近居民。

[答案] B

[2023真题·单选] 根据《噪声污染防治法》，关于建设工程项目噪声污染防治的说法，正确的是（　　）。

A. 噪声污染防治费用应当列入工程造价
B. 建设单位应当制定噪声污染防治实施方案
C. 监理单位应当落实噪声污染防治实施方案
D. 在施工合同中，应当明确建设单位的噪声污染防治责任

[解析] 选项B、C错误，施工单位应当按照规定制定噪声污染防治实施方案，采取有效措施，减少振动、降低噪声；建设单位应当监督施工单位落实噪声污染防治实施方案。选项A正确，选项D错误，建设单位应当按照规定将噪声污染防治费用列入工程造价，在施工合同中明确施工单位的噪声污染防治责任。

[答案] A

第二节　施工中历史文化遗产保护制度

知识点 1　受法律保护的各类历史文化遗产范围

一、受法律保护的文物

新修订的《文物保护法》于2024年11月8日公布，自2025年3月1日起施行。《文物保护法》规定，一切机关、组织和个人都有依法保护文物的义务。文物是不可再生的文化资源。各级人民政府应当重视文物保护，正确处理经济建设、社会发展与文物保护的关系，确保文物安全。基本建设、旅游发展必须把文物保护放在第一位，严格落实文物保护与安全管

理规定，防止建设性破坏和过度商业化。

（一）文物的分类

文物分为不可移动文物和可移动文物。

古文化遗址、古墓葬、古建筑、石窟寺、古石刻、古壁画、近代现代重要史迹和代表性建筑等不可移动文物，分为文物保护单位和未核定公布为文物保护单位的不可移动文物（以下称未定级不可移动文物）；文物保护单位分为全国重点文物保护单位，省级文物保护单位，设区的市级、县级文物保护单位。

历史上各时代重要实物、艺术品、工艺美术品、文献资料、手稿、图书资料、代表性实物等可移动文物，分为珍贵文物和一般文物；珍贵文物分为一级文物、二级文物、三级文物。

（二）受国家保护的文物范围

文物受国家保护。《文物保护法》所称文物，是指人类创造的或者与人类活动有关的，具有历史、艺术、科学价值的下列物质遗存：

（1）古文化遗址、古墓葬、古建筑、石窟寺和古石刻、古壁画。

（2）与重大历史事件、革命运动或者著名人物有关的以及具有重要纪念意义、教育意义或者史料价值的近代现代重要史迹、实物、代表性建筑。

（3）历史上各时代珍贵的艺术品、工艺美术品。

（4）历史上各时代重要的文献资料、手稿和图书资料等。

（5）反映历史上各时代、各民族社会制度、社会生产、社会生活的代表性实物。

文物认定的主体、标准和程序，由国务院规定并公布。

具有科学价值的古脊椎动物化石和古人类化石同文物一样受国家保护。

（三）属于国家所有的文物范围

中华人民共和国境内地下、内水和领海中遗存的一切文物，以及中国管辖的其他海域内遗存的起源于中国的和起源国不明的文物，属于国家所有。

古文化遗址、古墓葬、石窟寺属于国家所有。国家指定保护的纪念建筑物、古建筑、古石刻、古壁画、近代现代代表性建筑等不可移动文物，除国家另有规定的以外，属于国家所有。

国有不可移动文物的所有权不因其所依附的土地的所有权或者使用权的改变而改变。

下列可移动文物，属于国家所有：

（1）中国境内地下、内水和领海以及中国管辖的其他海域内出土、出水的文物，国家另有规定的除外。

（2）国有文物收藏单位以及其他国家机关、部队和国有企业、事业单位等收藏、保管的文物。

（3）国家征集、购买或者依法没收的文物。

（4）公民、组织捐赠给国家的文物。

（5）法律规定属于国家所有的其他文物。

国有可移动文物的所有权不因其收藏、保管单位的终止或者变更而改变。

国有文物所有权受法律保护，不容侵犯。属于集体所有和私人所有的纪念建筑物、古建筑和祖传文物以及依法取得的其他文物，其所有权受法律保护。文物的所有者必须遵守国家有关文物保护的法律、法规的规定。

（四）水下文物的保护范围

根据《中华人民共和国水下文物保护管理条例》，水下文物，是指遗存于下列水域的具有历史、艺术和科学价值的人类文化遗产：

（1）遗存于中国内水、领海内的一切起源于中国的、起源国不明的和起源于外国的文物。

（2）遗存于中国领海以外依照中国法律由中国管辖的其他海域内的起源于中国的和起源国不明的文物。

（3）遗存于外国领海以外的其他管辖海域以及公海区域内的起源于中国的文物。

上述规定内容不包括1911年以后的与重大历史事件、革命运动以及著名人物无关的水下遗存。

上述第（1）项、第（2）项所规定的水下文物属于国家所有，国家对其行使管辖权；第（3）项所规定的水下文物，遗存于外国领海以外的其他管辖海域以及公海区域内的起源国不明的文物，国家享有辨认器物物主的权利。

二、受法律保护的历史文化名村名镇

《文物保护法》规定，保存文物特别丰富并且具有重大历史价值或者革命纪念意义的城市，由国务院核定公布为历史文化名城。

保存文物特别丰富并且具有重大历史价值或者革命纪念意义的城镇、街道、村庄，由省、自治区、直辖市人民政府核定公布为历史文化街区、村镇，并报国务院备案。

历史文化名城和历史文化街区、村镇所在地县级以上地方人民政府应当组织编制专门的历史文化名城和历史文化街区、村镇保护规划，并纳入有关规划。历史文化名城和历史文化街区、村镇的保护办法，由国务院制定。

历史文化名城的布局、环境、历史风貌等遭到严重破坏的，由国务院撤销其历史文化名城称号；历史文化街区、村镇的布局、环境、历史风貌等遭到严重破坏的，由省、自治区、直辖市人民政府撤销其历史文化街区、村镇称号；对负有责任的领导人员和直接责任人员依法给予处分。

实战演练

[2024真题·单选] 下列文物中，可以属于私人所有的是（　　）。

A. 古文化遗址　　　　　　　　B. 古墓葬
C. 祖传的字画　　　　　　　　D. 石窟寺

[解析] 古文化遗址、古墓葬、石窟寺属于国家所有。属于集体所有和私人所有的纪念建筑物、古建筑和祖传文物以及依法取得的其他文物，其所有权受法律保护。选项A、B、D属于国家所有，选项C可以属于私人所有。

[答案] C

[2023真题·多选] 在中华人民共和国境内，受国家保护的文物有（　　）。

A. 与著名人物有关的现代重要史迹
B. 历史上各时代珍贵的艺术品
C. 反映历史上各时代、各民族社会制度的代表性实物
D. 近代代表性建筑
E. 古墓葬和古建筑

[解析] 下列文物受国家保护：①古文化遗址、古墓葬、古建筑、石窟寺和古石刻、古壁画；②与重大历史事件、革命运动或者著名人物有关的以及具有重要纪念意义、教育意义或者史料价值的近代现代重要史迹、实物、代表性建筑；③历史上各时代珍贵的艺术品、工艺美术品；④历史上各时代重要的文献资料、手稿和图书资料等；⑤反映历史上各时代、各民族社会制度、社会生产、社会生活的代表性实物。

[答案] ABCE

[2023真题·单选] 下列情形中，导致可移动文物所有权发生改变的是（　　）。

A. 中国境内出土的文物流入境外
B. 收藏文物的国有文物收藏单位终止
C. 保管文物的事业单位变更
D. 公民向国家捐赠文物

[解析] 下列可移动文物，属于国家所有：①中国境内地下、内水和领海以及中国管辖的其他海域内出土、出水的文物，国家另有规定的除外；②国有文物收藏单位以及其他国家机关、部队和国有企业、事业单位等收藏、保管的文物；③国家征集、购买或者依法没收的文物；④公民、组织捐赠给国家的文物；⑤法律规定属于国家所有的其他文物。国有可移动文物的所有权不因其收藏、保管单位的终止或者变更而改变。

[答案] D

[2021真题·单选] 根据《文物保护法》的规定，对保存文物特别丰富并且具有重大历史价值或者革命纪念意义的城市，有权核定公布其为历史文化名城的单位是（　　）。

A. 国务院
B. 国务院文物行政主管部门
C. 国务院住房和城乡建设主管部门
D. 该市所在地省级人民政府

[解析]《文物保护法》规定，保存文物特别丰富并且具有重大历史价值或者革命纪念意义的城市，由国务院核定公布为历史文化名城。

[答案] A

知识点 2　在各类历史文化遗产保护范围和建设控制地带施工

一、不可移动文物的保护

《文物保护法》规定，在旧城区改建、土地成片开发中，县级以上人民政府应当事先组织进行相关区域内不可移动文物调查，及时开展核定、登记、公布工作，并依法采取保护措施。未经调查，任何单位不得开工建设，防止建设性破坏。

在文物保护单位的保护范围内不得进行文物保护工程以外的其他建设工程或者爆破、钻探、挖掘等作业；因特殊情况需要进行的，必须保证文物保护单位的安全。因特殊情况需要在省级或者设区的市级、县级文物保护单位的保护范围内进行上述规定的建设工程或者作业的，必须经核定公布该文物保护单位的人民政府批准，在批准前应当征得上一级人民政府文物行政部门同意；在全国重点文物保护单位的保护范围内进行上述规定的建设工程或者作业的，必须经省、自治区、直辖市人民政府批准，在批准前应当征得国务院文物行政部门同意。

根据保护文物的实际需要，经省、自治区、直辖市人民政府批准，可以在文物保护单位的周围划出一定的建设控制地带，并予以公布。在文物保护单位的建设控制地带内进行建设工程，不得破坏文物保护单位的历史风貌；工程设计方案应当根据文物保护单位的级别和建设工程对文物保护单位历史风貌的影响程度，经国家规定的文物行政部门同意后，依法取得建设工程规划许可。

在文物保护单位的保护范围和建设控制地带内，不得建设污染文物保护单位及其环境的设施，不得进行可能影响文物保护单位安全及其环境的活动。对已有的污染文物保护单位及其环境的设施，依照生态环境有关法律法规的规定处理。

建设工程选址，应当尽可能避开不可移动文物；因特殊情况不能避开的，应当尽可能实施原址保护。实施原址保护的，建设单位应当事先确定原址保护措施，根据文物保护单位的级别报相应的文物行政部门批准；未定级不可移动文物的原址保护措施，报县级人民政府文物行政部门批准；未经批准的，不得开工建设。无法实施原址保护，省级或者设区的市级、县级文物保护单位需要迁移异地保护或者拆除的，应当报省、自治区、直辖市人民政府批准；迁移或者拆除省级文物保护单位的，批准前必须征得国务院文物行政部门同意。全国重点文物保护单位不得拆除；需要迁移的，必须由省、自治区、直辖市人民政府报国务院批准。未定级不可移动文物需要迁移异地保护或者拆除的，应当报省、自治区、直辖市人民政府文物行政部门批准。上述规定的原址保护、迁移、拆除所需费用，由建设单位列入建设工程预算。

二、挖掘考古的规定

《文物保护法》规定，一切考古发掘工作，必须履行报批手续；从事考古发掘的单位，应当取得国务院文物行政部门颁发的考古发掘资质证书。地下埋藏和水下遗存的文物，任何单位或者个人都不得私自发掘。

在可能存在地下文物的区域，县级以上地方人民政府进行土地出让或者划拨前，应当由省、自治区、直辖市人民政府文物行政部门组织从事考古发掘的单位进行考古调查、勘探。可能存在地下文物的区域，由省、自治区、直辖市人民政府文物行政部门及时划定并动态调整。

进行大型基本建设工程，或者在文物保护单位的保护范围、建设控制地带内进行建设工程，未依照上述规定进行考古调查、勘探的，建设单位应当事先报请省、自治区、直辖市人民政府文物行政部门组织从事考古发掘的单位在工程范围内有可能埋藏文物的地方进行考古调查、勘探。

考古调查、勘探中发现文物的，由省、自治区、直辖市人民政府文物行政部门根据文物保护的要求与建设单位共同商定保护措施；遇有重要发现的，由省、自治区、直辖市人民政府文物行政部门及时报国务院文物行政部门处理。由此导致停工或者工期延长，造成建设单位损失的，由县级以上地方人民政府文物行政部门会同有关部门听取建设单位意见后，提出处理意见，报本级人民政府批准。

三、历史文化名城名镇名村的保护

（一）申报与批准

根据《历史文化名城名镇名村保护条例》，具备下列条件的城市、镇、村庄，可以申报历史文化名城、名镇、名村：

（1）保存文物特别丰富。
（2）历史建筑集中成片。
（3）保留着传统格局和历史风貌。
（4）历史上曾经作为政治、经济、文化、交通中心或者军事要地，或者发生过重要历史事件，或者其传统产业、历史上建设的重大工程对本地区的发展产生过重要影响，或者能够集中反映本地区建筑的文化特色、民族特色。

申报历史文化名城的，在所申报的历史文化名城保护范围内还应当有 2 个以上的历史文化街区。

申报历史文化名城，由省、自治区、直辖市人民政府提出申请，经国务院建设主管部门会同国务院文物主管部门组织有关部门、专家进行论证，提出审查意见，报国务院批准公布。申报历史文化名镇、名村，由所在地县级人民政府提出申请，经省、自治区、直辖市人民政府确定的保护主管部门会同同级文物主管部门组织有关部门、专家进行论证，提出审查意见，报省、自治区、直辖市人民政府批准公布。

（二）保护规划

历史文化名城批准公布后，历史文化名城人民政府应当组织编制历史文化名城保护规划。历史文化名镇、名村批准公布后，所在地县级人民政府应当组织编制历史文化名镇、名村保护规划。保护规划应当自历史文化名城、名镇、名村批准公布之日起 1 年内编制完成。

保护规划应当包括下列内容：
（1）保护原则、保护内容和保护范围。
（2）保护措施、开发强度和建设控制要求。
（3）传统格局和历史风貌保护要求。
（4）历史文化街区、名镇、名村的核心保护范围和建设控制地带。
（5）保护规划分期实施方案。

历史文化名城、名镇保护规划的规划期限应当与城市、镇总体规划的规划期限相一致；历史文化名村保护规划的规划期限应当与村庄规划的规划期限相一致。

（三）保护措施

历史文化名城、名镇、名村应当整体保护，保持传统格局、历史风貌和空间尺度，不得改变与其相互依存的自然景观和环境。

历史文化名城、名镇、名村所在地县级以上地方人民政府应当根据当地经济社会发展水平，按照保护规划，控制历史文化名城、名镇、名村的人口数量，改善历史文化名城、名镇、名村的基础设施、公共服务设施和居住环境。

在历史文化名城、名镇、名村保护范围内从事建设活动，应当符合保护规划的要求，不得损害历史文化遗产的真实性和完整性，不得对其传统格局和历史风貌构成破坏性影响。

在历史文化名城、名镇、名村保护范围内禁止进行下列活动：
（1）开山、采石、开矿等破坏传统格局和历史风貌的活动。
（2）占用保护规划确定保留的园林绿地、河湖水系、道路等。
（3）修建生产、储存爆炸性、易燃性、放射性、毒害性、腐蚀性物品的工厂、仓库等。
（4）在历史建筑上刻划、涂污。

在历史文化名城、名镇、名村保护范围内进行下列活动，应当保护其传统格局、历史风貌和历史建筑；制订保护方案，并依照有关法律、法规的规定办理相关手续：
（1）改变园林绿地、河湖水系等自然状态的活动。
（2）在核心保护范围内进行影视摄制、举办大型群众性活动。
（3）其他影响传统格局、历史风貌或者历史建筑的活动。

历史文化街区、名镇、名村建设控制地带内的新建建筑物、构筑物，应当符合保护规划确定的建设控制要求。

在历史文化街区、名镇、名村核心保护范围内，不得进行新建、扩建活动。但是，新建、扩建必要的基础设施和公共服务设施除外。在历史文化街区、名镇、名村核心保护范围内，新建、扩建必要的基础设施和公共服务设施的，城市、县人民政府城乡规划主管部门核发建设工程规划许可证、乡村建设规划许可证前,应当征求同级文物主管部门的意见。在历史文化街区、名镇、名村核心保护范围内,拆除历史建筑以外的建筑物、构筑物或者其他设施的,应当经城市、县人民政府城乡规划主管部门会同同级文物主管部门批准。

知识点 3 施工发现文物报告和保护

《文物保护法》规定,在建设工程、农业生产等活动中,任何单位或者个人发现文物或者疑似文物的,应当保护现场,立即报告当地文物行政部门;文物行政部门应当在接到报告后 24 小时内赶赴现场,并在 7 日内提出处理意见。文物行政部门应当采取措施保护现场,必要时可以通知公安机关或者海上执法机关协助;发现重要文物的,应当立即上报国务院文物行政部门,国务院文物行政部门应当在接到报告后 15 日内提出处理意见。

依照上述规定发现的文物属于国家所有,任何单位或者个人不得哄抢、私分、藏匿。

考古调查、勘探、发掘的结果,应当如实报告国务院文物行政部门和省、自治区、直辖市人民政府文物行政部门。考古发掘的文物,应当登记造册,妥善保管,按照国家有关规定及时移交给由省、自治区、直辖市人民政府文物行政部门或者国务院文物行政部门指定的国有博物馆、图书馆或者其他国有收藏文物的单位收藏。经省、自治区、直辖市人民政府文物行政部门批准,从事考古发掘的单位可以保留少量出土、出水文物作为科研标本。考古发掘的文物和考古发掘资料,任何单位或者个人不得侵占。

实战演练

[2024 真题·单选] 某建设工程施工过程中发现地下古墓,立即报告了当地文物行政部门,如无特殊情况,文物行政部门接到报告后应当(   )。

A. 在 12 小时内赶赴现场,并在 3 日内提出处理意见
B. 在 24 小时内赶赴现场,并在 3 日内提出处理意见
C. 在 24 小时内赶赴现场,并在 5 日内提出处理意见
D. 在 24 小时内赶赴现场,并在 7 日内提出处理意见

[解析] 在建设工程、农业生产等活动中,任何单位或者个人发现文物或者疑似文物的,应当保护现场,立即报告当地文物行政部门;文物行政部门应当在接到报告后 24 小时内赶赴现场,并在 7 日内提出处理意见。

[答案] D

[2024 真题·多选] 根据《文物保护法》,关于需要配合建设工程进行考古发掘工作的说法,正确的有(   )。

A. 应当由省、自治区、直辖市文物行政部门在勘探工作的基础上提出发掘计划,报国务院文物行政部门批准
B. 国务院文物行政部门在批准发掘计划前,应当征求社会科学研究机构及其他科研机构和有关专家的意见
C. 建设单位对配合建设工程进行的考古调查、勘探、发掘,应当予以协助
D. 确因建设工期紧迫,对古文化遗址急需进行抢救发掘的,由省级文物行政部门组织发掘,并同时补办审批手续
E. 确因有自然破坏危险,对古墓葬急需进行抢救发掘的,组织发掘的部门为建设工程所在地县级人民政府文物行政部门

[解析] 选项E错误,确因建设工期紧迫或者有自然破坏危险,对古文化遗址、古墓葬急需进行抢救发掘的,由省、自治区、直辖市人民政府文物行政部门组织发掘,并同时补办审批手续。

[答案] ABCD

第九章

建设工程劳动保障法律制度

本章导学

本章主要介绍劳动合同制度、劳动用工和工资支付保障、劳动安全卫生和保护、工伤保险制度、劳动争议的解决。本章内容在最新考试大纲的基础上,参照《中华人民共和国劳动合同法》(以下简称《劳动合同法》)、《保障农民工工资支付条例》《中华人民共和国劳动法》(以下简称《劳动法》)、《工伤保险条例》《最高人民法院关于审理劳动争议案件适用法律问题的解释(一)》《中华人民共和国劳动争议调解仲裁法》(以下简称《劳动争议调解仲裁法》)等相关法律法规进行编写。

本章的知识点比较细碎,考查频率较高。在学习时,建议考生结合图表,以记忆关键词为主,重点掌握劳动合同的订立、劳动合同的解除和终止、工伤认定、劳动争议仲裁等相关内容。

第一节 劳动合同制度

劳动合同制度是指用人单位与劳动者之间通过签订劳动合同,明确双方权利和义务的法律制度。建立健全劳动合同制度,有利于保护劳动者的合法权益,规范用人单位的用工行为,促进劳动关系的和谐稳定。

知识点 1 劳动合同的订立

《劳动合同法》规定,订立劳动合同,应当遵循合法、公平、平等自愿、协商一致、诚实信用的原则。依法订立的劳动合同具有约束力,用人单位与劳动者应当履行劳动合同约定的义务。

一、劳动合同的订立时间

用人单位自用工之日起即与劳动者建立劳动关系。用人单位应当建立职工名册备查。

建立劳动关系,应当订立书面劳动合同。已建立劳动关系,未同时订立书面劳动合同的,应当自用工之日起1个月内订立书面劳动合同。用人单位与劳动者在用工前订立劳动合同的,劳动关系自用工之日起建立。

用人单位未在用工的同时订立书面劳动合同,与劳动者约定的劳动报酬不明确的,新招用的劳动者的劳动报酬按照集体合同规定的标准执行;没有集体合同或者集体合同未规定的,实行同工同酬。

● **点拨**

劳动合同订立的时间轴如图9-1-1所示。

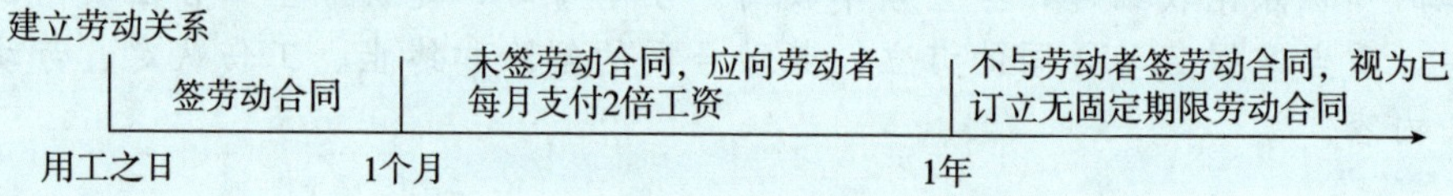

图 9-1-1 劳动合同订立的时间轴

二、劳动合同的种类

《劳动合同法》规定,劳动合同分为固定期限劳动合同、无固定期限劳动合同和以完成一定工作任务为期限的劳动合同,见表9-1-1。

表 9-1-1 劳动合同的种类

种类	相关规定
固定期限劳动合同	定义:用人单位与劳动者约定合同终止时间的劳动合同
	用人单位与劳动者协商一致,可以订立固定期限劳动合同
无固定期限劳动合同	定义:用人单位与劳动者约定无确定终止时间的劳动合同
	用人单位与劳动者协商一致,可以订立无固定期限劳动合同。有下列情形之一,劳动者提出或者同意续订、订立劳动合同的,除劳动者提出订立固定期限劳动合同外,应当订立无固定期限劳动合同: (1) 劳动者在该用人单位连续工作满10年的; (2) 用人单位初次实行劳动合同制度或者国有企业改制重新订立劳动合同时,劳动者在该用人单位连续工作满10年且距法定退休年龄不足10年的; (3) 连续订立2次固定期限劳动合同,且劳动者没有《劳动合同法》第三十九条和第四十条第一项、第二项规定的情形,续订劳动合同的;

续表

种类	相关规定
无固定期限劳动合同	用人单位自用工之日起满 1 年不与劳动者订立书面劳动合同的，视为用人单位与劳动者已订立无固定期限劳动合同
以完成一定工作任务为期限的劳动合同	定义：用人单位与劳动者约定以某项工作的完成为合同期限的劳动合同
	用人单位与劳动者协商一致，可以订立以完成一定工作任务为期限的劳动合同

三、劳动合同的内容

劳动合同由用人单位与劳动者协商一致，并经用人单位与劳动者在劳动合同文本上签字或者盖章生效。劳动合同文本由用人单位和劳动者各执 1 份。劳动合同的内容如图 9-1-2 所示。

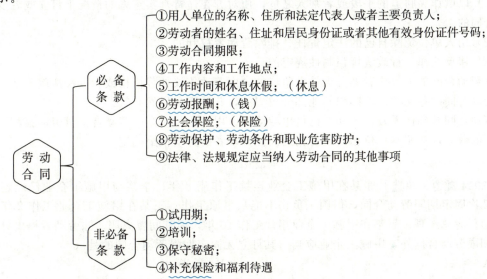

图 9-1-2　劳动合同的内容

劳动合同对劳动报酬和劳动条件等标准约定不明确，引发争议的，用人单位与劳动者可以重新协商；协商不成的，适用集体合同规定；没有集体合同或者集体合同未规定劳动报酬的，实行同工同酬；没有集体合同或者集体合同未规定劳动条件等标准的，适用国家有关规定。

四、试用期的规定

劳动合同期限 3 个月以上不满 1 年的，试用期不得超过 1 个月；劳动合同期限 1 年以上不满 3 年的，试用期不得超过 2 个月；3 年以上固定期限和无固定期限的劳动合同，试用期不得超过 6 个月。同一用人单位与同一劳动者只能约定 1 次试用期。

以完成一定工作任务为期限的劳动合同或者劳动合同期限不满 3 个月的，不得约定试用期。

试用期包含在劳动合同期限内。劳动合同仅约定试用期的，试用期不成立，该期限为劳动合同期限。

劳动者在试用期的工资不得低于本单位相同岗位最低档工资或者劳动合同约定工资的

80%，并不得低于用人单位所在地的最低工资标准。

在试用期中，除劳动者有《劳动合同法》第三十九条和第四十条第一项、第二项规定的情形外，用人单位不得解除劳动合同。用人单位在试用期解除劳动合同的，应当向劳动者说明理由。

● 点拨
劳动合同期限和试用期的时间关系如图9-1-3所示。

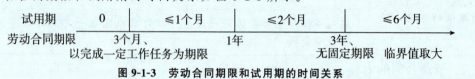

图9-1-3　劳动合同期限和试用期的时间关系

五、劳动合同无效的规定

《劳动合同法》规定，下列劳动合同无效或者部分无效：

（1）以欺诈、胁迫的手段或者乘人之危，使对方在违背真实意思的情况下订立或者变更劳动合同的。

（2）用人单位免除自己的法定责任、排除劳动者权利的。

（3）违反法律、行政法规强制性规定的。

对劳动合同的无效或者部分无效有争议的，由劳动争议仲裁机构或者人民法院确认。

劳动合同部分无效，不影响其他部分效力的，其他部分仍然有效。

劳动合同被确认无效，劳动者已付出劳动的，用人单位应当向劳动者支付劳动报酬。劳动报酬的数额，参照本单位相同或者相近岗位劳动者的劳动报酬确定。

> **实战演练**
>
> [2024真题·单选] 张某在甲施工企业连续工作满8年；李某与甲施工企业已经连续订立2次固定期限劳动合同，但因工负伤不能从事原工作；王某在甲施工企业工作2年并被甲聘任为总经理；赵某在甲施工企业累计工作10年，但其间曾离职。除劳动者提出订立固定期限劳动合同外，甲施工企业应当与其订立无固定期限劳动合同的是（　　）。
>
> A. 李某　　　　　　　　　　B. 张某
> C. 王某　　　　　　　　　　D. 赵某
>
> [解析]《劳动合同法》规定，有下列情形之一，劳动者提出或者同意续订、订立劳动合同的，除劳动者提出订立固定期限劳动合同外，应当订立无固定期限劳动合同：①劳动者在该用人单位连续工作满10年的；②用人单位初次实行劳动合同制度或者国有企业改制重新订立劳动合同时，劳动者在该用人单位连续工作满10年且距法定退休年龄不足10年的；③连续订立2次固定期限劳动合同，且劳动者没有《劳动合同法》第三十九条和第四十条第一项、第二项规定的情形，续订劳动合同的（选项A符合题意）。用人单位自用工之日起满1年不与劳动者订立书面劳动合同的，视为用人单位与劳动者已订立无固定期限劳动合同。
>
> [答案] A
>
> [2023真题·单选] 根据《劳动合同法》，下列情形中，导致劳动合同无效或部分无效的是（　　）。
>
> A. 以欺诈、胁迫的手段使对方在违背真实意思的情况下履行劳动合同的
> B. 用人单位限制劳动者加班的
> C. 劳动合同仅约定试用期的
> D. 乘人之危，使对方在违背真实意思的情况下变更劳动合同的

[解析]《劳动合同法》规定，下列劳动合同无效或者部分无效：①以欺诈、胁迫的手段或者乘人之危，使对方在违背真实意思的情况下订立或者变更劳动合同的；②用人单位免除自己的法定责任、排除劳动者权利的；③违反法律、行政法规强制性规定的。注意，履行劳动合同时存在违法行为，劳动合同本身可以有效。换言之，只有在订立或者变更劳动合同时存在违法行为，才会导致劳动合同本身无效。

[答案] D

知识点 2 劳动合同的履行、变更

一、劳动合同的履行

用人单位与劳动者应当按照劳动合同的约定，全面履行各自的义务。

用人单位应当按照劳动合同约定和国家规定，向劳动者及时足额支付劳动报酬。用人单位拖欠或者未足额支付劳动报酬的，劳动者可以依法向当地人民法院申请支付令，人民法院应当依法发出支付令。

用人单位应当严格执行劳动定额标准，不得强迫或者变相强迫劳动者加班。用人单位安排加班的，应当按照国家有关规定向劳动者支付加班费。

劳动者拒绝用人单位管理人员违章指挥、强令冒险作业的，不视为违反劳动合同。劳动者对危害生命安全和身体健康的劳动条件，有权对用人单位提出批评、检举和控告。

二、劳动合同的变更

用人单位变更名称、法定代表人、主要负责人或者投资人等事项，不影响劳动合同的履行。

用人单位发生合并或者分立等情况，原劳动合同继续有效，劳动合同由承继其权利和义务的用人单位继续履行。

用人单位与劳动者协商一致，可以变更劳动合同约定的内容。变更劳动合同，应当采用书面形式。变更后的劳动合同文本由用人单位和劳动者各执1份。

知识点 3 劳动合同的解除和终止

一、劳动合同的解除

解除劳动合同是指在劳动合同终止日期前劳动者或用工单位单方或协商一致解除劳动合同的行为。《劳动合同法》规定，用人单位与劳动者协商一致，可以解除劳动合同。

(一) 劳动者单方解除劳动合同

劳动者提前30日以书面形式通知用人单位，可以解除劳动合同。劳动者在试用期内提前3日通知用人单位，可以解除劳动合同。

用人单位有下列情形之一的，劳动者可以解除劳动合同：

(1) 未按照劳动合同约定提供劳动保护或者劳动条件的。
(2) 未及时足额支付劳动报酬的。
(3) 未依法为劳动者缴纳社会保险费的。
(4) 用人单位的规章制度违反法律、法规的规定，损害劳动者权益的。
(5) 因《劳动合同法》第二十六条第一款规定的情形致使劳动合同无效的。
(6) 法律、行政法规规定劳动者可以解除劳动合同的其他情形。

用人单位以暴力、威胁或者非法限制人身自由的手段强迫劳动者劳动的，或者用人单位违章指挥、强令冒险作业危及劳动者人身安全的，劳动者可以立即解除劳动合同，不需事先告知用人单位。

(二) 用人单位单方解除劳动合同

根据《劳动合同法》，用人单位单方解除劳动合同的相关规定见表9-1-2。

表9-1-2 用人单位单方解除劳动合同的相关规定

类型	解除原因	程序	解除成本
过失性解除	劳动者有下列情形之一的，用人单位可以解除劳动合同： (1) 在试用期间被证明不符合录用条件的； (2) 严重违反用人单位的规章制度的； (3) 严重失职，营私舞弊，给用人单位造成重大损害的； (4) 劳动者同时与其他用人单位建立劳动关系，对完成本单位的工作任务造成严重影响，或者经用人单位提出，拒不改正的； (5) 因《劳动合同法》第二十六条第一款第一项规定的情形致使劳动合同无效的； ➤ 提示：规定的情形指劳动者以欺诈、胁迫的手段或者乘人之危，使用人单位在违背真实意思的情况下订立或者变更劳动合同 (6) 被依法追究刑事责任的	无须提前通知	无经济补偿
非过失性解除	有下列情形之一的，用人单位可以提前解除劳动合同： (1) 劳动者患病或者非因工负伤，在规定的医疗期满后不能从事原工作，也不能从事由用人单位另行安排的工作的； (2) 劳动者不能胜任工作，经过培训或者调整工作岗位，仍不能胜任工作的； (3) 劳动合同订立时所依据的客观情况发生重大变化，致使劳动合同无法履行，经用人单位与劳动者协商，未能就变更劳动合同内容达成协议的	提前30日以书面形式通知劳动者本人或者额外支付劳动者1个月工资	有经济补偿
经济性裁员	(1) 有下列情形之一，用人单位可以裁减人员： ①依照《中华人民共和国企业破产法》规定进行重整的； ②生产经营发生严重困难的； ③企业转产、重大技术革新或者经营方式调整，经变更劳动合同后，仍需裁减人员的； ④其他因劳动合同订立时所依据的客观经济情况发生重大变化，致使劳动合同无法履行的； (2) 裁减人员时，应当优先留用下列人员： ①与本单位订立较长期限的固定期限劳动合同的； ②与本单位订立无固定期限劳动合同的； ③家庭无其他就业人员，有需要扶养的老人或者未成年人的； 用人单位依照第(1)项的规定裁减人员，在6个月内重新招用人员的，应当通知被裁减的人员，并在同等条件下优先招用被裁减的人员	需要裁减人员20人以上或者裁减不足20人但占企业职工总数10%以上的，用人单位提前30日向工会或者全体职工说明情况，听取工会或者职工的意见后，裁减人员方案经向劳动行政部门报告，可以裁减人员	有经济补偿

(三) 不得解除劳动合同的规定

劳动者有下列情形之一的，用人单位不得依照《劳动合同法》第四十条、第四十一条的规定解除劳动合同：

（1）从事接触职业病危害作业的劳动者未进行离岗前职业健康检查，或者疑似职业病病人在诊断或者医学观察期间的。

（2）在本单位患职业病或者因工负伤并被确认丧失或者部分丧失劳动能力的。

（3）患病或者非因工负伤，在规定的医疗期内的。

（4）女职工在孕期、产期、哺乳期的。

（5）在本单位连续工作满15年，且距法定退休年龄不足5年的。

（6）法律、行政法规规定的其他情形。

用人单位单方解除劳动合同，应当事先将理由通知工会。用人单位违反法律、行政法规规定或者劳动合同约定的，工会有权要求用人单位纠正。用人单位应当研究工会的意见，并将处理结果书面通知工会。

● **总结**

劳动合同解除相关规定概括总结如图9-1-4所示。

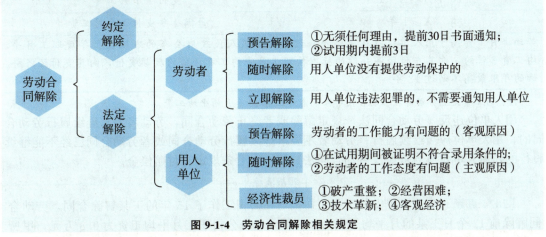

图9-1-4 劳动合同解除相关规定

二、劳动合同的终止

有下列情形之一的，劳动合同终止：

（1）劳动合同期满的。

（2）劳动者开始依法享受基本养老保险待遇的。

（3）劳动者死亡，或者被人民法院宣告死亡或者宣告失踪的。

（4）用人单位被依法宣告破产的。

（5）用人单位被吊销营业执照、责令关闭、撤销或者用人单位决定提前解散的。

（6）法律、行政法规规定的其他情形。

劳动合同期满，有《劳动合同法》第四十二条规定情形之一的，劳动合同应当续延至相应的情形消失时终止。但是，《劳动合同法》第四十二条第二项规定丧失或者部分丧失劳动能力劳动者的劳动合同的终止，按照国家有关工伤保险的规定执行。

三、经济补偿的规定

（一）补偿情形

《劳动合同法》规定，有下列情形之一的，用人单位应当向劳动者支付经济补偿：

(1) 劳动者依照本法第三十八条规定解除劳动合同的。
(2) 用人单位依照本法第三十六条规定向劳动者提出解除劳动合同并与劳动者协商一致解除劳动合同的。
(3) 用人单位依照本法第四十条规定解除劳动合同的。
(4) 用人单位依照本法第四十一条第一款规定解除劳动合同的。
(5) 除用人单位维持或者提高劳动合同约定条件续订劳动合同，劳动者不同意续订的情形外，依照本法第四十四条第一项规定终止固定期限劳动合同的。
(6) 依照本法第四十四条第四项、第五项规定终止劳动合同的。
(7) 法律、行政法规规定的其他情形。

(二) 补偿标准

经济补偿根据劳动者的工作年限和实际工资确定，标准见表9-1-3。

表9-1-3 经济补偿标准

工作年限（X）	经济补偿标准
$X<6$个月	支付半个月工资
6个月$\leq X<1$年	支付1个月工资
$X\geq 1$年	每满1年支付1个月工资

劳动者月工资高于用人单位所在直辖市、设区的市级人民政府公布的本地区上年度职工月平均工资3倍的，向其支付经济补偿的标准按职工月平均工资3倍的数额支付，向其支付经济补偿的年限最高不超过12年

注：月工资是指劳动者在劳动合同解除或者终止前12个月的平均工资。

用人单位违反《劳动合同法》规定解除或者终止劳动合同，劳动者要求继续履行劳动合同的，用人单位应当继续履行；劳动者不要求继续履行劳动合同或者劳动合同已经不能继续履行的，用人单位应当依照《劳动合同法》第八十七条规定支付赔偿金。

实战演练

[2024真题·单选] 甲安装工程公司拟与在公司工作了15年的王某解除合同，劳动合同解除前12个月王某的月平均工资为2.3万元，该公司职工月平均工资为0.8万元，甲所在设区的市级人民政府公布的本地区上年度职工月平均工资为0.65万元。根据《劳动合同法》，甲应当向王某支付的经济补偿是（　　）万元。

　　A. 34.5　　　　　　　　　　B. 12
　　C. 23.4　　　　　　　　　　D. 9.75

[解析] 经济补偿按劳动者在本单位工作的年限，每满1年支付1个月工资的标准向劳动者支付。6个月以上不满1年的，按1年计算；不满6个月的，向劳动者支付半个月工资的经济补偿。劳动者月工资高于用人单位所在直辖市、设区的市级人民政府公布的本地区上年度职工月平均工资3倍的，向其支付经济补偿的标准按职工月平均工资3倍的数额支付，向其支付经济补偿的年限最高不超过12年。因此，甲应当向王某支付的经济补偿为：$0.65\times 3\times 12=23.4$（万元）。

[答案] C

[2023真题·单选] 根据《劳动合同法》，下列情形中引起劳动合同终止的是（ ）。
A. 劳动者开始依法享受社会保险待遇的
B. 用人单位破产重整的
C. 以完成一定工作任务为期限的劳动合同工作任务完成的
D. 用人单位被吊销资质证书的

[解析] 有下列情形之一的，劳动合同终止：①劳动合同期满的；②劳动者开始依法享受基本养老保险待遇的；③劳动者死亡，或者被人民法院宣告死亡或者宣告失踪的；④用人单位被依法宣告破产的；⑤用人单位被吊销营业执照、责令关闭、撤销或者用人单位决定提前解散的；⑥法律、行政法规规定的其他情形。

[答案] C

知识点 4 违反劳动合同制度的法律责任

《劳动合同法》规定，用人单位提供的劳动合同文本未载明本法规定的劳动合同必备条款或者用人单位未将劳动合同文本交付劳动者的，由劳动行政部门责令改正；给劳动者造成损害的，应当承担赔偿责任。

用人单位自用工之日起超过1个月不满1年未与劳动者订立书面劳动合同的，应当向劳动者每月支付2倍的工资。用人单位违反《劳动合同法》规定不与劳动者订立无固定期限劳动合同的，自应当订立无固定期限劳动合同之日起向劳动者每月支付2倍的工资。

用人单位违反《劳动合同法》规定与劳动者约定试用期的，由劳动行政部门责令改正；违法约定的试用期已经履行的，由用人单位以劳动者试用期满月工资为标准，按已经履行的超过法定试用期的期间向劳动者支付赔偿金。

用人单位违反《劳动合同法》规定，扣押劳动者居民身份证等证件的，由劳动行政部门责令限期退还劳动者本人，并依照有关法律规定给予处罚。用人单位违反《劳动合同法》规定，以担保或者其他名义向劳动者收取财物的，由劳动行政部门责令限期退还劳动者本人，并以每人500元以上2 000元以下的标准处以罚款；给劳动者造成损害的，应当承担赔偿责任。劳动者依法解除或者终止劳动合同，用人单位扣押劳动者档案或者其他物品的，依照上述规定处罚。

用人单位有下列情形之一的，由劳动行政部门责令限期支付劳动报酬、加班费或者经济补偿；劳动报酬低于当地最低工资标准的，应当支付其差额部分；逾期不支付的，责令用人单位按应付金额50%以上100%以下的标准向劳动者加付赔偿金：

(1) 未按照劳动合同的约定或者国家规定及时足额支付劳动者劳动报酬的。
(2) 低于当地最低工资标准支付劳动者工资的。
(3) 安排加班不支付加班费的。
(4) 解除或者终止劳动合同，未依照《劳动合同法》规定向劳动者支付经济补偿的。

劳动合同依照《劳动合同法》第二十六条规定被确认无效，给对方造成损害的，有过错的一方应当承担赔偿责任。

用人单位违反《劳动合同法》规定解除或者终止劳动合同的，应当依照本法第四十七条规定的经济补偿标准的2倍向劳动者支付赔偿金。

用人单位有下列情形之一的，依法给予行政处罚；构成犯罪的，依法追究刑事责任；给劳动者造成损害的，应当承担赔偿责任：

(1) 以暴力、威胁或者非法限制人身自由的手段强迫劳动的。
(2) 违章指挥或者强令冒险作业危及劳动者人身安全的。

(3) 侮辱、体罚、殴打、非法搜查或者拘禁劳动者的。
(4) 劳动条件恶劣、环境污染严重，给劳动者身心健康造成严重损害的。

第二节　劳动用工和工资支付保障

知识点 1　劳动用工管理

一、劳务派遣

劳务派遣是指由劳务单位与派遣劳动者订立劳动合同，把劳动者派向其他用工单位，再由其用工单位向派遣机构支付一笔服务费用的一种用工形式，其典型特点是招聘和用工分离。

《劳动合同法》规定，劳动合同用工是我国的企业基本用工形式。劳务派遣用工是补充形式，只能在临时性、辅助性或者替代性的工作岗位上实施。

临时性工作岗位是指存续时间不超过6个月的岗位；辅助性工作岗位是指为主营业务岗位提供服务的非主营业务岗位；替代性工作岗位是指用工单位的劳动者因脱产学习、休假等原因无法工作的一定期间内，可以由其他劳动者替代工作的岗位。

(一) 劳务派遣单位

《劳动合同法》规定，劳务派遣单位应当履行用人单位对劳动者的义务。劳务派遣单位与被派遣劳动者订立的劳动合同，除应当载明《劳动合同法》第十七条规定的事项外，还应当载明被派遣劳动者的用工单位以及派遣期限、工作岗位等情况。

劳务派遣单位应当与被派遣劳动者订立2年以上的固定期限劳动合同，按月支付劳动报酬；被派遣劳动者在无工作期间，劳务派遣单位应当按照所在地人民政府规定的最低工资标准，向其按月支付报酬。

劳务派遣单位应当将劳务派遣协议的内容告知被派遣劳动者。劳务派遣单位不得克扣用工单位按照劳务派遣协议支付给被派遣劳动者的劳动报酬。劳务派遣单位和用工单位不得向被派遣劳动者收取费用。

《劳务派遣暂行规定》规定，劳务派遣单位可以依法与被派遣劳动者约定试用期。劳务派遣单位与同一被派遣劳动者只能约定1次试用期。

被派遣劳动者在用工单位因工作遭受事故伤害的，劳务派遣单位应当依法申请工伤认定，用工单位应当协助工伤认定的调查核实工作。劳务派遣单位承担工伤保险责任，但可以与用工单位约定补偿办法。

(二) 用工单位

《劳动合同法》规定，劳务派遣单位派遣劳动者应当与接受以劳务派遣形式用工的单位（以下称用工单位）订立劳务派遣协议。劳务派遣协议应当约定派遣岗位和人员数量、派遣期限、劳动报酬和社会保险费的数额与支付方式以及违反协议的责任。

用工单位应当根据工作岗位的实际需要与劳务派遣单位确定派遣期限，不得将连续用工期限分割订立数个短期劳务派遣协议。

用工单位应当履行下列义务：
(1) 执行国家劳动标准，提供相应的劳动条件和劳动保护。
(2) 告知被派遣劳动者的工作要求和劳动报酬。
(3) 支付加班费、绩效奖金，提供与工作岗位相关的福利待遇。

（4）对在岗被派遣劳动者进行工作岗位所必需的培训。

（5）连续用工的，实行正常的工资调整机制。

用工单位不得将被派遣劳动者再派遣到其他用人单位。

（三）被派遣劳动者

被派遣劳动者享有与用工单位的劳动者同工同酬的权利。用工单位应当按照同工同酬原则，对被派遣劳动者与本单位同类岗位的劳动者实行相同的劳动报酬分配办法。用工单位无同类岗位劳动者的，参照用工单位所在地相同或者相近岗位劳动者的劳动报酬确定。

劳务派遣单位与被派遣劳动者订立的劳动合同和与用工单位订立的劳务派遣协议，载明或者约定的向被派遣劳动者支付的劳动报酬应当符合上述规定。

被派遣劳动者有权在劳务派遣单位或者用工单位依法参加或者组织工会，维护自身的合法权益。

根据《劳务派遣暂行规定》，有下列情形之一的，用工单位可以将被派遣劳动者退回劳务派遣单位：

（1）用工单位有《劳动合同法》第四十条第三项、第四十一条规定情形的。

（2）用工单位被依法宣告破产、吊销营业执照、责令关闭、撤销、决定提前解散或者经营期限届满不再继续经营的。

（3）劳务派遣协议期满终止的。

被派遣劳动者退回后在无工作期间，劳务派遣单位应当按照不低于所在地人民政府规定的最低工资标准，向其按月支付报酬。

> ● 点拨
>
> 劳务派遣涉及的三方关系如图 9-2-1 所示。

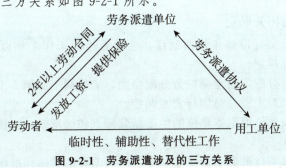

图 9-2-1　劳务派遣涉及的三方关系

二、非全日制用工

非全日制用工，是指以小时计酬为主，劳动者在同一用人单位一般平均每日工作时间不超过 4 小时，每周工作时间累计不超过 24 小时的用工形式。

非全日制用工双方当事人可以订立口头协议。从事非全日制用工的劳动者可以与一个或者一个以上用人单位订立劳动合同；但是，后订立的劳动合同不得影响先订立的劳动合同的履行。

非全日制用工双方当事人不得约定试用期。

非全日制用工双方当事人任何一方都可以随时通知对方终止用工。终止用工，用人单位不向劳动者支付经济补偿。

非全日制用工小时计酬标准不得低于用人单位所在地人民政府规定的最低小时工资标准。非全日制用工劳动报酬结算支付周期最长不得超过 15 日。

> **实战演练**
>
> [2022真题·单选] 劳务派遣单位派遣的职工在用工单位工作期间因工伤亡的,承担工伤保险责任的主体是( )。
>   A. 用工单位   B. 劳务派遣单位
>   C. 劳动者   D. 国家社会保险部门
>   [解析]《劳务派遣暂行规定》规定,被派遣劳动者在用工单位因工作遭受事故伤害的,劳务派遣单位应当依法申请工伤认定,用工单位应当协助工伤认定的调查核实工作。劳务派遣单位承担工伤保险责任,但可以与用工单位约定补偿办法。
>   [答案] B
>
> [2018真题·单选] 根据《劳务派遣暂行规定》,被派遣劳动者在用工单位因工作遭受事故伤害,关于申请工伤认定的说法,正确的是( )。
>   A. 用工单位申请,劳务派遣单位协助
>   B. 被派遣劳动者申请,劳务派遣单位协助
>   C. 劳务派遣单位申请,用工单位协助
>   D. 被派遣劳动者申请,劳动行政部门协助
>   [解析] 被派遣劳动者在用工单位因工作遭受事故伤害的,劳务派遣单位应当依法申请工伤认定,用工单位应当协助工伤认定的调查核实工作。
>   [答案] C

知识点 2 工资支付保障

一、《劳动法》的相关规定

第四十五条 国家实行带薪年休假制度。劳动者连续工作1年以上的,享受带薪年休假。具体办法由国务院规定。

第四十六条 工资分配应当遵循按劳分配原则,实行同工同酬。工资水平在经济发展的基础上逐步提高。国家对工资总量实行宏观调控。

第四十七条 用人单位根据本单位的生产经营特点和经济效益,依法自主确定本单位的工资分配方式和工资水平。

第四十八条 国家实行最低工资保障制度。最低工资的具体标准由省、自治区、直辖市人民政府规定,报国务院备案。用人单位支付劳动者的工资不得低于当地最低工资标准。

➤ **知识拓展**:《最低工资规定》(劳动保障部令第21号)第十二条规定,在劳动者提供正常劳动的情况下,用人单位应支付给劳动者的工资在剔除下列各项以后,不得低于当地最低工资标准:①延长工作时间工资;②中班、夜班、高温、低温、井下、有毒有害等特殊工作环境、条件下的津贴;③法律、法规和国家规定的劳动者福利待遇等。实行计件工资或提成工资等工资形式的用人单位,在科学合理的劳动定额基础上,其支付劳动者的工资不得低于相应的最低工资标准。

二、《工资支付暂行规定》

第四条 工资支付主要包括:工资支付项目、工资支付水平、工资支付形式、工资支付对象、工资支付时间以及特殊情况下的工资支付。

第五条 工资应当以法定货币支付。不得以实物及有价证券替代货币支付。

第六条 用人单位应将工资支付给劳动者本人。劳动者本人因故不能领取工资时,可由其亲属或委托他人代领。

用人单位可委托银行代发工资。

用人单位必须书面记录支付劳动者工资的数额、时间、领取者的姓名以及签字,并保存2年以上备查。用人单位在支付工资时应向劳动者提供1份其个人的工资清单。

第七条　工资必须在用人单位与劳动者约定的日期支付。如遇节假日或休息日,则应提前在最近的工作日支付。工资至少每月支付1次,实行周、日、小时工资制的可按周、日、小时支付工资。

➢ **知识链接**：《保障农民工工资支付条例》规定,农民工有按时足额获得工资的权利。任何单位和个人不得拖欠农民工工资。用人单位应当按照与农民工书面约定或者依法制定的规章制度规定的工资支付周期和具体支付日期足额支付工资。实行月、周、日、小时工资制的,按照月、周、日、小时为周期支付工资；实行计件工资制的,工资支付周期由双方依法约定。用人单位与农民工书面约定或者依法制定的规章制度规定的具体支付日期,可以在农民工提供劳动的当期或者次期。具体支付日期遇法定节假日或者休息日的,应当在法定节假日或者休息日前支付。用人单位因不可抗力未能在支付日期支付工资的,应当在不可抗力消除后及时支付。

第八条　对完成一次性临时劳动或某项具体工作的劳动者,用人单位应按有关协议或合同规定在其完成劳动任务后即支付工资。

第九条　劳动关系双方依法解除或终止劳动合同时,用人单位应在解除或终止劳动合同时一次付清劳动者工资。

第十条　劳动者在法定工作时间内依法参加社会活动期间,用人单位应视同其提供了正常劳动而支付工资。社会活动包括：依法行使选举权或被选举权；当选代表出席乡（镇）、区以上政府、党派、工会、青年团、妇女联合会等组织召开的会议；出任人民法庭证明人；出席劳动模范、先进工作者大会；《中华人民共和国工会法》规定的不脱产工会基层委员会委员因工会活动占用的生产或工作时间；其他依法参加的社会活动。

第十一条　劳动者依法享受年休假、探亲假、婚假、丧假期间,用人单位应按劳动合同规定的标准支付劳动者工资。

第十二条　非劳动者原因造成单位停工、停产在1个工资支付周期内的,用人单位应按劳动合同规定的标准支付劳动者工资。超过1个工资支付周期的,若劳动者提供了正常劳动,则支付给劳动者的劳动报酬不得低于当地的最低工资标准；若劳动者没有提供正常劳动,应按国家有关规定办理。

第十三条　用人单位在劳动者完成劳动定额或规定的工作任务后,根据实际需要安排劳动者在法定标准工作时间以外工作的,应按以下标准支付工资：

(1) 用人单位依法安排劳动者在日法定标准工作时间以外延长工作时间的,按照不低于劳动合同规定的劳动者本人小时工资标准的150%支付劳动者工资。

(2) 用人单位依法安排劳动者在休息日工作,而又不能安排补休的,按照不低于劳动合同规定的劳动者本人日或小时工资标准的200%支付劳动者工资。

(3) 用人单位依法安排劳动者在法定休假节日工作的,按照不低于劳动合同规定的劳动者本人日或小时工资标准的300%支付劳动者工资。

实行计件工资的劳动者,在完成计件定额任务后,由用人单位安排延长工作时间的,应根据上述规定的原则,分别按照不低于其本人法定工作时间计件单价的150%、200%、300%支付其工资。

经劳动行政部门批准实行综合计算工时工作制的,其综合计算工作时间超过法定标准工作时间的部分,应视为延长工作时间,并应按本规定支付劳动者延长工作时间的工资。

实行不定时工时制度的劳动者，不执行上述规定。

三、《工程建设领域农民工工资保证金规定》的相关规定

第二条 本规定所指工资保证金，是指工程建设领域施工总承包单位（包括直接承包建设单位发包工程的专业承包企业）在银行设立账户并按照工程施工合同额的一定比例存储，专项用于支付为所承包工程提供劳动的农民工被拖欠工资的专项资金。

工资保证金可以用银行类金融机构出具的银行保函替代，有条件的地区还可探索引入工程担保公司保函或工程保证保险。

第三条 工程建设领域工资保证金的存储比例、存储形式、减免措施以及使用返还等事项适用本规定。

第十一条 工资保证金按工程施工合同额（或年度合同额）的一定比例存储，原则上不低于1%，不超过3%，单个工程合同额较高的，可设定存储上限。

施工总承包单位在同一工资保证金管理地区有多个在建工程，存储比例可适当下浮但不得低于施工合同额（或年度合同额）的0.5%。

施工合同额低于300万元的工程，且该工程的施工总承包单位在签订施工合同前1年内承建的工程未发生工资拖欠的，各地区可结合行业保障农民工工资支付实际，免除该工程存储工资保证金。

前款规定的施工合同额可适当调整，调整范围由省级人力资源社会保障行政部门会同行业工程建设主管部门确定，并报人力资源社会保障部、住房和城乡建设部、交通运输部、水利部、铁路局、民航局备案。

第十九条 施工总承包单位所承包工程发生拖欠农民工工资的，经人力资源社会保障行政部门依法作出责令限期清偿或先行清偿的行政处理决定，施工总承包单位到期拒不履行的，属地人力资源社会保障行政部门可以向经办银行出具《农民工工资保证金支付通知书》（以下简称《支付通知书》），书面通知有关施工总承包单位和经办银行。经办银行应在收到《支付通知书》5个工作日内，从工资保证金账户中将相应数额的款项以银行转账方式支付给属地人力资源社会保障行政部门指定的被拖欠工资农民工本人。

施工总承包单位采用银行保函替代工资保证金，发生前款情形的，提供银行保函的经办银行应在收到《支付通知书》5个工作日内，依照银行保函约定支付农民工工资。

第二十条 工资保证金使用后，施工总承包单位应当自使用之日起10个工作日内将工资保证金补足。

采用银行保函替代工资保证金发生前款情形的，施工总承包单位应在10个工作日内提供与原保函相同担保范围和担保金额的新保函。施工总承包单位开立新保函后，原保函即行失效。

第二十四条 工资保证金实行专款专用，除用于清偿或先行清偿施工总承包单位所承包工程拖欠农民工工资外，不得用于其他用途。

除法律另有规定外，工资保证金不得因支付为本工程提供劳动的农民工工资之外的原因被查封、冻结或者划拨。

四、《工程建设领域农民工工资专用账户管理暂行办法》的相关规定

第二条 本办法所称农民工工资专用账户（以下简称专用账户）是指施工总承包单位（以下简称总包单位）在工程建设项目所在地银行业金融机构（以下简称银行）开立的，专项用于支付农民工工资的专用存款账户。人工费用是指建设单位向总包单位专用账户拨付的专项用于支付农民工工资的工程款。

第六条 专用账户按工程建设项目开立。总包单位应当在工程施工合同签订之日起30日内开立专用账户，并与建设单位、开户银行签订资金管理三方协议。专用账户名称为总包单位名称加工程建设项目名称后加"农民工工资专用账户"。总包单位应当在专用账户开立后的30日内报项目所在地专用账户监管部门备案。监管部门由各省、自治区、直辖市根据《保障农民工工资支付条例》确定。

总包单位有2个及以上工程建设项目的，可开立新的专用账户，也可在符合项目所在地监管要求的情况下，在已有专用账户下按项目分别管理。

第十五条 工程建设领域总包单位对农民工工资支付负总责，推行分包单位农民工工资委托总包单位代发制度（以下简称总包代发制度）。

工程建设项目施行总包代发制度的，总包单位与分包单位签订委托工资支付协议。

第十七条 施行总包代发制度的，分包单位以实名制管理信息为基础，按月考核农民工工作量并编制工资支付表，经农民工本人签字确认后，与农民工考勤表、当月工程进度等情况一并交总包单位，并协助总包单位做好农民工工资支付工作。

总包单位应当在工程建设项目部配备劳资专管员，对分包单位劳动用工实施监督管理，审核分包单位编制的农民工考勤表、工资支付表等工资发放资料。

第十八条 总包单位应当按时将审核后的工资支付表等工资发放资料报送开户银行，开户银行应当及时将工资通过专用账户直接支付到农民工本人的银行账户，并由总包单位向分包单位提供代发工资凭证。

第十九条 农民工工资卡实行一人一卡、本人持卡，用人单位或者其他人员不得以任何理由扣押或者变相扣押。

开户银行应采取有效措施，积极防范本机构农民工工资卡被用于出租、出售、洗钱、赌博、诈骗和其他非法活动。

五、《拖欠农民工工资失信联合惩戒对象名单管理暂行办法》的相关规定

第四条 失信联合惩戒名单管理实行"谁执法、谁认定、谁负责"，遵循依法依规、客观公正、公开透明、动态管理的原则。

实施失信联合惩戒名单管理，应当依法依规加强信用信息安全和个人信息保护。人力资源社会保障行政部门及其工作人员对实施失信联合惩戒名单管理过程中知悉的国家秘密、商业秘密、个人隐私，应当依法依规予以保密。

第五条 用人单位拖欠农民工工资，具有下列情形之一，经人力资源社会保障行政部门依法责令限期支付工资，逾期未支付的，人力资源社会保障行政部门应当作出列入决定，将该用人单位及其法定代表人或者主要负责人、直接负责的主管人员和其他直接责任人员（以下简称当事人）列入失信联合惩戒名单：

（1）克扣、无故拖欠农民工工资达到认定拒不支付劳动报酬罪数额标准的。

（2）因拖欠农民工工资违法行为引发群体性事件、极端事件造成严重不良社会影响的。

第六条 人力资源社会保障行政部门在作出列入决定前，应当告知当事人拟列入失信联合惩戒名单的事由、依据、提出异议等依法享有的权利和本办法第七条可以不予列入失信联合惩戒名单的规定。

当事人自收到告知之日起5个工作日内，可以向人力资源社会保障行政部门提出异议。对异议期内提出的异议，人力资源社会保障行政部门应当自收到异议之日起5个工作日内予以核实，并将结果告知当事人。

第七条 用人单位在人力资源社会保障行政部门作出列入决定前，已经改正拖欠农民工工资

违法行为，且作出不再拖欠农民工工资书面信用承诺的，可以不予列入失信联合惩戒名单。

第八条 人力资源社会保障行政部门应当自责令限期支付工资文书指定期限届满之日起20个工作日内作出列入决定。情况复杂的，经人力资源社会保障行政部门负责人批准，可以延长20个工作日。

人力资源社会保障行政部门作出列入决定，应当制作列入决定书。列入决定书应当载明列入事由、列入依据、联合惩戒措施提示、提前移出条件和程序、救济措施等，并按照有关规定交付或者送达当事人。

第九条 作出列入决定的人力资源社会保障行政部门应当按照政府信息公开等有关规定，通过本部门门户网站和其他指定的网站公开失信联合惩戒名单。

第十条 作出列入决定的人力资源社会保障行政部门应当按照有关规定，将失信联合惩戒名单信息共享至同级信用信息共享平台，供相关部门作为在各自职责范围内按照《保障农民工工资支付条例》等有关规定，对被列入失信联合惩戒名单的当事人实施联合惩戒的依据。

对被列入失信联合惩戒名单的当事人，由相关部门在政府资金支持、政府采购、招投标、融资贷款、市场准入、税收优惠、评优评先、交通出行等方面依法依规予以限制。

第十一条 当事人被列入失信联合惩戒名单的期限为3年，自人力资源社会保障行政部门作出列入决定之日起计算。

第十二条 用人单位同时符合下列条件的，可以向作出列入决定的人力资源社会保障行政部门申请提前移出失信联合惩戒名单：
（1）已经改正拖欠农民工工资违法行为的。
（2）自改正之日起被列入失信联合惩戒名单满6个月的。
（3）作出不再拖欠农民工工资书面信用承诺的。

第十三条 用人单位符合本办法第十二条规定条件，但是具有下列情形之一的，不得提前移出失信联合惩戒名单：
（1）列入失信联合惩戒名单期限内再次发生拖欠农民工工资违法行为的。
（2）因涉嫌拒不支付劳动报酬犯罪正在刑事诉讼期间或者已经被追究刑事责任的。
（3）法律、法规和党中央、国务院政策文件规定的其他情形。

第十四条 用人单位申请提前移出失信联合惩戒名单，应当提交书面申请、已经改正拖欠农民工工资违法行为的证据和不再拖欠农民工工资书面信用承诺。

人力资源社会保障行政部门应当自收到用人单位提前移出失信联合惩戒名单申请之日起15个工作日内予以核实，决定是否准予提前移出，制作决定书并按照有关规定交付或者送达用人单位。不予提前移出的，应当说明理由。

人力资源社会保障行政部门准予用人单位提前移出失信联合惩戒名单的，应当将该用人单位的其他当事人一并提前移出失信联合惩戒名单。

第十五条 申请提前移出的用人单位故意隐瞒真实情况、提供虚假资料，情节严重的，由作出提前移出决定的人力资源社会保障行政部门撤销提前移出决定，恢复列入状态。列入的起止时间重新计算。

第十六条 列入决定所依据的责令限期支付工资文书被依法撤销的，作出列入决定的人力资源社会保障行政部门应当撤销列入决定。

第十七条 有下列情形之一的，作出列入决定的人力资源社会保障行政部门应当于10个工作日内将当事人移出失信联合惩戒名单，在本部门门户网站停止公开相关信息，并告知第九条规定的有关网站：

(1) 当事人被列入失信联合惩戒名单期限届满的。
(2) 人力资源社会保障行政部门决定提前移出失信联合惩戒名单的。
(3) 列入决定被依法撤销的。

当事人被移出失信联合惩戒名单的，人力资源社会保障行政部门应当及时将移出信息共享至同级信用信息共享平台，相关部门联合惩戒措施按照规定终止。

> **实战演练**
>
> [2024真题·单选] 根据《工资支付暂行规定》，关于工资支付时间保障的说法，正确的是（ ）。
> A. 工资必须在每月的前 5 个工作日内支付
> B. 实行周、日、小时工资制的，工资可按周、日、小时支付
> C. 如遇节假日，工资应当在节假日结束后的第 1 个工作日支付
> D. 工资至少每 2 个月支付 1 次
> [解析] 工资必须在用人单位与劳动者约定的日期支付（选项 A 错误）。如遇节假日或休息日，则应提前在最近的工作日支付（选项 C 错误）。工资至少每月支付 1 次（选项 D 错误），实行周、日、小时工资制的可按周、日、小时支付工资（选项 B 正确）。
> [答案] B
>
> [2021真题改编·单选] 关于工程建设领域保证金的说法，正确的是（ ）。
> A. 工资保证金原则上不低于 1%，不超过 5%
> B. 施工合同额低于 500 万元的工程，可免除存储工资保证金
> C. 未按规定返还保证金，无须承担违约责任
> D. 工程项目竣工，已经缴纳履约保证金的，建设单位不得同时预留工程质量保证金
> [解析] 工资保证金按工程施工合同额（或年度合同额）的一定比例存储，原则上不低于 1%，不超过 3%，单个工程合同额较高的，可设定存储上限。施工合同额低于 300 万元的工程，且该工程的施工总承包单位在签订施工合同前 1 年内承建的工程未发生工资拖欠的，各地区可结合行业保障农民工工资支付实际，免除该工程存储工资保证金。未按规定或合同约定返还保证金的，保证金收取方应向建筑业企业支付逾期返还违约金。
> [答案] D

第三节 劳动安全卫生和保护

知识点 1 劳动安全卫生

根据《劳动法》，用人单位必须建立、健全劳动安全卫生制度，严格执行国家劳动安全卫生规程和标准，对劳动者进行劳动安全卫生教育，防止劳动过程中的事故，减少职业危害。

劳动安全卫生设施必须符合国家规定的标准。新建、改建、扩建工程的劳动安全卫生设施必须与主体工程同时设计、同时施工、同时投入生产和使用。

用人单位必须为劳动者提供符合国家规定的劳动安全卫生条件和必要的劳动防护用品，对从事有职业危害作业的劳动者应当定期进行健康检查。

从事特种作业的劳动者必须经过专门培训并取得特种作业资格。

劳动者对用人单位管理人员违章指挥、强令冒险作业，有权拒绝执行；对危害生命安全

和身体健康的行为,有权提出批评、检举和控告。

根据《中华人民共和国职业病防治法》(以下简称《职业病防治法》),劳动者享有下列职业卫生保护权利:

(1) 获得职业卫生教育、培训。

(2) 获得职业健康检查、职业病诊疗、康复等职业病防治服务。

(3) 了解工作场所产生或者可能产生的职业病危害因素、危害后果和应当采取的职业病防护措施。

(4) 要求用人单位提供符合防治职业病要求的职业病防护设施和个人使用的职业病防护用品,改善工作条件。

(5) 对违反职业病防治法律、法规以及危及生命健康的行为提出批评、检举和控告。

(6) 拒绝违章指挥和强令进行没有职业病防护措施的作业。

(7) 参与用人单位职业卫生工作的民主管理,对职业病防治工作提出意见和建议。

知识点 2　劳动保护

一、女职工的劳动保护

女职工劳动保护的相关规定见表 9-3-1。

表 9-3-1　女职工劳动保护的相关规定

情形	相关规定
一般规定	根据《女职工劳动保护特别规定》,女职工禁忌从事的劳动范围: (1) 矿山井下作业; (2) 体力劳动强度分级标准中规定的第四级体力劳动强度的作业; (3) 每小时负重6次以上、每次负重超过20公斤的作业,或者间断负重、每次负重超过25公斤的作业
经期	根据《女职工劳动保护特别规定》,女职工在经期禁忌从事的劳动范围: (1) 冷水作业分级标准中规定的第二级、第三级、第四级冷水作业; (2) 低温作业分级标准中规定的第二级、第三级、第四级低温作业; (3) 体力劳动强度分级标准中规定的第三级、第四级体力劳动强度的作业; (4) 高处作业分级标准中规定的第三级、第四级高处作业
孕期	根据《女职工劳动保护特别规定》及《劳动法》可知: (1) 不得安排女职工在怀孕期间从事国家规定的第三级体力劳动强度的劳动和孕期禁忌从事的劳动; (2) 对怀孕7个月以上的女职工,不得安排其延长工作时间和夜班劳动; (3) 怀孕女职工在劳动时间内进行产前检查,所需时间计入劳动时间
产期	根据《劳动法》,女职工生育享受不少于90天的产假
哺乳期	根据《劳动法》,不得安排女职工在哺乳未满1周岁的婴儿期间从事国家规定的第三级体力劳动强度的劳动和哺乳期禁忌从事的其他劳动,不得安排其延长工作时间和夜班劳动

二、未成年工的劳动保护

根据《劳动法》《中华人民共和国未成年人保护法》《未成年工特殊保护规定》,未成年工劳动保护的相关规定见表 9-3-2。

表 9-3-2　未成年工劳动保护的相关规定

项目	相关规定
年龄	（1）任何组织或者个人不得招用未满16周岁未成年人（$X<16$周岁）； （2）未成年工是指年满16周岁，未满18周岁的劳动者（16周岁$\leqslant X<18$周岁）； （3）不适宜未成年人活动的场所不得招用已满16周岁的未成年人
工作内容	（1）不得安排未成年工从事矿山井下、有毒有害、国家规定的第四级体力劳动强度的劳动和其他禁忌从事的劳动； （2）招用已满16周岁未成年人，不得安排其从事过重、有毒、有害等危害未成年人身心健康的劳动或者危险作业
健康保护	用人单位应按下列要求对未成年工定期进行健康检查： （1）安排工作岗位之前； （2）工作满1年； （3）年满18周岁，距前一次的体检时间已超过半年
其他	（1）对未成年工的使用和特殊保护实行登记制度； （2）未成年工须持《未成年工登记证》上岗

三、职业病防治

根据《职业病防治法》，职业病，是指企业、事业单位和个体经济组织等用人单位的劳动者在职业活动中，因接触粉尘、放射性物质和其他有毒、有害因素而引起的疾病。职业病的分类和目录由国务院卫生行政部门会同国务院劳动保障行政部门制定、调整并公布。

（一）前期预防

用人单位应当依照法律、法规要求，严格遵守国家职业卫生标准，落实职业病预防措施，从源头上控制和消除职业病危害。

1. 建立申报制度

国家建立职业病危害项目申报制度。用人单位工作场所存在职业病目录所列职业病的危害因素的，应当及时、如实向所在地卫生行政部门申报危害项目，接受监督。

职业病危害因素分类目录由国务院卫生行政部门制定、调整并公布。职业病危害项目申报的具体办法由国务院卫生行政部门制定。

2. 进行预评价

新建、扩建、改建建设项目和技术改造、技术引进项目（以下统称建设项目）可能产生职业病危害的，建设单位在可行性论证阶段应当进行职业病危害预评价。

医疗机构建设项目可能产生放射性职业病危害的，建设单位应当向卫生行政部门提交放射性职业病危害预评价报告。卫生行政部门应当自收到预评价报告之日起30日内，作出审核决定并书面通知建设单位。未提交预评价报告或者预评价报告未经卫生行政部门审核同意的，不得开工建设。

职业病危害预评价报告应当对建设项目可能产生的职业病危害因素及其对工作场所和劳动者健康的影响作出评价，确定危害类别和职业病防护措施。

建设项目职业病危害分类管理办法由国务院卫生行政部门制定。

3. 防护设施设计与验收

建设项目的职业病防护设施所需费用应当纳入建设项目工程预算，并与主体工程同时设计，同时施工，同时投入生产和使用。

建设项目的职业病防护设施设计应当符合国家职业卫生标准和卫生要求；其中，医疗机构放射性职业病危害严重的建设项目的防护设施设计,应当经卫生行政部门审查同意后,方可施工。

建设项目在竣工验收前,建设单位应当进行职业病危害控制效果评价。

医疗机构可能产生放射性职业病危害的建设项目竣工验收时,其放射性职业病防护设施经卫生行政部门验收合格后,方可投入使用;其他建设项目的职业病防护设施应当由建设单位负责依法组织验收,验收合格后,方可投入生产和使用。卫生行政部门应当加强对建设单位组织的验收活动和验收结果的监督核查。

(二) 防护与管理

1. 提供防护

用人单位必须采用有效的职业病防护设施,并为劳动者提供个人使用的职业病防护用品。用人单位为劳动者个人提供的职业病防护用品必须符合防治职业病的要求;不符合要求的,不得使用。

用人单位应当优先采用有利于防治职业病和保护劳动者健康的新技术、新工艺、新设备、新材料,逐步替代职业病危害严重的技术、工艺、设备、材料。

2. 告知危害

产生职业病危害的用人单位,应当在醒目位置设置公告栏,公布有关职业病防治的规章制度、操作规程、职业病危害事故应急救援措施和工作场所职业病危害因素检测结果。对产生严重职业病危害的作业岗位,应当在其醒目位置,设置警示标识和中文警示说明。警示说明应当载明产生职业病危害的种类、后果、预防以及应急救治措施等内容。

对可能发生急性职业损伤的有毒、有害工作场所,用人单位应当设置报警装置,配置现场急救用品、冲洗设备、应急撤离通道和必要的泄险区。对放射工作场所和放射性同位素的运输、贮存,用人单位必须配置防护设备和报警装置,保证接触放射线的工作人员佩戴个人剂量计。对职业病防护设备、应急救援设施和个人使用的职业病防护用品,用人单位应当进行经常性的维护、检修,定期检测其性能和效果,确保其处于正常状态,不得擅自拆除或者停止使用。

用人单位与劳动者订立劳动合同(含聘用合同,下同)时,应当将工作过程中可能产生的职业病危害及其后果、职业病防护措施和待遇等如实告知劳动者,并在劳动合同中写明,不得隐瞒或者欺骗。劳动者在已订立劳动合同期间因工作岗位或者工作内容变更,从事与所订立劳动合同中未告知的存在职业病危害的作业时,用人单位应当依照上述规定,向劳动者履行如实告知的义务,并协商变更原劳动合同相关条款。用人单位违反上述规定的,劳动者有权拒绝从事存在职业病危害的作业。

3. 进行检测

用人单位应当实施由专人负责的职业病危害因素日常监测,并确保监测系统处于正常运行状态。用人单位应当按照国务院卫生行政部门的规定,定期对工作场所进行职业病危害因素检测、评价。检测、评价结果存入用人单位职业卫生档案,定期向所在地卫生行政部门报告并向劳动者公布。

职业病危害因素检测、评价由依法设立的取得国务院卫生行政部门或者设区的市级以上地方人民政府卫生行政部门按照职责分工给予资质认可的职业卫生技术服务机构进行。职业卫生技术服务机构所作检测、评价应当客观、真实。

发现工作场所职业病危害因素不符合国家职业卫生标准和卫生要求时,用人单位应当立即采取相应治理措施,仍然达不到国家职业卫生标准和卫生要求的,必须停止存在职业病危

[解析] 选项 A、C 错误，女职工在经期禁忌从事的劳动范围：①冷水作业分级标准中规定的第二级、第三级、第四级冷水作业；②低温作业分级标准中规定的第二级、第三级、第四级低温作业；③体力劳动强度分级标准中规定的第三级、第四级体力劳动强度的作业；④高处作业分级标准中规定的第三级、第四级高处作业。选项 D 错误，对怀孕 7 个月以上的女职工，用人单位不得安排其延长工作时间和夜班劳动，并应当在劳动时间内安排一定的休息时间。对哺乳未满 1 周岁的婴儿的女职工，用人单位不得安排其延长工作时间和夜班劳动。

[答案] B

[2024 真题·多选] 关于未成年工特殊保护的说法，正确的有（　　）。

A. 不得安排未成年工从事矿山井下作业
B. 不得安排未成年工从事夜班工作
C. 不得安排未成年工从事低温、冷水作业
D. 不得安排未成年工从事国家规定的第三级体力劳动强度的劳动
E. 用人单位应当对未成年工定期进行健康检查

[解析] 选项 A 正确，选项 C、D 错误，根据《劳动法》，不得安排未成年工从事矿山井下、有毒有害、国家规定的第四级体力劳动强度的劳动和其他禁忌从事的劳动。选项 B 正确，未成年工的特殊保护是针对未成年工处于生长发育期的特点，一般情况下，对未成年工实行缩短工作时间，禁止安排未成年工从事夜班工作和加班加点工作。选项 E 正确，用人单位应按下列时间要求对未成年工定期进行健康检查：①安排工作岗位之前；②工作满 1 年；③年满 18 周岁，距前一次的体检时间已超过半年。

[答案] ABE

第四节　工伤保险制度

知识点 1　工伤认定

一、工伤认定标准

根据《工伤保险条例》，工伤认定的标准见表 9-4-1。

表 9-4-1　工伤认定的标准

应当认定为工伤的情形（需举证）	视同工伤的情形
（1）在工作时间和工作场所内，因工作原因受到事故伤害的； （2）工作时间前后在工作场所内，从事与工作有关的预备性或者收尾性工作受到事故伤害的； （3）在工作时间和工作场所内，因履行工作职责受到暴力等意外伤害的； （4）患职业病的； （5）因工外出期间，由于工作原因受到伤害或者发生事故下落不明的； （6）在上下班途中，受到非本人主要责任的交通事故或者城市轨道交通、客运轮渡、火车事故伤害的； （7）法律、行政法规规定应当认定为工伤的其他情形 【工作时间＋工作地点＋工作原因＋事故伤害】	（1）在工作时间和工作岗位，突发疾病死亡或者在 48 小时之内经抢救无效死亡的；【因私：死】 （2）在抢险救灾等维护国家利益、公共利益活动中受到伤害的；【因公：伤】 （3）职工原在军队服役，因战、因公负伤致残，已取得革命伤残军人证，到用人单位后旧伤复发的【因公：伤】

职工符合上述的规定,但是有下列情形之一的,不得认定为工伤或者视同工伤:
(1) 故意犯罪的。
(2) 醉酒或者吸毒的。
(3) 自残或者自杀的。

二、工伤认定申请

(一) 申请时限

职工发生事故伤害或者按照《职业病防治法》规定被诊断、鉴定为职业病,所在单位应当自事故伤害发生之日或者被诊断、鉴定为职业病之日起 30 日内,向统筹地区社会保险行政部门提出工伤认定申请。遇有特殊情况,经报社会保险行政部门同意,申请时限可以适当延长。

用人单位未按上述规定提出工伤认定申请的,工伤职工或者其近亲属、工会组织在事故伤害发生之日或者被诊断、鉴定为职业病之日起 1 年内,可以直接向用人单位所在地统筹地区社会保险行政部门提出工伤认定申请。

按照上述规定应当由省级社会保险行政部门进行工伤认定的事项,根据属地原则由用人单位所在地的设区的市级社会保险行政部门办理。用人单位未在规定的时限内提交工伤认定申请,在此期间发生符合《工伤保险条例》规定的工伤待遇等有关费用由该用人单位负担。

(二) 申请材料

提出工伤认定申请应当提交下列材料:
(1) 工伤认定申请表。
(2) 与用人单位存在劳动关系(包括事实劳动关系)的证明材料。
(3) 医疗诊断证明或者职业病诊断证明书(或者职业病诊断鉴定书)。

工伤认定申请表应当包括事故发生的时间、地点、原因以及职工伤害程度等基本情况。

工伤认定申请人提供材料不完整的,社会保险行政部门应当一次性书面告知工伤认定申请人需要补正的全部材料。申请人按照书面告知要求补正材料后,社会保险行政部门应当受理。

(三) 申请受理

社会保险行政部门受理工伤认定申请后,根据审核需要可以对事故伤害进行调查核实,用人单位、职工、工会组织、医疗机构以及有关部门应当予以协助。职业病诊断和诊断争议的鉴定,依照《职业病防治法》的有关规定执行。对依法取得职业病诊断证明书或者职业病诊断鉴定书的,社会保险行政部门不再进行调查核实。

职工或者其近亲属认为是工伤,用人单位不认为是工伤的,由用人单位承担举证责任。

社会保险行政部门应当自受理工伤认定申请之日起 60 日内作出工伤认定的决定,并书面通知申请工伤认定的职工或者其近亲属和该职工所在单位。社会保险行政部门对受理的事实清楚、权利义务明确的工伤认定申请,应当在 15 日内作出工伤认定的决定。

作出工伤认定决定需要以司法机关或者有关行政主管部门的结论为依据的,在司法机关或者有关行政主管部门尚未作出结论期间,作出工伤认定决定的时限中止。社会保险行政部门工作人员与工伤认定申请人有利害关系的,应当回避。

三、工伤认定结果

职工发生工伤,经治疗伤情相对稳定后存在残疾、影响劳动能力的,应当进行劳动能力鉴定。

劳动能力鉴定是指劳动功能障碍程度和生活自理障碍程度的等级鉴定。

劳动功能障碍分为10个伤残等级，最重的为一级，最轻的为十级。生活自理障碍分为3个等级：生活完全不能自理、生活大部分不能自理和生活部分不能自理。劳动能力鉴定标准由国务院社会保险行政部门会同国务院卫生行政部门等部门制定。

劳动能力鉴定由用人单位、工伤职工或者其近亲属向设区的市级劳动能力鉴定委员会提出申请，并提供工伤认定决定和职工工伤医疗的有关资料。

申请鉴定的单位或者个人对设区的市级劳动能力鉴定委员会作出的鉴定结论不服的，可以在收到该鉴定结论之日起15日内向省、自治区、直辖市劳动能力鉴定委员会提出再次鉴定申请。省、自治区、直辖市劳动能力鉴定委员会作出的劳动能力鉴定结论为最终结论。

实战演练

[2024真题·单选] 社会保险行政部门受理工伤认定申请后，职工或者其近亲属认为是工伤，用人单位不认为是工伤。关于工伤认定证据的说法，正确的是（   ）。

A. 由职工或者其近亲属承担举证责任　　B. 由社会保险行政部门依职权调查取证
C. 由用人单位承担举证责任　　　　　　D. 由人民法院依职权调查取证

[解析] 职工或者其近亲属认为是工伤，用人单位不认为是工伤的，由用人单位承担举证责任。

[答案] C

[2023真题·单选] 根据《工伤保险条例》，建筑施工企业职工有下列情况可以认定为工伤的是（   ）。

A. 在施工时间、施工现场，酗酒后受伤
B. 在施工时间、施工现场，斗殴受伤
C. 患职业病
D. 上下班途中，因本人主要责任的交通事故

[解析] 选项A、B错误，企业职工有下列情形之一的，不得认定为工伤或者视同工伤：①故意犯罪的；②醉酒或者吸毒的；③自残或者自杀的。选项D错误，在上下班途中，受到非本人主要责任的交通事故或者城市轨道交通、客运轮渡、火车事故伤害的，应当认定为工伤。

[答案] C

[2020真题·单选] 关于工伤认定的说法，正确的是（   ）。

A. 社会保险行政部门应当对事故伤害进行调查核实
B. 工伤认定决定的时限可以因司法机关尚未作出结论而中止
C. 职工和用人单位对是否是工伤有争议的，实行谁主张、谁举证的原则
D. 工伤认定的决定，由用人单位转交职工本人

[解析] 选项A错误，社会保险行政部门受理工伤认定申请后，根据审核需要可以对事故伤害进行调查核实，用人单位、职工、工会组织、医疗机构以及有关部门应当予以协助。职业病诊断和诊断争议的鉴定，依照《职业病防治法》的有关规定执行。对依法取得职业病诊断证明书或者职业病诊断鉴定书的，社会保险行政部门不再进行调查核实。选项C错误，职工或者其近亲属认为是工伤，用人单位不认为是工伤的，由用人单位承担举证责任。选项D错误，社会保险行政部门应当自受理工伤认定申请之日起60日内作出工伤认定的决定，并书面通知申请工伤认定的职工或者其近亲属和该职工所在单位。

[答案] B

知识点 2 工伤保险待遇

《建筑法》规定，建筑施工企业应当依法为职工参加工伤保险缴纳工伤保险费。鼓励企业为从事危险作业的职工办理意外伤害保险，支付保险费。

《工伤保险条例》规定，中华人民共和国境内的企业、事业单位、社会团体、民办非企业单位、基金会、律师事务所、会计师事务所等组织和有雇工的个体工商户（以下简称用人单位）应当依照本条例规定参加工伤保险，为本单位全部职工或者雇工（以下简称职工）缴纳工伤保险费。

中华人民共和国境内的企业、事业单位、社会团体、民办非企业单位、基金会、律师事务所、会计师事务所等组织的职工和个体工商户的雇工，均有依照《工伤保险条例》的规定享受工伤保险待遇的权利。

一、工伤医疗待遇的规定

《工伤保险条例》规定，职工因工作遭受事故伤害或者患职业病进行治疗，享受工伤医疗待遇。

职工治疗工伤应当在签订服务协议的医疗机构就医，情况紧急时可以先到就近的医疗机构急救。职工住院治疗工伤的伙食补助费，以及经医疗机构出具证明，报经办机构同意，工伤职工到统筹地区以外就医所需的交通、食宿费用从工伤保险基金支付，基金支付的具体标准由统筹地区人民政府规定。工伤职工治疗非工伤引发的疾病，不享受工伤医疗待遇，按照基本医疗保险办法处理。工伤职工到签订服务协议的医疗机构进行工伤康复的费用，符合规定的，从工伤保险基金支付。

社会保险行政部门作出认定为工伤的决定后发生行政复议、行政诉讼的，行政复议和行政诉讼期间不停止支付工伤职工治疗工伤的医疗费用。

工伤职工因日常生活或者就业需要，经劳动能力鉴定委员会确认，可以安装假肢、矫形器、假眼、假牙和配置轮椅等辅助器具，所需费用按照国家规定的标准从工伤保险基金支付。

职工因工作遭受事故伤害或者患职业病需要暂停工作接受工伤医疗的，在停工留薪期内，原工资福利待遇不变，由所在单位按月支付。停工留薪期一般不超过 12 个月。伤情严重或者情况特殊，经设区的市级劳动能力鉴定委员会确认，可以适当延长，但延长不得超过 12 个月。工伤职工评定伤残等级后，停发原待遇，按照《工伤保险条例》的有关规定享受伤残待遇。工伤职工在停工留薪期满后仍需治疗的，继续享受工伤医疗待遇。

生活不能自理的工伤职工在停工留薪期需要护理的，由所在单位负责。

二、因工致残待遇的规定

工伤职工已经评定伤残等级并经劳动能力鉴定委员会确认需要生活护理的，从工伤保险基金按月支付生活护理费。生活护理费按照生活完全不能自理、生活大部分不能自理或者生活部分不能自理 3 个不同等级支付，其标准分别为统筹地区上年度职工月平均工资的 50%、40% 或者 30%。

根据《工伤保险条例》，职工因工致残等级及相应待遇见表 9-4-2。

表 9-4-2 职工因工致残等级及相应待遇

伤残等级	情形	待遇标准
一级至四级伤残	保留劳动关系，退出工作岗位，享受以下待遇	
	从工伤保险基金按伤残等级支付一次性伤残补助金	一级伤残为27个月的本人工资； 二级伤残为25个月的本人工资； 三级伤残为23个月的本人工资； 四级伤残为21个月的本人工资
	从工伤保险基金按月支付伤残津贴	一级伤残为本人工资的90%； 二级伤残为本人工资的85%； 三级伤残为本人工资的80%； 四级伤残为本人工资的75%； 伤残津贴实际金额低于当地最低工资标准的，由工伤保险基金补足差额
	工伤职工达到退休年龄并办理退休手续后，停发伤残津贴，按照国家有关规定享受基本养老保险待遇	
五级、六级伤残	从工伤保险基金按伤残等级支付一次性伤残补助金	五级伤残为18个月的本人工资； 六级伤残为16个月的本人工资
	保留与用人单位的劳动关系，由用人单位安排适当工作	
	难以安排工作的，用人单位按月发给伤残津贴	五级伤残为本人工资的70%； 六级伤残为本人工资的60%； 伤残津贴实际金额低于当地最低工资标准的，由用人单位补足差额
	职工本人提出与用人单位解除或者终止劳动关系	由工伤保险基金支付一次性工伤医疗补助金，由用人单位支付一次性伤残就业补助金
七级至十级伤残	从工伤保险基金按伤残等级支付一次性伤残补助金	七级伤残为13个月的本人工资； 八级伤残为11个月的本人工资； 九级伤残为9个月的本人工资； 十级伤残为7个月的本人工资
	劳动、聘用合同期满终止，或者职工本人提出解除劳动、聘用合同	由工伤保险基金支付一次性工伤医疗补助金，由用人单位支付一次性伤残就业补助金

注：一次性工伤医疗补助金和一次性伤残就业补助金的具体标准由省、自治区、直辖市人民政府规定。

三、因工死亡待遇的规定

《工伤保险条例》规定，职工因工死亡，其近亲属按照下列规定从工伤保险基金领取丧葬补助金、供养亲属抚恤金和一次性工亡补助金：

(1) 丧葬补助金为6个月的统筹地区上年度职工月平均工资。

(2) 供养亲属抚恤金按照职工本人工资的一定比例发给由因工死亡职工生前提供主要生活来源、无劳动能力的亲属。标准为：配偶每月40%，其他亲属每人每月30%，孤寡老人或者孤儿每人每月在上述标准的基础上增加10%。核定的各供养亲属的抚恤金之和不应高于因工死亡职工生前的工资。供养亲属的具体范围由国务院社会保险行政部门规定。

（3）一次性工亡补助金标准为上一年度全国城镇居民人均可支配收入的20倍。

伤残职工在停工留薪期内因工伤导致死亡的，其近亲属享受上述规定的待遇。

一级至四级伤残职工在停工留薪期满后死亡的，其近亲属可以享受上述第（1）项、第（2）项规定的待遇。

伤残津贴、供养亲属抚恤金、生活护理费由统筹地区社会保险行政部门根据职工平均工资和生活费用变化等情况适时调整。调整办法由省、自治区、直辖市人民政府规定。

职工因工外出期间发生事故或者在抢险救灾中下落不明的，从事故发生当月起3个月内照发工资，从第4个月起停发工资，由工伤保险基金向其供养亲属按月支付供养亲属抚恤金。生活有困难的，可以预支一次性工亡补助金的50%。职工被人民法院宣告死亡的，按照上述职工因工死亡的规定处理。

四、其他规定

《工伤保险条例》规定，工伤职工有下列情形之一的，停止享受工伤保险待遇：

（1）丧失享受待遇条件的。

（2）拒不接受劳动能力鉴定的。

（3）拒绝治疗的。

用人单位分立、合并、转让的，承继单位应当承担原用人单位的工伤保险责任；原用人单位已经参加工伤保险的，承继单位应当到当地经办机构办理工伤保险变更登记。用人单位实行承包经营的，工伤保险责任由职工劳动关系所在的单位承担。职工被借调期间受到工伤事故伤害的，由原用人单位承担工伤保险责任，但原用人单位与借调单位可以约定补偿办法。企业破产的，在破产清算时依法拨付应当由单位支付的工伤保险待遇费用。

职工再次发生工伤，根据规定应当享受伤残津贴的，按照新认定的伤残等级享受伤残津贴待遇。

实战演练

[2022真题·单选] 工伤保险费应当由（　　）缴纳。

A. 当地政府　　　　　　B. 用人单位

C. 职工个人　　　　　　D. 工伤保险基金

[解析] 用人单位应当依照《工伤保险条例》规定参加工伤保险，为本单位职工缴纳工伤保险费。

[答案] B

[2021真题·单选] 下列保险中，属于强制性保险的是（　　）。

A. 工伤保险

B. 意外伤害保险

C. 建筑工程一切险

D. 勘察设计责任险

[解析] 工伤保险是强制性保险。《建筑法》规定，建筑施工企业应当依法为职工参加工伤保险缴纳工伤保险费。鼓励企业为从事危险作业的职工办理意外伤害保险，支付保险费。

[答案] A

第五节 劳动争议的解决

知识点 1 劳动争议的范围

《劳动争议调解仲裁法》第二条规定，中华人民共和国境内的用人单位与劳动者发生的下列劳动争议，适用本法：
(1) 因确认劳动关系发生的争议。
(2) 因订立、履行、变更、解除和终止劳动合同发生的争议。
(3) 因除名、辞退和辞职、离职发生的争议。
(4) 因工作时间、休息休假、社会保险、福利、培训以及劳动保护发生的争议。
(5) 因劳动报酬、工伤医疗费、经济补偿或者赔偿金等发生的争议。
(6) 法律、法规规定的其他劳动争议。

《最高人民法院关于审理劳动争议案件适用法律问题的解释（一）》第一条规定，劳动者与用人单位之间发生的下列纠纷，属于劳动争议，当事人不服劳动争议仲裁机构作出的裁决，依法提起诉讼的，人民法院应予受理：
(1) 劳动者与用人单位在履行劳动合同过程中发生的纠纷。
(2) 劳动者与用人单位之间没有订立书面劳动合同，但已形成劳动关系后发生的纠纷。
(3) 劳动者与用人单位因劳动关系是否已经解除或者终止，以及应否支付解除或者终止劳动关系经济补偿金发生的纠纷。
(4) 劳动者与用人单位解除或者终止劳动关系后，请求用人单位返还其收取的劳动合同定金、保证金、抵押金、抵押物发生的纠纷，或者办理劳动者的人事档案、社会保险关系等移转手续发生的纠纷。
(5) 劳动者以用人单位未为其办理社会保险手续，且社会保险经办机构不能补办导致其无法享受社会保险待遇为由，要求用人单位赔偿损失发生的纠纷。
(6) 劳动者退休后，与尚未参加社会保险统筹的原用人单位因追索养老金、医疗费、工伤保险待遇和其他社会保险待遇而发生的纠纷。
(7) 劳动者因为工伤、职业病，请求用人单位依法给予工伤保险待遇发生的纠纷。
(8) 劳动者依据《劳动合同法》第八十五条规定，要求用人单位支付加付赔偿金发生的纠纷。
(9) 因企业自主进行改制发生的纠纷。

《最高人民法院关于审理劳动争议案件适用法律问题的解释（一）》第二条规定，下列纠纷不属于劳动争议：
(1) 劳动者请求社会保险经办机构发放社会保险金的纠纷。
(2) 劳动者与用人单位因住房制度改革产生的公有住房转让纠纷。
(3) 劳动者对劳动能力鉴定委员会的伤残等级鉴定结论或者对职业病诊断鉴定委员会的职业病诊断鉴定结论的异议纠纷。
(4) 家庭或者个人与家政服务人员之间的纠纷。
(5) 个体工匠与帮工、学徒之间的纠纷。
(6) 农村承包经营户与受雇人之间的纠纷。

第九章　建设工程劳动保障法律制度

> **实战演练**
>
> **[2022真题补考·单选]** 下列争议中,劳动者可以向劳动争议仲裁委员会申请仲裁的是( )。
>
> A. 劳动者请求社会保险经办机构发放社会保险金的纠纷
> B. 劳动者与用人单位因住房制度改革产生的公有住房转让纠纷
> C. 劳动者因工伤请求用人单位依法给予工伤保险待遇发生的纠纷
> D. 劳动者对职业病诊断鉴定委员会的职业病诊断鉴定结论的异议纠纷
>
> [解析] 下列纠纷不属于劳动争议:①劳动者请求社会保险经办机构发放社会保险金的纠纷;②劳动者与用人单位因住房制度改革产生的公有住房转让纠纷;③劳动者对劳动能力鉴定委员会的伤残等级鉴定结论或者对职业病诊断鉴定委员会的职业病诊断鉴定结论的异议纠纷;④家庭或者个人与家政服务人员之间的纠纷;⑤个体工匠与帮工、学徒之间的纠纷;⑥农村承包经营户与受雇人之间的纠纷。
>
> [答案] C

知识点 2　劳动争议调解

一、调解组织

《劳动争议调解仲裁法》规定,发生劳动争议,当事人可以到下列调解组织申请调解:
(1) 企业劳动争议调解委员会。
(2) 依法设立的基层人民调解组织。
(3) 在乡镇、街道设立的具有劳动争议调解职能的组织。

企业劳动争议调解委员会由职工代表和企业代表组成。职工代表由工会成员担任或者由全体职工推举产生,企业代表由企业负责人指定。企业劳动争议调解委员会主任由工会成员或者双方推举的人员担任。

劳动争议调解组织的调解员应当由公道正派、联系群众、热心调解工作,并具有一定法律知识、政策水平和文化水平的成年公民担任。

二、调解申请

发生劳动争议,当事人不愿协商、协商不成或者达成和解协议后不履行的,可以向调解组织申请调解;不愿调解、调解不成或者达成调解协议后不履行的,可以向劳动争议仲裁委员会申请仲裁;对仲裁裁决不服的,除《劳动争议调解仲裁法》另有规定的外,可以向人民法院提起诉讼。

当事人申请劳动争议调解可以书面申请,也可以口头申请。口头申请的,调解组织应当当场记录申请人基本情况、申请调解的争议事项、理由和时间。

调解劳动争议,应当充分听取双方当事人对事实和理由的陈述,耐心疏导,帮助其达成协议。

三、调解协议书

经调解达成协议的,应当制作调解协议书。

调解协议书由双方当事人签名或者盖章,经调解员签名并加盖调解组织印章后生效,对双方当事人具有约束力,当事人应当履行。

自劳动争议调解组织收到调解申请之日起15日内未达成调解协议的,当事人可以依法申请仲裁。

达成调解协议后，一方当事人在协议约定期限内不履行调解协议的，另一方当事人可以依法申请仲裁。

因支付拖欠劳动报酬、工伤医疗费、经济补偿或者赔偿金事项达成调解协议，用人单位在协议约定期限内不履行的，劳动者可以持调解协议书依法向人民法院申请支付令。人民法院应当依法发出支付令。

知识点 3 劳动争议仲裁

《劳动法》规定，劳动争议发生后，当事人可以向本单位劳动争议调解委员会申请调解；调解不成，当事人一方要求仲裁的，可以向劳动争议仲裁委员会申请仲裁。当事人一方也可以直接向劳动争议仲裁委员会申请仲裁。对仲裁裁决不服的，可以向人民法院提起诉讼。

一、劳动争议仲裁委员会

《劳动争议调解仲裁法》规定，劳动争议仲裁委员会按照统筹规划、合理布局和适应实际需要的原则设立。省、自治区人民政府可以决定在市、县设立；直辖市人民政府可以决定在区、县设立。直辖市、设区的市也可以设立1个或者若干个劳动争议仲裁委员会。劳动争议仲裁委员会不按行政区划层层设立。

劳动争议仲裁委员会由劳动行政部门代表、工会代表和企业方面代表组成。劳动争议仲裁委员会组成人员应当是单数。

劳动争议仲裁委员会依法履行下列职责：
（1）聘任、解聘专职或者兼职仲裁员。
（2）受理劳动争议案件。
（3）讨论重大或者疑难的劳动争议案件。
（4）对仲裁活动进行监督。

劳动争议仲裁委员会下设办事机构，负责办理劳动争议仲裁委员会的日常工作。

劳动争议仲裁委员会应当设仲裁员名册。仲裁员应当公道正派并符合下列条件之一：
（1）曾任审判员的。
（2）从事法律研究、教学工作并具有中级以上职称的。
（3）具有法律知识、从事人力资源管理或者工会等专业工作满5年的。
（4）律师执业满3年的。

劳动争议仲裁委员会负责管辖本区域内发生的劳动争议。劳动争议由劳动合同履行地或者用人单位所在地的劳动争议仲裁委员会管辖。双方当事人分别向劳动合同履行地和用人单位所在地的劳动争议仲裁委员会申请仲裁的，由劳动合同履行地的劳动争议仲裁委员会管辖。

二、仲裁当事人

发生劳动争议的劳动者和用人单位为劳动争议仲裁案件的双方当事人。

劳务派遣单位或者用工单位与劳动者发生劳动争议的，劳务派遣单位和用工单位为共同当事人。

与劳动争议案件的处理结果有利害关系的第三人，可以申请参加仲裁活动或者由劳动争议仲裁委员会通知其参加仲裁活动。

当事人可以委托代理人参加仲裁活动。委托他人参加仲裁活动，应当向劳动争议仲裁委员会提交有委托人签名或者盖章的委托书，委托书应当载明委托事项和权限。

丧失或者部分丧失民事行为能力的劳动者，由其法定代理人代为参加仲裁活动；无法定代理人的，由劳动争议仲裁委员会为其指定代理人。劳动者死亡的，由其近亲属或者代理人参加仲裁活动。

劳动争议仲裁公开进行，但当事人协议不公开进行或者涉及国家秘密、商业秘密和个人隐私的除外。

三、申请和受理

（一）仲裁时效

劳动争议申请仲裁的时效期间为1年。仲裁时效期间从当事人知道或者应当知道其权利被侵害之日起计算。

上述规定的仲裁时效，因当事人一方向对方当事人主张权利，或者向有关部门请求权利救济，或者对方当事人同意履行义务而中断。从中断时起，仲裁时效期间重新计算。

因不可抗力或者有其他正当理由，当事人不能在上述规定的仲裁时效期间申请仲裁的，仲裁时效中止。从中止时效的原因消除之日起，仲裁时效期间继续计算。

劳动关系存续期间因拖欠劳动报酬发生争议的，劳动者申请仲裁不受上述规定的仲裁时效期间的限制；但是，劳动关系终止的，应当自劳动关系终止之日起1年内提出。

（二）仲裁申请书

申请人申请仲裁应当提交书面仲裁申请，并按照被申请人人数提交副本。

仲裁申请书应当载明下列事项：

（1）劳动者的姓名、性别、年龄、职业、工作单位和住所，用人单位的名称、住所和法定代表人或者主要负责人的姓名、职务。

（2）仲裁请求和所根据的事实、理由。

（3）证据和证据来源、证人姓名和住所。

书写仲裁申请确有困难的，可以口头申请，由劳动争议仲裁委员会记入笔录，并告知对方当事人。

（三）受理

劳动争议仲裁委员会收到仲裁申请之日起5日内，认为符合受理条件的，应当受理，并通知申请人；认为不符合受理条件的，应当书面通知申请人不予受理，并说明理由。对劳动争议仲裁委员会不予受理或者逾期未作出决定的，申请人可以就该劳动争议事项向人民法院提起诉讼。

劳动争议仲裁委员会受理仲裁申请后，应当在5日内将仲裁申请书副本送达被申请人。

被申请人收到仲裁申请书副本后，应当在10日内向劳动争议仲裁委员会提交答辩书。劳动争议仲裁委员会收到答辩书后，应当在5日内将答辩书副本送达申请人。被申请人未提交答辩书的，不影响仲裁程序的进行。

四、开庭

（一）仲裁庭组成

《劳动争议调解仲裁法》规定，劳动争议仲裁委员会裁决劳动争议案件实行仲裁庭制。仲裁庭由3名仲裁员组成，设首席仲裁员。简单劳动争议案件可以由1名仲裁员独任仲裁。

劳动争议仲裁委员会应当在受理仲裁申请之日起5日内将仲裁庭的组成情况书面通知当事人。

（二）仲裁员回避的情形

仲裁员有下列情形之一，应当回避，当事人也有权以口头或者书面方式提出回避申请：

（1）是本案当事人或者当事人、代理人的近亲属的。

(2) 与本案有利害关系的。
(3) 与本案当事人、代理人有其他关系,可能影响公正裁决的。
(4) 私自会见当事人、代理人,或者接受当事人、代理人的请客送礼的。

劳动争议仲裁委员会对回避申请应当及时作出决定,并以口头或者书面方式通知当事人。

仲裁员有上述第(4)项规定情形,或者有索贿受贿、徇私舞弊、枉法裁决行为的,应当依法承担法律责任。劳动争议仲裁委员会应当将其解聘。

(三) 开庭程序

根据《劳动争议调解仲裁法》,劳动争议仲裁开庭的程序见表 9-5-1。

表 9-5-1 劳动争议仲裁开庭的程序

程序	相关规定	
开庭通知	应当在开庭5日前,将开庭日期、地点书面通知双方当事人	
	当事人有正当理由的,可以在开庭3日前请求延期开庭	是否延期,由劳动争议仲裁委员会决定
	申请人收到书面通知,无正当理由拒不到庭或者未经仲裁庭同意中途退庭的	可以视为撤回仲裁申请
	被申请人收到书面通知,无正当理由拒不到庭或者未经仲裁庭同意中途退庭的	可以缺席裁决
鉴定	仲裁庭对专门性问题认为需要鉴定的,可以交由当事人约定的鉴定机构鉴定;当事人没有约定或者无法达成约定的,由仲裁庭指定的鉴定机构鉴定	
	根据当事人的请求或者仲裁庭的要求,鉴定机构应当派鉴定人参加开庭。当事人经仲裁庭许可,可以向鉴定人提问	
质证与辩论	当事人在仲裁过程中有权进行质证和辩论。质证和辩论终结时,首席仲裁员或者独任仲裁员应当征询当事人的最后意见	
证据	当事人提供的证据经查证属实的	作为认定事实的根据
	劳动者无法提供由用人单位掌握管理的与仲裁请求有关的证据,仲裁庭可以要求用人单位提供	用人单位在指定期限内不提供的,应当承担不利后果
笔录	仲裁庭应当将开庭情况记入笔录	
	当事人和其他仲裁参加人认为对自己陈述的记录有遗漏或者差错的,有权申请补正。如果不予补正,应当记录该申请	
	笔录由仲裁员、记录人员、当事人和其他仲裁参加人签名或者盖章	
和解与调解	当事人申请劳动争议仲裁后,可以自行和解。达成和解协议的,可以撤回仲裁申请	
	仲裁庭在作出裁决前,应当先行调解	
	调解达成协议的	仲裁庭应当制作调解书
	调解不成或者调解书送达前,一方当事人反悔的	仲裁庭应当及时作出裁决

续表

程序	相关规定
调解书	（1）调解书应当写明仲裁请求和当事人协议的结果； （2）调解书由仲裁员签名，加盖劳动争议仲裁委员会印章，送达双方当事人； （3）调解书经双方当事人签收后，发生法律效力

五、裁决

仲裁庭裁决劳动争议案件，应当自劳动争议仲裁委员会受理仲裁申请之日起45日内结束。案情复杂需要延期的，经劳动争议仲裁委员会主任批准，可以延期并书面通知当事人，但是延长期限不得超过15日。逾期未作出仲裁裁决的，当事人可以就该劳动争议事项向人民法院提起诉讼。

仲裁庭裁决劳动争议案件时，其中一部分事实已经清楚，可以就该部分先行裁决。

《劳动争议调解仲裁法》第四十四条规定，仲裁庭对追索劳动报酬、工伤医疗费、经济补偿或者赔偿金的案件，根据当事人的申请，可以裁决先予执行，移送人民法院执行。

仲裁庭裁决先予执行的，应当符合下列条件：

（1）当事人之间权利义务关系明确。

（2）不先予执行将严重影响申请人的生活。

劳动者申请先予执行的，可以不提供担保。

裁决应当按照多数仲裁员的意见作出，少数仲裁员的不同意见应当记入笔录。仲裁庭不能形成多数意见时，裁决应当按照首席仲裁员的意见作出。

裁决书应当载明仲裁请求、争议事实、裁决理由、裁决结果和裁决日期。裁决书由仲裁员签名，加盖劳动争议仲裁委员会印章。对裁决持不同意见的仲裁员，可以签名，也可以不签名。

下列劳动争议，除《劳动争议调解仲裁法》另有规定的外，仲裁裁决为终局裁决，裁决书自作出之日起发生法律效力：

（1）追索劳动报酬、工伤医疗费、经济补偿或者赔偿金，不超过当地月最低工资标准12个月金额的争议。

（2）因执行国家的劳动标准在工作时间、休息休假、社会保险等方面发生的争议。

六、诉讼

劳动者对《劳动争议调解仲裁法》第四十七条规定的仲裁裁决不服的，可以自收到仲裁裁决书之日起15日内向人民法院提起诉讼。

用人单位有证据证明《劳动争议调解仲裁法》第四十七条规定的仲裁裁决有下列情形之一，可以自收到仲裁裁决书之日起30日内向劳动争议仲裁委员会所在地的中级人民法院申请撤销裁决：

（1）适用法律、法规确有错误的。

（2）劳动争议仲裁委员会无管辖权的。

（3）违反法定程序的。

（4）裁决所根据的证据是伪造的。

（5）对方当事人隐瞒了足以影响公正裁决的证据的。

（6）仲裁员在仲裁该案时有索贿受贿、徇私舞弊、枉法裁决行为的。

人民法院经组成合议庭审查核实裁决有上述规定情形之一的，应当裁定撤销。

仲裁裁决被人民法院裁定撤销的，当事人可以自收到裁定书之日起15日内就该劳动争议事项向人民法院提起诉讼。

当事人对《劳动争议调解仲裁法》第四十七条规定以外的其他劳动争议案件的仲裁裁决不服的，可以自收到仲裁裁决书之日起 15 日内向人民法院提起诉讼；期满不起诉的，裁决书发生法律效力。

当事人对发生法律效力的调解书、裁决书，应当依照规定的期限履行。一方当事人逾期不履行的，另一方当事人可以依照《民事诉讼法》的有关规定向人民法院申请执行。受理申请的人民法院应当依法执行。

● 总结

劳动争议调解和仲裁概括总结如图 9-5-1 所示。

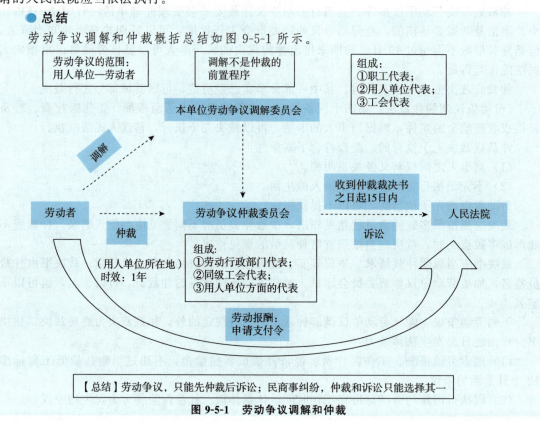

图 9-5-1 劳动争议调解和仲裁

实战演练

[2024 真题·单选] 关于劳动争议仲裁委员会设立的说法，正确的是（　　）。
A. 直辖市人民政府可以决定在区、县设立
B. 按照行政区划层层设立
C. 省、自治区人民政府只能决定在设区的市设立
D. 设区的市仅能设立 1 个劳动争议仲裁委员会

[解析] 劳动争议仲裁委员会按照统筹规划、合理布局和适应实际需要的原则设立。省、自治区人民政府可以决定在市、县设立（选项 C 错误）。直辖市人民政府可以决定在区、县设立（选项 A 正确）。直辖市、设区的市也可以设立 1 个或者若干个劳动争议仲裁委员会（选项 D 错误）。劳动争议仲裁委员会不按行政区划层层设立（选项 B 错误）。

[答案] A

[2024真题·多选] 根据《劳动争议调解仲裁法》，关于劳动争议仲裁时效的说法，正确的有（   ）。

A. 仲裁时效因当事人一方向对方当事人主张权利而中断
B. 劳动关系存续期间因拖欠劳动报酬发生争议的，劳动者申请仲裁不受仲裁时效期间的限制
C. 劳动争议申请仲裁的时效期间为3年
D. 仲裁时效因对方当事人同意履行义务而中止
E. 因拖欠劳动报酬发生争议且劳动关系终止的，应当自劳动关系终止之日起1年内提出

[解析] 选项A正确，选项C、D错误，劳动争议申请仲裁的时效期间为1年。仲裁时效期间从当事人知道或者应当知道其权利被侵害之日起计算。上述规定的仲裁时效，因当事人一方向对方当事人主张权利，或者向有关部门请求权利救济，或者对方当事人同意履行义务而中断。从中断时起，仲裁时效期间重新计算。因不可抗力或者有其他正当理由，当事人不能在上述规定的仲裁时效期间申请仲裁的，仲裁时效中止。从中止时效的原因消除之日起，仲裁时效期间继续计算。选项B、E正确，劳动关系存续期间因拖欠劳动报酬发生争议的，劳动者申请仲裁不受仲裁时效期间的限制；但是，劳动关系终止的，应当自劳动关系终止之日起1年内提出。

[答案] ABE

第十章
建设工程争议解决法律制度

■ **本章导学**

　　针对建设工程中不同主体因利益冲突产生的争议，本章参照《中华人民共和国人民调解法》（以下简称《人民调解法》）、《民事诉讼法》《中华人民共和国仲裁法》（以下简称《仲裁法》）、《中华人民共和国行政复议法》（以下简称《行政复议法》）、《中华人民共和国行政诉讼法》（以下简称《行政诉讼法》）等法律法规，主要介绍解决建设工程争议的法律依据。

　　本章内容涉及的法律法规较多，有一定的理解难度，要求考生不仅要熟悉相关法律条文，还要了解和掌握法条背后所蕴含的法理。考生在学习时，应结合习题加深对法条的理解，并学会灵活运用。

第一节　建设工程争议和解、调解制度

知识点 1　和解

和解，指双方当事人约定互相让步，不经第三方介入、不经法院诉讼，遵从自愿原则，就已经发生的争议或尚未但可能发生的争议，自行达成协议的争议处理方式。

《民事诉讼法》规定，双方当事人可以自行和解。在执行中，双方当事人自行和解达成协议的，执行员应当将协议内容记入笔录，由双方当事人签名或者盖章。申请执行人因受欺诈、胁迫与被执行人达成和解协议，或者当事人不履行和解协议的，人民法院可以根据当事人的申请，恢复对原生效法律文书的执行。

《仲裁法》中也有对和解的规定。当事人申请仲裁后，可以自行和解。达成和解协议的，可以请求仲裁庭根据和解协议作出裁决书，也可以撤回仲裁申请。当事人达成和解协议，撤回仲裁申请后反悔的，可以根据仲裁协议申请仲裁。

和解可以省去双方可能发生的时间和金钱成本，避免进一步的资源消耗，有助于双方重新建立信任，维持和谐的合作关系。但和解协议通常不具备强制性，如果一方拒绝履行和解协议中的义务，另一方只能重新起诉，起诉和执行过程中又会产生不确定性。

知识点 2　调解

一、人民调解

《人民调解法》规定，人民调解，是指人民调解委员会通过说服、疏导等方法，促使当事人在平等协商基础上自愿达成调解协议，解决民间纠纷的活动。

人民调解委员会是依法设立的调解民间纠纷的群众性组织。人民调解委员会调解民间纠纷时，不得违背法律、法规和国家政策；充分尊重当事人意愿，在当事人自愿、平等的基础上进行调解；尊重当事人的权利，不得因调解而阻止当事人依法通过仲裁、行政、司法等途径维护自己的权利。人民调解委员会调解民间纠纷，不收取任何费用。

经人民调解委员会调解达成调解协议的，可以制作调解协议书。当事人认为无需制作调解协议书的，可以采取口头协议方式，人民调解员应当记录协议内容。口头调解协议自各方当事人达成协议之日起生效。

经人民调解委员会调解达成的调解协议，具有法律约束力，当事人应当按照约定履行。人民调解委员会应当对调解协议的履行情况进行监督，督促当事人履行约定的义务。

经人民调解委员会调解达成调解协议后，当事人之间就调解协议的履行或者调解协议的内容发生争议的，一方当事人可以向人民法院提起诉讼。

经人民调解委员会调解达成调解协议后，双方当事人认为有必要的，可以自调解协议生效之日起 30 日内共同向人民法院申请司法确认，人民法院应当及时对调解协议进行审查，依法确认调解协议的效力。人民法院依法确认调解协议有效，一方当事人拒绝履行或者未全部履行的，对方当事人可以向人民法院申请强制执行。人民法院依法确认调解协议无效的，当事人可以通过人民调解方式变更原调解协议或者达成新的调解协议，也可以向人民法院提起诉讼。

二、法院调解

法院调解,也称诉讼调解,是指在审判人员的主持下,双方当事人就民事权益争议自愿、平等地进行协商达成协议,解决纠纷的诉讼活动。

(一)《民事诉讼法》相关内容

人民法院审理民事案件,根据当事人自愿的原则,在事实清楚的基础上,分清是非,进行调解。调解达成协议,必须双方自愿,不得强迫。调解协议的内容不得违反法律规定。

调解达成协议,人民法院应当制作调解书。调解书应当写明诉讼请求、案件的事实和调解结果。调解书经双方当事人签收后,即具有法律效力。调解未达成协议或者调解书送达前一方反悔的,人民法院应当及时判决。

对不需要制作调解书的协议,应当记入笔录,由双方当事人、审判人员、书记员签名或者盖章后,即具有法律效力。

案件经调解达成协议,人民法院可以不制作调解书的情况包括:调解和好的离婚案件;调解维持收养关系的案件;能够即时履行的案件;其他不需要制作调解书的案件。

(二)《最高人民法院关于适用〈中华人民共和国民事诉讼法〉的解释》相关内容

人民法院受理案件后,经审查,认为法律关系明确、事实清楚,在征得当事人双方同意后,可以径行调解。人民法院审理民事案件,应当根据自愿、合法的原则进行调解。当事人一方或者双方坚持不愿调解的,应当及时裁判。人民法院审理离婚案件,应当进行调解,但不应久调不决。

适用特别程序、督促程序、公示催告程序的案件,婚姻等身份关系确认案件以及其他根据案件性质不能进行调解的案件,不得调解。

人民法院审理民事案件,调解过程不公开,但当事人同意公开的除外。调解协议内容不公开,但为保护国家利益、社会公共利益、他人合法利益,人民法院认为确有必要公开的除外。

调解书需经当事人签收后才发生法律效力的,应当以最后收到调解书的当事人签收的日期为调解书生效日期。

当事人自行和解或者调解达成协议后,请求人民法院按照和解协议或者调解协议的内容制作判决书的,人民法院不予准许。

人民法院调解民事案件,需由无独立请求权的第三人承担责任的,应当经其同意。该第三人在调解书送达前反悔的,人民法院应当及时裁判。

三、仲裁调解

仲裁庭在作出裁决前,可以先行调解。当事人自愿调解的,仲裁庭应当调解。调解不成的,应当及时作出裁决。调解达成协议的,仲裁庭应当制作调解书或者根据协议的结果制作裁决书。调解书与裁决书具有同等法律效力。

调解书应当写明仲裁请求和当事人协议的结果。调解书由仲裁员签名,加盖仲裁委员会印章,送达双方当事人。调解书经双方当事人签收后,即发生法律效力。在调解书签收前当事人反悔的,仲裁庭应当及时作出裁决。

四、行政调解

行政调解是行政机关按照自愿、合法的原则,通过沟通、协商等方式,促使产生争议的双方当事人自愿达成协议的活动。

《中华人民共和国行政复议法实施条例》规定,当事人经调解达成协议的,行政复议机关应当制作行政复议调解书。调解书应当载明行政复议请求、事实、理由和调解结果,并加盖行政复议机关印章。行政复议调解书经双方当事人签字，即具有法律效力。调解未达成协议或者调解书生效前一方反悔的，行政复议机关应当及时作出行政复议决定。

知识点 3 多元化纠纷解决机制

当今社会环境日益复杂，矛盾纠纷日趋多样，单一诉讼的方式已很难满足商事和社会活动的需求。《中共中央关于全面推进依法治国若干重大问题的决定》指出，法治社会建设应健全社会矛盾纠纷预防化解机制，完善调解、仲裁、行政裁决、行政复议、诉讼等有机衔接、相互协调的多元化纠纷解决机制。

《关于加强诉源治理推动矛盾纠纷源头化解的意见》进一步强调，法治建设既要抓末端、治已病，更要抓前端、治未病。要坚持和发展新时代"枫桥经验"，把非诉讼纠纷解决机制挺在前面，推动更多法治力量向引导和疏导端用力，加强矛盾纠纷源头预防、前端化解、关口把控，完善预防性法律制度，从源头上减少诉讼增量。

《最高人民法院关于人民法院进一步深化多元化纠纷解决机制改革的意见》提出，在道路交通、劳动争议、医疗卫生、物业管理、消费者权益保护、土地承包、环境保护以及其他纠纷多发领域，人民法院可以与行政机关、人民调解组织、行业调解组织等进行资源整合，推进建立"一站式"纠纷解决服务平台，切实减轻群众负担。

一、完善人民法院源头化解矛盾纠纷工作格局

（1）建立分类分级预防化解矛盾纠纷路径。深入分析社会矛盾纠纷成因特点，结合市域、乡村、民族、侨乡、边境等地域特点，以及重点行业领域风险点，将人民法院预防化解职能精准延伸到纠纷产生的初始源头、讼争源头，因地制宜、分门别类建立递进式预防化解工作路径，确保矛盾纠纷有效分流、源头化解。

（2）强化人民法院分流对接功能。以诉讼服务中心、人民法院调解平台作为人民法院参与诉源治理、开展分流对接总枢纽，与基层、重点行业领域形成预防化解链条，对起诉到人民法院的纠纷，开展分流引导、诉非衔接、调裁对接、登记立案、繁简分流等工作。

（3）建立健全基层解纷服务体系。在党委领导下，构建以基层人民法院及人民法庭为主体，纵向延伸至乡镇（街道）、村（社区），横向对接基层治理单位、基层党组织、公共法律服务中心（站）等，群众广泛参与的多元解纷和诉讼服务体系。

（4）推动重点行业领域矛盾纠纷预防化解工作。对金融、建筑、教育、物业、环境、消费、房地产、互联网、交通运输、医疗卫生等行业领域多发易发纠纷，积极会同行业主管部门研究源头治理举措，建立信息共享、业务协同和诉非衔接机制，统一类型化纠纷赔偿标准、证据规则等，预防和减少纠纷产生。完善各类调解联动工作体系，形成内部和解、协商先行，行业性专业性调解、仲裁等非诉方式挺前、诉讼托底的分级化解模式。

（5）发挥社会各方力量协同作用。拓宽与政府部门对接途径，加大与人民调解、行业专业调解、行政调解、律师调解、仲裁、公证等衔接，邀请人大代表、政协委员、专家学者等社会第三方参与调解、化解。

二、健全人民法院源头化解矛盾纠纷工作机制

（1）完善矛盾纠纷排查梳理和风险评估机制。主动加强与基层网格、专属网格的网格员沟通联系，有针对性开展排查梳理、纠纷化解等工作，减少涉诉矛盾隐患，预防民事纠纷转为刑事案件。

（2）完善诉讼与非诉讼实质性对接机制。以人民法院调解平台为依托，强化非诉讼与诉

讼的平台对接、机制对接、人员对接和保障对接，加强对非诉讼解纷力量的法律指引和业务指导。

三、加强重点领域矛盾纠纷源头化解工作

加强金融领域矛盾纠纷源头化解工作。高度关注金融借款合同、信用卡、融资租赁、保险、委托理财等金融领域纠纷，会同金融管理部门、金融机构等加强信息共享和数据联通，运用司法大数据为识别合格投资者、建立健全金融产品或服务全流程管控机制等提供支持。建立示范调解机制，鼓励当事人平等协商，自行和解。

> **实战演练**
>
> [2024真题·单选] 关于人民调解的说法，正确的是（　　）。
> A. 经人民调解委员会调解达成的调解协议，当事人有权申请强制执行
> B. 经人民调解委员会调解达成的调解协议，具有法律约束力
> C. 经人民调解委员会调解达成的调解协议，一方当事人有权向人民法院申请司法确认
> D. 未经人民调解委员会调解的，不得提起民事诉讼
> [解析] 经人民调解委员会调解达成的调解协议，具有法律约束力，当事人应当按照约定履行。经司法确认的人民调解协议，当事人可以向人民法院申请强制执行。经人民调解委员会调解达成调解协议后，双方当事人认为有必要的，可以自调解协议生效之日起30日内共同向人民法院申请司法确认，人民法院应当及时对调解协议进行审查，依法确认调解协议的效力。人民调解委员会调解民间纠纷时，不得因调解而阻止当事人依法通过仲裁、行政、司法等途径维护自己的权利。
> [答案] B
>
> [2020真题·单选] 关于仲裁和解的说法，正确的是（　　）。
> A. 当事人申请仲裁后达成和解协议的，应当撤回仲裁申请
> B. 当事人达成和解协议，撤回仲裁申请后反悔的，不得再根据仲裁协议申请仲裁
> C. 当事人申请仲裁后和解的，应当在仲裁庭的主持下进行
> D. 仲裁庭可以根据当事人的和解协议作出裁决书
> [解析] 当事人申请仲裁后，可以自行和解。达成和解协议的，可以请求仲裁庭根据和解协议作出裁决书，也可以撤回仲裁申请。当事人达成和解协议，撤回仲裁申请后反悔的，可以根据仲裁协议申请仲裁。
> [答案] D

第二节　仲裁制度

仲裁亦称"公断"，是指争议双方在某一问题上无法达成一致时，由无利害关系的第三者居中调解，作出裁决。

知识点 1　仲裁协议

仲裁协议是指当事人同意将他们之间的特定法律关系中已经发生或者可能发生的争议提交仲裁的协议。

一、仲裁协议应遵循的原则

当事人采用仲裁方式解决纠纷，应当双方自愿，达成仲裁协议。没有仲裁协议，一方申

请仲裁的，仲裁委员会不予受理。

当事人达成仲裁协议，一方向人民法院起诉的，人民法院不予受理，但仲裁协议无效的除外。

仲裁协议应当采取书面形式。《最高人民法院关于适用〈中华人民共和国仲裁法〉若干问题的解释》规定，仲裁协议适用的"书面形式"，包括以合同书、信件和数据电文（包括电报、电传、传真、电子数据交换和电子邮件）等形式达成的请求仲裁的协议。

《仲裁法》规定，平等主体的公民、法人和其他组织之间发生的合同纠纷和其他财产权益纠纷，可以仲裁。下列纠纷不能仲裁：

(1) 婚姻、收养、监护、扶养、继承纠纷。
(2) 依法应当由行政机关处理的行政争议。

二、仲裁协议的特性

(1) 独立性。仲裁协议独立存在，合同的变更、解除、终止或者无效，不影响仲裁协议的效力。

(2) 强制性。双方当事人不得随意撤销或变更已达成的仲裁协议。

(3) 民事主体的有限性。订立仲裁协议的当事人，相互之间必须存在相应的利害关系。无民事行为能力人或者限制民事行为能力人订立的仲裁协议无效。

三、仲裁协议的内容

仲裁协议包括合同中订立的仲裁条款和以其他书面形式在纠纷发生前或者纠纷发生后达成的请求仲裁的协议。仲裁协议应当具有下列内容：请求仲裁的意思表示；仲裁事项；选定的仲裁委员会。

（一）请求仲裁的意思表示

请求仲裁的意思表示，是指当事人明确表达将争议提请仲裁机构裁决的意愿。双方当事人必须就此意愿达成共识，任何一方不得采取胁迫、欺骗、隐瞒等手段订立仲裁协议。当事人中不得存在无民事行为能力人或者限制民事行为能力人。

（二）仲裁事项

仲裁事项，即当事人在仲裁协议中约定的，请求仲裁机构仲裁的争议的具体内容。仲裁协议约定的仲裁事项不得超过法律规定的仲裁范围，否则仲裁协议无效。仲裁机构也不得擅自超越仲裁协议约定的仲裁事项进行裁决。仲裁协议对仲裁事项没有约定或者约定不明确的，当事人可以补充协议；达不成补充协议的，仲裁协议无效。

当事人概括约定仲裁事项为合同争议的，基于合同成立、效力、变更、转让、履行、违约责任、解释、解除等产生的纠纷都可以认定为仲裁事项。

（三）选定的仲裁委员会

《仲裁法》规定，仲裁协议对仲裁委员会没有约定或者约定不明确的，当事人可以补充协议；达不成补充协议的，仲裁协议无效。

仲裁委员会可以在直辖市和省、自治区人民政府所在地的市设立，也可以根据需要在其他设区的市设立，不按行政区划层层设立。仲裁委员会由主任1人、副主任2至4人和委员7至11人组成。仲裁委员会的主任、副主任和委员由法律、经济贸易专家和有实际工作经验的人员担任。仲裁委员会的组成人员中，法律、经济贸易专家不得少于2/3。

仲裁委员会独立于行政机关，与行政机关没有隶属关系。仲裁委员会之间也没有隶属关系。

仲裁协议约定的仲裁机构名称不准确，但能够确定具体的仲裁机构的，应当认定选定了仲裁机构。仲裁协议仅约定纠纷适用的仲裁规则的,视为未约定仲裁机构,但当事人达成补充协议或者按照约定的仲裁规则能够确定仲裁机构的除外。

仲裁协议约定 2 个以上仲裁机构的,当事人可以协议选择其中的 1 个仲裁机构申请仲裁;当事人不能就仲裁机构选择达成一致的,仲裁协议无效。仲裁协议约定由某地的仲裁机构仲裁且该地仅有 1 个仲裁机构的,该仲裁机构视为约定的仲裁机构。该地有 2 个以上仲裁机构的,当事人可以协议选择其中的 1 个仲裁机构申请仲裁;当事人不能就仲裁机构选择达成一致的,仲裁协议无效。

四、仲裁协议的效力

当事人对仲裁协议的效力有异议的,可以请求仲裁委员会作出决定或者请求人民法院作出裁定。一方请求仲裁委员会作出决定,另一方请求人民法院作出裁定的,由人民法院裁定。

当事人对仲裁协议的效力有异议,应当在仲裁庭首次开庭前提出。仲裁庭有权确认合同的效力。当事人在仲裁庭首次开庭前没有对仲裁协议的效力提出异议,而后向人民法院申请确认仲裁协议无效的,人民法院不予受理。

首次开庭,是指答辩期满后人民法院组织的第一次开庭审理,不包括审前程序中的各项活动。

仲裁机构对仲裁协议的效力作出决定后,当事人向人民法院申请确认仲裁协议效力或者申请撤销仲裁机构的决定的,人民法院不予受理。

合同成立后未生效或者被撤销的,仲裁协议依然具备法律效力。当事人在订立合同时就争议达成仲裁协议的,合同未成立不影响仲裁协议的效力。

当事人向人民法院申请确认仲裁协议效力的案件,由仲裁协议约定的仲裁机构所在地的中级人民法院管辖;仲裁协议约定的仲裁机构不明确的,由仲裁协议签订地或者被申请人住所地的中级人民法院管辖。申请确认涉外仲裁协议效力的案件,由仲裁协议约定的仲裁机构所在地、仲裁协议签订地、申请人或者被申请人住所地的中级人民法院管辖。涉及海事海商纠纷仲裁协议效力的案件,由仲裁协议约定的仲裁机构所在地、仲裁协议签订地、申请人或者被申请人住所地的海事法院管辖;上述地点没有海事法院的,由就近的海事法院管辖。

仲裁实行一裁终局的制度。裁决作出后,当事人就同一纠纷再申请仲裁或者向人民法院起诉的,仲裁委员会或者人民法院不予受理。裁决被人民法院依法裁定撤销或者不予执行的,当事人就该纠纷可以根据双方重新达成的仲裁协议申请仲裁,也可以向人民法院起诉。

知识点 2 仲裁的申请和受理

一、仲裁的申请

当事人申请仲裁应当已有仲裁协议,有具体的仲裁请求和事实、理由,并且申请仲裁的事项属于仲裁委员会的受理范围。

当事人申请仲裁,应当向仲裁委员会递交仲裁协议、仲裁申请书及副本。仲裁申请书应当载明下列事项:

(1)当事人的姓名、性别、年龄、职业、工作单位和住所,法人或者其他组织的名称、住所和法定代表人或者主要负责人的姓名、职务。

(2)仲裁请求和所根据的事实、理由。

(3)证据和证据来源、证人姓名和住所。

二、仲裁的受理

仲裁委员会收到仲裁申请书之日起5日内，认为符合受理条件的，应当受理，并通知当事人；认为不符合受理条件的，应当书面通知当事人不予受理，并说明理由。

仲裁委员会受理仲裁申请后，应当在仲裁规则规定的期限内将仲裁规则和仲裁员名册送达申请人，并将仲裁申请书副本和仲裁规则、仲裁员名册送达被申请人。被申请人收到仲裁申请书副本后，应当在仲裁规则规定的期限内向仲裁委员会提交答辩书。仲裁委员会收到答辩书后，应当在仲裁规则规定的期限内将答辩书副本送达申请人。被申请人未提交答辩书的，不影响仲裁程序的进行。

申请人可以放弃或者变更仲裁请求。被申请人可以承认或者反驳仲裁请求，有权提出反请求。

当事人达成仲裁协议，一方向人民法院起诉未声明有仲裁协议，人民法院受理后，另一方在首次开庭前提交仲裁协议的，人民法院应当驳回起诉，但仲裁协议无效的除外；另一方在首次开庭前未对人民法院受理该案提出异议的，视为放弃仲裁协议，人民法院应当继续审理。

一方当事人因另一方当事人的行为或者其他原因，可能使裁决不能执行或者难以执行的，可以申请财产保全。当事人申请财产保全的，仲裁委员会应当将当事人的申请依照《民事诉讼法》的有关规定提交人民法院。申请有错误的，申请人应当赔偿被申请人因财产保全所遭受的损失。当事人、法定代理人可以委托律师和其他代理人进行仲裁活动。委托律师和其他代理人进行仲裁活动的，应当向仲裁委员会提交授权委托书。

知识点3 仲裁庭的组成、开庭和裁决

一、仲裁庭的组成

仲裁庭可以由3名仲裁员或者1名仲裁员组成。由3名仲裁员组成的，设首席仲裁员。由3名仲裁员组成的仲裁庭称为合议仲裁庭，由1名仲裁员组成的仲裁庭称为独任仲裁庭。

当事人约定由3名仲裁员组成仲裁庭的，应当各自选定或者各自委托仲裁委员会主任指定1名仲裁员，第3名仲裁员由当事人共同选定或者共同委托仲裁委员会主任指定。第3名仲裁员是首席仲裁员。当事人约定由1名仲裁员成立仲裁庭的，应当由当事人共同选定或者共同委托仲裁委员会主任指定仲裁员。

当事人没有在仲裁规则规定的期限内约定仲裁庭的组成方式或者选定仲裁员的，由仲裁委员会主任指定。

仲裁庭组成后，仲裁委员会应当将仲裁庭的组成情况书面通知当事人。

仲裁员有下列情形之一的，必须回避，当事人也有权提出回避申请：

（1）是本案当事人或者当事人、代理人的近亲属。
（2）与本案有利害关系。
（3）与本案当事人、代理人有其他关系，可能影响公正仲裁的。
（4）私自会见当事人、代理人，或者接受当事人、代理人的请客送礼的。

当事人应当在首次开庭前提出回避申请，并说明理由。回避事由在首次开庭后知道的，可以在最后一次开庭终结前提出。仲裁员是否回避，由仲裁委员会主任决定；仲裁委员会主任担任仲裁员时，由仲裁委员会集体决定。

仲裁员因回避或者其他原因不能履行职责的，应当依照《仲裁法》规定重新选定或者指定仲裁员。因回避而重新选定或者指定仲裁员后，当事人可以请求已进行的仲裁程序重新进

行,是否准许,由仲裁庭决定;仲裁庭也可以自行决定已进行的仲裁程序是否重新进行。

二、开庭

《仲裁法》规定,仲裁应当开庭进行。当事人协议不开庭的,仲裁庭可以根据仲裁申请书、答辩书以及其他材料作出裁决。仲裁不公开进行。当事人协议公开的,可以公开进行,但涉及国家秘密的除外。

仲裁委员会应当在仲裁规则规定的期限内将开庭日期通知双方当事人。当事人有正当理由的,可以在仲裁规则规定的期限内请求延期开庭。是否延期,由仲裁庭决定。申请人经书面通知,无正当理由不到庭或者未经仲裁庭许可中途退庭的,可以视为撤回仲裁申请。被申请人经书面通知,无正当理由不到庭或者未经仲裁庭许可中途退庭的,可以缺席裁决。

(一)证据与鉴定

当事人应当对自己的主张提供证据。仲裁庭认为有必要收集的证据,可以自行收集。证据应当在开庭时出示,当事人可以质证。

在证据可能灭失或者以后难以取得的情况下,当事人可以申请证据保全。当事人申请证据保全的,仲裁委员会应当将当事人的申请提交证据所在地的基层人民法院。

仲裁庭对专门性问题认为需要鉴定的,可以交由当事人约定的鉴定部门鉴定,也可以由仲裁庭指定的鉴定部门鉴定。根据当事人的请求或者仲裁庭的要求,鉴定部门应当派鉴定人参加开庭。当事人经仲裁庭许可,可以向鉴定人提问。

(二)辩论与记录

当事人在仲裁过程中有权进行辩论。辩论终结时,首席仲裁员或者独任仲裁员应当征询当事人的最后意见。

仲裁庭应当将开庭情况记入笔录。当事人和其他仲裁参与人认为对自己陈述的记录有遗漏或者差错的,有权申请补正。如果不予补正,应当记录该申请。笔录由仲裁员、记录人员、当事人和其他仲裁参与人签名或者盖章。

三、裁决

(一)仲裁中和解的情形

当事人申请仲裁后,可以自行和解。达成和解协议的,可以请求仲裁庭根据和解协议作出裁决书,也可以撤回仲裁申请。当事人达成和解协议,撤回仲裁申请后反悔的,可以根据仲裁协议申请仲裁。

(二)仲裁中调解的情形

仲裁庭在作出裁决前,可以先行调解。当事人自愿调解的,仲裁庭应当调解。调解不成的,应当及时作出裁决。调解达成协议的,仲裁庭应当制作调解书或者根据协议的结果制作裁决书。调解书与裁决书具有同等法律效力。

调解书应当写明仲裁请求和当事人协议的结果。调解书由仲裁员签名,加盖仲裁委员会印章,送达双方当事人。调解书经双方当事人签收后,即发生法律效力。在调解书签收前当事人反悔的,仲裁庭应当及时作出裁决。

(三)仲裁的裁决

裁决应当按照多数仲裁员的意见作出,少数仲裁员的不同意见可以记入笔录。仲裁庭不能形成多数意见时,裁决应当按照首席仲裁员的意见作出。仲裁庭仲裁纠纷时,其中一部分事实已经清楚,可以就该部分先行裁决。

裁决书应当写明仲裁请求、争议事实、裁决理由、裁决结果、仲裁费用的负担和裁决日期。当事人协议不愿写明争议事实和裁决理由的,可以不写。裁决书由仲裁员签名,加盖仲裁委员会印章。对裁决持不同意见的仲裁员，可以签名，也可以不签名。

对裁决书中的文字、计算错误或者仲裁庭已经裁决但在裁决书中遗漏的事项，仲裁庭应当补正；当事人自收到裁决书之日起 30 日内，可以请求仲裁庭补正。裁决书自作出之日起发生法律效力。

知识点 4 申请撤销裁决、执行和不予执行

一、申请撤销裁决

当事人提出证据证明裁决有下列情形之一的，可以向仲裁委员会所在地的中级人民法院申请撤销裁决：

(1) 没有仲裁协议的。
(2) 裁决的事项不属于仲裁协议的范围或者仲裁委员会无权仲裁的。
(3) 仲裁庭的组成或者仲裁的程序违反法定程序的。
(4) 裁决所根据的证据是伪造的。
(5) 对方当事人隐瞒了足以影响公正裁决的证据的。
(6) 仲裁员在仲裁该案时有索贿受贿，徇私舞弊，枉法裁决行为的。

人民法院经组成合议庭审查核实裁决有上述规定情形之一的，应当裁定撤销。人民法院认定该裁决违背社会公共利益的，应当裁定撤销。

当事人申请撤销裁决的，应当自收到裁决书之日起 6 个月内提出。人民法院应当在受理撤销裁决申请之日起 2 个月内作出撤销裁决或者驳回申请的裁定。人民法院受理撤销裁决的申请后，认为可以由仲裁庭重新仲裁的，通知仲裁庭在一定期限内重新仲裁，并裁定中止撤销程序。仲裁庭拒绝重新仲裁的，人民法院应当裁定恢复撤销程序。

当事人对重新仲裁裁决不服的，可以在重新仲裁裁决书送达之日起 6 个月内依据相关规定向人民法院申请撤销。

二、执行

当事人应当履行裁决。一方当事人不履行的，另一方当事人可以依照《民事诉讼法》的有关规定向人民法院申请执行。受申请的人民法院应当执行。当事人申请执行仲裁裁决案件，由被执行人住所地或者被执行的财产所在地的中级人民法院管辖。

申请执行的期间为 2 年。申请执行时效的中止、中断，适用法律有关诉讼时效中止、中断的规定。上述期间从法律文书规定履行期间的最后一日起计算；法律文书规定分期履行的，从最后一期履行期限届满之日起计算；法律文书未规定履行期间的，从法律文书生效之日起计算。

三、不予执行

被申请人提出证据证明仲裁裁决有下列情形之一的，经人民法院组成合议庭审查核实，裁定不予执行：

(1) 当事人在合同中没有订有仲裁条款或者事后没有达成书面仲裁协议的。
(2) 裁决的事项不属于仲裁协议的范围或者仲裁机构无权仲裁的。
(3) 仲裁庭的组成或者仲裁的程序违反法定程序的。
(4) 裁决所根据的证据是伪造的。
(5) 对方当事人向仲裁机构隐瞒了足以影响公正裁决的证据的。
(6) 仲裁员在仲裁该案时有贪污受贿，徇私舞弊，枉法裁决行为的。

人民法院认定执行该裁决违背社会公共利益的，裁定不予执行。裁定书应当送达双方当

事人和仲裁机构。仲裁裁决被人民法院裁定不予执行的，当事人可以根据双方达成的书面仲裁协议重新申请仲裁，也可以向人民法院起诉。

一方当事人申请执行裁决，另一方当事人申请撤销裁决的，人民法院应当裁定中止执行。人民法院裁定撤销裁决的，应当裁定终结执行。撤销裁决的申请被裁定驳回的，人民法院应当裁定恢复执行。

当事人向人民法院申请撤销仲裁裁决被驳回后，又在执行程序中以相同理由提出不予执行抗辩的，人民法院不予支持。

根据审理撤销、执行仲裁裁决案件的实际需要，人民法院可以要求仲裁机构作出说明或者向相关仲裁机构调阅仲裁案卷。

实战演练

[2024 真题·单选] 根据《仲裁法》，下列纠纷中能够约定仲裁的是（　　）。
A. 融资租赁合同纠纷　　　　　　　　B. 婚姻纠纷
C. 继承纠纷　　　　　　　　　　　　D. 监护纠纷

[解析]《仲裁法》规定，平等主体的公民、法人和其他组织之间发生的合同纠纷和其他财产权益纠纷，可以仲裁。下列纠纷不能仲裁：①婚姻、收养、监护、扶养、继承纠纷；②依法应当由行政机关处理的行政争议。

[答案] A

[2024 真题·多选] 当事人申请执行仲裁裁决，有管辖权的单位包括（　　）。
A. 被执行人住所地的中级人民法院　　　　B. 被执行人住所地的基层人民法院
C. 被执行的财产所在地的基层人民法院　　D. 被执行的财产所在地的中级人民法院
E. 作出仲裁裁决的仲裁机构

[解析] 当事人申请执行仲裁裁决案件，由被执行人住所地或者被执行的财产所在地的中级人民法院管辖。

[答案] AD

第三节　民事诉讼制度

民事诉讼，指平等民事主体为解决利益纠纷向人民法院提请诉讼，在当事人的参与下，由人民法院依法审理并做出裁判的活动。《民事诉讼法》是保护当事人行使诉讼权利，保证人民法院查明事实，分清是非，正确适用法律，及时审理民事案件，确认民事权利义务关系，制裁民事违法行为，保护当事人的合法权益的重要法律依据。

人民法院是国家的审判机关。我国设立最高人民法院、地方各级人民法院和军事法院等专门人民法院。最高人民法院是最高审判机关。最高人民法院监督地方各级人民法院和专门人民法院的审判工作，上级人民法院监督下级人民法院的审判工作。人民法院依照法律规定独立行使审判权，不受行政机关、社会团体和个人的干涉。

知识点 1　民事诉讼的法院管辖

一、级别管辖

地方各级人民法院分为：基层人民法院、中级人民法院、高级人民法院。

基层法院是我国司法体系中最基础的审级，基层人民法院根据地区、人口和案件情况可以设立若干人民法庭。人民法庭是基层人民法院的组成部分，它的判决和裁定就是基层人民法院的判决和裁定。基层人民法院管辖第一审民事案件，但《民事诉讼法》另有规定的除外。

中级人民法院管辖下列第一审民事案件：
（1）重大涉外案件。
（2）在本辖区有重大影响的案件。
（3）最高人民法院确定由中级人民法院管辖的案件。

重大涉外案件，包括争议标的额大的案件、案情复杂的案件，或者一方当事人人数众多等具有重大影响的案件。

高级人民法院管辖在本辖区有重大影响的第一审民事案件。

最高人民法院管辖下列第一审民事案件：
（1）在全国有重大影响的案件。
（2）认为应当由本院审理的案件。

专利纠纷案件由知识产权法院、最高人民法院确定的中级人民法院和基层人民法院管辖。海事、海商案件由海事法院管辖。

二、地域管辖

（一）通用地域管辖规定

对公民提起的民事诉讼，由被告住所地人民法院管辖；被告住所地与经常居住地不一致的，由经常居住地人民法院管辖。对法人或者其他组织提起的民事诉讼，由被告住所地人民法院管辖。同一诉讼的几个被告住所地、经常居住地在2个以上人民法院辖区的，各级人民法院都有管辖权。

《最高人民法院关于适用〈中华人民共和国民事诉讼法〉的解释》说明，公民的住所地是指公民的户籍所在地，法人或者其他组织的住所地是指法人或者其他组织的主要办事机构所在地。法人或者其他组织的主要办事机构所在地不能确定的，法人或者其他组织的注册地或者登记地为住所地。公民的经常居住地是指公民离开住所地至起诉时已连续居住1年以上的地方，但公民住院就医的地方除外。

下列民事诉讼，由原告住所地人民法院管辖；原告住所地与经常居住地不一致的，由原告经常居住地人民法院管辖：
（1）对不在中华人民共和国领域内居住的人提起的有关身份关系的诉讼。
（2）对下落不明或者宣告失踪的人提起的有关身份关系的诉讼。
（3）对被采取强制性教育措施的人提起的诉讼。
（4）对被监禁的人提起的诉讼。

被告被注销户籍的，依照上述规定确定管辖；原告、被告均被注销户籍的，由被告居住地人民法院管辖。双方当事人都被监禁或者被采取强制性教育措施的，由被告原住所地人民法院管辖。

（二）特殊情况下的地域管辖

（1）因合同纠纷提起的诉讼，由被告住所地或者合同履行地人民法院管辖。合同约定履行地点的，以约定的履行地点为合同履行地。合同对履行地点没有约定或者约定不明确，争议标的为给付货币的，接收货币一方所在地为合同履行地；交付不动产的，不动产所在地为合同履行地；其他标的，履行义务一方所在地为合同履行地。即时结清的合同，交易行为地为合同履行地。合同没有实际履行，当事人双方住所地都不在合同约定的履行地的，由被告住所地人民法院管辖。

财产租赁合同、融资租赁合同以租赁物使用地为合同履行地。合同对履行地有约定的，从其约定。以信息网络方式订立的买卖合同，通过信息网络交付标的的，以买受人住所地为合同履行地；通过其他方式交付标的的，收货地为合同履行地。合同对履行地有约定的，从其约定。

（2）因保险合同纠纷提起的诉讼，由被告住所地或者保险标的物所在地人民法院管辖。因财产保险合同纠纷提起的诉讼，如果保险标的物是运输工具或者运输中的货物，可以由运输工具登记注册地、运输目的地、保险事故发生地人民法院管辖。因人身保险合同纠纷提起的诉讼，可以由被保险人住所地人民法院管辖。

（3）因票据纠纷提起的诉讼，由票据支付地或者被告住所地人民法院管辖。

（4）因公司设立、确认股东资格、分配利润、解散等纠纷提起的诉讼，由公司住所地人民法院管辖。因股东名册记载、请求变更公司登记、股东知情权、公司决议、公司合并、公司分立、公司减资、公司增资等纠纷提起的诉讼，同样应由公司住所地人民法院管辖。

（5）因铁路、公路、水上、航空运输和联合运输合同纠纷提起的诉讼，由运输始发地、目的地或者被告住所地人民法院管辖。

（6）因侵权行为提起的诉讼，由侵权行为地或者被告住所地人民法院管辖。侵权行为地，包括侵权行为实施地、侵权结果发生地。

信息网络侵权行为实施地包括实施被诉侵权行为的计算机等信息设备所在地，侵权结果发生地包括被侵权人住所地。

（7）下列案件，由规定的人民法院专属管辖：因不动产纠纷提起的诉讼，由不动产所在地人民法院管辖；因港口作业中发生纠纷提起的诉讼，由港口所在地人民法院管辖；因继承遗产纠纷提起的诉讼，由被继承人死亡时住所地或者主要遗产所在地人民法院管辖。

不动产纠纷是指因不动产的权利确认、分割、相邻关系等引起的物权纠纷。农村土地承包经营合同纠纷、房屋租赁合同纠纷、建设工程施工合同纠纷、政策性房屋买卖合同纠纷，按照不动产纠纷确定管辖。不动产已登记的，以不动产登记簿记载的所在地为不动产所在地；不动产未登记的，以不动产实际所在地为不动产所在地。

（三）对履行管辖权法院的选择与确定

（1）合同或者其他财产权益纠纷的当事人可以书面协议选择被告住所地、合同履行地、合同签订地、原告住所地、标的物所在地等与争议有实际联系的地点的人民法院管辖，但不得违反《民事诉讼法》对级别管辖和专属管辖的规定。书面协议，包括书面合同中的协议管辖条款或者诉讼前以书面形式达成的选择管辖的协议。

（2）2个以上人民法院都有管辖权的诉讼，原告可以向其中一个人民法院起诉；原告向2个以上有管辖权的人民法院起诉的，由最先立案的人民法院管辖。根据管辖协议，起诉时能够确定管辖法院的，从其约定；不能确定的，依照《民事诉讼法》的相关规定确定管辖。管辖协议约定2个以上与争议有实际联系的地点的人民法院管辖，原告可以向其中一个人民法院起诉。

（3）管辖协议约定由一方当事人住所地人民法院管辖，协议签订后当事人住所地变更的，由签订管辖协议时的住所地人民法院管辖，但当事人另有约定的除外。

三、移送管辖和指定管辖

（一）移送管辖

人民法院发现受理的案件不属于本院管辖的，应当移送有管辖权的人民法院，受移送的人民法院应当受理。受移送的人民法院认为受移送的案件依照规定不属于本院管辖的，应当报请上级人民法院指定管辖,不得再自行移送。

2个以上人民法院都有管辖权的诉讼,先立案的人民法院不得将案件移送给另一个有管辖权的人民法院。人民法院在立案前发现其他有管辖权的人民法院已先立案的,不得重复立案;立案后发现其他有管辖权的人民法院已先立案的,裁定将案件移送给先立案的人民法院。

(二) 指定管辖

有管辖权的人民法院由于特殊原因,不能行使管辖权的,由上级人民法院指定管辖。人民法院之间因管辖权发生争议,由争议双方协商解决;协商解决不了的,报请它们的共同上级人民法院指定管辖。报请上级人民法院指定管辖时,应当逐级进行。

对报请上级人民法院指定管辖的案件,下级人民法院应当中止审理。指定管辖裁定作出前,下级人民法院对案件作出判决、裁定的,上级人民法院应当在裁定指定管辖的同时,一并撤销下级人民法院的判决、裁定。

上级人民法院有权审理下级人民法院管辖的第一审民事案件;确有必要将本院管辖的第一审民事案件交下级人民法院审理的,应当报请其上级人民法院批准。下级人民法院对它所管辖的第一审民事案件,认为需要由上级人民法院审理的,可以报请上级人民法院审理。

四、管辖权异议

人民法院受理案件后,当事人对管辖权有异议的,应当在提交答辩状期间提出。人民法院对当事人提出的异议,应当审查。异议成立的,裁定将案件移送有管辖权的人民法院;异议不成立的,裁定驳回。

当事人未提出管辖异议,并应诉答辩或者提出反诉的,视为受诉人民法院有管辖权,但违反级别管辖和专属管辖规定的除外。

人民法院对管辖异议审查后确定有管辖权的,不因当事人提起反诉、增加或者变更诉讼请求等改变管辖,但违反级别管辖、专属管辖规定的除外。人民法院发回重审或者按第一审程序再审的案件,当事人提出管辖异议的,人民法院不予审查。

知识点 2 民事审判组织、诉讼参加人

一、审判组织

(一) 合议与独任

人民法院审理第一审民事案件,由审判员、人民陪审员共同组成合议庭或者由审判员组成合议庭。人民法院审理第二审民事案件,由审判员组成合议庭。合议庭的成员人数,必须是单数。

发回重审的案件,原审人民法院应当按照第一审程序另行组成合议庭。审理再审案件,原来是第一审的,按照第一审程序另行组成合议庭;原来是第二审的或者是上级人民法院提审的,按照第二审程序另行组成合议庭。

合议庭评议案件,实行少数服从多数的原则。评议应当制作笔录,由合议庭成员签名。评议中的不同意见,必须如实记入笔录。

可以由审判员一人独任审理的情形有:适用简易程序审理的民事案件;基层人民法院审理的基本事实清楚、权利义务关系明确的第一审民事案件。另外,中级人民法院对第一审适用简易程序审结或者不服裁定提起上诉的第二审民事案件,事实清楚、权利义务关系明确的,经双方当事人同意后,也可由审判员一人独任审理。

人民法院审理下列民事案件，不得由审判员一人独任审理：
（1）涉及国家利益、社会公共利益的案件。
（2）涉及群体性纠纷，可能影响社会稳定的案件。
（3）人民群众广泛关注或者其他社会影响较大的案件。
（4）属于新类型或者疑难复杂的案件。
（5）法律规定应当组成合议庭审理的案件。
（6）其他不宜由审判员一人独任审理的案件。

人民法院在审理过程中，发现案件不宜由审判员一人独任审理的，应当裁定转由合议庭审理。

当事人认为案件由审判员一人独任审理违反法律规定的，可以向人民法院提出异议。人民法院对当事人提出的异议应当审查，异议成立的，裁定转由合议庭审理；异议不成立的，裁定驳回。

（二）回避

审判人员有下列情形之一的，应当自行回避，当事人有权用口头或者书面方式申请他们回避：
（1）是本案当事人或者当事人、诉讼代理人近亲属的。
（2）与本案有利害关系的。
（3）担任过本案的证人、鉴定人、辩护人、诉讼代理人、翻译人员的。
（4）与本案当事人、诉讼代理人有其他关系，可能影响对案件公正审理的。

审判人员有下列情形之一的，当事人有权申请其回避：
（1）接受本案当事人及其受托人宴请，或者参加由其支付费用的活动的。
（2）索取、接受本案当事人及其受托人财物或者其他利益的。
（3）违反规定会见本案当事人、诉讼代理人的。
（4）为本案当事人推荐、介绍诉讼代理人，或者为律师、其他人员介绍代理本案的。
（5）向本案当事人及其受托人借用款物的。
（6）有其他不正当行为，可能影响公正审理的。

在一个审判程序中参与过本案审判工作的审判人员，不得再参与该案其他程序的审判。

人民法院应当依法告知当事人对合议庭组成人员、独任审判员和书记员等人员有申请回避的权利。当事人应当在案件开始审理时提出回避申请，并说明理由。被申请回避的人员在人民法院作出是否回避的决定前，应当暂停参与本案的工作，但案件需要采取紧急措施的除外。

审判人员有应当回避的情形，没有自行回避，当事人也没有申请其回避的，由院长或者审判委员会决定其回避。

人民法院对当事人提出的回避申请，应当在申请提出的3日内，以口头或者书面形式作出决定。申请人对决定不服的，可以在接到决定时申请复议1次。复议期间，被申请回避的人员，不停止参与本案的工作。人民法院对复议申请，应当在3日内作出复议决定，并通知复议申请人。

上述所称审判人员，包括参与本案审理的人民法院院长、副院长、审判委员会委员、庭长、副庭长、审判员和人民陪审员。法官助理、书记员、司法技术人员、翻译人员、鉴定人、勘验人同样适用于《民事诉讼法》有关回避的规定。

二、诉讼参加人

(一) 当事人

1. 当事人主体的认定

公民、法人和其他组织可以作为民事诉讼的当事人。法人由其法定代表人进行诉讼；其他组织由其主要负责人进行诉讼。法人的法定代表人以依法登记的为准，但法律另有规定的除外。

其他组织是指合法成立、有一定的组织机构和财产，但又不具备法人资格的组织，包括：

（1）依法登记领取营业执照的个人独资企业、合伙企业以及乡镇企业、街道企业。

（2）依法登记领取我国营业执照的中外合作经营企业、外资企业。

（3）依法成立的社会团体的分支机构、代表机构。

（4）依法设立并领取营业执照的法人的分支机构及商业银行、政策性银行和非银行金融机构的分支机构。

（5）其他符合本条规定条件的组织。

2. 当事人的权利与义务

当事人可以查阅本案有关材料，并可以复制本案有关材料和法律文书。查阅、复制本案有关材料的范围和办法由最高人民法院规定。当事人必须依法行使诉讼权利，遵守诉讼秩序，履行发生法律效力的判决书、裁定书和调解书。

3. 特殊情况

当事人一方或者双方为2人以上，其诉讼标的是共同的，或者诉讼标的是同一种类、人民法院认为可以合并审理并经当事人同意的，为共同诉讼。共同诉讼的一方当事人对诉讼标的有共同权利义务的，其中一人的诉讼行为经其他共同诉讼人承认，对其他共同诉讼人发生效力；对诉讼标的没有共同权利义务的，其中一人的诉讼行为对其他共同诉讼人不发生效力。

当事人一方人数众多（一般指10人以上）的共同诉讼，可以由当事人推选代表人进行诉讼。代表人的诉讼行为对其所代表的当事人发生效力，但代表人变更、放弃诉讼请求或者承认对方当事人的诉讼请求，进行和解，必须经被代表的当事人同意。当事人的代表人限制为2至5人，每位代表人可以委托1至2人作为诉讼代理人。

对污染环境、侵害众多消费者合法权益等损害社会公共利益的行为，法律规定的机关和有关组织可以向人民法院提起诉讼。

人民检察院在履行职责中发现破坏生态环境和资源保护、食品药品安全领域侵害众多消费者合法权益等损害社会公共利益的行为，在没有上述规定的机关和组织或者上述规定的机关和组织不提起诉讼的情况下，可以向人民法院提起诉讼。上述规定的机关或者组织提起诉讼的，人民检察院可以支持起诉。

对当事人双方的诉讼标的，第三人认为有独立请求权的，有权提起诉讼。对当事人双方的诉讼标的，第三人虽然没有独立请求权，但案件处理结果同他有法律上的利害关系的，可以申请参加诉讼，或者由人民法院通知他参加诉讼。人民法院判决承担民事责任的第三人，有当事人的诉讼权利义务。

(二) 诉讼代理人

诉讼代理人是指根据法律规定或受当事人委托，在法定及当事人授予的权限内，代表当事人进行民事诉讼的人。

无诉讼行为能力人由他的监护人作为法定代理人代为诉讼。法定代理人之间互相推诿代理责任的，由人民法院指定其中一人代为诉讼。

当事人、法定代理人可以委托1至2人作为诉讼代理人。可以被委托为诉讼代理人的人员包括：律师、基层法律服务工作者；当事人的近亲属或者工作人员；当事人所在社区、单位以及有关社会团体推荐的公民。无民事行为能力人、限制民事行为能力人以及其他依法不能作为诉讼代理人的，当事人不得委托其作为诉讼代理人。

委托他人代为诉讼，必须向人民法院提交由委托人签名或者盖章的授权委托书。授权委托书必须记明委托事项和权限。诉讼代理人代为承认、放弃、变更诉讼请求，进行和解，提起反诉或者上诉，必须有委托人的特别授权。诉讼代理人的权限如果变更或者解除，当事人应当书面告知人民法院，并由人民法院通知对方当事人。

离婚案件有诉讼代理人的，本人除不能表达意思的以外，仍应出庭；确因特殊情况无法出庭的，必须向人民法院提交书面意见。

适用简易程序审理的案件，双方当事人同时到庭并径行开庭审理的，可以当场口头委托诉讼代理人，由人民法院记入笔录。

知识点 3 民事诉讼证据的种类、保全和应用

一、证据的种类

证据必须查证属实，才能作为认定事实的根据。证据包括当事人的陈述、书证、物证、视听资料、电子数据、证人证言、鉴定意见、勘验笔录。

二、证据的保全

在证据可能灭失或者以后难以取得的情况下，当事人可以在诉讼过程中向人民法院申请保全证据，人民法院也可以主动采取保全措施。因情况紧急，在证据可能灭失或者以后难以取得的情况下，利害关系人可以在提起诉讼或者申请仲裁前向证据所在地、被申请人住所地或者对案件有管辖权的人民法院申请保全证据。

三、证据的应用

（一）举证

当事人对自己提出的主张，有责任提供证据。

一方当事人在法庭审理中，或者在起诉状、答辩状、代理词等书面材料中，对于己不利的事实明确表示承认的，另一方当事人无须举证证明。

下列事实，当事人无须举证证明：

(1) 自然规律以及定理、定律。
(2) 众所周知的事实。
(3) 根据法律规定推定的事实。
(4) 根据已知的事实和日常生活经验法则推定出的另一事实。
(5) 已为人民法院发生法律效力的裁判所确认的事实。
(6) 已为仲裁机构生效裁决所确认的事实。
(7) 已为有效公证文书所证明的事实。

上述第（2）项至第（4）项规定的事实，当事人有相反证据足以反驳的除外；第（5）项至第（7）项规定的事实，当事人有相反证据足以推翻的除外。

当事人提交证物时，书证应当提交原件，物证应当提交原物。提交原件或者原物确有困难的，可以提交复制品、照片、副本、节录本。提交外文书证，必须附有中文译本。

(二) 收集与核实

当事人及其诉讼代理人因客观原因不能自行收集的证据，或者人民法院认为审理案件需要的证据，人民法院应当调查收集。

当事人及其诉讼代理人因客观原因不能自行收集的证据包括：

(1) 证据由国家有关部门保存，当事人及其诉讼代理人无权查阅调取的。
(2) 涉及国家秘密、商业秘密或者个人隐私的。
(3) 当事人及其诉讼代理人因客观原因不能自行收集的其他证据。

当事人申请调查收集的证据，与待证事实无关联、对证明待证事实无意义或者其他无调查收集必要的，人民法院不予准许。

人民法院有权向有关单位和个人调查取证，有关单位和个人不得拒绝。人民法院认为审理案件需要的证据包括：

(1) 涉及可能损害国家利益、社会公共利益的。
(2) 涉及身份关系的。
(3) 涉及《民事诉讼法》第五十八条规定诉讼的。
(4) 当事人有恶意串通损害他人合法权益可能的。
(5) 涉及依职权追加当事人、中止诉讼、终结诉讼、回避等程序性事项的。

除上述情形外，人民法院调查收集证据，应当依照当事人的申请进行。

人民法院应当按照法定程序，全面、客观地审查核实证据，依照法律规定，运用逻辑推理和日常生活经验法则，对证据有无证明力和证明力大小进行判断，并公开判断的理由和结果。

人民法院对视听资料，应当辨别真伪，并结合本案的其他证据，审查确定能否作为认定事实的根据。人民法院对当事人的陈述，应当结合本案的其他证据，审查确定能否作为认定事实的根据。当事人拒绝陈述的，不影响人民法院根据证据认定案件事实。

(三) 质证与作证

证据应当在法庭上出示，并由当事人互相质证。对涉及国家秘密、商业秘密和个人隐私的证据应当保密，需要在法庭出示的，不得在公开开庭时出示。人民法院应当组织当事人围绕证据的真实性、合法性以及与待证事实的关联性进行质证，并针对证据有无证明力和证明力大小进行说明和辩论。

凡是知道案件情况的单位和个人，都有义务出庭作证。有关单位的负责人应当支持证人作证。不能正确表达意思的人，不能作证。经人民法院通知，证人应当出庭作证。有下列情形之一的，经人民法院许可，可以通过书面证言、视听传输技术或者视听资料等方式作证：因健康原因不能出庭的；因路途遥远，交通不便不能出庭的；因自然灾害等不可抗力不能出庭的；其他有正当理由不能出庭的。

(四) 认定与鉴定

经过法定程序公证证明的法律事实和文书，人民法院应当作为认定事实的根据，但有相反证据足以推翻公证证明的除外。下列证据不能单独作为认定案件事实的根据：

(1) 当事人的陈述。
(2) 无民事行为能力人或者限制民事行为能力人所作的与其年龄、智力状况或者精神健康状况不相当的证言。
(3) 与一方当事人或者其代理人有利害关系的证人陈述的证言。
(4) 存有疑点的视听资料、电子数据。
(5) 无法与原件、原物核对的复制件、复制品。

当事人可以就查明事实的专门性问题向人民法院申请鉴定。当事人申请鉴定的，由双方当事人协商确定具备资格的鉴定人；协商不成的，由人民法院指定。鉴定人有权了解进行鉴定所需要的案件材料，必要时可以询问当事人、证人。鉴定人应当提出书面鉴定意见，在鉴定书上签名或者盖章。

当事人对鉴定意见有异议或者人民法院认为鉴定人有必要出庭的，鉴定人应当出庭作证。经人民法院通知，鉴定人拒不出庭作证的，鉴定意见不得作为认定事实的根据；支付鉴定费用的当事人可以要求返还鉴定费用。当事人可以申请人民法院通知有专门知识的人出庭，就鉴定人作出的鉴定意见或者专业问题提出意见。

勘验物证或者现场，勘验人必须出示人民法院的证件，并邀请当地基层组织或者当事人所在单位派人参加。当事人或者当事人的成年家属应当到场，拒不到场的，不影响勘验的进行。有关单位和个人根据人民法院的通知，有义务保护现场，协助勘验工作。勘验人应当将勘验情况和结果制作笔录，由勘验人、当事人和被邀参加人签名或者盖章。

知识点 4 民事诉讼时效

诉讼时效是指权利人在一定期间未行使权利，即丧失依诉讼程序保护其权利的可能性的法律制度。

一、诉讼时效的基本规定

人民法院不得主动适用诉讼时效的规定。向人民法院请求保护民事权利的诉讼时效期间为 3 年。法律另有规定的，依照其规定。

诉讼时效期间自权利人知道或者应当知道权利受到损害以及义务人之日起计算。法律另有规定的，依照其规定。当事人约定同一债务分期履行的，诉讼时效期间自最后一期履行期限届满之日起计算。无民事行为能力人或者限制民事行为能力人对其法定代理人的请求权的诉讼时效期间，自该法定代理终止之日起计算。

自权利受到损害之日起超过 20 年的，人民法院不予保护，有特殊情况的，人民法院可以根据权利人的申请决定延长。

诉讼时效期间届满的，义务人可以提出不履行义务的抗辩。诉讼时效期间届满后，义务人同意履行的，不得以诉讼时效期间届满为由抗辩；义务人已经自愿履行的，不得请求返还。

下列请求权不适用诉讼时效的规定：
（1）请求停止侵害、排除妨碍、消除危险。
（2）不动产物权和登记的动产物权的权利人请求返还财产。
（3）请求支付抚养费、赡养费或者扶养费。
（4）依法不适用诉讼时效的其他请求权。

法律对仲裁时效有规定的，依照其规定；没有规定的，适用诉讼时效的规定。法律规定或者当事人约定的撤销权、解除权等权利的存续期间，除法律另有规定外，自权利人知道或者应当知道权利产生之日起计算，不适用有关诉讼时效中止、中断和延长的规定。存续期间届满，撤销权、解除权等权利消灭。

诉讼时效的期间、计算方法以及中止、中断的事由由法律规定，当事人约定无效。当事人对诉讼时效利益的预先放弃无效。

二、中止与中断

有下列情形之一的，诉讼时效中断，从中断、有关程序终结时起，诉讼时效期间重新计算：
(1) 权利人向义务人提出履行请求。
(2) 义务人同意履行义务。
(3) 权利人提起诉讼或者申请仲裁。
(4) 与提起诉讼或者申请仲裁具有同等效力的其他情形。

在诉讼时效期间的最后 6 个月内，因下列障碍，不能行使请求权的，诉讼时效中止：
(1) 不可抗力。
(2) 无民事行为能力人或者限制民事行为能力人没有法定代理人，或者法定代理人死亡、丧失民事行为能力、丧失代理权。
(3) 继承开始后未确定继承人或者遗产管理人。
(4) 权利人被义务人或者其他人控制。
(5) 其他导致权利人不能行使请求权的障碍。

自中止时效的原因消除之日起满 6 个月，诉讼时效期间届满。

知识点 5　民事诉讼的审判程序

一、审判制度

人民法院审理民事案件，依照法律规定实行合议、回避、公开审判和两审终审制度。前述内容已对合议、回避制度有所提及，以下主要介绍公开审判和两审终审制度。

（一）公开审判

人民法院审理民事案件，除涉及国家秘密、个人隐私或者法律另有规定的以外，应当公开进行。离婚案件，涉及商业秘密的案件，当事人申请不公开审理的，可以不公开审理。

人民法院应当通过官方网站、电子显示屏、公告栏等向公众公开各法庭的编号、具体位置以及旁听席位数量等信息。有新闻媒体旁听或报道庭审活动时，旁听区可以设置专门的媒体记者席。对于公众关注度较高、社会影响较大、法治宣传教育意义较强的案件，人民法院可以通过电视、互联网或其他公共媒体进行图文、音频、视频直播或录播。

人民法院对公开审理或者不公开审理的案件，一律公开宣告判决。当庭宣判的，应当在 10 日内发送判决书；定期宣判的，宣判后立即发给判决书。公众可以查阅发生法律效力的判决书、裁定书，但涉及国家秘密、商业秘密和个人隐私的内容除外。

（二）两审终审

以下案件不适用两审终审，实行一审终审制：
(1) 基层人民法院和它派出的法庭审理事实清楚、权利义务关系明确、争议不大的简单金钱给付民事案件，标的额为各省、自治区、直辖市上年度就业人员年平均工资 50% 以下的，适用小额诉讼程序审理的；或标的额超过上述年平均工资 50% 但在 2 倍以下，当事人双方约定适用小额诉讼程序的。
(2) 人民法院审理选民资格案件、宣告失踪或者宣告死亡案件、指定遗产管理人案件、认定公民无民事行为能力或者限制民事行为能力案件、认定财产无主案件、确认调解协议案件和实现担保物权案件等适用特别程序的。

第二审人民法院的判决、裁定，是终审的判决、裁定。

二、起诉和受理

起诉应当向人民法院递交起诉状，并按照被告人数提出副本。人民法院应当保障当事人依照法律规定享有的起诉权利，对符合《民事诉讼法》第一百二十二条的起诉，必须受理。

符合起诉条件的,应当在7日内立案,并通知当事人;不符合起诉条件的,应当在7日内作出裁定书,不予受理;原告对裁定不服的,可以提起上诉。

起诉必须符合以下条件:原告是与本案有直接利害关系的公民、法人和其他组织;有明确的被告;有具体的诉讼请求和事实、理由;属于人民法院受理民事诉讼的范围和受诉人民法院管辖。

三、审理前的准备

人民法院应当在立案之日起5日内将起诉状副本发送被告,被告应当在收到之日起15日内提出答辩状。被告不提出答辩状的,不影响人民法院审理。人民法院对决定受理的案件,应当在受理案件通知书和应诉通知书中向当事人告知有关的诉讼权利义务,或者口头告知。

四、开庭审理

人民法院应当在开庭3日前通知当事人和其他诉讼参与人。公开审理的,应当公告当事人姓名、案由和开庭的时间、地点。开庭审理前,书记员应当查明当事人和其他诉讼参与人是否到庭,宣布法庭纪律。开庭审理时,由审判长或者独任审判员核对当事人,宣布案由,宣布审判人员、法官助理、书记员等的名单,告知当事人有关的诉讼权利义务,询问当事人是否提出回避申请。

当事人在法庭上可以提出新的证据。法庭调查按照下列顺序进行:当事人陈述;告知证人的权利义务,证人作证,宣读未到庭的证人证言;出示书证、物证、视听资料和电子数据;宣读鉴定意见;宣读勘验笔录。

当事人经法庭许可,可以向证人、鉴定人、勘验人发问。当事人要求重新进行调查、鉴定或者勘验的,是否准许,由人民法院决定。原告增加诉讼请求,被告提出反诉,第三人提出与本案有关的诉讼请求,可以合并审理。基于同一事实发生的纠纷,当事人分别向同一人民法院起诉的,人民法院可以合并审理。法庭辩论终结,应当依法作出判决。判决前能够调解的,还可以进行调解,调解不成的,应当及时判决。

原告经传票传唤,无正当理由拒不到庭的,或者未经法庭许可中途退庭的,可以按撤诉处理;被告反诉的,可以缺席判决。被告经传票传唤,无正当理由拒不到庭的,或者未经法庭许可中途退庭的,可以缺席判决。

宣判前,原告申请撤诉的,是否准许,由人民法院裁定。人民法院裁定不准许撤诉的,原告经传票传唤,无正当理由拒不到庭的,可以缺席判决。宣告判决时,必须告知当事人上诉权利、上诉期限和上诉的法院。宣告离婚判决,必须告知当事人在判决发生法律效力前不得另行结婚。书记员应当将法庭审理的全部活动记入笔录,由审判人员和书记员签名。法庭笔录应当当庭宣读,也可以告知当事人和其他诉讼参与人当庭或者在5日内阅读。

人民法院适用普通程序审理的案件,应当在立案之日起6个月内审结。有特殊情况需要延长的,经本院院长批准,可以延长6个月;还需要延长的,报请上级人民法院批准。

五、诉讼中止和终结

有下列情形之一的,中止诉讼:一方当事人死亡,需要等待继承人表明是否参加诉讼的;一方当事人丧失诉讼行为能力,尚未确定法定代理人的;作为一方当事人的法人或者其他组织终止,尚未确定权利义务承受人的;一方当事人因不可抗拒的事由,不能参加诉讼的;本案必须以另一案的审理结果为依据,而另一案尚未审结的;其他应当中止诉讼的情形。中止诉讼的原因消除后,恢复诉讼。

有下列情形之一的,终结诉讼:原告死亡,没有继承人,或者继承人放弃诉讼权利的;

被告死亡,没有遗产,也没有应当承担义务的人的;离婚案件一方当事人死亡的;追索赡养费、扶养费、抚养费以及解除收养关系案件的一方当事人死亡的。

六、判决和裁定

人民法院审理案件,其中一部分事实已经清楚,可以就该部分先行判决。判决书应当写明判决结果和作出该判决的理由。判决书内容包括:案由、诉讼请求、争议的事实和理由;判决认定的事实和理由、适用的法律和理由;判决结果和诉讼费用的负担;上诉期间和上诉的法院。判决书由审判人员、书记员署名,加盖人民法院印章。

裁定适用于下列范围:不予受理;对管辖权有异议的;驳回起诉;保全和先予执行;准许或者不准许撤诉;中止或者终结诉讼;补正判决书中的笔误;中止或者终结执行;撤销或者不予执行仲裁裁决;不予执行公证机关赋予强制执行效力的债权文书;其他需要裁定解决的事项。裁定书应当写明裁定结果和作出该裁定的理由。裁定书由审判人员、书记员署名,加盖人民法院印章;口头裁定的,记入笔录。

七、简易程序

基层人民法院和它派出的法庭审理事实清楚、权利义务关系明确、争议不大的简单的民事案件适用简易程序规定。其他的民事案件,除法律有规定外,如当事人双方已在先约定,也可以适用简易程序。

对简单的民事案件,原告可以口头起诉,由审判员一人独任审理。基层人民法院和它派出的法庭审理简单的民事案件,可以用简便方式传唤当事人和证人、送达诉讼文书、审理案件,但应当保障当事人陈述意见的权利。

人民法院适用简易程序审理案件,应当在立案之日起 3 个月内审结。有特殊情况需要延长的,经本院院长批准,可以延长 1 个月。

人民法院适用小额诉讼的程序审理案件,可以一次开庭审结并且当庭宣判。人民法院审理下列民事案件,不适用小额诉讼的程序:人身关系、财产确权案件;涉外案件;需要评估、鉴定或者对诉前评估、鉴定结果有异议的案件;一方当事人下落不明的案件;当事人提出反诉的案件;其他不宜适用小额诉讼的程序审理的案件。

人民法院适用小额诉讼的程序审理案件,应当在立案之日起 2 个月内审结。有特殊情况需要延长的,经本院院长批准,可以延长 1 个月。

人民法院在审理过程中,发现案件不宜适用简易程序的,裁定转为普通程序。

八、第二审程序

当事人不服地方人民法院第一审判决的,有权在判决书送达之日起 15 日内向上一级人民法院提起上诉;当事人不服地方人民法院第一审裁定的,有权在裁定书送达之日起 10 日内向上一级人民法院提起上诉。

上诉应当递交上诉状。上诉状应当通过原审人民法院提出,并按照对方当事人或者代表人的人数提出副本。当事人直接向第二审人民法院上诉的,第二审人民法院应当在 5 日内将上诉状移交原审人民法院。

第二审人民法院应当对上诉请求的有关事实和适用法律进行审查。第二审人民法院对上诉案件应当开庭审理。经过阅卷、调查和询问当事人,对没有提出新的事实、证据或者理由,人民法院认为不需要开庭审理的,可以不开庭审理。第二审人民法院审理上诉案件,可以在本院进行,也可以到案件发生地或者原审人民法院所在地进行。

第二审人民法院审理上诉案件,可以进行调解。调解达成协议,应当制作调解书,由审判人员、书记员署名,加盖人民法院印章。调解书送达后,原审人民法院的判决即视为撤销。第二审人民法院判决宣告前，上诉人申请撤回上诉的，是否准许，由第二审人民法院裁定。

第二审人民法院对上诉案件，经过审理，按照下列情形，分别处理：

(1) 原判决、裁定认定事实清楚，适用法律正确的，以判决、裁定方式驳回上诉，维持原判决、裁定；认定事实错误或者适用法律错误的，以判决、裁定方式依法改判、撤销或者变更。

(2) 原判决认定基本事实不清的，裁定撤销原判决，发回原审人民法院重审，或者查清事实后改判。

(3) 原判决遗漏当事人或者违法缺席判决等严重违反法定程序的，裁定撤销原判决，发回原审人民法院重审。

《民事诉讼法》规定，原审人民法院对发回重审的案件作出判决后，当事人提起上诉的，第二审人民法院不得再次发回重审。

人民法院审理对判决的上诉案件，应当在第二审立案之日起 3 个月内审结。有特殊情况需要延长的，由本院院长批准。人民法院审理对裁定的上诉案件，应当在第二审立案之日起 30 日内作出终审裁定。

九、审判监督程序

(一) 再审

各级人民法院院长对本院已经发生法律效力的判决、裁定、调解书，发现确有错误，认为需要再审的，应当提交审判委员会讨论决定。最高人民法院对地方各级人民法院已经发生法律效力的判决、裁定、调解书，上级人民法院对下级人民法院已经发生法律效力的判决、裁定、调解书，发现确有错误的，有权提审或者指令下级人民法院再审。最高人民法院、高级人民法院裁定再审的案件，由本院再审或者交其他人民法院再审，也可以交原审人民法院再审。

当事人对已经发生法律效力的判决、裁定，认为有错误的，可以向上一级人民法院申请再审；当事人一方人数众多或者当事人双方为公民的案件，也可以向原审人民法院申请再审。当事人申请再审，应当在判决、裁定发生法律效力后 6 个月内提出，其间不停止判决、裁定的执行。

当事人对已经发生法律效力的调解书，提出证据证明调解违反自愿原则或者调解协议的内容违反法律的，可以申请再审。经人民法院审查属实的，应当再审。当事人对已经发生法律效力的解除婚姻关系的判决、调解书，不得申请再审。

《民事诉讼法》第二百一十一条规定，当事人的申请符合下列情形之一的，人民法院应当再审：

(1) 有新的证据，足以推翻原判决、裁定的。

(2) 原判决、裁定认定的基本事实缺乏证据证明的。

(3) 原判决、裁定认定事实的主要证据是伪造的。

(4) 原判决、裁定认定事实的主要证据未经质证的。

(5) 对审理案件需要的主要证据，当事人因客观原因不能自行收集，书面申请人民法院调查收集，人民法院未调查收集的。

(6) 原判决、裁定适用法律确有错误的。

(7) 审判组织的组成不合法或者依法应当回避的审判人员没有回避的。

(8) 无诉讼行为能力人未经法定代理人代为诉讼或者应当参加诉讼的当事人，因不能归责于本人或者其诉讼代理人的事由，未参加诉讼的。

（9）违反法律规定，剥夺当事人辩论权利的。

（10）未经传票传唤，缺席判决的。

（11）原判决、裁定遗漏或者超出诉讼请求的。

（12）据以作出原判决、裁定的法律文书被撤销或者变更的。

（13）审判人员审理该案件时有贪污受贿，徇私舞弊，枉法裁判行为的。

人民法院应当自收到再审申请书之日起3个月内审查，符合《民事诉讼法》规定的，裁定再审；不符合《民事诉讼法》规定的，裁定驳回申请。有特殊情况需要延长的，由本院院长批准。因当事人申请裁定再审的案件由中级人民法院以上的人民法院审理，但当事人依照《民事诉讼法》第二百一十条的规定选择向基层人民法院申请再审的除外。

按照审判监督程序决定再审的案件，裁定中止原判决、裁定、调解书的执行，但追索赡养费、扶养费、抚养费、抚恤金、医疗费用、劳动报酬等案件，可以不中止执行。

（二）抗诉

最高人民检察院对各级人民法院已经发生法律效力的判决、裁定，上级人民检察院对下级人民法院已经发生法律效力的判决、裁定，发现有《民事诉讼法》第二百一十一条规定情形之一的，或者发现调解书损害国家利益、社会公共利益的，应当提出抗诉。

地方各级人民检察院对同级人民法院已经发生法律效力的判决、裁定，发现有《民事诉讼法》第二百一十一条规定情形之一的，或者发现调解书损害国家利益、社会公共利益的，可以向同级人民法院提出检察建议，并报上级人民检察院备案；也可以提请上级人民检察院向同级人民法院提出抗诉。

人民检察院提出抗诉的案件，接受抗诉的人民法院应当自收到抗诉书之日起30日内作出再审的裁定。人民检察院提出抗诉的案件，人民法院再审时，应当通知人民检察院派员出席法庭。

各级人民检察院对审判监督程序以外的其他审判程序中审判人员的违法行为，有权向同级人民法院提出检察建议。

有下列情形之一的，当事人可以向人民检察院申请检察建议或者抗诉：人民法院驳回再审申请的；人民法院逾期未对再审申请作出裁定的；再审判决、裁定有明显错误的。人民检察院对当事人的申请应当在3个月内进行审查，作出提出或者不予提出检察建议或者抗诉的决定。当事人不得再次向人民检察院申请检察建议或者抗诉。

十、督促程序

债权人请求债务人给付金钱、有价证券，向人民法院申请支付令，人民法院经审查债权人提供的事实、证据，认定债权债务关系明确、合法的，应当在受理之日起15日内向债务人发出支付令；申请不成立的，裁定予以驳回。

知识点 6 民事诉讼的执行

一、一般规定

发生法律效力的民事判决、裁定，以及刑事判决、裁定中的财产部分，由第一审人民法院或者与第一审人民法院同级的被执行的财产所在地人民法院执行。

民事诉讼执行的依据包括：人民法院制作的发生法律效力的判决书、裁定书和调解书；人民法院依督促程序发布的支付令；仲裁机构依法作出的发生法律效力的裁决书；公证机关制作的依法赋予强制执行效力的债权文书。

人民法院自收到申请执行书之日起超过 6 个月未执行的，申请执行人可以向上一级人民法院申请执行。上一级人民法院经审查，可以责令原人民法院在一定期限内执行，也可以决定由本院执行或者指令其他人民法院执行。

（一）执行异议之诉

人民法院审理执行异议之诉案件，适用普通程序。

当事人、利害关系人认为执行行为违反法律规定的，可以向负责执行的人民法院提出书面异议。当事人、利害关系人提出书面异议的，人民法院应当自收到书面异议之日起 15 日内审查，理由成立的，裁定撤销或者改正；理由不成立的，裁定驳回。当事人、利害关系人对裁定不服的，可以自裁定送达之日起 10 日内向上一级人民法院申请复议。

案外人对执行标的提出异议的，应当在该执行标的执行程序终结前提出。执行过程中，案外人对执行标的提出书面异议的，人民法院应当自收到书面异议之日起 15 日内审查，理由成立的，裁定中止对该标的的执行；理由不成立的，裁定驳回。案外人、当事人对裁定不服，认为原判决、裁定错误的，依照审判监督程序办理；与原判决、裁定无关的，可以自裁定送达之日起 15 日内向人民法院提起诉讼。

案外人提起执行异议之诉，除符合《民事诉讼法》第一百二十二条规定外，还应当具备下列条件：案外人的执行异议申请已经被人民法院裁定驳回；有明确的排除对执行标的执行的诉讼请求，且诉讼请求与原判决、裁定无关；自执行异议裁定送达之日起 15 日内提起。人民法院应当在收到起诉状之日起 15 日内决定是否立案。

案外人执行异议之诉审理期间，人民法院不得对执行标的进行处分。申请执行人请求人民法院继续执行并提供相应担保的，人民法院可以准许。案外人、当事人对执行异议裁定不服，自裁定送达之日起 15 日内向人民法院提起执行异议之诉的，由执行法院管辖。

执行异议审查和复议期间，不停止执行。

（二）执行中的特别情形

发生法律效力的实现担保物权裁定、确认调解协议裁定、支付令，由作出裁定、支付令的人民法院或者与其同级的被执行财产所在地的人民法院执行。认定财产无主的判决，由作出判决的人民法院将无主财产收归国家或者集体所有。

被执行人或者被执行的财产在外地的，可以委托当地人民法院代为执行。受委托人民法院收到委托函件后，必须在 15 日内开始执行，不得拒绝。执行完毕后，应当将执行结果及时函复委托人民法院；在 30 日内如果还未执行完毕，也应当将执行情况函告委托人民法院。受委托人民法院自收到委托函件之日起 15 日内不执行的，委托人民法院可以请求受委托人民法院的上级人民法院指令受委托人民法院执行。

人民法院依照相关规定决定暂缓执行的，如果担保是有期限的，暂缓执行的期限应当与担保期限一致，但最长不得超过 1 年。被执行人或者担保人对担保的财产在暂缓执行期间有转移、隐藏、变卖、毁损等行为的，人民法院可以恢复强制执行。

执行完毕后，据以执行的判决、裁定和其他法律文书确有错误，被人民法院撤销的，对已被执行的财产，人民法院应当作出裁定，责令取得财产的人返还；拒不返还的，强制执行。

二、执行的申请和移送

发生法律效力的民事判决、裁定，当事人必须履行。一方拒绝履行的，对方当事人可以向人民法院申请执行，也可以由审判员移送执行员执行。调解书和其他应当由人民法院执行的法律文书，当事人必须履行。一方拒绝履行的，对方当事人可以向人民法院申请执行。

申请执行的期间为 2 年。申请执行时效的中止、中断，适用法律有关诉讼时效中止、中断的规定。执行员接到申请执行书或者移交执行书，应当向被执行人发出执行通知，并可以立即采取强制执行措施。

三、执行措施

被执行人未按执行通知履行法律文书确定的义务，应当报告当前以及收到执行通知之日前1年的财产情况。

人民法院有权采取向有关单位查询被执行人的存款、债券、股票、基金份额等财产情况；扣留、提取被执行人应当履行义务部分的收入；查封、扣押、冻结、拍卖、变卖被执行人应当履行义务部分的财产；对被执行人采取或者通知有关单位协助采取限制出境；在征信系统记录；通过媒体公布不履行义务信息以及法律规定的其他措施。被执行人不履行义务并隐匿财产，人民法院有权发出搜查令，对被执行人及其住所或者财产隐匿地进行搜查。

财产被查封、扣押后，被执行人逾期不履行的，人民法院应当拍卖被查封、扣押的财产。被执行人未按执行通知履行判决、裁定和其他法律文书指定的行为的，人民法院可以强制执行或者委托有关单位或者其他人完成，费用由被执行人承担。

拒不交出法律文书指定交付的财物或者票证、强制迁出房屋或者强制退出土地逾期不履行的，强制执行。在执行中，需要办理有关财产权证照转移手续的，人民法院可以向有关单位发出协助执行通知书，有关单位必须办理。

被执行人未按判决、裁定和其他法律文书指定的期间履行给付金钱义务的，应当加倍支付迟延履行期间的债务利息。被执行人未按判决、裁定和其他法律文书指定的期间履行其他义务的，应当支付迟延履行金。

四、执行中止和终结

有下列情形之一的，人民法院应当裁定中止执行：
（1）申请人表示可以延期执行的。
（2）案外人对执行标的提出确有理由的异议的。
（3）作为一方当事人的公民死亡，需要等待继承人继承权利或者承担义务的。
（4）作为一方当事人的法人或者其他组织终止，尚未确定权利义务承受人的。
（5）人民法院认为应当中止执行的其他情形。
有下列情形之一的，人民法院裁定终结执行：
（1）申请人撤销申请的。
（2）据以执行的法律文书被撤销的。
（3）作为被执行人的公民死亡，无遗产可供执行，又无义务承担人的。
（4）追索赡养费、扶养费、抚养费案件的权利人死亡的。
（5）作为被执行人的公民因生活困难无力偿还借款，无收入来源，又丧失劳动能力的。
（6）人民法院认为应当终结执行的其他情形。

实战演练

[2024真题·多选] 民事判决执行完毕后，据以执行的判决确有错误，被人民法院撤销，关于补救措施的说法，正确的有（　　）。
A. 已被执行的财产无法返还的，不再执行回转
B. 应当提起执行异议之诉
C. 人民法院应当作出裁定，责令取得财产的人返还
D. 取得财产的人拒不返还的，强制执行
E. 应当在判决被撤销后6个月内提出

[解析] 执行完毕后,据以执行的判决、裁定和其他法律文书确有错误,被人民法院撤销的,对已被执行的财产,人民法院应当作出裁定,责令取得财产的人返还;拒不返还的,强制执行。

[答案] CD

第四节 行政复议制度

行政复议制度,旨在防止和纠正违法的或者不当的行政行为,保护公民、法人和其他组织的合法权益,监督和保障行政机关依法行使职权,发挥行政复议化解行政争议的主渠道作用。

知识点 1 行政复议范围

有下列情形之一的,公民、法人或者其他组织可以依照《行政复议法》申请行政复议:
(1) 对行政机关作出的行政处罚决定不服。
(2) 对行政机关作出的行政强制措施、行政强制执行决定不服。
(3) 申请行政许可,行政机关拒绝或者在法定期限内不予答复,或者对行政机关作出的有关行政许可的其他决定不服。
(4) 对行政机关作出的确认自然资源的所有权或者使用权的决定不服。
(5) 对行政机关作出的征收征用决定及其补偿决定不服。
(6) 对行政机关作出的赔偿决定或者不予赔偿决定不服。
(7) 对行政机关作出的不予受理工伤认定申请的决定或者工伤认定结论不服。
(8) 认为行政机关侵犯其经营自主权或者农村土地承包经营权、农村土地经营权。
(9) 认为行政机关滥用行政权力排除或者限制竞争。
(10) 认为行政机关违法集资、摊派费用或者违法要求履行其他义务。
(11) 申请行政机关履行保护人身权利、财产权利、受教育权利等合法权益的法定职责,行政机关拒绝履行、未依法履行或者不予答复。
(12) 申请行政机关依法给付抚恤金、社会保险待遇或者最低生活保障等社会保障,行政机关没有依法给付。
(13) 认为行政机关不依法订立、不依法履行、未按照约定履行或者违法变更、解除政府特许经营协议、土地房屋征收补偿协议等行政协议。
(14) 认为行政机关在政府信息公开工作中侵犯其合法权益。
(15) 认为行政机关的其他行政行为侵犯其合法权益。

下列事项不属于行政复议范围:国防、外交等国家行为;行政法规、规章或者行政机关制定、发布的具有普遍约束力的决定、命令等规范性文件;行政机关对行政机关工作人员的奖惩、任免等决定;行政机关对民事纠纷作出的调解。

公民、法人或者其他组织认为行政机关的行政行为所依据的下列规范性文件不合法,在对行政行为申请行政复议时,可以一并向行政复议机关提出对该规范性文件的附带审查申请:国务院部门的规范性文件;县级以上地方各级人民政府及其工作部门的规范性文件;乡、镇人民政府的规范性文件;法律、法规、规章授权的组织的规范性文件。上述所列规范性文件不含规章。规章的审查依照法律、行政法规办理。

知识点 2 行政复议的申请、受理和决定

公民、法人或者其他组织认为行政机关的行政行为（包括法律、法规、规章授权的组织的行政行为）侵犯其合法权益的，可以向行政复议机关提出行政复议申请，行政复议机关应依法审理。

一、行政复议申请

（一）行政复议参加人

依照《行政复议法》申请行政复议的公民、法人或者其他组织是申请人。有权申请行政复议的公民死亡的，其近亲属可以申请行政复议。有权申请行政复议的法人或者其他组织终止的，其权利义务承受人可以申请行政复议。有权申请行政复议的公民为无民事行为能力人或者限制民事行为能力人的，其法定代理人可以代为申请行政复议。

同一行政复议案件申请人人数众多的，可以由申请人推选代表人参加行政复议。代表人参加行政复议的行为对其所代表的申请人发生效力，但是代表人变更行政复议请求、撤回行政复议申请、承认第三人请求的，应当经被代表的申请人同意。申请人以外的同被申请行政复议的行政行为或者行政复议案件处理结果有利害关系的公民、法人或者其他组织，可以作为第三人申请参加行政复议，或者由行政复议机构通知其作为第三人参加行政复议。第三人不参加行政复议，不影响行政复议案件的审理。

申请人、第三人可以委托1至2名律师、基层法律服务工作者或者其他代理人代为参加行政复议。申请人、第三人委托代理人的，应当向行政复议机构提交授权委托书、委托人及被委托人的身份证明文件。授权委托书应当载明委托事项、权限和期限。申请人、第三人变更或者解除代理人权限的，应当书面告知行政复议机构。符合法律援助条件的行政复议申请人申请法律援助的，法律援助机构应当依法为其提供法律援助。

公民、法人或者其他组织对行政行为不服申请行政复议的，作出行政行为的行政机关或者法律、法规、规章授权的组织是被申请人。2个以上行政机关以共同的名义作出同一行政行为的，共同作出行政行为的行政机关是被申请人。行政机关委托的组织作出行政行为的，委托的行政机关是被申请人。作出行政行为的行政机关被撤销或者职权变更的，继续行使其职权的行政机关是被申请人。

（二）申请的提出

申请人申请行政复议，可以书面申请；书面申请有困难的，也可以口头申请。书面申请的，可以通过邮寄或者行政复议机关指定的互联网渠道等方式提交行政复议申请书，也可以当面提交行政复议申请书。口头申请的，行政复议机关应当当场记录申请人的基本情况、行政复议请求、申请行政复议的主要事实、理由和时间，并将笔录交申请人核对或者向申请人宣读，由申请人签字确认。申请人对2个以上行政行为不服的，应当分别申请行政复议。

行政机关通过互联网渠道送达行政行为决定书的，应当同时提供提交行政复议申请书的互联网渠道。

公民、法人或者其他组织认为行政行为侵犯其合法权益的，可以自知道或者应当知道该行政行为之日起60日内提出行政复议申请；但是法律规定的申请期限超过60日的除外。因不可抗力或者其他正当理由耽误法定申请期限的，申请期限自障碍消除之日起继续计算。

行政机关作出行政行为时，未告知公民、法人或者其他组织申请行政复议的权利、行政复议机关和申请期限的，申请期限自公民、法人或者其他组织知道或者应当知道申请行政复议的权利、行政复议机关和申请期限之日起计算，但是自知道或者应当知道行政行为内容之日起最长不得超过1年。

因不动产提出的行政复议申请自行政行为作出之日起超过 20 年，其他行政复议申请自行政行为作出之日起超过 5 年的，行政复议机关不予受理。

《行政复议法》规定，有下列情形之一的，申请人应当先向行政复议机关申请行政复议，对行政复议决定不服的，可以再依法向人民法院提起行政诉讼：

(1) 对当场作出的行政处罚决定不服的。

(2) 对行政机关作出的侵犯其已经依法取得的自然资源的所有权或者使用权的决定不服。

(3) 认为行政机关存在《行政复议法》第十一条规定的未履行法定职责情形。

(4) 申请政府信息公开，行政机关不予公开的。

(5) 法律、行政法规规定应当先向行政复议机关申请行政复议的其他情形。

对上述规定的情形，行政机关在作出行政行为时应当告知公民、法人或者其他组织先向行政复议机关申请行政复议。

(三) 行政复议管辖

县级以上地方各级人民政府管辖下列行政复议案件：对本级人民政府工作部门作出的行政行为不服的；对下一级人民政府作出的行政行为不服的；对本级人民政府依法设立的派出机关作出的行政行为不服的；对本级人民政府或者其工作部门管理的法律、法规、规章授权的组织作出的行政行为不服的。除上述规定外，省、自治区、直辖市人民政府同时管辖对本机关作出的行政行为不服的行政复议案件。

省、自治区人民政府依法设立的派出机关参照设区的市级人民政府的职责权限，管辖相关行政复议案件。对县级以上地方各级人民政府工作部门依法设立的派出机构依照法律、法规、规章规定，以派出机构的名义作出的行政行为不服的行政复议案件，由本级人民政府管辖；其中，对直辖市、设区的市人民政府工作部门按照行政区划设立的派出机构作出的行政行为不服的，也可以由其所在地的人民政府管辖。

国务院部门管辖下列行政复议案件：对本部门作出的行政行为不服的；对本部门依法设立的派出机构依照法律、行政法规、部门规章规定，以派出机构的名义作出的行政行为不服的；对本部门管理的法律、行政法规、部门规章授权的组织作出的行政行为不服的。对省、自治区、直辖市人民政府依照《行政复议法》第二十四条第二款的规定、国务院部门依照《行政复议法》第二十五条第一项的规定作出的行政复议决定不服的，可以向人民法院提起行政诉讼；也可以向国务院申请裁决，国务院依照《行政复议法》的规定作出最终裁决。

对海关、金融、外汇管理等实行垂直领导的行政机关、税务和国家安全机关的行政行为不服的，向上一级主管部门申请行政复议。对履行行政复议机构职责的地方人民政府司法行政部门的行政行为不服的，可以向本级人民政府申请行政复议，也可以向上一级司法行政部门申请行政复议。

公民、法人或者其他组织申请行政复议，行政复议机关已经依法受理的，在行政复议期间不得向人民法院提起行政诉讼。公民、法人或者其他组织向人民法院提起行政诉讼，人民法院已经依法受理的，不得申请行政复议。

二、行政复议受理

公民、法人或者其他组织认为行政机关的具体行政行为侵犯其合法权益提出行政复议申请，除不符合相关法律规定的申请条件的，行政复议机关必须受理。行政复议机关收到行政复议申请后，应当在 5 日内进行审查。对符合下列规定的，行政复议机关应当予以受理：

(1) 有明确的申请人和符合《行政复议法》规定的被申请人。

(2) 申请人与被申请行政复议的行政行为有利害关系。
(3) 有具体的行政复议请求和理由。
(4) 在法定申请期限内提出。
(5) 属于《行政复议法》规定的行政复议范围。
(6) 属于本机关的管辖范围。
(7) 行政复议机关未受理过该申请人就同一行政行为提出的行政复议申请，并且人民法院未受理过该申请人就同一行政行为提起的行政诉讼。

对不符合上述规定的行政复议申请，行政复议机关应当在审查期限内决定不予受理并说明理由；不属于本机关管辖的，还应当在不予受理决定中告知申请人有管辖权的行政复议机关。行政复议申请的审查期限届满，行政复议机关未作出不予受理决定的，审查期限届满之日起视为受理。

对当场作出或者依据电子技术监控设备记录的违法事实作出的行政处罚决定不服申请行政复议的，可以通过作出行政处罚决定的行政机关提交行政复议申请。行政机关收到行政复议申请后，应当及时处理；认为需要维持行政处罚决定的，应当自收到行政复议申请之日起5日内转送行政复议机关。

行政复议申请材料不齐全或者表述不清楚，无法判断行政复议申请是否符合《行政复议法》第三十条第一款规定的，行政复议机关应当自收到申请之日起5日内书面通知申请人补正。补正通知应当一次性载明需要补正的事项。申请人应当自收到补正通知之日起10日内提交补正材料。有正当理由不能按期补正的，行政复议机关可以延长合理的补正期限。无正当理由逾期不补正的，视为申请人放弃行政复议申请，并记录在案。行政复议机关收到补正材料后，依照《行政复议法》第三十条的规定处理。

行政复议机关受理行政复议申请后，发现该行政复议申请不符合《行政复议法》第三十条第一款规定的，应当决定驳回申请并说明理由。

公民、法人或者其他组织依法提出行政复议申请，行政复议机关无正当理由不予受理、驳回申请或者受理后超过行政复议期限不作答复的，申请人有权向上级行政机关反映，上级行政机关应当责令其纠正；必要时，上级行政复议机关可以直接受理。

法律、行政法规规定应当先向行政复议机关申请行政复议、对行政复议决定不服再向人民法院提起行政诉讼的，行政复议机关决定不予受理、驳回申请或者受理后超过行政复议期限不作答复的，公民、法人或者其他组织可以自收到决定书之日起或者行政复议期限届满之日起15日内，依法向人民法院提起行政诉讼。

三、行政复议决定

(一) 一般规定

行政复议机关依照法律、法规、规章审理行政复议案件。行政复议机关受理行政复议申请后，依照《行政复议法》适用普通程序或者简易程序进行审理。行政复议机关依照《行政复议法》审理行政复议案件，由行政复议机构对行政行为进行审查，提出意见，经行政复议机关的负责人同意或者集体讨论通过后，以行政复议机关的名义作出行政复议决定。经过听证的行政复议案件，行政复议机关应当根据听证笔录、审查认定的事实和证据，依照《行政复议法》作出行政复议决定。提请行政复议委员会提出咨询意见的行政复议案件，行政复议机关应当将咨询意见作为作出行政复议决定的重要参考依据。

适用普通程序审理的行政复议案件，行政复议机关应当自受理申请之日起60日内作出行政复议决定；但是法律规定的行政复议期限少于60日的除外。情况复杂，不能在规定期限内作出行政复议决定的,经行政复议机构的负责人批准,可以适当延长,并书面告知当事人;但是延长期限最多不得超过 30 日。适用简易程序审理的行政复议案件,行政复议机关应当自受理申请之日起 30 日内作出行政复议决定。

行政复议机关作出行政复议决定,应当制作行政复议决定书,并加盖行政复议机关印章。行政复议决定书一经送达,即发生法律效力。行政复议机关根据被申请行政复议的行政行为的公开情况,按照国家有关规定将行政复议决定书向社会公开。县级以上地方各级人民政府办理以本级人民政府工作部门为被申请人的行政复议案件,应当将发生法律效力的行政复议决定书、意见书同时抄告被申请人的上一级主管部门。

(二)对行政行为的几种判定

行政行为认定事实清楚,证据确凿,适用依据正确,程序合法,内容适当的,行政复议机关决定维持该行政行为。

行政行为有下列情形之一的,行政复议机关决定变更该行政行为:事实清楚,证据确凿,适用依据正确,程序合法,但是内容不适当;事实清楚,证据确凿,程序合法,但是未正确适用依据;事实不清、证据不足,经行政复议机关查清事实和证据。行政复议机关不得作出对申请人更为不利的变更决定,但是第三人提出相反请求的除外。

行政行为有下列情形之一的,行政复议机关决定撤销或者部分撤销该行政行为,并可以责令被申请人在一定期限内重新作出行政行为:主要事实不清、证据不足;违反法定程序;适用的依据不合法;超越职权或者滥用职权。行政复议机关责令被申请人重新作出行政行为的,被申请人不得以同一事实和理由作出与被申请行政复议的行政行为相同或者基本相同的行政行为,但是行政复议机关以违反法定程序为由决定撤销或者部分撤销的除外。

行政行为有下列情形之一的,行政复议机关不撤销该行政行为,但是确认该行政行为违法:依法应予撤销,但是撤销会给国家利益、社会公共利益造成重大损害;程序轻微违法,但是对申请人权利不产生实际影响。行政行为有下列情形之一,不需要撤销或者责令履行的,行政复议机关确认该行政行为违法:行政行为违法,但是不具有可撤销内容;被申请人改变原违法行政行为,申请人仍要求撤销或者确认该行政行为违法;被申请人不履行或者拖延履行法定职责,责令履行没有意义。

(三)被申请人不履行法定职责的情形

被申请人不履行法定职责的,行政复议机关决定被申请人在一定期限内履行。行政行为有实施主体不具有行政主体资格或者没有依据等重大且明显违法情形,申请人申请确认行政行为无效的,行政复议机关确认该行政行为无效。

被申请人不按照规定提出书面答复、提交作出行政行为的证据、依据和其他有关材料的,视为该行政行为没有证据、依据,行政复议机关决定撤销、部分撤销该行政行为,确认该行政行为违法、无效或者决定被申请人在一定期限内履行,但是行政行为涉及第三人合法权益,第三人提供证据的除外。

被申请人不依法订立、不依法履行、未按照约定履行或者违法变更、解除行政协议的,行政复议机关决定被申请人承担依法订立、继续履行、采取补救措施或者赔偿损失等责任。被申请人变更、解除行政协议合法,但是未依法给予补偿或者补偿不合理的,行政复议机关决定被申请人依法给予合理补偿。

被申请人应当履行行政复议决定书、调解书、意见书。被申请人不履行或者无正当理由拖延履行行政复议决定书、调解书、意见书的,行政复议机关或者有关上级行政机关应当责令其限期履行,并可以约谈被申请人的有关负责人或者予以通报批评。

行政复议机关受理申请人认为被申请人不履行法定职责的行政复议申请后,发现被申请人没有相应法定职责或者在受理前已经履行法定职责的,决定驳回申请人的行政复议请求。

(四) 对申请人、第三人的强制执行及赔偿

申请人、第三人逾期不起诉又不履行行政复议决定书、调解书的,或者不履行最终裁决的行政复议决定的,按照下列规定分别处理:维持行政行为的行政复议决定书,由作出行政行为的行政机关依法强制执行,或者申请人民法院强制执行;变更行政行为的行政复议决定书,由行政复议机关依法强制执行,或者申请人民法院强制执行;行政复议调解书,由行政复议机关依法强制执行,或者申请人民法院强制执行。

申请人在申请行政复议时一并提出行政赔偿请求,行政复议机关对依照《中华人民共和国国家赔偿法》(以下简称《国家赔偿法》)的有关规定应当不予赔偿的,在作出行政复议决定时,应当同时决定驳回行政赔偿请求;对符合《国家赔偿法》的有关规定应当给予赔偿的,在决定撤销或者部分撤销、变更行政行为或者确认行政行为违法、无效时,应当同时决定被申请人依法给予赔偿;确认行政行为违法的,还可以同时责令被申请人采取补救措施。申请人在申请行政复议时没有提出行政赔偿请求的,行政复议机关在依法决定撤销或者部分撤销、变更罚款,撤销或者部分撤销违法集资、没收财物、征收征用、摊派费用以及对财产的查封、扣押、冻结等行政行为时,应当同时责令被申请人返还财产,解除对财产的查封、扣押、冻结措施,或者赔偿相应的价款。

实战演练

[2024 真题·单选] 对下列行政行为不服,申请人应当先向行政复议机关申请行政复议,对行政复议决定不服,方可以向人民法院提起行政诉讼的是( )。
A. 行政机关作出的确认自然资源所有权的决定
B. 行政机关作出的行政强制执行决定
C. 申请政府信息公开,行政机关不予公开
D. 行政机关作出的吊销资质证书处罚决定

[解析] 有下列情形之一的,申请人应当先向行政复议机关申请行政复议,对行政复议决定不服的,可以再依法向人民法院提起行政诉讼:①对当场作出的行政处罚决定不服;②对行政机关作出的侵犯其已经依法取得的自然资源的所有权或者使用权的决定不服;③认为行政机关存在《行政复议法》第十一条规定的未履行法定职责情形;④申请政府信息公开,行政机关不予公开;⑤法律、行政法规规定应当先向行政复议机关申请行政复议的其他情形。

[答案] C

第五节 行政诉讼制度

公民、法人或者其他组织认为行政机关和行政机关工作人员的行政行为侵犯其合法权益,有权依照《行政诉讼法》向人民法院提起诉讼。行政行为,包括法律、法规、规章授权的组织作出的行政行为。

知识点 1 行政诉讼的受案范围

人民法院受理公民、法人或者其他组织提起的下列诉讼:
(1) 对行政拘留、暂扣或者吊销许可证和执照、责令停产停业、没收违法所得、没收非法财物、罚款、警告等行政处罚不服的;

（2）对限制人身自由或者对财产的查封、扣押、冻结等行政强制措施和行政强制执行不服的。

（3）申请行政许可，行政机关拒绝或者在法定期限内不予答复，或者对行政机关作出的有关行政许可的其他决定不服的。

（4）对行政机关作出的关于确认土地、矿藏、水流、森林、山岭、草原、荒地、滩涂、海域等自然资源的所有权或者使用权的决定不服的。

（5）对征收、征用决定及其补偿决定不服的。

（6）申请行政机关履行保护人身权、财产权等合法权益的法定职责，行政机关拒绝履行或者不予答复的。

（7）认为行政机关侵犯其经营自主权或者农村土地承包经营权、农村土地经营权的。

（8）认为行政机关滥用行政权力排除或者限制竞争的。

（9）认为行政机关违法集资、摊派费用或者违法要求履行其他义务的。

（10）认为行政机关没有依法支付抚恤金、最低生活保障待遇或者社会保险待遇的。

（11）认为行政机关不依法履行、未按照约定履行或者违法变更、解除政府特许经营协议、土地房屋征收补偿协议等协议的。

（12）认为行政机关侵犯其他人身权、财产权等合法权益的。

除上述规定外，人民法院受理法律、法规规定可以提起诉讼的其他行政案件。

人民法院不受理公民、法人或者其他组织对下列事项提起的诉讼：

（1）国防、外交等国家行为。

（2）行政法规、规章或者行政机关制定、发布的具有普遍约束力的决定、命令。

（3）行政机关对行政机关工作人员的奖惩、任免等决定。

（4）法律规定由行政机关最终裁决的行政行为。

《最高人民法院关于适用〈中华人民共和国行政诉讼法〉的解释》规定，下列行为不属于人民法院行政诉讼的受案范围：

（1）公安、国家安全等机关依照《中华人民共和国刑事诉讼法》的明确授权实施的行为。

（2）调解行为以及法律规定的仲裁行为。

（3）行政指导行为。

（4）驳回当事人对行政行为提起申诉的重复处理行为。

（5）行政机关作出的不产生外部法律效力的行为。

（6）行政机关为作出行政行为而实施的准备、论证、研究、层报、咨询等过程性行为。

（7）行政机关根据人民法院的生效裁判、协助执行通知书作出的执行行为，但行政机关扩大执行范围或者采取违法方式实施的除外。

（8）上级行政机关基于内部层级监督关系对下级行政机关作出的听取报告、执法检查、督促履责等行为。

（9）行政机关针对信访事项作出的登记、受理、交办、转送、复查、复核意见等行为。

（10）对公民、法人或者其他组织权利义务不产生实际影响的行为。

知识点 2 行政诉讼的法院管辖

基层人民法院管辖第一审行政案件。中级人民法院管辖下列第一审行政案件：对国务院部门或者县级以上地方人民政府所作的行政行为提起诉讼的案件；海关处理的案件；本辖区内重大、复杂的案件；其他法律规定由中级人民法院管辖的案件。高级人民法院管辖本辖区内重大、复杂的第一审行政案件。最高人民法院管辖全国范围内重大、复杂的第一审行政案件。上级人民法院有权审理下级人民法院管辖的第一审行政案件。下级人民法院对其管辖的第一审行政案件,认为需要由上级人民法院审理或者指定管辖的,可以报请上级人民法院决定。

行政案件由最初作出行政行为的行政机关所在地人民法院管辖。经复议的案件,也可以由复议机关所在地人民法院管辖。经最高人民法院批准,高级人民法院可以根据审判工作的实际情况,确定若干人民法院跨行政区域管辖行政案件。

2个以上人民法院都有管辖权的案件,原告可以选择其中一个人民法院提起诉讼。原告向2个以上有管辖权的人民法院提起诉讼的,由最先立案的人民法院管辖。

对限制人身自由的行政强制措施不服提起的诉讼,由被告所在地或者原告所在地人民法院管辖。因不动产提起的行政诉讼,由不动产所在地人民法院管辖。

人民法院发现受理的案件不属于本院管辖的,应当移送有管辖权的人民法院,受移送的人民法院应当受理。受移送的人民法院认为受移送的案件按照规定不属于本院管辖的,应当报请上级人民法院指定管辖,不得再自行移送。有管辖权的人民法院由于特殊原因不能行使管辖权的,由上级人民法院指定管辖。人民法院对管辖权发生争议,由争议双方协商解决。协商不成的,报它们的共同上级人民法院指定管辖。

有下列情形之一的,人民法院不予审查:人民法院发回重审或者按第一审程序再审的案件,当事人提出管辖异议的;当事人在第一审程序中未按照法律规定的期限和形式提出管辖异议,在第二审程序中提出的。

知识点 3 行政诉讼参加人

一、一般规定

行政行为的相对人以及其他与行政行为有利害关系的公民、法人或者其他组织,有权提起诉讼。有权提起诉讼的公民死亡,其近亲属可以提起诉讼。有权提起诉讼的法人或者其他组织终止,承受其权利的法人或者其他组织可以提起诉讼。

属于"与行政行为有利害关系"的情形包括:被诉的行政行为涉及其相邻权或者公平竞争权的;在行政复议等行政程序中被追加为第三人的;要求行政机关依法追究加害人法律责任的;撤销或者变更行政行为涉及其合法权益的;为维护自身合法权益向行政机关投诉,具有处理投诉职责的行政机关作出或者未作出处理的;其他与行政行为有利害关系的情形。公民因被限制人身自由而不能提起诉讼的,其近亲属可以依其口头或者书面委托以该公民的名义提起诉讼。近亲属起诉时无法与被限制人身自由的公民取得联系,近亲属可以先行起诉,并在诉讼中补充提交委托证明。

人民检察院在履行职责中发现生态环境和资源保护、食品药品安全、国有财产保护、国有土地使用权出让等领域负有监督管理职责的行政机关违法行使职权或者不作为,致使国家利益或者社会公共利益受到侵害的,应当向行政机关提出检察建议,督促其依法履行职责。行政机关不依法履行职责的,人民检察院依法向人民法院提起诉讼。

行政机关应当在收到检察建议书之日起2个月内依法履行职责,并书面回复人民检察院。出现国家利益或者社会公共利益损害继续扩大等紧急情形的,行政机关应当在15日内书面回复。行政机关不依法履行职责的,人民检察院依法向人民法院提起诉讼。

二、被告的认定

公民、法人或者其他组织直接向人民法院提起诉讼的,作出行政行为的行政机关是被告。经复议的案件，复议机关决定维持原行政行为的，作出原行政行为的行政机关和复议机关是共同被告；复议机关改变原行政行为的，复议机关是被告。复议机关在法定期限内未作出复议决定，公民、法人或者其他组织起诉原行政行为的，作出原行政行为的行政机关是被告；起诉复议机关不作为的，复议机关是被告。2个以上行政机关作出同一行政行为的，共同作出行政行为的行政机关是共同被告。行政机关委托的组织所作的行政行为，委托的行政机关是被告。行政机关被撤销或者职权变更的，继续行使其职权的行政机关是被告。

当事人不服经上级行政机关批准的行政行为，向人民法院提起诉讼的，以在对外发生法律效力的文书上署名的机关为被告。行政机关被撤销或者职权变更，没有继续行使其职权的行政机关的，以其所属的人民政府为被告；实行垂直领导的，以垂直领导的上一级行政机关为被告。

行政机关组建并赋予行政管理职能但不具有独立承担法律责任能力的机构，以自己的名义作出行政行为，当事人不服提起诉讼的，应当以组建该机构的行政机关为被告。法律、法规或者规章授权行使行政职权的行政机关内设机构、派出机构或者其他组织，超出法定授权范围实施行政行为，当事人不服提起诉讼的，应当以实施该行为的机构或者组织为被告。没有法律、法规或者规章规定，行政机关授权其内设机构、派出机构或者其他组织行使行政职权的，属于《行政诉讼法》第二十六条规定的委托。当事人不服提起诉讼的，应当以该行政机关为被告。

当事人对由国务院、省级人民政府批准设立的开发区管理机构作出的行政行为不服提起诉讼的，以该开发区管理机构为被告；对由国务院、省级人民政府批准设立的开发区管理机构所属职能部门作出的行政行为不服提起诉讼的，以其职能部门为被告；对其他开发区管理机构所属职能部门作出的行政行为不服提起诉讼的，以开发区管理机构为被告；开发区管理机构没有行政主体资格的，以设立该机构的地方人民政府为被告。

当事人对高等学校等事业单位以及律师协会、注册会计师协会等行业协会依据法律、法规、规章的授权实施的行政行为不服提起诉讼的，以该事业单位、行业协会为被告。当事人对上述事业单位及行业协会受行政机关委托作出的行为不服提起诉讼的，以委托的行政机关为被告。

原告所起诉的被告不适格，人民法院应当告知原告变更被告；原告不同意变更的，裁定驳回起诉。

三、共同诉讼

当事人一方或者双方为2人以上，因同一行政行为发生的行政案件，或者因同类行政行为发生的行政案件、人民法院认为可以合并审理并经当事人同意的，为共同诉讼。

当事人一方人数众多的共同诉讼，可以由当事人推选代表人进行诉讼。代表人的诉讼行为对其所代表的当事人发生效力，但代表人变更、放弃诉讼请求或者承认对方当事人的诉讼请求，应当经被代表的当事人同意。当事人一方人数众多的，由当事人推选代表人。当事人推选不出的，可以由人民法院在起诉的当事人中指定代表人。

必须共同进行诉讼的当事人没有参加诉讼的，人民法院应当依法通知其参加；当事人也可以向人民法院申请参加。人民法院应当对当事人提出的申请进行审查，申请理由不成立的，裁定驳回；申请理由成立的，书面通知其参加诉讼。人民法院追加共同诉讼的当事人时，应当通知其他当事人。应当追加的原告，已明确表示放弃实体权利的，可不予追加。

四、第三人的认定

公民、法人或者其他组织同被诉行政行为有利害关系但没有提起诉讼，或者同案件处理结果有利害关系的,可以作为第三人申请参加诉讼,或者由人民法院通知参加诉讼。人民法院判决第三人承担义务或者减损第三人权益的,第三人有权依法提起上诉或申请再审。

行政机关的同一行政行为涉及2个以上利害关系人,其中一部分利害关系人对行政行为不服提起诉讼,人民法院应当通知没有起诉的其他利害关系人作为第三人参加诉讼。与行政案件处理结果有利害关系的第三人,可以申请参加诉讼,或者由人民法院通知其参加诉讼。

应当追加的原告既不愿意参加诉讼,又不放弃实体权利的,应追加为第三人,其不能阻碍人民法院对案件的审理和裁判。应当追加被告而原告不同意追加的,人民法院应当通知其以第三人的身份参加诉讼,但行政复议机关作共同被告的除外。

《行政诉讼法》第二十九条规定的第三人,因不能归责于本人的事由未参加诉讼,但有证据证明发生法律效力的判决、裁定、调解书损害其合法权益的,可以依照《行政诉讼法》第九十条的规定,自知道或者应当知道其合法权益受到损害之日起6个月内,向上一级人民法院申请再审。

五、诉讼代理

没有诉讼行为能力的公民,由其法定代理人代为诉讼。法定代理人互相推诿代理责任的,由人民法院指定其中1人代为诉讼。当事人、法定代理人,可以委托1至2人作为诉讼代理人。下列人员可以被委托为诉讼代理人:律师、基层法律服务工作者;当事人的近亲属或者工作人员;当事人所在社区、单位以及有关社会团体推荐的公民。

代理诉讼的律师,有权按照规定查阅、复制本案有关材料,有权向有关组织和公民调查、收集与本案有关的证据。对涉及国家秘密、商业秘密和个人隐私的材料,应当依照法律规定保密。当事人和其他诉讼代理人有权按照规定查阅、复制本案庭审材料,但涉及国家秘密、商业秘密和个人隐私的内容除外。

知识点 4 行政诉讼证据的种类、举证责任和保全

一、证据的种类

证据包括:书证;物证;视听资料;电子数据;证人证言;当事人的陈述;鉴定意见;勘验笔录、现场笔录。以上证据经法庭审查属实,才能作为认定案件事实的根据。

二、举证责任

(一)原告的举证责任

在起诉被告不履行法定职责的案件中,原告应当提供其向被告提出申请的证据。但有下列情形之一的除外:被告应当依职权主动履行法定职责的;原告因正当理由不能提供证据的。在行政赔偿、补偿的案件中,原告应当对行政行为造成的损害提供证据。被告的原因导致原告无法举证的,由被告承担举证责任。

对于各方主张损失的价值无法认定的,应当由负有举证责任的一方当事人申请鉴定,但法律、法规、规章规定行政机关在作出行政行为时依法应当评估或者鉴定的除外;负有举证责任的当事人拒绝申请鉴定的,由其承担不利的法律后果。当事人的损失因客观原因无法鉴定的,人民法院应当结合当事人的主张和在案证据,遵循法官职业道德,运用逻辑推理和生活经验、生活常识等,酌情确定赔偿数额。

(二)被告的举证责任

被告对作出的行政行为负有举证责任,应当提供作出该行政行为的证据和所依据的规范性文件。被告不提供或者无正当理由逾期提供证据,视为没有相应证据。但是,被诉行政行为涉及第三人合法权益,第三人提供证据的除外。

在诉讼过程中，被告及其诉讼代理人不得自行向原告、第三人和证人收集证据。被告在作出行政行为时已经收集了证据，但因不可抗力等正当事由不能提供的，经人民法院准许，可以延期提供。人民法院准许延期提供的，被告应当在正当事由消除后15日内提供证据。逾期提供的，视为被诉行政行为没有相应的证据。原告或者第三人提出了其在行政处理程序中没有提出的理由或者证据的，经人民法院准许，被告可以补充证据。

原告可以提供证明行政行为违法的证据。原告提供的证据不成立的，不免除被告的举证责任。

（三）质证

证据应当在法庭上出示，并由当事人互相质证。对涉及国家秘密、商业秘密和个人隐私的证据，不得在公开开庭时出示。人民法院应当按照法定程序，全面、客观地审查核实证据。对未采纳的证据应当在裁判文书中说明理由。以非法手段取得的证据，不得作为认定案件事实的根据。

三、证据的补充、调取与保全

（一）证据补充与调取

人民法院有权要求当事人提供或者补充证据。对当事人无争议，但涉及国家利益、公共利益或者他人合法权益的事实，人民法院可以责令当事人提供或者补充有关证据。

人民法院有权向有关行政机关以及其他组织、公民调取证据。但是，不得为证明行政行为的合法性调取被告作出行政行为时未收集的证据。

与本案有关的下列证据，原告或者第三人不能自行收集的，可以申请人民法院调取：由国家机关保存而须由人民法院调取的证据；涉及国家秘密、商业秘密和个人隐私的证据；确因客观原因不能自行收集的其他证据。

（二）证据保全

在证据可能灭失或者以后难以取得的情况下，诉讼参加人可以向人民法院申请保全证据，人民法院也可以主动采取保全措施。

当事人根据《行政诉讼法》规定向人民法院申请保全证据的，应当在举证期限届满前以书面形式提出，并说明证据的名称和地点、保全的内容和范围、申请保全的理由等事项。当事人申请保全证据的，人民法院可以要求其提供相应的担保。法律、司法解释规定诉前保全证据的，依照其规定办理。

人民法院保全证据的，可以根据具体情况，采取查封、扣押、拍照、录音、录像、复制、鉴定、勘验、制作询问笔录等保全措施。人民法院保全证据时，可以要求当事人或者其诉讼代理人到场。

原告或者第三人确有证据证明被告持有的证据对原告或者第三人有利的，可以在开庭审理前书面申请人民法院责令行政机关提交。申请理由成立的，人民法院应当责令行政机关提交，因提交证据所产生的费用，由申请人预付。行政机关无正当理由拒不提交的，人民法院可以推定原告或者第三人基于该证据主张的事实成立。持有证据的当事人以妨碍对方当事人使用为目的，毁灭有关证据或者实施其他致使证据不能使用行为的，人民法院可以推定对方当事人基于该证据主张的事实成立，并可依照《行政诉讼法》规定处理。

知识点 5 行政诉讼的起诉和受理

一、起诉

对属于人民法院受案范围的行政案件，公民、法人或者其他组织可以先向行政机关申请复议，对复议决定不服的，再向人民法院提起诉讼；也可以直接向人民法院提起诉讼。起诉应当向人民法院递交起诉状,并按照被告人数提出副本。书写起诉状确有困难的,可以口头起诉,由人民法院记入笔录,出具注明日期的书面凭证,并告知对方当事人。

提起诉讼应当符合下列条件:原告是符合《行政诉讼法》第二十五条规定的公民、法人或者其他组织;有明确的被告;有具体的诉讼请求和事实根据;属于人民法院受案范围和受诉人民法院管辖。"有具体的诉讼请求"是指:

(1) 请求判决撤销或者变更行政行为。
(2) 请求判决行政机关履行特定法定职责或者给付义务。
(3) 请求判决确认行政行为违法或者无效。
(4) 请求判决行政机关予以赔偿或者补偿。
(5) 请求解决行政协议争议。
(6) 请求一并审查规章以下规范性文件。
(7) 请求一并解决相关民事争议。
(8) 其他诉讼请求。

公民、法人或者其他组织不服复议决定的,可以在收到复议决定书之日起 15 日内向人民法院提起诉讼。复议机关逾期不作决定的,申请人可以在复议期满之日起 15 日内向人民法院提起诉讼,法律另有规定的除外。

公民、法人或者其他组织直接向人民法院提起诉讼的,应当自知道或者应当知道作出行政行为之日起 6 个月内提出。法律另有规定的除外。因不动产提起诉讼的案件自行政行为作出之日起超过 20 年,其他案件自行政行为作出之日起超过 5 年提起诉讼的,人民法院不予受理。公民、法人或者其他组织不知道行政机关作出的行政行为内容的,其起诉期限从知道或者应当知道该行政行为内容之日起计算,但最长不得超过规定的起诉期限。

公民、法人或者其他组织因不可抗力或者其他不属于其自身的原因耽误起诉期限的,被耽误的时间不计算在起诉期限内。公民、法人或者其他组织因上述规定以外的其他特殊情况耽误起诉期限的,在障碍消除后 10 日内,可以申请延长期限,是否准许由人民法院决定。

公民、法人或者其他组织申请行政机关履行保护其人身权、财产权等合法权益的法定职责,行政机关在接到申请之日起 2 个月内不履行的,公民、法人或者其他组织可以向人民法院提起诉讼。法律、法规对行政机关履行职责的期限另有规定的,从其规定。公民、法人或者其他组织在紧急情况下请求行政机关履行保护其人身权、财产权等合法权益的法定职责,行政机关不履行的,提起诉讼不受上述规定期限的限制。

二、受理

法律、法规规定应当先申请复议,公民、法人或者其他组织未申请复议直接提起诉讼的,人民法院裁定不予立案。复议机关不受理复议申请或者在法定期限内不作出复议决定,公民、法人或者其他组织不服,依法向人民法院提起诉讼的,人民法院应当依法立案。人民法院在接到起诉状时对符合《行政诉讼法》规定的起诉条件的,应当登记立案。对当场不能判定是否符合《行政诉讼法》规定的起诉条件的,应当接收起诉状,出具注明收到日期的书面凭证,并在 7 日内决定是否立案。不符合起诉条件的,作出不予立案的裁定。裁定书应当载明不予立案的理由。原告对裁定不服的,可以提起上诉。起诉状内容欠缺或者有其他错误的,应当给予指导和释明,并一次性告知当事人需要补正的内容。不得未经指导和释明即以起诉不符合条件为由不接收起诉状。

人民法院既不立案,又不作出不予立案裁定的,当事人可以向上一级人民法院起诉。上一级人民法院认为符合起诉条件的,应当立案、审理,也可以指定其他下级人民法院立案、审理。对于不接收起诉状、接收起诉状后不出具书面凭证,以及不一次性告知当事人需要补正的起诉状内容的,当事人可以向上级人民法院投诉,上级人民法院应当责令改正,并对直接负责的主管人员和其他直接责任人员依法给予处分。

知识点 6 行政诉讼的审理、判决和执行

一、审理和判决

(一) 一般规定

人民法院公开审理行政案件,但涉及国家秘密、个人隐私和法律另有规定的除外。涉及商业秘密的案件,当事人申请不公开审理的,可以不公开审理。人民法院审理行政案件,不适用调解。但是,行政赔偿、补偿以及行政机关行使法律、法规规定的自由裁量权的案件可以调解。

诉讼期间,不停止行政行为的执行。但有下列情形之一的,裁定停止执行:被告认为需要停止执行的;原告或者利害关系人申请停止执行,人民法院认为该行政行为的执行会造成难以弥补的损失,并且停止执行不损害国家利益、社会公共利益的;人民法院认为该行政行为的执行会给国家利益、社会公共利益造成重大损害的;法律、法规规定停止执行的。当事人对停止执行或者不停止执行的裁定不服的,可以申请复议1次。

经人民法院传票传唤,原告无正当理由拒不到庭,或者未经法庭许可中途退庭的,可以按照撤诉处理;被告无正当理由拒不到庭,或者未经法庭许可中途退庭的,可以缺席判决。人民法院对行政案件宣告判决或者裁定前,原告申请撤诉的,或者被告改变其所作的行政行为,原告同意并申请撤诉的,是否准许,由人民法院裁定。

在涉及行政许可、登记、征收、征用和行政机关对民事争议所作的裁决的行政诉讼中,当事人申请一并解决相关民事争议的,人民法院可以一并审理。在行政诉讼中,人民法院认为行政案件的审理需以民事诉讼的裁判为依据的,可以裁定中止行政诉讼。

人民法院在审理行政案件中,经审查认为《行政诉讼法》第五十三条规定的规范性文件不合法的,不作为认定行政行为合法的依据,并向制定机关提出处理建议。

(二) 第一审普通程序

人民法院应当在立案之日起5日内,将起诉状副本发送被告。被告应当在收到起诉状副本之日起15日内向人民法院提交作出行政行为的证据和所依据的规范性文件,并提出答辩状。人民法院应当在收到答辩状之日起5日内,将答辩状副本发送原告。被告不提出答辩状的,不影响人民法院审理。人民法院审理行政案件,由审判员组成合议庭,或者由审判员、陪审员组成合议庭。合议庭的成员,应当是3人以上的单数。

人民法院对公开审理和不公开审理的案件,一律公开宣告判决。当庭宣判的,应当在10日内发送判决书;定期宣判的,宣判后立即发给判决书。宣告判决时,必须告知当事人上诉权利、上诉期限和上诉的人民法院。人民法院应当在立案之日起6个月内作出第一审判决。有特殊情况需要延长的,由高级人民法院批准,高级人民法院审理第一审案件需要延长的,由最高人民法院批准。

行政诉讼案件判决情况有以下几种:

(1) 行政行为证据确凿,适用法律、法规正确,符合法定程序的,或者原告申请被告履行法定职责或者给付义务理由不成立的,人民法院判决驳回原告的诉讼请求。

(2) 行政行为存在主要证据不足、适用法律法规错误、违反法定程序、超越职权、滥用职权、行政行为明显不当等情形,人民法院判决撤销或者部分撤销,并可以判决被告重新作

出行政行为。人民法院判决被告重新作出行政行为的，被告不得以同一的事实和理由作出与原行政行为基本相同的行政行为。

(3) 人民法院经过审理，查明被告不履行法定职责的，判决被告在一定期限内履行；查明被告依法负有给付义务的，判决被告履行给付义务。

(4) 行政行为有下列情形之一的，人民法院判决确认违法，但不撤销行政行为：行政行为依法应当撤销，但撤销会给国家利益、社会公共利益造成重大损害的；行政行为程序轻微违法，但对原告权利不产生实际影响的。行政行为有下列情形之一，不需要撤销或者判决履行的，人民法院判决确认违法：行政行为违法，但不具有可撤销内容的；被告改变原违法行政行为，原告仍要求确认原行政行为违法的；被告不履行或者拖延履行法定职责，判决履行没有意义的。

(5) 行政处罚明显不当，或者其他行政行为涉及对款额的确定、认定确有错误的，人民法院可以判决变更。人民法院判决变更，不得加重原告的义务或者减损原告的权益，但利害关系人同为原告，且诉讼请求相反的除外。

(6) 行政行为有实施主体不具有行政主体资格或者没有依据等重大且明显违法情形，原告申请确认行政行为无效的，人民法院判决确认无效。

(三) 简易程序

适用简易程序审理的行政案件，由审判员一人独任审理，并应当在立案之日起 45 日内审结。人民法院在审理过程中，发现案件不宜适用简易程序的，裁定转为普通程序。

人民法院审理下列第一审行政案件，认为事实清楚、权利义务关系明确、争议不大的，可以适用简易程序：被诉行政行为是依法当场作出的；案件涉及款额 2 000 元以下的；属于政府信息公开案件的。除上述规定以外的第一审行政案件，当事人各方同意适用简易程序的，可以适用简易程序。发回重审、按照审判监督程序再审的案件不适用简易程序。

(四) 第二审程序

当事人不服人民法院第一审判决的，有权在判决书送达之日起 15 日内向上一级人民法院提起上诉。当事人不服人民法院第一审裁定的，有权在裁定书送达之日起 10 日内向上一级人民法院提起上诉。逾期不提起上诉的，人民法院的第一审判决或者裁定发生法律效力。

人民法院对上诉案件，应当组成合议庭，开庭审理。经过阅卷、调查和询问当事人，对没有提出新的事实、证据或者理由，合议庭认为不需要开庭审理的，也可以不开庭审理。人民法院审理上诉案件，应当对原审人民法院的判决、裁定和被诉行政行为进行全面审查。

人民法院审理上诉案件，按照下列情形，分别处理：

(1) 原判决、裁定认定事实清楚，适用法律、法规正确的，判决或者裁定驳回上诉，维持原判决、裁定。

(2) 原判决、裁定认定事实错误或者适用法律、法规错误的，依法改判、撤销或者变更。

(3) 原判决认定基本事实不清、证据不足的，发回原审人民法院重审，或者查清事实后改判。

(4) 原判决遗漏当事人或者违法缺席判决等严重违反法定程序的，裁定撤销原判决，发回原审人民法院重审。

原审人民法院对发回重审的案件作出判决后，当事人提起上诉的，第二审人民法院不得再次发回重审。人民法院审理上诉案件，需要改变原审判决的，应当同时对被诉行政行为作出判决。

人民法院应当在收到上诉状之日起 3 个月内作出终审判决。有特殊情况需要延长的，由高级人民法院批准，高级人民法院审理上诉案件需要延长的，由最高人民法院批准。

（五）审判监督程序

当事人对已经发生法律效力的判决、裁定，认为确有错误的，可以向上一级人民法院申请再审，但判决、裁定不停止执行。

当事人的申请符合下列情形之一的，人民法院应当再审：不予立案或者驳回起诉确有错误的；有新的证据，足以推翻原判决、裁定的；原判决、裁定认定事实的主要证据不足、未经质证或者系伪造的；原判决、裁定适用法律、法规确有错误的；违反法律规定的诉讼程序，可能影响公正审判的；原判决、裁定遗漏诉讼请求的；据以作出原判决、裁定的法律文书被撤销或者变更的；审判人员在审理该案件时有贪污受贿、徇私舞弊、枉法裁判行为的。

各级人民法院院长对本院已经发生法律效力的判决、裁定，发现有上述情形之一，或者发现调解违反自愿原则或者调解书内容违法，认为需要再审的，应当提交审判委员会讨论决定。最高人民法院对地方各级人民法院已经发生法律效力的判决、裁定，上级人民法院对下级人民法院已经发生法律效力的判决、裁定，发现有上述情形之一，或者发现调解违反自愿原则或者调解书内容违法的，有权提审或者指令下级人民法院再审。

最高人民检察院对各级人民法院已经发生法律效力的判决、裁定，上级人民检察院对下级人民法院已经发生法律效力的判决、裁定，发现有上述情形之一，或者发现调解书损害国家利益、社会公共利益的，应当提出抗诉。地方各级人民检察院对同级人民法院已经发生法律效力的判决、裁定，发现有上述情形之一，或者发现调解书损害国家利益、社会公共利益的，可以向同级人民法院提出检察建议，并报上级人民检察院备案；也可以提请上级人民检察院向同级人民法院提出抗诉。各级人民检察院对审判监督程序以外的其他审判程序中审判人员的违法行为，有权向同级人民法院提出检察建议。

二、执行

当事人必须履行人民法院发生法律效力的判决、裁定、调解书。公民、法人或者其他组织拒绝履行判决、裁定、调解书的，行政机关或者第三人可以向第一审人民法院申请强制执行，或者由行政机关依法强制执行。

行政机关拒绝履行判决、裁定、调解书的，第一审人民法院可以采取下列措施：

（1）对应当归还的罚款或者应当给付的款额，通知银行从该行政机关的账户内划拨。

（2）在规定期限内不履行的，从期满之日起，对该行政机关负责人按日处 50 元至 100 元的罚款。

（3）将行政机关拒绝履行的情况予以公告。

（4）向监察机关或者该行政机关的上一级行政机关提出司法建议。接受司法建议的机关，根据有关规定进行处理，并将处理情况告知人民法院。

（5）拒不履行判决、裁定、调解书，社会影响恶劣的，可以对该行政机关直接负责的主管人员和其他直接责任人员予以拘留；情节严重，构成犯罪的，依法追究刑事责任。

公民、法人或者其他组织对行政行为在法定期限内不提起诉讼又不履行的，行政机关可以申请人民法院强制执行，或者依法强制执行。

行政机关根据《行政诉讼法》第九十七条的规定申请执行其行政行为，应当具备以下条件：行政行为依法可以由人民法院执行；行政行为已经生效并具有可执行内容；申请人是作出该行政行为的行政机关或者法律、法规、规章授权的组织；被申请人是该行政行为所确定的义务人；被申请人在行政行为确定的期限内或者行政机关催告期限内未履行义务；申请人在法定期限内提出申请；被申请执行的行政案件属于受理执行申请的人民法院管辖。行政机关申请人民法院执行,应当提交《行政强制法》第五十五条规定的相关材料。人民法院对符合条件的申请,应当在 5 日内立案受理,并通知申请人;对不符合条件的申请,应当裁定不予受理。行政机关对不予受理裁定有异议,在 15 日内向上一级人民法院申请复议的,上一级人民法院应当在收到复议申请之日起 15 日内作出裁定。

> **实战演练**
>
> [2024 真题·单选] 关于行政诉讼举证责任的说法,正确的是（　　）。
> A. 原告应当提供其向被告提出异议的证据
> B. 在诉讼过程中,被告可以自行向原告、第三人和证人收集证据
> C. 原告应当提供证明行政违法的证据
> D. 被告对作出的行政行为负有举证责任
>
> [解析] 选项 A 错误,在起诉被告不履行法定职责的案件中,原告应当提供其向被告提出申请的证据。选项 B 错误,在诉讼过程中,被告及其诉讼代理人不得自行向原告、第三人和证人收集证据。选项 C 错误,原告可以提供证明行政行为违法的证据。选项 D 正确,被告对作出的行政行为负有举证责任,应当提供作出该行政行为的证据和所依据的规范性文件。
>
> [答案] D
>
> [2024 真题·多选] 行政诉讼期间发生的下列情况,人民法院应当裁定停止执行行政行为的有（　　）。
> A. 原告认为需要停止执行的
> B. 被告认为需要停止执行的
> C. 该行政行为的执行会给当事人造成重大损害的
> D. 人民法院认为该行政行为的执行会给国家利益造成重大损害的
> E. 该行政行为具有人身强制属性的
>
> [解析] 诉讼期间,不停止行政行为的执行。但有下列情形之一的,裁定停止执行:①被告认为需要停止执行的;②原告或者利害关系人申请停止执行,人民法院认为该行政行为的执行会造成难以弥补的损失,并且停止执行不损害国家利益、社会公共利益的;③人民法院认为该行政行为的执行会给国家利益、社会公共利益造成重大损害的;④法律、法规规定停止执行的。
>
> [答案] BD

参考文献

[1] 中国法制出版社. 中华人民共和国民法典[M]. 北京：中国法制出版社，2021.

[2] 法律出版社. 中华人民共和国立法法[M]. 北京：法律出版社，2015.

[3] 中国法制出版社. 中华人民共和国著作权法[M]. 北京：中国法制出版社，2020.

[4] 中国法制出版社. 中华人民共和国专利法[M]. 北京：中国法制出版社，2021.

[5] 中国法制出版社. 中华人民共和国商标法[M]. 北京：中国法制出版社，2019.

[6] 中国法制出版社. 中华人民共和国行政处罚法：实用版[M]. 3版. 北京：中国法制出版社，2021.

[7] 中国法制出版社. 中华人民共和国刑法：实用版[M]. 9版. 北京：中国法制出版社，2021.

[8] 中国法制出版社. 中华人民共和国消防法：2021年最新修订[M]. 北京：中国法制出版社，2021.

[9] 李恒，马凤玲. 建设工程法：法律制度与实务技能[M]. 2版. 北京：法律出版社，2014.

[10] 中国法制出版社. 中华人民共和国建筑法：2019年最新修订[M]. 北京：中国法制出版社，2019.

[11] 中国法制出版社. 中华人民共和国城乡规划法：2019年最新修订[M]. 北京：中国法制出版社，2019.

[12] 法律出版社. 中华人民共和国招标投标法：最新修正版[M]. 北京：法律出版社，2017.

[13] 中国法制出版社. 中华人民共和国劳动合同法[M]. 北京：中国法制出版社，2012.

[14] 中国法制出版社. 中华人民共和国劳动法：实用版[M]. 2版. 北京：中国法制出版社，2018.

[15] 中华人民共和国国务院. 中华人民共和国个人所得税法[EB/OL].（2018-12-18）[2024-12-10]. https://www.gov.cn/gongbao/content/2019/content_5355464.htm.

[16] 中华人民共和国住房和城乡建设部. 建筑业企业资质管理规定[EB/OL].（2018-12-22）[2024-12-11]. https://www.mohurd.gov.cn/gongkai/zc/wjk/art/2023/art_17339_774543.html.

[17] 中华人民共和国最高人民法院. 最高人民法院关于审理建设工程施工合同纠纷案件适用法律问题的解释（一）[EB/OL].（2020-12-29）[2024-12-12]. https://www.court.gov.cn/fabu/xiangqing/282111.html.

[18] 中华人民共和国国务院. 建设工程安全生产管理条例[EB/OL].（2003-11-24）[2024-12-12]. https://www.gov.cn/zhengce/content/2008-03/28/content_4443.htm.

[19] 中华人民共和国国务院. 建设工程质量管理条例[EB/OL].（2019-04-23）[2024-12-16]. https://www.gov.cn/gongbao/content/2019/content_5468867.htm.

[20] 中华人民共和国建设部. 建筑施工企业安全生产许可证管理规定[EB/OL].（2015-01-22）[2024-12-20]. https://www.gov.cn/zhengce/2022-01/25/content_5712013.htm.

[21] 中华人民共和国财政部，中华人民共和国应急管理部. 关于印发《企业安全生产费用提取和使用管理办法》的通知[EB/OL].（2022-11-21）[2024-12-25]. https://www.gov.cn/

zhengce/zhengceku/2022-12/14/content_5731902.htm.

[22] 中华人民共和国国务院. 生产安全事故报告和调查处理条例[EB/OL]. (2007-04-09)[2025-01-06]. https://www.gov.cn/gongbao/content/2007/content_632082.htm.

[23] 中华人民共和国国务院. 建设工程抗震管理条例[EB/OL]. (2021-07-19)[2024-12-27]. https://www.gov.cn/gongbao/content/2021/content_5631815.htm.

[24] 中华人民共和国国务院. 保障农民工工资支付条例[EB/OL]. (2019-12-30)[2024-12-27]. https://www.gov.cn/gongbao/content/2020/content_5469641.htm.

[25] 全国人民代表大会常务委员会. 中华人民共和国无障碍环境建设法[EB/OL]. (2023-06-28)[2024-12-27]. https://www.gov.cn/yaowen/liebiao/202306/content_6888910.htm.

[26] 全国人民代表大会常务委员会. 中华人民共和国噪声污染防治法[EB/OL]. (2021-12-24)[2024-12-28]. https://www.gov.cn/xinwen/2021-12/25/content_5664472.htm.

[27] 全国人民代表大会常务委员会. 中华人民共和国文物保护法[EB/OL]. (2024-11-08)[2024-12-31]. https://www.gov.cn/yaowen/liebiao/202411/content_6985748.htm.

[28] 全国人民代表大会常务委员会. 中华人民共和国劳动争议调解仲裁法[EB/OL]. (2007-12-29)[2025-01-02]. https://www.gov.cn/zhengce/2007-12/29/content_2602214.htm.

[29] 中华人民共和国最高人民法院. 最高人民法院关于审理劳动争议案件适用法律问题的解释(一)[EB/OL]. (2020-12-29)[2024-01-03]. https://www.court.gov.cn/fabu/xiangqing/282121.html.

[30] 中国民主法制出版社. 中华人民共和国民事诉讼法[M]. 北京：中国民主法制出版社, 2023.

[31] 中国法制出版社. 中华人民共和国仲裁法[M]. 北京：中国法制出版社, 2017.

[32] 法律出版社. 中华人民共和国人民调解法[M]. 北京：法律出版社, 2010.

[33] 中国法制出版社. 中华人民共和国行政复议法[M]. 北京：中国法制出版社, 2023.

[34] 中华人民共和国最高人民法院. 最高人民法院关于适用《中华人民共和国仲裁法》若干问题的解释[EB/OL]. (2006-08-23)[2024-12-20]. https://www.court.gov.cn/fabu/xiangqing/1053.html.

亲爱的读者：

如果您对本书有任何感受、建议、纠错，都可以告诉我们。

我们会精益求精，为您提供更好的产品和服务。

祝您顺利通过考试！

扫码参与调查

建造师考试研究院